VERLAG KARL ALBER

# Kultur Kunst Therapie
# Ideengeschichte und Praxis

Herausgegeben von
Karl-Heinz Menzen, Ruth Hampe und
Manfred Schmidbauer

Wissenschaftlicher Beirat:
Senta Connert, Heinfried Duncker, Georg Franzen,
Gunter Herzog, Markus von Hummel, Peter Pörtner,
Rolf Schanko, Johanna Schwanberg, Gerald Trimmel,
Till Velten, Marion Wendlandt-Baumeister

Band 4

Georg Franzen
Ruth Hampe
Monika Wigger (Hg.)

# Zur Psychodynamik kreativen Gestaltens

Künstlerische Therapien
in klinischen und psychosozialen
Arbeitsfeldern

Verlag Karl Alber Freiburg/München

Georg Franzen
Ruth Hampe
Monika Wigger (Eds.)

The psychodynamics of creative design

Artistic therapies in clinical and psychological fields of work

This fourth thematic volume »The psychodynamics of creative work. Artistic therapies in clinical and psychosocial fields of work« deals with a further essential aspect of artistic-therapeutic practice in addition to the previous volumes. There are contributions by renowned authors on theoretical approaches as well as on different clinical and psychosocial fields of practice. This also concerns areas of imaginative psychotherapy, pictorial symbolisation processes, methodological forms of application, work with marginalised groups such as migrants, etc. In this context the understanding of psychodynamic processes is of particular importance.

The Editors:

Georg Franzen is a university professor at the Faculty of Psychotherapy Science at the Sigmund Freud University Vienna/Berlin since 2018.

Ruth Hampe was professor for inclusive education, rehabilitation and art therapy at the KH Freiburg from 2006 to 2017.

Professor Monika Wigger is professor for aesthetics and communication with a focus on visual design and art therapy at the KH Freiburg.

Georg Franzen
Ruth Hampe
Monika Wigger (Hg.)

## Zur Psychodynamik kreativen Gestaltens

Künstlerische Therapien in klinischen und
psychosozialen Arbeitsfeldern

Mit diesem vierten Themenband »Zur Psychodynamik kreativen Gestaltens. *Künstlerische Therapien in klinischen und psychosozialen Arbeitsfeldern*« wird zu den vorhergehenden Themenbänden ein weiterer wesentlicher Aspekt zur künstlerisch-therapeutischen Praxis behandelt. Von namhaften Autoren liegen sowohl zu theoretischen Zugängen als auch zu unterschiedlichen klinischen und psychosozialen Praxisfeldern Beiträge vor. Dies betrifft auch Bereiche der imaginativen Psychotherapie, bildliche Symbolisierungsprozesse, methodische Anwendungsformen, Arbeiten mit Randgruppen wie Migranten u. Ä. In dem Zusammenhang kommt dem Verstehen von psychodynamischen Prozessen besondere Bedeutung zu.

Die Herausgeber:

Georg Franzen ist seit 2018 Universitätsprofessor an der Fakultät für Psychotherapiewissenschaft an der Sigmund Freud Universität Wien/Berlin.

Ruth Hampe war von 2006 bis 2017 Professorin für Heilpädagogik, Rehabilitation und Kunsttherapie an der KH Freiburg.

Monika Wigger ist Professorin für Ästhetik und Kommunikation mit dem Schwerpunkt bildnerisches Gestalten und Kunsttherapie an der KH Freiburg.

Originalausgabe

© VERLAG KARL ALBER
in der Verlag Herder GmbH, Freiburg / München 2020
Alle Rechte vorbehalten
www.verlag-alber.de

Satz: SatzWeise, Bad Wünnenberg
Herstellung: CPI books GmbH, Leck

Printed in Germany

ISBN 978-3-495-49137-9

# Inhalt

Vorwort . . . . . . . . . . . . . . . . . . . . . . . . . . 11

## I. Theoretische Zugänge zur Psychodynamik kreativen Gestaltens

*Luise Reddemann*
Imagination als heilende Kraft . . . . . . . . . . . . . . . . . 17

*Dana Rufolo*
Promoting Mastery of Art Production for Art Therapy Clients using Aesthetic Empathy . . . . . . . . . . . . . . . . . . . 38

*Matthias Sell*
The Unkown Known – Ästhetische Erfahrungen in der Kindheit   45

## II. Künstlerische Therapien im klinischen Setting

*Aurelia Puschert*
Zum spielerischen Erkunden des eigenen Potentials.
Theatertherapie als Behandlungsbaustein auf einer psychosomatischen Station . . . . . . . . . . . . . . . . . . . . . 75

*Katja Watermann*
Kunsttherapie bei Persönlichkeitsstörungen –
Zur subjektiven Wirksamkeit kunsttherapeutischer Verfahren bei männlichen Patienten mit Persönlichkeitsstörungen in der forensischen Psychiatrie . . . . . . . . . . . . . . . . . . . 82

Inhalt

*Dorothee Wiewrodt & Monika Wigger*
»Linda hat einen heilen Kern« – Psychodynamik in der psychoonkologischen und kunsttherapeutischen Begleitung . . . . . . 94


## III. Symbolisierungen psychodynamischer Prozesse kreativen Gestaltens

*Georg Franzen*
Symbolisches Erleben. Zur Psychodynamik der Kunst . . . . . 121

*Andrea Friedrichs-Dachale*
Lebensbäume: Symbolisierungen als Ausdruck der Psychodynamik in der Katathym Imaginativen Psychotherapie (KIP) . . 135

*Ruth Hampe*
Adolf Wölfli und die Zion-Hefte . . . . . . . . . . . . . . . . . 151

*Regina Liedtke*
Die Entwicklung des SELBST und sein Ausdruck in Ganzheits-
symbolen . . . . . . . . . . . . . . . . . . . . . . . . . . . . . 181

*Kerstin Schoch*
Psyche, Kreativität und Bildlicher Ausdruck: Ein quantitatives
Ratinginstrument zur Formalen Bildanalyse *(RizbA)* . . . . . . . 191


## IV. Psychodynamische Prozesse kreativen Gestaltens in der Flüchtlingsarbeit

*Alexandra Daszkowski*
Transgenerationale Traumatisierung und traumazentrierte
Kunsttherapie . . . . . . . . . . . . . . . . . . . . . . . . . . 199

*Silke Schauder*
Vom Bruch zum Bild: Kreatives Gestalten in der Migrantenbetreuung . . . . . . . . . . . . . . . . . . . . . . . . . . . . 215

## V. Methodische Zugänge zur Aktivierung psychodynamischer Prozesse

*Paola Dei*
The Psycofilm Method. An integrated approach:
Perception Mirror Neurons with Enneagram notes . . . . . . . 231

*Heinz Deuser*
Die Arbeit am Tonfeld – Phänomenologien der Haptik . . . . . 241

*Katrina Millhagen*
Accompanying clients in psychodynamic art psychotherapy
through a non-dual stance . . . . . . . . . . . . . . . . . . 248

*Luna Picciotto*
Kritisches Bildermachen –
Kunstorientierte Zugänge zum Wissensbegriff . . . . . . . . . 274

*Henriette Schwarz*
Selbstportraits und Körperbilder: gemalte Selbstreflexion in
Kunst und Kunsttherapie . . . . . . . . . . . . . . . . . . 281

*Kathrin Seifert*
Psychodynamische Kunsttherapie – das Krankheitsbild
Depression – fototherapeutische Einzelfallvignette . . . . . . . 298

## VI. Gruppendynamische Prozesse kreativen Gestaltens

*Ursula Knott*
Resonanzen und Spiegelungen –
Überlegungen zur Psychodynamik der Kreativität in Gruppen . 313

*Annegret Körber*
Wie klingt Gruppendynamik? Psychodynamische Prozesse in der
analytischen Gruppenmusiktherapie . . . . . . . . . . . . . 324

## VII. Anwendungsfelder Künstlerischer Therapien

*Cornelia Ackermann*
Weil man nicht *nicht* kommunizieren kann: Praxistipps fürs
Praxis-Marketing . . . . . . . . . . . . . . . . . . . . . . 339

*Thomas Hellinger, Swaantje König & Doris Titze*
Deckengestaltung eines Intensivzimmers.
Die heilungsfördernde Wirkung von Licht, Farbe und Form . . . 347

Verzeichnis der Autorinnen und Autoren . . . . . . . . . . . 365

# Vorwort

Mit diesem Themenband zur Psychodynamik in den Künstlerischen Therapien wird auf einen grundlegenden Aspekt im therapeutischen Prozess Bezug genommen. Allgemein ist die Psychodynamik im Rahmen der Künstlerischen Therapien als komplex wahrzunehmen. Sie ist sowohl auf die Beziehungsdynamik zwischen Klient*in und Therapeut*in als auch auf den Aufforderungscharakter des Materials bzw. der angebotenen Medien und auf das entstandene gestalterische Objekt bezogen. Zudem hinterlassen andere Faktoren eine Wirkung wie z. B. das Atmosphärische des Ortes mit den zeitlichen Implikationen in seiner Rahmensetzung und das prozessorientierte Erleben im Gestaltungsverlauf. Innere Bilder und gestalterische Ausdrucksformen bedingen sich dabei gegenseitig. Sie schaffen einen subjektorientierten Zugang zu eigenständigen Erlebensprozessen in einem Miteinander.

Im Hinblick darauf wird von renommierten Autor*innen ein Einblick in sowohl theoretische als auch praktische Zugänge erstellt. Es geht um unterschiedliche klinische und psychosoziale Praxisfelder, zu denen Beiträge vorliegen. Zu nennen sind etwa Bereiche der imaginativen Psychotherapie, bildliche Symbolisierungsprozesse, methodische Anwendungsformen und das Arbeiten mit Randgruppen wie Migranten u. a. In dem Zusammenhang kommt dem Verstehen von psychodynamischen Prozessen besondere Bedeutung zu.

Dieser Themenband folgt den vorhergehenden Veröffentlichungen »Gestalten – Gesunden. *Zur Salutogenese in den Künstlerischen Therapien*« und »Kreative Lernfelder. *Künstlerische Therapien in Kultur- und Bildungskontexten*« in dieser Buchreihe und schafft einen weiteren Zugang in der Thematisierung der Psychodynamik kreativen Gestaltens bezogen auf Künstlerische Therapien in klinischen und psychosozialen Arbeitsfeldern. Mit dem breiten Verständnis in der Verknüpfung von Theorie und Praxis wird dem Spannungsfeld der Künstlerischen Therapien entsprochen und für eine Komplexität in der Psychodynamik sensibilisiert.

Gegliedert ist der Themenband nach den folgenden Schwerpunkten:
- Theoretische Zugänge zur Psychodynamik kreativen Gestaltens
- Künstlerischen Therapien im klinischen Setting
- Symbolisierungen psychodynamischer Prozesse kreativen Gestaltens
- Psychodynamische Prozesse kreativen Gestaltens in der Flüchtlingsarbeit
- Methodische Zugänge zur Aktivierung psychodynamischer Prozesse
- Gruppendynamische Prozesse kreativen Gestaltens
- Anwendungsfelder Künstlerischer Therapien,

mit einer Ordnung der Beiträge von Autor*innen in alphabetischer Folge zu den einzelnen Gliederungsthemen. Wir danken den Autor*innen für die Bereitstellung ihrer Texte und möchten mit dieser Zusammenstellung die Diskussion um die Künstlerischen Therapien in ihrem zunehmenden gesellschaftlichen Bedeutungsfeld befruchten. Dabei ist die Spannbreite der Beiträge in ihrer theoretischen und praxisorientierten Präsenz vielschichtig. Mit dieser inhaltlichen Vielschichtigkeit wird auch den Praxisfeldern der Künstlerischen Therapien entsprochen, deren Relevanz angesichts von Konfliktsituationen und gesellschaftlichen Anforderungen bezogen auf Prävention- und Interventionsaufgaben zunimmt.

Allgemein kann mittels der Künstlerischen Therapien in der prä- und transverbalen Gestaltungsdynamik eine Transformation wie auch eine Bewältigung von Erlebens- und Erfahrungsprozessen geschaffen werden. Innere Bilder in Differenz zum alltäglichen Erfahrungshorizont werden zugänglich und erzeugen ein Erleben, das ressourcenorientiert nutzbar gemacht werden kann. Es wird zudem eine Selbstwirksamkeit unterstützt, ein anderes Verstehen in der Durchbrechung kognitiver Festschreibungen eröffnet, und zugleich lassen sich gewandelte Sinnbezüge finden. Zu weitergehenden Umsetzungsformen anzuregen und ein Miteinander in der Bewältigung und im Gestalten von Lebensthematiken zu ermöglichen, ist in der Hinsicht auch Anlass dieses Themenbandes.

Im Hinblick darauf kann exemplarisch auch auf die Hervorhebung von Hartmut Rosa verwiesen werden: »Die Kunst ist – fast gleichzeitig mit der und in ganz ähnlicher Weise wie die Natur – zur vielleicht wichtigsten und nach und nach alle Alltagsbereiche durchdringenden Resonanzsphäre der Moderne geworden« (Rosa 2019, S. 472 f.). Damit wird zugleich eine Psychodynamik angedeutet, wobei Begriffe wie ästhetische Resonanz und eine prinzipielle Unverfügbarkeit in der Kunst als konstitutiv für das Resonanzgeschehen (vgl. ebd., S. 497) einen Kontextbezug bilden. Diese wären gleichfalls in Relation zum Augenblicksbezug (vgl. Loewald 1974, S. 1057 f.) im Gegensatz zur Fragmentierung von Sinnzusammenhängen, aber auch zum symbolischen Tausch nach Jean Baudrillard (1982) wahrzunehmen, womit erweiterte Erlebensbezüge angesprochen werden. Dem ästhetischen Erleben und dem künstlerischen Tun kann derart in ihren referentiellen Bezügen eine besondere Dimension der Weltaneignung zukommen. Diese vermag einen Vor-Scheincharakter (vgl. Bloch 1974) zu wahren, der im ›nunc stans‹ aufgeht. Demzufolge haftet der Kunst auch eine Nicht-Wiederholbarkeit eines inneren Erlebnisbezuges an, was die Psychodynamik in besonderer Weise bestimmt.

*Ruth Hampe*

## Literatur

Baudrillard, J. (1982). *Der symbolische Tausch und der Tod* (1976). München: Matthes & Seitz.
Bloch, E. (1974). *Ästhetik des Vor-Scheins I* (Hrsg. G. Ueding). Frankfurt a. M.: Suhrkamp.
Loewald, H. W. (1974). Das Zeiterleben. In: *Psyche* 28, S. 1053–1062.
Rosa, H. (2019). *Resonanz. Eine Soziologie der Weltbeziehung*. Berlin: Suhrkamp.

# I. Theoretische Zugänge zur Psychodynamik kreativen Gestaltens

*Luise Reddemann*

# Imagination als heilende Kraft

**Abstract:** In dieser Arbeit wird Imagination als etwas verstanden und erläutert, das heilende Kräfte unterstützt und sowohl bewusst genutzt werden kann als auch unbewusst wirksam ist. Vorstellungskraft kann Weg zum Selbst sein und als Erinnerungsprozess begriffen werden. Anhand von Material aus Studien mit Fallbeispielen wird ihre Wirksamkeit aufgezeigt und reflektiert. Die Macht innerer Bilder wird deutlich gemacht sowie die Risiken, die diese Bilder durchaus haben können, insbesondere wenn es um Bilder von traumatisierenden Erfahrungen geht. Abschließend wird hervorgehoben, dass Imaginationen erlauben, verschiedene innere Wege zu gehen und damit ein Probehandeln ermöglichen, das auch wieder verworfen werden kann.

## Einleitung

Mit meinen Ausführungen versuche ich, über Einiges zu sprechen, was Leserinnen und Leser ihren bereits vorhandenen Schätzen hinzufügen können. Ich spreche als eine, die sich seit den 70er Jahren intensiv mit Imagination, Salutogenese und später Trauma beschäftigt hat, die sich diesbezüglich aber keiner Schule verpflichtet fühlt, und ich spreche über meine Art des Umgangs mit der Kraft der Imagination. Viele meiner diesbezüglichen Kenntnisse verdanke ich meiner allerersten psychotherapeutischen Ausbildung im Psychodrama durch Andreas Ploeger, dem Erlernen der Oberstufe des Autogenen Trainings bei Klaus Thomas, Fortbildungen bei Carl Simonton und Phyllis Krystal und schließlich der Begegnung mit hypnotherapeutisch arbeitenden KollegInnen, vor allem Phyllis Klaus und Gunther Schmidt. Wichtig für mich sind weitere Entdeckungen wie z.B. die Imaginationen des tibetischen Buddhismus und der christlichen Kunst. Sehr wichtig für meine Entwicklung waren die Bücher von

Jeanne Achterberg zur Heilkraft von Vorstellungen und ihr Buch zur weiblichen Heilkunst und wie sie unterdrückt wurde.

## Imagination als Weg zu Selbst

Mein Verständnis von Heilkunst ist davon geprägt, einen starken Akzent auf heilsame Beziehungen zum eigenen Selbst und die Entdeckung der Möglichkeiten, die im Innern einer jeden Person zur Verfügung stehen oder auch schlummern, zu setzen. Natürlich sind nicht alle Menschen, die zu uns kommen, große KünstlerInnen, aber sie verfügen dennoch über vielfältige kreative Kräfte. Und heilende Kraft setzt Vorstellungskraft voraus, ob bewusst genutzt oder unbewusst wirksam. So gehe ich davon aus, dass in allen Menschen heilende Kräfte verfügbar sind. Damit folge ich sowohl Paracelsus, der davon sprach, dass der Arzt nur kurieren könne, die Natur aber heile, als auch alten und modernen Heilerinnen oder wie man auch sagt »Weisen Frauen«. Meine Lieblingsmetapher dafür geht auf den griechischen Philosophen Plotin zurück und wurde später von Goethe weitergetragen:»Wär nicht das Auge sonnenhaft, die Sonne könnt es nicht erblicken«, daher spreche ich in diesem Zusammenhang auch von der Sonnenhaftigkeit als Teil des Selbst.

Imagination, oder auch Vorstellungskraft, verstehe ich als Fähigkeit, über die wohl die meisten Menschen verfügen, und ich teile die Einschätzung, dass Erinnern Imaginieren ist, wie es der Gedächtnisforscher Tulving sagt. Das Imaginieren kann als eine Ressource, die bei fast jeder Person vorhanden ist und sich deshalb als Werkzeug für eine ressourcenorientierte therapeutische Arbeit anbietet, betrachtet werden. Wobei ich weiß, dass viele PatientInnen sich eher in Schreckensvorstellungen ergehen, was man – wenn möglich – nicht permanent unterstützen sollte. Hier kann die Frage: »Wie heilsam kann es sein, die permanente Vorstellung von Schrecken einfach hinzunehmen?« hilfreich sein.

## Imagination als Weg der therapeutischen Beziehung und der Hoffnung

Imaginationen eröffnen einen Raum zwischen PatientIn und TherapeutIn. Ähnlich wie in anderen kreativen Therapieformen können beide sich durch gemeinsames Tun – hier also gemeinsames Imaginieren – begegnen (vgl. Reddemann 2001). Gelingen diese Begegnungen, hat die therapeutische Beziehung die Chance, dass sie von einer milden positiven Übertragung getönt ist und dass das Arbeitsbündnis leichter immer wieder aufs Neue herzustellen ist.

Für die Hirnforschung hebt Fabrizio Benedetti hervor, wie wichtig auf Seiten des Patienten Hoffnung und positive Erwartung sind, und dass es dafür auf Seiten des Arztes/Psychotherapeuten Mitgefühl braucht. Mitgefühl ist mehr als Empathie, also Einfühlung; Mitgefühl beinhaltet den aufrichtigen Wunsch zu helfen (vgl. Benedetti 2011). – Und entsprechend zu handeln. Dies alles beruht auch auf Vorstellungen oder eben Imaginationen.

Es wäre ein Irrtum anzunehmen, dass Imaginationen ein technisches Hilfsmittel sind, das man auf mechanische Weise einsetzen kann. Sogar bei Medikamenten ist bekannt, dass sie eher wirken, wenn die Patientin mit der Einnahme die Hoffnung verknüpfen kann, dass sie wirksam sind (vgl. Benedetti 2011). Ähnliches gilt für jede therapeutische Intervention, so auch beim Einsatz von Imaginationen. Die Psychotherapieforschung lehrt: Am erfolgreichsten sind Therapien, wenn die Ressourcen des Patienten für die Therapie so weit wie möglich genutzt werden (vgl. Wampold et al. 2017). Dafür benötigen wir als TherapeutInnen eine Imagination von unseren PatientInnen, nach der diese über Ressourcen und Selbstheilungskräfte verfügen und die Imagination von uns selbst, Hilfreiches bewirken zu können. Kunsttherapie ist nach meiner Erfahrung ein Medium, das für viele PatientInnen sehr hilfreich ist, sowohl alleine wie auch in Kombination mit anderen therapeutischen Wegen. Das durfte ich über lange Zeit während meiner klinischen Arbeit erleben.

## Imaginative Arbeit als »Handwerk«

Am Ende seines Buches »Handwerk« schreibt Richard Sennett einen denkwürdigen Satz: »Der klumpfüßige Hephaistos – mit dem Stolz auf die eigene Arbeit und auch auf sich selbst – ist die würdigste Gestalt, die wir werden können« (Sennett 2008, S. 392). Es geht um Bescheidenheit; wir sind keine strahlenden HeldInnen, denen immer alles gelingt, und um Akzeptanz, dass wir immer Lernende sind, und immer wieder auch vielfach eingeschränkt wie der klumpfüßige Hephaistos, und doch entschlossen, in jedem Moment unser Handwerk so gut und sorgfältig wie möglich gedeihen zu lassen.

Veränderungsprozesse im Verhalten und seelischer Gesundheit fußen nicht nur auf Veränderungsprozessen innerhalb von Kognitionen und Emotionen, sondern besonders innerhalb von Vorstellungen und Imaginationen. Ich gehe davon aus, dass es gerade Imaginationen sind, die eine Verknüpfung von kognitivem und affektivem Erleben ermöglichen. Dazu gibt es interessante Forschungen von Julius Kuhl (2001).

Der Prozess des Imaginierens ist ein Instrument innerhalb des therapeutischen Prozesses, und es bilden sich hier Veränderungen von seelischer sowie körperlicher Befindlichkeit und von Verhalten ab. Hieraus ergibt sich, dass diejenigen Imaginationen, die als Ressource für das seelische Wohlbefinden genutzt werden können, genauer zu beschreiben sind, und dass zu zeigen ist, dass generell Ressourcen häufig auf entsprechenden Vorstellungen bzw. Imaginationen beruhen. Dies hat Gerald Hüther in seinem Buch *Was wir sind und was wir sein könnten* (2011) eindrucksvoll beschrieben. Wir sind frei, unsere Vorstellungen von uns und der Welt zu verändern, und das wiederum kann zu noch mehr Inspiration und Steigerung der Freude am Imaginieren führen – und zu erwünschten Veränderungen.

## Imagination ist mehr als zu visualisieren – Fallbeispiele

Das können wir mit allen Sinnen mehr oder weniger intensiv erfahren. Ich möchten Sie einladen, dass Sie nun *zwei Vignetten* mit ihren Bildern auf sich wirken lassen und darauf achten, welche Bilder und Einfälle, Gefühle, Körpererleben und Handlungsimpulse sie bei Ihnen evozieren:

## Imagination als heilende Kraft

*Die erste Vignette:*

Eine Patientin, die seit Jahren an Depressionen leidet, berichtet von Zentnerlasten, die sie mit sich herumschleppe. Dieses Bild scheint bei der Patientin einen starken Eindruck zu hinterlassen, denn es ist zu beobachten, wie sie quasi unter der Zentnerlast schier zusammenbricht. Wir haben es hier also zunächst mit der Wirksamkeit eines die Patientin belastenden Bildes zu tun. Viele »schwer beladene« Patienten kommen mit solchen und ähnlichen Bildern, denen oft kaum Bedeutung zugesprochen wird. Die an Imaginationen und deren unheilsamen wie auch heilsamen Wirkungen interessierte Therapeutin lädt die Patientin zunächst ein, die Macht dieses Bildes auf ihren Körper wahrzunehmen. Anschließend stellt sie die bekannte Wunderfrage, nämlich: »Angenommen, es geschähe ein Wunder und die Zentnerlasten würden verschwinden ...«, spontan ergänzt die Patientin, »dann würde ich mich federleicht fühlen und könnte endlich wieder tanzen!« Nun erfolgt ein längerer Dialog über Leichtigkeit, Erfahrungen mit Federn – was zu vielen Einfällen, die mit dem Märchen Frau Holle zu tun haben, führt – und über Tanz. Es ist der Patientin anzumerken, wie es ihr immer wieder leichter ums Herz wird, selbst wenn kurzfristig auch ambivalent besetzte Themen – unter anderem Einfälle zum Märchen »Aschenputtel«, zu Strafe und Belohnung, zum Sichwohlfühlendürfen usw. – auftauchen. Den Abschluss der Stunde bildet eine Reflexion der bildhaften Einfälle und die Einladung, sich in etwa gleich viel mit den Zentnerlasten wie mit der Federleichtigkeit zu beschäftigen.

*Die zweite Vignette:*

Ein Patient berichtet, dass er seit dem Tod seiner Frau das Leben als sinnlos erlebe.
    Er wird eingeladen, vom gemeinsamen Leben zu erzählen, wenn er will. Ja, das will er gerne. Je länger er erzählt, desto lebendiger erscheint er. Mit bunten Farben berichtet er von gemeinsamen Reisen, Konzert-und Theaterbesuchen. Schließlich wird er gefragt, wie es ihm mit den Erinnerungen gehe. »Eigentlich gut, aber es ist ja alles vorbei, ich habe das ja alles verloren.« Ich spüre in der Gegenübertragung ein Gefühl, als würden mir »alle Felle wegschwimmen« und

entscheide mich, genau dies dem Patienten zu berichten. Der schaut mich erstaunt an.

»Nein, alle Felle sind mir nicht weggeschwommen, es gibt ja noch viel Gutes in meinem Leben!« »Mögen Sie mir davon erzählen?« Jetzt spricht er von Kindern, Enkeln und Freunden, die sich um ihn kümmern. »Das habe ich mir noch nie so bewusst gemacht, wie viel Gutes und Schönes es in meinem Leben gibt, dafür könnte ich dankbar sein.« »Was, wenn Sie es wären?« »Dann würde es mir vermutlich besser gehen, aber ich hätte das Gefühl, dass ich meine Frau verrate.« »Was müssten Sie tun, um das Gefühl zu haben, dass Sie sie nicht verraten?« Langes Schweigen. »Ich frage sie mal, wissen Sie, ich spreche viel mit ihr.« … »Sie meint, es wäre ihr lieber, wenn ich ihr gönnen würde, dass sie es jetzt doch sowieso gut hat. Ich solle mein Leben auch wieder genießen.« Lange nachdenkliche Pause. »Mir geht grade durch den Kopf, dass ich doch sehr abhängig war und vielleicht hat es ja einen Sinn, dass ich jetzt alleine lebe, das habe ich noch nie. Vielleicht hat sie mir da einen Gefallen getan und ich sollte jetzt wirklich mal mein Leben in die Hände nehmen.«

Ich bin fast erschüttert über diesen Verlauf des Gesprächs, in dem der Patient ja bereits sein Leben in die Hände genommen hat, indem er sich seinem inneren Prozess mit immer neuen Bildern überlassen hat und mit der Sinnfrage auf neue Weise umgegangen ist. Auch diese Einsichten teile ich mit dem Patienten, der sich ermutigt fühlt, auszuprobieren, was es bedeutet, allein und doch verbunden zu sein.

### Diskussion der Fallbeispiele

Bei meinen Interventionen ging ich von folgender Prämisse nach Fürstenau aus: »dass Ressourcensuche und Ressourcenmobilisierung die zentrale Aufgabe der Therapeuten ist, um Patienten – Einzelnen, Paaren, Familien – zügig zu einer gewünschten Veränderung zu verhelfen« (Fürstenau 2007, S. 239).

Die erste Vignette zeigt, dass sowohl die Problemperspektive wie auch die Fähigkeiten und Ressourcen der Patientin wertgeschätzt wurden. Der wertschätzende Zugang ermöglichte es mir, eine konstruktive Basis für den Therapieprozess zu schaffen. Zudem konnten dadurch auch Therapiemotivation und Selbstheilungskräfte der Patientin mobilisiert und gleichzeitig das Machtgefälle zwischen mir und der Patientin abgebaut werden. Das Selbstwirksamkeitserleben ist offensichtlich.

Im zweiten Beispiel zeigt sich nach meinem Verständnis, dass der Patient die Prinzipien des »sense of coherence« aufgespürt hat. Vielleicht brachte ihn meine mitfühlende Intervention darauf, sich bewusst zu werden, dass er Handlungsspielräume hat, die er sich vorstellte – was er alles erlebt, und das Gespräch mit der verstorbenen Frau in der Vorstellung. Ich bin der Meinung, dass in der Vorstellung von Optionen und darin, diese in der Therapie anzuregen, ein großes Potential stecken kann. Dies ermöglichte es dem Patienten, von einer Imagination der Sinnlosigkeit zu einer Vorstellung der Sinnhaftigkeit zu gelangen.

Wenn dies etwas mehr Mühe kostet, wie ich an folgendem Beispiel zeigen möchte, ist es immer noch sinnvoll:
    Der Patient kommt wegen fortgesetzten Ärgers mit Vorgesetzten. Er möchte Rezepte, wie er sich da besser »durchschlagen« kann. Die Therapeutin fragt ihn, ob er das kenne, sich durchzuschlagen. Klar, das mache er sein ganzes Leben, ihm sei noch nie etwas leicht gemacht worden. Er habe es schon schwer gehabt, auf die Welt zu kommen, denn seine Eltern hätten ihn nicht haben wollen. »Dann machen Sie jetzt die gleiche Erfahrung mit Ihren Vorgesetzten?« »Blödsinn, kommen Sie mir bloß nicht mit so was, dass die Probleme von heute was mit meiner Kindheit zu tun haben. Das haben mir schon ein paar Therapeuten klar machen wollen, das bringt mir nichts. Ich brauch was, was mir jetzt hilft, keine Beschäftigung mit dem Mist von früher.« Die Therapeutin entscheidet sich, auf diesen Angriff nicht zu reagieren und fragt ihn, ob es ihm recht ist, sich noch einmal mit dem Thema »Durchschlagen« zu befassen. Hat er Vorstellungen, wie Menschen sich in schwierigen Situationen durchschlagen, kennt er Geschichten? Da fällt ihm Vieles ein und die Geschichten begeistern ihn. »Wem würden Sie es gerne nachmachen?« Ein bis zwei Möglichkeiten erscheinen ihm es wert, ausprobiert zu werden. »Wären Sie einverstanden, dass wir das hier mal spielen, dann können Sie gleich erfahren, ob Sie sich damit wohlfühlen.« Er schaut zweifelnd, ist aber dann bereit, Möglichkeit eins durchzuspielen. Die Therapeutin spielt den nervigen Chef, er den sich Durchschlagenden, wie

in der Geschichte. »Das ist gut, das probiere ich«, meint er zum guten Schluss.

Ich gehe davon aus, dass immer dann, wenn die passenden Imaginationen oder auch Geschichten gefunden sind, eine Entspannung wie von selbst eintritt, weil der Mensch sich mit seinen heilsamen Imaginationen wohler fühlt als zuvor, als er sich vielleicht überwiegend – bewusst oder unbewusst – mit Belastendem beschäftigte. Wir können Einfluss auf unsere innere Vorstellungswelt nehmen, das ist es, was ich PatientInnen u. a. vermitteln will.

## Widerstände

Was sich Menschen vorstellen können und mögen, ist extrem unterschiedlich. Wenn man PatientInnen imaginative Arbeit anbietet, ist häufig zu bemerken, dass sie sich schwer tun, sich darauf einzulassen, weil sie meinen, das sei »eingebildet« in einem pejorativen Sinn, also »Spinnerei«. Es trifft zu, dass es sich im wörtlichen Sinn um »Einbildungen« handelt, um Innenbilder also, und auch das »Spinnen« hatte ja einen Sinn als einerseits nützliche Tätigkeit, bei der Frauen dann auch im übertragenen Sinn Fäden gesponnen haben.

In einem indianischen Schöpfungsmythos (vgl. Reddemann 2016) geht es im Gegensatz zum Schöpfungsmythos aus der Bibel um eine Schöpferin in Gestalt einer Spinnengöttin, die ihre Fadenknäuel singend spinnt. Und aus den Knäueln und den Gesängen entsteht dann die Welt. Imagination bedeutet, die eigene Schöpferkraft zu nutzen und sich entfalten zu lassen; insoweit finde ich das Wort »spinnen« sehr anschaulich, um diesen kreativen Prozess zu verdeutlichen. Aber ebenso gut können wir unsere Innenbilder aus Worten entstehen lassen, wie es unser jüdisch-christlicher Schöpfungsmythos nahelegt. Wichtig scheint, dass wir diese schöpferischen Kräfte überhaupt zulassen und für gut befinden.

Wir können uns fragen: »Was tun seelisch gesunde Individuen, was weniger Gesunde von ihnen lernen könnten?« Dabei scheint mir der Einbezug von Vorstellungskraft besonders wichtig.

## Ressourcenorientierung

Dies weist auf die Notwendigkeit hin, innerhalb einer ressourcenorientierten Psychotherapie vorhandene Ressourcen bei PatientInnen zu erkunden und auszuschöpfen sowie die Entwicklung von neuen Ressourcen zu fördern. Ich denke, dass die Beschäftigung mit künstlerischen Imaginationen, sei es in Sprache, sei es in der Malerei oder im Tanz, um nur Einiges zu nennen, sich lohnt, weil sie unsere eigene Imaginationsfähigkeit stärkt. Vielleicht fallen Ihnen Gedichte ein, die in Ihnen gute Erinnerungen und Emotionen auslösen, wie mir z. B. »Geh aus mein Herz und suche Freud« von Paul Gerhardt.

Auch die Kenntnis von Märchen und Mythen und Belletristik und nicht zuletzt von bildender Kunst unterstützt unsere Imaginationsfähigkeit.

Isabelle Rentsch hat mich auf folgenden Zusammenhang zwischen Imaginationen und Kunsttherapie hingewiesen: Imaginationen auch körperlich fühlbar und empfindbar zu machen, wie in der Kunsttherapie, ist sehr wichtig. Bei frühen traumatischen Bindungsstörungen ist es z. B. sehr hilfreich, wenn Imaginationen konkret ausgestaltet werden – oder über die konkrete Gestaltung ein Weg in die Imagination gefunden werden kann. Denn das »Be-greifen« mit den Händen im Tun und der Gestaltung hilft nochmals zur Verankerung – und das Gestaltete kann zum Übergangsobjekt werden.

Eine Patientin ist z. B. überzeugt, dass sie nicht imaginieren kann. Doch wenn ihre Hände etwas tun, dann auf einmal werden heilsame Bilder und Gedanken möglich. Eine junge Patientin kann sich vorstellen, dass Schaukeln für die jüngeren Anteile gut ist, deshalb hat ihr die Therapeutin ein Spiel-Baumhaus zur Verfügung gestellt, und in einer »Spielschaukel« werden nun jüngere Anteile geschaukelt … Erst dann kann sie sich vorstellen, dass die jüngeren Anteile tagsüber spielen und sich beruhigen, weil sie in einer Schaukel sind.

Imaginationen werden häufig entweder im Rahmen einer explizit als imaginative Therapie gekennzeichneten Arbeit verwendet oder andererseits, wenn sie beiläufig auftauchen, eher ignoriert. Ich plädiere für ein Sowohl-als-auch, das heißt, man kann Vorstellungskraft sowohl beiläufig nutzen als auch ganz gezielt; das kommt auf die therapeutische Beziehung, die Vorlieben der TherapeutInnen und die Bereitschaft und Vorerfahrung der PatientInnen an, mit denen wir arbeiten.

Sprachbilder sollten m. E. bewusster in Therapien genutzt und auch angeregt werden. Das alles sind ja Bereiche, die in der Kunsttherapie genutzt werden.

## Zwei Studien

An der Universität Klagenfurt haben sich Studierende in den letzten Jahren von mir inspirieren lassen und einige Studien durchgeführt, die sich mit der Wirksamkeit von unterschiedlichen Imaginationen beschäftigt haben.

In einer Studie ging es um die Frage nach kraftgebenden Vorstellungen/Imaginationen. Es hat uns beeindruckt, dass alle befragten TeilnehmerInnen über irgendeine Art von hilfreichen Imaginationen bereits verfügten.

Ziel der Untersuchung war es herauszufinden, welche kraftgebenden Imaginationen bei psychisch gesunden und psychisch erkrankten Personen aufkommen und wie sich diese unterscheiden.

Aufgrund der Studie wagten wir die Aussage, dass alle Personen, ob psychisch gesund oder erkrankt, Selbstheilungskompetenzen in Form vieler unterschiedlicher Vorstellungen besitzen.

In der Studie, die Frau Jana Stasing durchgeführt hat (vgl. Stasing 2011; Reddemann & Stasing 2011) wurde davon ausgegangen, dass Kraft gebende Imaginationen in vielfältiger Weise bei den befragten Personen vorhanden sind.

Es wurden Fragen gestellt, die auch in Therapien so gestellt werden könnten, um so möglichst früh in Erfahrung zu bringen und ein Bewusstsein anzustoßen, inwieweit die PatientInnen Vorstellungskraft für sich nutzen oder bewusster nutzen könnten.

Alle ProbandInnen wurden gefragt,
1. ob sie denken, dass sie über Phantasie und Vorstellungskraft verfügen.
2. ob sie in der Vergangenheit oder im Alltag irgendwelche positiven Phantasien, Vorstellungen, Imaginationen, innere Bilder hatten oder haben, die ihnen Kraft geben oder aus denen sie Kraft schöpfen können.
3. Wie ihnen diese Vorstellungen und Imaginationen Kraft gegeben haben bzw. geben? (vgl. Stasing: In Reddemann & Stasing 2013, S. 78)

Es wurden von der Forscherin neun Kategorien bzw. Themenbereiche konstruiert, die den Inhalt der Interviewantworten bezüglich der kraftgebenden Imaginationen erfassten und sich aus der Fülle des Materials herauskristallisieren ließen:
1. Familie
2. Natur
3. Tiere
4. Phantastisch
5. Religion
6. Schicksal
7. Zukunft
8. Magisch
9. Reflexion

Beiden Gruppen, den psychisch Gesunden und den Erkrankten, war das auffällig häufige Aufkommen von hilfreichen Imaginationen mit dem Thema Familie gemeinsam. Die These, dass insbesondere die Imagination der Familie sehr kraftspendend ist und positive Gefühle erzeugt, bestätigte sich so. Auf die Frage, wie die Imaginationen Kraft geben, wurde häufig geantwortet, dass sich die Personen geborgener, entspannter und besser fühlten, weil positive Gefühle in ihnen hervorgerufen wurden. Es zeigte sich besonders deutlich der physiologische Aspekt.

Die Vorstellung von ganz bestimmten Familienmitgliedern, die etwas Bestimmtes für die Person tun, z.B. sie in den Arm nehmen, dienten als Kraft vermittelnde Ressource um z.B. eine schwierige, oder unangenehme Situation zu bewältigen (vgl. Stasing: In Reddemann & Stasing 2013, S. 79).

Dies würde allerdings mit Sicherheit nicht bei PatientInnen, die innerhalb der Familie traumatisiert wurden, gelten.

Viele der befragten Personen haben von Vorstellungen und inneren Bildern in der Natur berichtet, die ihnen in schwierigen Situationen Kraft geben und zudem eine sehr beruhigende Wirkung erzielen können. Häufig wurden Erinnerungen an schöne und eindrucksvolle Orte in der Natur geschildert, die bewusst ins Gedächtnis gerufen werden, wenn Entspannung oder ein positives Gefühl erzeugt werden soll.

Im klinischen Bereich haben sich auch etliche Imaginationen bewährt, die ich in meinen Büchern erwähnt habe und überwiegend anderen AutorInnen verdanke, nicht zuletzt aber auch der Kreativität von PatientInnen. So schätzen Patientinnen und Patienten die »Baumübung« von Phyllis Krystal sehr, bei der es um das Erleben von Geborgenheit und Genährtwerden geht (vgl. Reddemann 2016). Auch die Vorstellung eines Gewässers in seinem Verlauf von der Quelle bis zum Meer mögen viele; sie wird häufig als eine Vorstellung für seelische Reifung erlebt. Tiere kommen in der Imagination eines Geborgenheit spendenden Ortes, früher auch als »sicherer Ort« (Reddemann 2016) bezeichnet, häufig vor, nämlich als Schutzwesen.

Für eine ressourcenorientierte Psychotherapie können die Ergebnisse der Studie ein nützlicher Hinweis sein, dass Imaginationen von geliebten, nahestehenden Personen Entspannung und Wohlbefinden fördern können, woraus sich andererseits ergibt, dass es kontraindiziert ist, dysfunktionale Beziehungsmuster allzu sehr durch Imagination zu aktivieren. Dies gilt vor allem für PatientInnen, die innerhalb der Familie traumatische Erfahrungen gemacht haben. Hier bewährt es sich, auf das Bild sogenannter »innerer Helfer« zurückzugreifen; diese Helfer weisen regelhaft Eigenschaften auf, über die sonst hilfreiche Familienangehörige verfügen. Meine Devise lautet: Imagination ist Zauberkraft und für alle verfügbar, die sich das erlauben können.

Unsere Schlussfolgerung war, dass in Therapien häufig sehr gut mit dem gearbeitet werden kann, was bei dem/der PatientIn schon vorhanden ist. Eigene Imaginationen der ProbandInnen als Ressource zu nutzen, erwies sich in der Studie als effizient. Diese Wirkung erwächst nicht zuletzt aus einer Wertschätzung der Fähigkeiten der befragten Person, aber auch aus dem Feedback der Interviewerin.

Es zeigte sich der integrative und persönliche Wert imaginativer therapeutischer Arbeit, bei der nicht nur mit vorgegebenen imaginativen Techniken und Übungen gearbeitet wird, sondern die Ressourcen der PatientInnen gezielt integriert und genutzt werden.

Den psychisch erkrankten Personen in dieser Untersuchung war es ein Bedürfnis, durch die Vorstellungen und Imaginationen Ruhe und Entspannung zu finden. Des Weiteren können durch die neuen Erfahrungen eines gesteigerten Kontrollerlebens in der Imagination Selbstwirksamkeitserfahrungen angeregt werden. Wir schlussfolgerten darüber hinaus, dass schon Selbstwirksamkeitserwartungen als eine Form der Imagination angesehen werden können bzw. ohne Imaginationsfähigkeit und Vorstellungskraft nicht entstehen könnten.

Eine andere Studierende, Frau Grütters (2010), konnte in ihrer Studie und Diplomarbeit zu meiner Version der Übung »das innere Team« zeigen, dass Entscheidungsprozesse bei Problemen durch die Einladung des »inneren Teams« erleichtert werden können. Die Autorin untersuchte in ihrer Studie den Nutzen der imaginativen Übung des inneren Teams auf Entscheidungsprozesse im Alltag. Es stellte sich heraus, dass der Perspektivenwechsel bei der Betrachtung eines Problems sehr stark dazu beitragen kann, eine umsichtige Entscheidung zu treffen. Die Mehrheit der untersuchten ProbandInnen gab an, dass die Imaginationsübung »das innere Team« bei der Entscheidungsfindung sehr geholfen habe. Insbesondere seien die TeilnehmerInnen der Studie von dem ressourcenvollen Charakter erstaunt gewesen, schreibt Grütters. Schließlich führe die Entscheidung auf eigene Ressourcen zurück, »die man ohnehin in sich trägt« (Grütters 2010, S. 80).

Es bestätigte sich die Hypothese der möglichen Steigerung von Selbstwirksamkeitserwartungen durch diese imaginative Übung.

Insgesamt weisen die Ergebnisse der Studie von Grütters ebenso wie die von Stasing auf die positiven Effekte hin, wenn vielfältiges imaginatives Material zur möglichen Steigerung der Selbstwirksamkeit genutzt wird. Dies zeigt sich insbesondere unter dem Aspekt der Förderung von zukunftsorientierten und reflektierenden Imaginationen.

## Schwierigkeiten

Die Vorstellung, dass Imaginationen immer und grundsätzlich hilfreich sein können, ist dennoch zu relativieren. Wichtig ist in diesem Zusammenhang, dass das Entscheidende einer gelingenden Therapie nach allem, was wir heute wissen – und genau genommen schon lange wissen –, eine hilfreiche therapeutische Beziehung ist (vgl. Benedetti 2011).

In einer anderen Behandlung ging es lange Zeit darum, eine Beziehung zu etablieren, die es der Patientin erlaubte, Hoffnung in Bezug auf die gemeinsame Arbeit zu entwickeln. Dem stand die unbewusste Furcht entgegen, auch die Therapeutin könne so gleichgültig und entwürdigend sein wie die Eltern. Erst nachdem die Patientin sich davon überzeugen konnte, dass die Therapeutin ein aufrichtiges Interesse an ihrem Wohlergehen hatte, war es möglich, tiefer in die Lebensgeschichte vorzudringen, mehr Emotionen zuzulassen und schließlich auch mehr mit der Vorstellungskraft im positiven Sinn zu arbeiten. Zunächst rechnete die Patientin jederzeit damit, dass das, was sie wollte, plante und sich wünschte, zunichte gemacht würde. Auch dies natürlich eine Vorstellung, die wir landläufig als Übertragung bezeichnen würden.

Belastende Erfahrungen können sehr einsam machen und nötigen Menschen, die eigenen Kräfte zu entfalten. Im Zusammenhang mit schweren traumatischen Erfahrungen wird der Begriff »überleben« häufig gebraucht. In diesem Wort steckt bereits eine Imagination.

## Imagination als Überlebenshilfe

Mir fällt in meiner Arbeit auf, dass Kreativität und Kunst und die damit verbundene Imaginationsfähigkeit besonders oft eine Überlebenshilfe darstellen. Überlebenskunst bedeutet für mich die Kunst zu überleben, aber darüber hinaus die Kunst, vom Überleben zu einem sinnerfüllten Leben zu finden. Im Wesentlichen geht es dabei ja um eine Geistesschulung. Ein offener Geist braucht auch ein offenes und mitfühlendes Herz. Und mir will scheinen, dass hier die Künste im weitesten Sinn und die Imaginationsfähigkeit ihren besonderen Platz haben. Unser emotionales Herz will gepflegt sein. Dass es ihm durch heilsame Bilder von Freude und Liebe besser geht als durch solche von Verzweiflung, Ärger und Hass, ist sowohl Erfahrungswissen wie inzwischen gut belegte wissenschaftliche Erkenntnis. Rose Ausländer z. B. hat ihre dichterischen Fähigkeiten und ihre Imaginationskraft genutzt, um sich auszudrücken und wohl auch, um zu überleben nach all den Schrecken, die sie durchgemacht hatte.

Donald Winnicott hat die Entfaltung der Kreativität in einem Zusammenhang mit der Entwicklung des Kindes gesehen. Wenn er von dem »Übergangsobjekt« spricht, das dem Kind hilft, ohne die Mutter auszukommen, verweist er auf einen aktiven imaginativen und kreativen Akt des Kindes. Das Kind ist in solchen Momenten in Beziehung mit seiner ureigenen Schöpfung, selbstverständlich auch mit Erfahrungen mit wichtigen Anderen sowie mit dem Mütterlichen in ihm selbst, also dem, was es trägt und tröstet. Erfahrung führt zur

Verinnerlichung und daraus entsteht in einem imaginativ-schöpferischen Akt Neues.

Womit also könnte sich demnach z. B. ein unglückliches Kind trösten, wenn es keine Menschen gibt, an die es sich wenden kann? Oder wenn Menschen nicht ausreichen, um seinen Kummer zu beruhigen? Zwei Schriftsteller, die aus den Erfahrungen des verlassenen Kindes jeweils auf ihre Art großartige Literatur gemacht haben, fallen mir dazu ein: Kenneth Graham, der »Der Wind in den Weiden« geschrieben hat, ein Buch, in dem es um gute Erfahrungen mit Tieren geht und das Millionen von Kindern auf der ganzen Welt seit nun bald hundert Jahren begeistert, und Aharon Appelfeld und sein Buch »Geschichte eines Lebens«. Hier erzählt Appelfeld, wie er als kleiner Junge auf der Flucht aus dem KZ monatelang allein lebte und Trost bei den Tieren und überhaupt in der Natur fand und, was sehr wichtig ist, sich beständig an seine Eltern erinnerte und in diesen Erinnerungen Halt fand.

Das Kind könnte sich auch durch Musik getröstet fühlen. Es würde vielleicht Klänge in sich hören und Lieder vor sich hinsummen, und da denke ich z. B. an das Kind Wolfgang Amadeus Mozart, das 8-jährig, als der Vater krank war und das Kind ihn nicht stören durfte, eine ganze Symphonie im Kopf erklingen ließ, und sie natürlich auch aufschrieb, sonst könnten wir sie heute nicht hören.

Es bedarf therapeutischerseits einer gewissen Bemühung, positive Imaginationen und Gefühle zu unterstützen und sie festzuhalten. Es braucht eine gewisse Bereitschaft, sich vorzustellen, dass Heilung durch die Aktivierung von Vorstellungen und Handlungen, die den Bereichen der Liebe und der Freude entstammen, entsteht, und durchaus auch aus der Auflehnung gegen Unrecht und einer Sehnsucht danach, dass allen Menschen Gerechtigkeit widerfahren soll. Die positive Wirkung wird intensiviert, indem man die Bilder ausgedehnt auf sich wirken lässt, sodass man ihnen nachschmeckt, sie auskostet.

Wenn es Kreativität, also Schöpferkraft ist, die uns helfen kann, dem Schweren des Lebens zu begegnen, dann ist es wichtig, sich klarzumachen, dass wir alle über diese Schöpferkraft verfügen. Sie zeigt sich auf unterschiedliche Weise: Die einen malen, komponieren, schreiben, singen und tanzen, die anderen gestalten ihren Garten, tragen Gedichte vor, kochen, schreinern, vertiefen sich in wissenschaftliche Herausforderungen, und noch andere spielen ganz einfach ohne die Erwartung, dass etwas dabei herauskommen muss. Kinder leben das am überzeugendsten vor. All dies ist ohne Imagination nicht möglich.

»*Noch ist Raum*
*für ein Gedicht.*

*Ein Gedicht ist ein Raum*
*Wo man atmen kann.*«,

schreibt Rose Ausländer, die sich während der Nazizeit in einer Erdhöhle verstecken musste. Sie hat zwischen den Worten Gedicht und Ein Gedicht einen sichtbaren Raum gelassen. Ein Raum, wo man atmen kann durch Vorstellungskraft, das grenzt schon beinahe an ein Wunder.

Früher wurde in der Arbeit mit Imagination etwas sehr Spezielles verstanden. Wenn wir uns klar machen, dass alles, was wir nicht jetzt in diesem Augenblick wahrnehmen, sondern an das wir denken, was wir uns vorstellen, unserer Fähigkeit geschuldet ist, zu imaginieren, sich etwas vorzustellen, dann ist Imagination eine ubiquitäre Fähigkeit, die es einfach nur zu nutzen gilt.

## Therapeutische Verantwortung

Unsere inneren Bilder sind mächtig. Das wirft immer wieder die Frage nach unserer Verantwortung für die inneren Bilder auf. Es gibt Imaginationen mit quälender Starre. Imaginationen, die sich nur schwer verändern lassen, denen wir kaum entrinnen können. Meist sind die Inhalte dieser Bilder erschreckend, sie lassen erstarren oder gar einfrieren.

Es kann als sicher gelten, dass unangenehme Bilder – und Schreckensbilder – von denen, die es wollen, genauer, die es wollen können, verändert werden können; das gehört für mich zur Überlebenskunst, aber auch zur Lebenskunst im Allgemeinen.

Viele, die sich mit Imagination beschäftigen, scheinen das Visuelle und die Ineinssetzung mit dem Visualisieren als dominant zu beurteilen. Und wenn wir vom ursprünglichen Wortsinn ausgehen, so scheint das auch naheliegend.

Ich schlage vor, den Begriff der Imagination auf verschiedenste Formen inneren Erlebens auszudehnen. So kann man die Fähigkeit zur Imagination in unterschiedliche Kategorien einteilen und dazu eignen sich z. B. die »Intelligenzen« von Howard Gardner. Gardner unterscheidet nämlich verschiedene Arten von Intelligenz.

Etwa sprachliche Intelligenz, wie man sie z. B. bei Schriftstellern, aber auch bei Rechtsanwälten und allen Menschen findet, die geschickt mit Sprache umgehen. Wendet man nun Gardners Kategorien an, so bemerkt man, dass sich eine von sprachlicher Intelligenz geprägte Imaginationsfähigkeit ganz entscheidend von einer von räumlich-sehender Intelligenz geprägten unterscheidet. Würden im ersten Fall z. B. Sprachbilder auftauchen, so würden im zweiten Fall eher Vorstellungen und Bilder, die mit Räumen und auch Bewegung zu tun haben, von Bedeutung sein. Wieder anders wäre es im Fall weiterer Kategorien: logisch-mathematische Intelligenz, musikalische Intelligenz, interpersonale und intrapersonale Intelligenz. So wird leichter verständlich, warum verschiedene Menschen sehr unterschiedliche Imaginationen verwenden. Manche Menschen – mit vermutlich dominanter mathematischer Intelligenz – leben in einer Welt der Formen und Formeln, die wir landläufig als »abstrakt« bezeichnen. Die Intensität und Sinnhaftigkeit aber, die manche meiner Patienten damit zu verbinden schienen, ließen in mir nach und nach die Vorstellung entstehen, dass dies doch auch eine Form des Imaginierens darstellt.

Ich erinnere mich an einen Patienten, der sich am besten dadurch beruhigte, dass er stundenlang am Computer musikalische Strukturen erfand. Es war für ihn äußerst schwierig, diese Erfahrungen in Sprache oder Bilder zu übersetzen, aber es bestand kein Zweifel, dass diese innere – aus meiner Sicht imaginierte – Welt für ihn von grosser Bedeutung war.

Heilsame »Bilder« und andere imaginative Erfahrungen können jederzeit noch mehr gefördert werden; wir könnten uns an Paracelsus erinnern, der die Imagination für die Heilkraft schlechthin hielt, das, was uns mit unserem so genannten heilen Kern verbindet.

Manchmal bedarf es eines behutsamen und doch auch entschlossenen Vorgehens, um einer scheinbar unaufhaltsamen Entfaltung unheilsamer Bilder Einhalt zu gebieten.

Luise Reddemann

*Vignette drei*

Eine Frau, Anfang dreißig, ist schon länger in Therapie. Auch ihre Lebensgeschichte ist voll von Schrecken. Diese Patientin ist außerordentlich kreativ. Sie kam mit der Gabe, malen zu können, bereits in ihre Therapie. Sie beschäftigt sich fast ausschließlich mit ihren Schrecken. Sie meint, das sei notwendig. Stunde um Stunde bringt sie Bilder mit, in denen sie das Grauen darstellt. Auch ihre Therapeutin meint, das müsse so sein. Andererseits fühlt sie sich nach jeder Stunde erschöpft und ausgelaugt. Die Symptome der Patientin nehmen eher zu. Daher sucht die Therapeutin Rat bei ihrer Supervisorin. »Was für eine Vision haben Sie für diese Therapie?« – »Dass die Patientin wieder in Kontakt kommt mit ihren Stärken. Sie kann so viel, aber das ist alles in Vergessenheit geraten. Wir beide hätten mehr Freude aneinander, würden auch mal lachen..., doch, das wäre schön...« – »Erzählen Sie mir bitte noch mehr von den Stärken Ihrer Patientin ... und von Ihren.« »Ich liebe die Natur, gehe lange spazieren, das gibt mir Kraft ... Meine Patientin? Sie liest viel, ist sehr intelligent. Studierte mal Mathematik, das hat sie abgebrochen.« – »Wie wäre es, wenn Sie sich Ihre innere Weisheit vorstellen würden? Vielleicht ihr in der Natur begegnen würden? Was würde sie Ihnen raten zu tun?« – »Ich treffe sie auf einer Waldlichtung. Eine alte weise Frau ... Was sagt sie mir? Sie lächelt. Sagt nichts. Seltsam. Jetzt zeigt sie mir eine Tafel, da steht eine mathematische Formel drauf. Was soll das denn? Ach so, die mathematische Begabung der Patientin nutzen. Sie nickt, lächelt. Dann kann die Patientin logisch denken. Klar. Ich könnte an ihre Logik appellieren, dass es nicht hilft, sich nur mit Schlimmem zu beschäftigen. Die Alte nickt mir zu. Es sieht aus, als mache sie mir Mut.« Die Therapeutin hat sich mit ein wenig Unterstützung durch mich die spezifische Intelligenz ihrer Patientin bewusst machen können und setzt ihre Erkenntnisse in der nächsten Stunde um. Sie bittet die Patientin, die bisherigen Erfahrungen auszuwerten. Was ist die logische Konsequenz aus dem bisherigen Verlauf? Dass die ausschließliche Beschäftigung mit Schlimmem alles schlimmer macht. Da die Patientin gerne liest, empfiehlt ihr die Therapeutin die Lektüre einiger passender Bücher. Das Blatt wendet sich. Da es der Patientin nun einleuchtet, dass sie ein Gegengewicht zu ihren Schreckensbildern braucht, und da sie ja über starke Fähigkeiten verfügt, sich Bilder vorzustellen und diese zu Papier zu bringen, malt sie nun zu jedem ihrer Schreckensbilder ein Gegenbild. Nach und nach fühlt sie sich besser, hoffnungsvoller.

Die Wende könnte hier die Einladung der Supervisorin, eine Vision für die Therapie zuzulassen, gebracht haben – d. h. es war der Therapeutin möglich, die Patientin einzuladen, in andere Räume vorzudringen und dies nutzbar zu machen, nachdem sie selbst für sich neue Wege entdeckt hatte.

Die Imagination der inneren Weisheit kann dazu führen, die beste Beraterin, die man sich wünschen kann, zu finden. Wird sie angesprochen, werden die Kraftquellen deutlicher und Lebenskunst kann sich entfalten.

Da tauchen blitzartig Wissen und Weisheit auf, Geschichten, Märchen.

Rituale, wenn sie nicht erstarrt sind, helfen diesen inneren Welten in die Welt des Bewusstseins.

## Imagination ermöglicht, verschiedenste Wege zu gehen

Manche stellen sich alsbald als ungangbar heraus, zu steinig, zu schwierig, aber vielleicht auch einmal zu leicht, zu langweilig. Dann wird ein neuer Weg eingeschlagen. Die Imagination verleiht uns Flügel oder bringt uns in Fluss. Es ist daher nicht schwer, einen anderen Weg auszuprobieren.

Imagination kann eine heilsame und eine zerstörerische Kraft sein. Da unsere diesbezüglichen inneren Bilder gleichzeitig bestehen und auch wahrgenommen werden können, kann das Heilsame und das Unheilsame auch gleichzeitig nebeneinander Raum bekommen. Insoweit bildet Imagination unsere Wirklichkeit genauer ab als Sprache, die Gegensätzliches nicht gleichzeitig, sondern nur hintereinander beschreiben kann. Und in der Kunsttherapie werden ja häufig diese gegensätzlichen Bilder – wenn es sinnvoll ist – auf einem Blatt gestaltet.

Wenn wir gefordert sind, uns mehr in der Vielfalt der Möglichkeiten zurechtzufinden, kann eine imaginativ immer wieder neu zu erschaffende und erschaffene Welt uns helfen, deren Reichtum zu erkennen und uns weniger vor ständigem Wandel zu fürchten. Ja, mehr noch, Imagination ist Voraussetzung unserer Schöpferkraft und unseres Erfindungsgeistes. Die Dichterin Gioconda Belli meint: »Ich könnte nicht leben, wenn ich nicht glaubte, dass die Phantasie neue Welten zu schaffen vermag«.

## Schlussbemerkungen

Imagination ermöglicht Perspektivwechsel auf eine tiefgreifende und doch auch spielerische Art: Man sieht Dinge anders, in einem anderen Licht, sie bekommen eine andere Bedeutung.

In trüben Stunden tröstet mich Bachs Arie »Gottes Engel weichen nie, Sie sind bei mir allerenden. Wenn ich schlafe, wachen sie, wenn ich gehe, wenn ich stehe, Tragen sie mich auf den Händen«. Ich verbinde innere Bilder gerne mit Musik, auch das ist Imagination.

Angst, Not und Kummer können so möglicherweise andere Bedeutungen bekommen. Ich halte es im Übrigen für irrig, dass Leid unsere größte Wachstumschance darstellt. Allerdings handelt es sich hier um eine machtvolle Imagination!

In schwierigen Zeiten könnte es heilsam sein, sich an einen Helden aus Kindertagen zu erinnern: Frederick.

Frederick, der Mäuserich, der Sonnenstrahlen sammelte und Farben, und in harten, kalten Zeiten die anderen Mäuse damit erfreute. Dieses Buch hält sich seit über 50 Jahren in den Bücherregalen und erfreut vielleicht nicht nur die Herzen von Kindern, sondern auch die der vorlesenden Eltern.

Ich wünsche mir, dass unsere Arbeit dazu beiträgt, dass Menschen erblühen können, weil sie innerlich genau die für sie passende Dosis an Sonne und Regen erleben können, die sie brauchen.

## Literatur

Achterberg, J. (1990). *Gedanken heilen. Die Kraft der Imagination. Grundlagen einer neuen Medizin.* Reinbek: Rowohlt.
Achterberg, J. (1993). *Die Frau als Heilerin: Die schöpferische Rolle der heilkundigen Frau in Geschichte und Gegenwart.* Frankfurt a. M.: Scherz Verlag.
Appelfeld, (A.) (2006). *Geschichte eines Lebens.* Reinbek: Rowohlt.

Ausländer, R. (1984). Im Aschenregen die Spur deines Namens. In: *Gesammelte Werke in acht Bänden* (Hrsg. H. Braun). Band 4. Frankfurt a. M.: Fischer.
Benedetti, F. (2011). *The patient's brain*. Oxford: Oxford University Press.
Fürstenau, P. (2017). *Psychoanalytisch verstehen, Systemisch denken, Suggestiv intervenieren*. Stuttgart: Klett-Cotta.
Graham, K. (2004). *Der Wind in den Weiden*. München: Bassermann
Grütters, A. (2010). *Hat die imaginative Übung des »inneren Teams« einen Effekt auf aktuelle Entscheidungsfragen bei StudentInnen und wenn ja, welchen?* Diplomarbeit Universität Klagenfurt.
Hüther, G. (2011). *Was wir sind und was wir sein könnten*. Frankfurt a. M.: Fischer.
Kuhl, J. (2001). *Motivation und Persönlichkeit: Interaktionen psychischer Systeme*. Göttingen: Hogrefe.
Linni, L (2019). *Frederick* (17. Aufl.). Weinheim: Beltz & Gelberg.
Reddemann, L. (2001). *Imagination als heilsame Kraft*. Stuttgart: Klett-Cotta.
Reddemann, L. (2008/2016). *Würde – Annäherung an einen vergessenen Wert in der Psychotherapie*. Stuttgart: Klett-Cotta.
Reddemann, L (2016). *Imagination als heilsame Kraft. Ressourcen und Mitgefühl in der Behandlung von Traumafolgen* (vollständig überarbeitete Neuauflage). Stuttgart: Klett-Cotta.
Reddemann, L. & Stasing, J. (2011). *Imagination. Handwerk der Psychotherapie*. Band 2. Tübingen: Psychotherapie Verlag,
Sennett, R. (2008). *Handwerk*. Berlin: Berlin Verlag
Stasing, J. (2011). *Imagination und Selbstwirksamkeit. Zwei bedeutende Ressourcen für die Psychotherapie. Eine Zusammenhangsanalyse und ein explorativer Gruppenvergleich*. Diplomarbeit Universität Klagenfurt
Wampold, B., Imel, Z. E. & Flückiger, C. (2017). *Die Psychotherapie-Debatte: Was Psychotherapie wirksam macht*. Göttingen: Hogrefe.

*Dana Rufolo*

# Promoting Mastery of Art Production for Art Therapy Clients using Aesthetic Empathy

> **Abstract:** This paper develops further the concept of Aesthetic Empathy, defined as a direct relationship exclusively between the art therapy client and the produced art work that reverse-projects empathetic feelings, inspired by the fact of having created something, back onto the client. In this paper, it is suggested that developing mastery of the techniques of artistic creation in whichever aesthetic discipline used will reverse-project feelings similar to that of self-esteem back onto the client. The paper urges therapists to encourage mastery of art production in their clients, teaching them the techniques and rules of the artistic craft chosen rather than seeing the art therapy experience as a possibility for building character traits merely through the act of creating art works. This concentrated approach avoids thinking of the client as experiencing degrees of socially determined characteristics like self-esteem and, instead, treats the client as an individual free from social contexts – as an artist in the process of development.

This brief paper proposes that an intervention with clients using one or more of the art therapy modalities with the goal of objectively developing the client's artistic competence is one of the characteristics of using an Aesthetic Empathy approach for clients in the arts therapies. Acquiring genuine skill in the art modality chosen by the client or pre-selected for the client offers the opportunity for reverse-projection from the art work (the dance, the song, the painting, the drama piece, and so forth) into the client that solidifies the client's core identity. The advantage of this approach is that the art therapist avoids kowtowing to social norms of adjustment that may not be the best way to strengthen their client's core identity through an acquired empathy for the self. This paper argues for a perceptual switch from seeing these art modalities as opportunities for self-expression to seeing these art modalities as opportunities for a mastery of art production which approaches professionalism. By using the techniques of

Aesthetic Empathy an art therapist can assist the client to learn to criticise »bad« artistic production and to aspire to more controlled, »good« artistic achievement. The interaction with the created art object removes a social context and concentrates the client on self-exploration. In order to make its point, the paper contrasts the concept of self-esteem with the concept of Aesthetic Empathy.

I have defined the process of Aesthetic Empathy by applying the theory of the Skin Ego (»le Moi-peau«) advanced by Didier Anzieu (1979) as described in an earlier paper of mine as a way of developing an empathetic relationship with one's self by allowing the created object to shine back its original and therefore positive qualities onto its creator. In this paper, I distinguish between the superficial relationship between the created object and the client, its creator, which has behavioural goals that conform to social norms that may or may not be enlightened – and often are not enlightened – and the deep (internalized) empathetic relationship between the created object and the client, its creator, that promotes individualization in the most original way possible, without regard for social norms of behaviour. This latter form of relationship is not mere projection but is in fact a reverse-projection. The created aesthetic object shines back upon the client, its creator, after having first become a container of the plethora of impulses it envelopes.

Didier Anzieu asserts that body, mind, emotion, and intellect form a complex oscillating unity where »psychical space and physical space constitute each other in reciprocal metaphors« (Anzieu 1979, p. xxxii). This psychoanalytic perspective gives us a clue as to why the created object can become incorporated into the psyche of the clients so that it seems to befriend them and to assist their sense of knowing themselves. It is the act of befriending that is most important here. Befriending is a form of doubling, and doubling as Jacob Moreno (cf. Moreno 1987, pp. 68–80) stated is always beneficial for those existing in a dominantly psychotic state where they feel so isolated that empathetic feelings cannot reach them. I would extend the function of doubling to include it offering benefits for all people, even those who seek out art therapy for life improvement and out of choice, since each and every one of us could potentially enter a psychotic state through trauma, whether external or physiological, whether emotional or behavioural. Although never able to become an elephant, any human being might in the right circumstances become psychotic. The potential of doing so casts a shadow on even those who are the therapists and not the clients/patients: it is a universal potential.

The act of befriending is in fact an empathetic act that comes about through the created art object of the client shining back meaning for the creator. It provides insight; and its aesthetic quality transforms the messages it gives into forms, lines, colours, words, movements, and so forth. They neutralize the personal distress that motivated their execution and become something that can be talked about without referencing good and bad or worrying about diagnosing narcissism or depression (and so forth). Didier Anzieu offers us great insight into the positive potential that lies within all human things. The wonderful thing about his theory is that he permits a whirlwind of confusion inside the Skin Ego when it has been penetrated. When the client/patients are steered into penetrating deeply into the full body of the temporally bound or physically bound object they have created, they are permitted to be puzzled and confused by the contents just as long as the object has a shape, a name, a skin.

There is much to say about the Skin Ego in Aesthetic Empathy that will not be said here, and additionally the theory posited by me is in need of empirical evidence. However, in this brief paper I now wish to emphasize the difference between encouraging mastery of an art modality versus encouraging self-improvement concepts in the arts therapies that are perceived as engendering behavioural changes which conform to social expectations.

To elucidate my point, I wish to refer to the article titled »Art Therapy Strategies to Raise Self-Esteem in Female Juvenile Offenders« (Hartz & Thick 2005). This article does what I cannot do, which is to provide you with two distinct control groups, one given treatment using psychotherapeutic art therapy and the other given treatment using art therapy and then applying a traditional means of evaluation (in this case the Harter adolescent self-perception profile and The Hartz Art Therapy Self-Esteem Questionnaire) to compare and contrast the perception of self-esteem in both groups. The positive result is that there are improvements in self-esteem in both groups. However, there is little theoretical thought on the part of the researchers in how they position the patient/client in space as defined psychoanalytically by Didier Anzieu in this reported success in achieving self-esteem (and its cognates) through art therapy. I will analyse this problem in terms of the theory of Didier Anzieu – which, may I remind my readers, is not as much the product of this one man's mind as it is a perceptual perspective which I and countless among us, once we accept the intent of Anzieu's perceptual model, share. However, the adjectives, cited as objectives, used in this article on self-esteem do permit me to concretize my merely theoretical argument that a qualitative and long-lasting change in the clients is encouraged by acquiring discipline in the selected field of arts through developing the critical and analytical capacity of said individuals as much as possible.

In *Art Therapy Strategies to Raise Self-Esteem in Female Juvenile Offenders*, self-esteem is characterised as providing »a sense of competence and resiliency to undertake and successfully respond to life's challenges« (Hartz & Thick 2005, p. 71). After undergoing sessions in either art therapy or art psychotherapy, the juvenile offenders who were the clients showed »increased feelings of mastery, connection, and self-approval« (Hartz & Thick 2005, p. 70). Mastery and self-approval are the adjectives most relevant here. Connection is not of concern, because what I am talking about, by using the term reverse-projection, is a relationship between the client and the created object which is a visceral relationship, not a superficial relationship. If I am correct in positing that the created object is a distinct thing which shines back upon the creator but is not a part of the creator the way a developing foetus is part of the mother, then what happens when the created object shines back upon the creator is that the creator metaphorically absorbs the shining aesthetic qualities of the object and converts them into behavioural and self-perceptual terms that become applied to the self, to the core identity. So if the created object, over time, becomes increasingly sophisticated, increasingly sensitive to and obedient to the laws of aesthetics, increasingly original to the creator and thereby in the process of individuation and precision of intent shows mastery of the techniques of the art form, then the accomplishment achieved in the art thing itself reflects back upon the creator her/himself. Let us not forget that, although there is no skin that envelopes both creator and created thing simultaneously (and therefore no in-between space to fit in a transitional object), Anzieu in his generosity of spirit has proposed that metaphors act to bind these two independent yet interconnected – and, I add – actively reverse-projecting, entities. (Art therapists ought never to exclude themselves from the space of discourse, so one might say that we have acquired self-esteem by achieving the status of art therapist, the catalyst in this relationship, and that our sessions with clients are a form of art in which art is practiced, which would in effect mean that we are all drama therapists who stage art therapy sessions. But I digress ... not without purpose, however.)

In applying Aesthetic Empathy, we are not concerned with inserting our client into a world full of »other« people. We are deeply and only concerned with the relationship between the person who is this client and the created object. We are seeking out the most original and the most confident uses possible of the aesthetic medium chosen to work with. Nor must we worry ourselves that aptitude is excessively rare and beyond our ken, certainly beyond the »abilities« of our client. There is no such thing as originality, true originality I mean, bound as we are by the limitations of our genus and species and our Zeitgeist and Platzgeist. So, let us not set artificial limitations when there are physiological and temporal limitations enough. David Hume has eloquently told us this:

*»Nothing at first view may seem more unbounded than the thought of man, which not only escapes all human power and authority, but is not even restrained within the limits of nature and reality. To form monsters, and join incongruous shapes and appearances, costs the imagination no more trouble than to conceive the most natural and familiar objects. And while the body is confined to one planet, along which it creeps with pain and difficulty, thought can in an instant transport us into the most distant regions of the universe, or even beyond the universe, into the unbounded chaos, where nature is supposed to lie in total confusion. What never was seen, or heard of, may yet be conceived, nor is anything beyond the power of thought except what implies absolute contradiction ... but though our thought seems to possess this unbounded liberty, we shall find, upon a nearer examination, that it is really confined within very narrow limits and that all this creative power of the mind amounts to no more than the faculty of compounding, transposing, augmenting, or diminishing the materials afforded to us by the senses and experience«* (Hume 1912).

Here, Hume is grappling with originality; he is exhibiting a form of critical contemplation of his own capacity as artist-thinker, is he not? He is in fact using what I am attempting to label but which has always existed, waiting to be recognized: that is to say, an Aesthetic Empathy approach. He feels empathy for himself, for his yearning or wish for transcendental originality and for his critical conviction that this form of utterly untethered originality is not humanly possible, that we are always limited by our own skins as psychical and physical – and conceptual – entities.

My point will be even clearer when I contrast the private artistic grappling with the limits of self to the concept of self-esteem. Intrinsic to its very nature, the concept of self-esteem is rooted in a social universe. It is comparative. I acquire esteem for myself by judging myself to be as competent and as deserving of happiness as the competent and happy people around me. »High self-esteem involves the sense that one is worthy of happiness (Branden 1994) (...), whereas low self-esteem increases vulnerability to depression and suicide (Harter 2002)« (Hartz & Thick 2005, p. 71). It is on the level of the skin, of appearances – without a deep comparison or understanding of the other or of self. Furthermore, in this particular paper on self-esteem, which I selected to help me support my own core beliefs regarding Aesthetic Empathy, self-esteem is posited to be a major ingredient missing in these juvenile and female offenders of the law who were unable to fit into law-abiding society, because the society they had only ever known was a cruel and inhumane place to exist in. Art therapy or art psychotherapy is seen as a means to an end, the end being the building of a happier self so that offending (criminal) behaviour ceases to be a way of operating for these young women. The authors of *Art Therapy Strategies to Raise Self-Esteem in Female Juvenile Offenders: A Comparison of Art Psychotherapy and Art as Therapy Approaches* (Hartz & Thick 2005) have posited a background good-enough social world that has been wronged by family fragmentation, abusive parents, and wayward childish female thought and to which these offenders are to be welcomed. They write, »Factors found to improve self-esteem include cognitive interventions, development of problem-solving and life skills, and utilization of social support« (Hartz & Thick 2005, p.72). These are invaluable assets for the client, indeed. But I am suggesting that these assets need not be the goal of a therapy approach based on Aesthetic Empathy which concentrates on developing the client's sense of control over the created aesthetic object as an end in itself. When the client acquires the capacity to take on the role of the critic, passing a value judgement on the aesthetic object he or she has created which references the rules of aesthetic creation and not qualities which are exterior to the client as artist, then the client has been placed in a playing field which is open-ended and independent of judgement by external social values. The client is given the freedom of the artist, and as creator he or she acquires a salutogenic sense of achievement and of self-empathy by solidifying a core identity that feels unique (within limits). This throw-back effect, a reverse projection, promotes as much originality of thought and independence in the client as he or she is capable of, thus permitting re-entry into the inevitable social context of living with the strength of character that free people everywhere need if we are not to degenerate into the acceptance of oppressive and manipulative social systems.

## References

Anzieu, D. (1979). *Le Moi-peau*. Paris: Editions Dunod.
Anzieu, D. (1990). *L'épiderme nomade et la peau psychique*. Paris: Apsygée.
Anzieu, D. (2016). *The Skin-Ego* (trans. by Naomi Segal). London: Karnac.
Braden, N. (1994). *Six Pillars of Self-esteem*. New York: Bantam.
Harter, S. (1988). *Manuel for the Self-perception profile for adolescents*. Denver: University of Denver.
Hartz, L. & Thick, L. (2005). Art Therapy Strategies to Raise Self-Esteem in Female Juvenile Offenders: A Comparison of Art Psychotherapy and Art as Therapy Approaches. In: *Journal of the American Art Therapy Association*, Volume 22, Issue 2. 70–80.
Hume, D. (1912). The Origin of Ideas. Section II. In: *An Enquiry Concerning Human Understanding*. Chicago: The Open Court Publishing Company. 15–16.
Moreno, J. L. (1987). Psychodramatic Treatment of Psychoses. Chapter 8 (1939). In: J. Fox. *The Essential Moreno, Writings on Psychodrama, Group Method, and Spontaneity*. New York: Springer Publishing Company. 68–80.
Rufolo, D. (2018). Aesthetic Empathy and Salutogenesis through Beauty. In: H. Duncker, R. Hampe & M. Wigger (Hrsg.). *Gestalten – Gesunden: Zur Salutogenese in den Künstlerischen Therapien*. München: Karl Alber Verlag. 130–142.

*Matthias Sell*

# The Unkown Known –
# Ästhetische Erfahrungen in der Kindheit

**Abstract:** Ausgehend von der entwicklungspsychologischen Überlegung, dass alle Menschen sich in einem Mutter-Kind-Schema entwickeln, wird hier nachgezeichnet, welche zentralen Welten der psychischen Entwicklung dienen und hilfreich sind: Mikro-Welt, Makro-Welt, ästhetische Erfahrung und der synergetische Aufbau der psychischen Regulation über Repräsentanzen, Introjekte und Phantasien als eine Spannung zwischen dem eigenen Ego (Selbst) und dem Anderen (Objekt). Wesentlich neu ist, dass die ästhetische Transformation von sinnlichen Wahrnehmungen in diese Entwicklung miteinbezogen ist.

## Vorbemerkung

Ausgehend von einem Bild wollen wir unsere Überlegungen zu den ästhetischen Erfahrungen in der Kindheit darlegen und verständlich machen. Es wird dabei ein neuer Weg von ästhetischer Erfahrung zum Denken beschritten und deshalb ist der Zugang zu dieser hermeneutischen Denkart in der entwicklungspsychologischen Forschung neu. Es gibt mehrere Überlegungen, weshalb wir dem Kleinkind schon eine ästhetische Fähigkeit unterstellen. Zu berücksichtigen ist hier, dass die Überlegungen sich bisher ausnahmslos an psychologischen Forschungen orientiert haben und nicht so sehr auch einen geisteswissenschaftlichen hermeneutischen Zugang zugelassen haben. Wir verbinden diese Forschungen mit ästhetischen Betrachtungen und frühkindlichen entwicklungspsychologischen Beobachtungen.

Das Bild, das uns leiten soll, ist folgendes: Eine Frau sitzt einfach leger gekleidet an einem Flügel (Piano) und es mutet an, dass sie spielt. Unter dem Flügel sitzt ein etwa einjähriges Baby mit dem Rücken zur Frau, die wahrscheinlich seine/ihre Mutter ist. Es hat den Kopf nach hinten geneigt und blickt von unten auf den Flügel.

Es scheint als lausche das Baby einem Klang, der durch das Spiel der Mutter am Flügel entsteht. Es lauscht in einer Gestik der Verzauberung, die Hände auf den vor ihm/ihr gekreuzten Beinen abgelegt und sitzend andächtig verharrend. Hier wird eine Stimmung mit Schwingungen dargestellt, die den Betrachter sofort erfasst und dieses gemeinsame Schwingen in der Musik stellt sinnbildlich die Schwingung zwischen der Mutter und dem Kind dar. Es entsteht eine heimelige Atmosphäre, die mit Distanz beobachtet werden kann, die aber auch eine gewisse Abgeschlossenheit in sich trägt und eine besondere Schwingung und Verbindung zwischen der Frau und dem Kind vermuten lässt. Es ist wie ein atmosphärischer Bann, der von diesem Bild ausgeht, ohne sich eigentlich abzugrenzen gegenüber dem Betrachter.

Dieses Bild wollen wir zur Einfühlung mitnehmen, wenn wir den Grundgedanken nachvollziehen wollen, dass der Mensch schon von Beginn seines Lebens an über eine ästhetische Wahrnehmungsfähigkeit verfügt und diese in seinen interaktiven Welten seiner frühesten und späteren Relationen herausentwickelt. Ohne diese Relationalität zu seinen engsten Bezugspersonen würde der Mensch nur verkümmerte psychologische, ästhetische Potenzen entwickeln können und als Erfahrungen für das weitere Leben einfalten können. Auch das Bildhafte der Erfahrung, die diesem Prozess anhaftet, wäre verkümmert, kann zwar später ergänzt und »überschrieben« werden, doch diese innere Qualität und Stabilität durch sorgsame und wohlbemessene Begleitung transformiert bisherige Erfahrung hin zu neuen, bisher unbeschrittenen Wegen des menschlichen lebendigen Ausdrucks.

## 1. Unkown Known – Mikro- und Makro-Welten, Implizites Beziehungswissen

*a)   Wirksamkeit von Psychotherapie und Kunsttherapie*

Im Rahmen der Betrachtung von **Psychotherapie und Kunsttherapie** steht die Wirksamkeit von Psychotherapie/Kunsttherapie als Thema im Vordergrund. Wenn wir heute von Wirksamkeit sprechen, bedeutet dies zunächst, dass sich der Patient von seinen Leiden, also der Abwesenheit von Wohlbefinden, befreit. Psychotherapie[1], in welcher Form auch immer, soll hierfür eine geeignete Form der Auseinandersetzung mit dem Leiden zur Verfügung stellen. Wir wissen auch, dass Leiden kaum ein monokausaler Zustand ist, sondern sich als eine komplexe Situation im Leben des Patienten herausstellt.

Die Symptome ordnen wir Bildern zu, die wir mit bestimmten krankhaften Zuständen verbinden. Darüber hinaus erleben wir den Patienten in dem Gespräch mit uns und bemerken seine klare Sprache und seine gute Orientierung in der aktuellen Situation. Dieses Erlebnis mit dem Patienten ordnen wir der Fähigkeit zu, sich mit seiner aktuellen Situation auseinanderzusetzen. Es gibt häufig die Erwartung des Patienten, dass der Psychotherapeut den Patienten heilen kann, so wie es auch von Medizinern oft erwartet wird. Diese Erwartungen sind wichtige Informationen für uns, denn der Patient teilt uns hiermit mit, welche »Übertragungserwartungen« er auf uns projiziert und welche spezifische Einstellung er zu seinen Problemen einnimmt. Emotionale Schwingungen, Verständigungsweisen, die Bereitschaft sich zu öffnen in der Behandlungsbeziehung, die Art der Einstellung zum Leben allgemein, zu den Mitmenschen und zu sich selbst entscheiden schließlich über die Wirksamkeit und den Erfolg der Psychotherapie. Heilung verstehen wir als das Wiedererlangen von Wohlbefinden. Dieses Wohlbefinden sollte frei sein von den Symptomen, die zu Problemen führten oder die Symptome sollten beherrschbar werden und keine innere Verunsicherung und Instabilität mehr hervorrufen können. Der Einzelne gewinnt dabei Autonomie zurück, erweitert sein Bewusstheit und reichert seine Fähigkeit an, sich spontan mit anderen Menschen in Beziehung setzen zu können. Wir arbeiten beispielsweise mit einem Patienten, der »morgens nicht aus dem Bett kommt«, begleitet von Antriebslosigkeit. Die Hoffnung ist wahrscheinlich seitens des Patienten dadurch geleitet, dass er in dem Psychotherapeuten einen Experten sieht, der in der Lage ist ihm zu helfen. Der Patient sieht zunächst nicht, dass zum Heilungsprozess auch beiträgt, dass der Psychotherapeut sich auch als Mensch in die Begegnung (vgl. Trüb 1951) einlässt, und d.h. ihn zu begleiten, einfach existenziell anwesend zu sein, verbindlich zu sein in seiner annehmenden Haltung. Dieses Zweierlei von »da sein« und »Experte sein« stellt für beide eine große Herausforderung dar

---

[1] Ich verwende heute nur den Begriff der Psychotherapie, der Begriffe der Kunsttherapie kann stets ergänzt dazu gedacht werden.

und ist die Basis, auf der die Wirkung der Psychotherapie beruht. Der **Psychotherapeut unterliegt dem Paradox**, dass er einerseits ein wirklich mitfühlender, beeinflusster **Mensch** ist und andererseits ein die Versachlichung suchender, in Richtung des Normalen arbeitender **Experte** (vgl. Buber 1951, S. 10 ff.).

Der Psychotherapeut braucht, um dieses Zweierlei meistern zu können, ein gutes Wissen über Entstehung und Erscheinung von psychischen Störungen und Problemstellungen, eine aus praktischen psychotherapeutischen Prozessen gewonnene Erfahrung sowie eine hinreichende Bereitschaft, sich einem selbstanalytischen Prozess zu stellen.

*b) Zwei-Personen-Psychologie*

Dieser Prozess der Entwicklung sieht den einzelnen Menschen im Zentrum der Erkenntnis, das Individuum wird aus einer Ein-Personen-Psychologie heraus beschrieben. Gerade diese Positionierung als Zentrum der Sichtweise, wie sie bei der Ein-Personen-Psychologie geschieht, verlässt Buber und proklamiert eine neue Sichtweise, wenn man so will, eine »Duale Personen Psychologie«.

Es wäre zu kurz gegriffen, würde man diese Sichtweise einfach eine Zwei-Personen-Psychologie nennen (»Ein ganzer Fächer von Gefühlen, Wünschen, Gedanken und Erwartungen hat Anteil an der Interaktion, die die fortbestehende Beziehung zwischen zwei Menschen charakterisiert und dies gilt nicht nur für die Beziehung zwischen zwei realen Personen. Auch Objektbeziehungen, die in der Phantasie bestehen, sind durch eine solche Art der Interaktion zwischen Selbst- und Objektrepräsentanz gekennzeichnet.« (Sandler & Sandler 1999, S. 85)), denn der *iterative Aspekt* der Entwicklung, die Wechselbezüglichkeit der Menschen zueinander oder aufeinander, ist als solcher ein komplexer Vorgang.

Neben Martin Buber folgen verschiedene Wissenschaftler dieser neuen Perspektive, den Menschen in seinem Geworden-Sein, aus seinen Beziehungsgefügen heraus zu verstehen. Worms (2013, S. 21 ff.), Professor für Philosophie an der Universität Lille, zeigt auch in einer philosophischen Sichtweise, dass für ein Verständnis des Menschen »*Beziehung*« die letzte **ontologische Kategorie** darstellt. Thomas Fuchs (2013) beschreibt das Gehirn als ein Beziehungsorgan. Hans Jürgen Scheurle (2013) beschreibt das Gehirn als eine Resonanz von

Leib und Umwelt, einer Beziehungsumwelt. Das Gehirn ist nicht einsam. Ich selbst habe über **Beziehungsformen** (vgl. Sell 2009b, S. 101–115) und den **Beziehungsraum** (vgl. Sell 2009a, S. 5–11) gearbeitet, wobei Beziehung (vgl. Sell 1996) als Grundkategorie vorgestellt wurde in Amsterdam auf dem damaligen TA-Kongress. Damit wird der Beziehungsbegriff dingfest gemacht und ist nicht mehr eine allgemeine (oberflächlich) phänomenologische Beschreibung einer Wahrnehmung von Menschen und ihren Relationen, sondern ist ein wesentlicher konstitutiver Begriff für ein Verständnis des Menschen selbst geworden. Die letzte Entität ist nicht mehr der Einzelne, das Individuum, sondern »**Beziehung**«. Dieses Denken schließt die Fähigkeit zur ästhetischen Wahrnehmung und zur ästhetischen Umformung oder Transformation mit ein.

Das Individuum ist bereits als Wesen aus einem Individuationsprozess entstanden, das Individuum selbst ist aus einem historischem Beziehungsgeschehen heraus separierte Individuation und immer schon durch Transformationsprozesse neu geformtes Individuum, es basiert also auf einer Beziehungserfahrung und ist selbst nur deshalb in der Lage, sich zu Anderen in Beziehung zu setzen.

*c)   Betrachtung über die Wirksamkeit*

Durch das Verständnis eines solchen Entwicklungsprozesses können wir uns klarmachen, dass Psychotherapie stets Interkulturalität und Intersubjektivität enthält. Im Verlaufe eines psychotherapeutischen Prozesses werden die aufeinandertreffenden unterschiedlichen Kulturen in einen intersubjektiven Prozess geführt.

Wesentlich für das Gelingen eines solchen Prozesses ist die jeweilige Dialogfähigkeit von Patient und Psychotherapeut. Um eine Wirksamkeit bestimmen zu können, brauchen wir ein Verständnis dieses Vorganges des Dialogs, wie er in der Psychotherapie stattfindet. Wesentlich wirken in der dialogischen Gesprächsführung die entwickelten inneren Welten und ästhetischen Welten des Patienten sowie des Psychotherapeuten. Wir können unterscheiden zwischen einer inneren psychischen Mikro-Welt, die auf den frühesten Entwicklungsprozessen beruht und sich in Repräsentationen, körperlich und symbolisch, im Beziehungsgeschehen zeigen und einer Makro-Welt, die sich eher in der sprachlichen Entwicklung und im sozialen Austausch entfaltet. Beide Welten »kommunizieren« miteinander, sie sind – systemisch gesprochen – vernetzt, und bestimmen wesentlich das Befinden des Menschen in verschiedenen Lebenslagen. So mag eine depressive Verstimmung durchaus körperlich empfunden werden als »Spannung im Bauch« und damit auf frühe Beziehungserfahrungen verweisen. Diese Bauchspannung kann als eine psychische Repräsentanz einer Beziehungserfahrung verstanden werden. In der Beziehungserfahrung wird nun die Repräsentation empfunden und kann als Ausdruck eines stimmungsmäßigen Gleichgewichts erlebt werden. Diese Qualität und in dieser Art und Weise kann dies als eine ästhetische Schwingung und Formgestaltung der körperlichen Erfahrung empfunden werden. Paradoxerweise kann diese Repräsentation als »schön« empfunden werden. Beschäftigen wir uns zunächst mit der Mikro-Welt.

*d)   Begriff der Mikro-Welt*

Ich möchte hier den Begriff der **Mikro-Welt** (Abb. 2) einführen und ihn zunächst von dem Begriff der **Makro-Welt** (Abb. 1) abgrenzen. Die Mikro-Welt bezieht sich auf die frühe Erfahrung des Kindes, und die Makro-Welt (vgl. Moser 2013, S. 401–430) bezieht sich auf die spätere Welt des Kleinkindes und des Heranwachsenden. Mit der Mikro-Welt bezeichnen wir in Anlehnung an Ulrich Moser eine Art der affektiven Regulierung, einen Zustand beim Kleinkind, der auf der Basis der Beziehung – wohlgemerkt: der gemeinsamen Beziehung – von Mutter und Kleinkind entsteht. So wie in dem Bild mit der Frau-Mutter und dem Kind unter dem Flügel.

Mikro-Ebene
- **Frühe Introjekte**
    o Repräsentiert frühe verbale bewusste, vorbewusste Beziehungs- Erfahrung (Selbst-generiert sowie symbolisch und Atmosphären gesteuert)
- **Repräsentanzen**
    o Repräsentiert frühe präverbale unbewusste, vorbewusste Beziehungserfahrung (Körperlich-generiert sowie vor-symbolische Imaginationen)

Abb. 1: Makro-Welt-Ebene

Es ist ähnlich wie ein elliptisches Eintauchen in das gemeinsame Schema (vgl. Stern 2016; Rizzolatti & Sinigaglia 2008) von Mutter und Kleinkind, so wie es Daniel Stern bezeichnet. Es ist eine Teilhabe an der Selbstorganisationsregulation der Beziehung Mutter-Kleinkind. Die primär sensomotorische Erfahrung mit affektiven Rückmeldungen aus dem gemeinsamen Schema Mutter-Kleinkind kann, wird sie wiederholt, auch nur in Ähnlichkeit, zu einer energetischen Verdichtung führen, man spricht dann von einem *affektiven Selbst* (vgl. Gergely & Unoka 2011, S. 862–899). Der Startpunkt ist das gemeinsame Schema Mutter-Kleinkind und von Beginn des Lebens an wird eine Ablösung oder auch Separation, ein Herauslösen oder eine Individuation vorangetrieben und zugleich eine Folie des Verbunden-Seins oder der **Bindung** fabriziert, eben als Sicherheit oder Rückfallnetz. Die Mikro-Welten von Mutter und Kleinkind können so in ihrer **Verschachtelung** (vgl. Hortig & Moser 2012, S. 1–27) und in ihrem Verwoben-Sein verstanden werden.

---

Makro-Ebene
(1) »**Späte**« (extern) **generierte Introjekte**«
(2) **Repräsentiert verbale
bewusste, soziale, interaktive Beziehungserfahrung**
(Objekt-generiert sowie symbolisch und Verhaltens-Muster gesteuert = Beziehungs-Formen, Beziehungsgrammatik, implizites Beziehungs-Wissen)

---

Abb. 2: Mikro-Welt-Ebene

Das Beziehungsgeschehen von Mutter und Kleinkind lässt sich mittels einer kybernetischen Denkweise verstehen als ein elliptisches Schwingen um zwei Pole eines gemeinsamen Zusammenhangs, wobei die Mikro-Welten der Mutter phasenweise dominant sein werden und sich die Mikro-Welten des Kleinkindes in Abhängigkeit von den übergeordneten fester strukturierten der Mutter befinden werden. Diese Abhängigkeiten werden von Ashby (Ashby 1952) als »*distinkte*« **Welten** im Unterschied zu »*disjointen*« **Welten** beschrieben. Diese distinkten übernommenen Mikro-Welten sind modellhaft übernommene Steuerungsprinzipien, mentale und affektive Transformationen und nicht die Mikro-Welt selbst. Es werden Steuerungswelten nachgeahmt und so ein »Prozessor« zur Steuerung entwickelt. Das Kleinkind entwickelt so zunehmend verdichtet eine Eigensteuerung der affektiven Welt, dies zeigt sich am vermehrten Auftreten von affektiv gesteuerten Verhaltensweisen der Relation Mutter-Kleinkind als »versus object«, wie Daniel Stern (1992) dies ausdrückt. Diese Entwicklung unterscheidet eine *Innenwelt* – die *subjektive* – und eine »*Außenwelt*« – das *Objekt* – hier: Mutter (bzw. generell: der Andere) – innerhalb des gemeinsamen Schemas (Abb. 3). Die Innenwelt ist innerhalb des gemeinsamen Schemas (relationales Feld) zu sehen als Subjektpol, die Außenwelt ist der Objektpol (der Andere) innerhalb der eigenen Innenwelt (psychisches Feld).

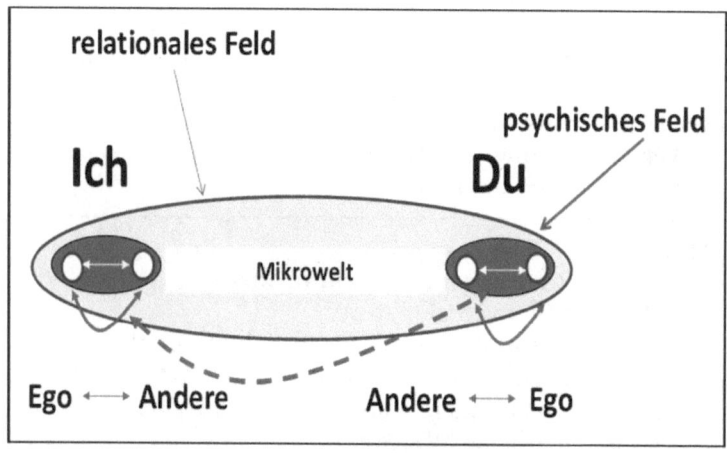

Abb. 3: Subjekt & Objekt – Ich & Andere / Moods – Prozesse

Diese innere Unterscheidung dient schließlich dazu, dass das Kind sich paradoxerweise in einem gemeinsamen Feld oder Schema mit der Mutter (die Andere) sieht und gleichzeitig eben auch außerhalb des mütterlichen Bezugsfeldes. Dynamisch ist alle Stimulation außerhalb des mütterlichen Bezugsfeldes noch nicht in Verbindung mit dem sich entwickelnden eigenen Selbst. Diese Verbindung oder Besetzung entwickelt sich allmählich und stets ergänzend.

Wir haben gesehen, wie in unserem Bild das Baby unter dem Flügel, den Kopf neigend und offensichtlich sich von den Tönen treiben lassend, sich in einem Schwingungsgefüge befindet – so können wir uns auch die Transformationsfähigkeit in einem ästhetischen Sinne vorstellen, denn das Kind wird sich nicht einfach nur anpassen an die Stimmung, sondern mit all seinem eigenen Reaktionsvermögen kreativ darauf reagieren. Dies bedeutet, das Kind bildet hier eine eigene in der gemeinsamen interaktiven Welt entstandene Steuerungsfähigkeit. Dies gilt dann nicht nur für psychologische Wahrnehmungsgestaltung, sondern auch für die ästhetische Transformationsgestaltung.

Dieser Vorgang kann auch als *gemeinsame Kulturerfahrung* beschrieben werden. Diese Kulturerfahrung nimmt das Kleinkind noch vorsymbolisch auf und sie ist hier daher eher als »*mood state*« (Moser 2013, S. 407) (Stimmung) und als *fusionierte Repräsentation* (verschmolzene Verinnerlichung) zu begreifen. Auch hier ist die Vorbedingung der ästhetischen Früherfahrung zu verankern, denn bereits in den ersten Monaten werden Impulse und Reaktionen verarbeitet und transformiert und in eine Fähigkeit eingebunden, sich stimmungsmäßig zu steuern und diese Steuerung – zwar später unbewusst – wie eine Synapsen herausbildende Grunderfahrung auch körperlich über den Bewegungsapparat zu verankern. Diese körperliche Verankerung früher transformativer Prozesse in dem interaktiven relationalen Feld der ersten Beziehungsperson wird ein Leben lang »Stil«-bildend bleiben und als Wohlbefinden mit einer Schönheits-Empfindung kontextuiert.

Dies ist ein verwobener Prozess von Sensationen, Wahrnehmungen und schließlich Erfahrungen, due sich verfestigen. Wir wissen heute, dass diese Vorgänge wesentlich dazu beitragen, dass Nervenbahnungen sich entsprechend herausbilden und das Gehirn in einem Lernprozess von körperlicher, sozialer Erfahrung als interaktiver Prozess mit der Umwelt (Mutter-Kleinkind) so seine **Steuerungsfunktionen** (vgl. Scheurle 2013) erhält.

*e) Das Gehirn: Ein Beziehungsorgan*

Thomas Fuchs spricht sogar davon, dass das *Gehirn ein Beziehungsorgan* (vgl. Fuchs 2013) darstellt. Im Laufe der Entwicklung werden mit der zunehmenden Eigensteuerung innerhalb des gemeinsamen Schemas Bewegungen des mütterlichen Objektes mehr und mehr vom eigenen Selbst unterschieden und auch symbolisiert. Es werden u. a. über Nachahmung Fähigkeiten entwickelt, sich auch ***mit*** (»*with*«) dem mütterlichen Objekt zu erfahren, ebenso wie sich über Eigenregulierung **gegenüber** (»**versus**«) dem mütterlichen Objekt zu spüren. Dieser Vorgang führt zu einer Positionierung innerhalb des gemeinsamen Schemas und bildet einen Raum an Erfahrung. Wir können dies den **Beziehungsraum** (vgl. Sell 2009a) nennen und dieser Raum ermöglicht innerhalb des **Beziehungsgeschehens** (oder der **Beziehungsgestalt**) (vgl. Rath 2013, S. 7 ff.) die Entwicklung der Fähigkeit, sich selbst sowie den anderen zu entdecken. Diese Neugierde ist deshalb so wichtig, weil sie dazu führt, sich selbst Rückmeldung für Aktivitäten zu geben sowie sich des Einwirkens auf andere zu vergewissern. Begleitet wird diese Entwicklung von einem Prozess der bildhaften Vorstellungswelt (Imaginationen). Sodann werden mittels der bildhaften Repräsentationen des mütterlichen Objekts die ersten symbolischen Repräsentationen gebildet. Gerade in diesem Zusammenhang wird die Bedeutsamkeit der frühen ästhetischen Erfahrung, der frühen Transformationsprozesse für die spätere Entwicklung ersichtlich und auch die Bedeutsamkeit der kunsttherapeutischen Arbeit. Gerade da, wo möglicherweise die Redekur nur noch auf das Symbolische hin reflektieren kann, besteht in der kunsttherapeutischen Arbeit durch das unmittelbare Bewegen beim Malen und Kneten, beim Musizieren, beim Tanzen, beim Rezipieren von Kunstwerken eine Möglichkeit, welche durch die Redekur (durch Wörter) verschlossen bleibt, weil die unbewusste körperliche Seite sich nicht repräsentieren kann.

Gleichzeitig entsteht ein Prozess, über eine **assimilierende Regulierung die Beziehung** zu dem mütterlichen Objekt aufrecht zu erhalten, auch wenn die Mutter abwesend ist. Anschließend folgt ein Rückkopplungsprozess, der in Zukunft die Aktionen, die Kommunikation sowie die Perspektivenübernahme zu koordinieren hilft. Das Phantasieren (*innere Vorstellungswelten*, die noch wortlos sind) führt ebenfalls dazu, sich auch in die Position des Anderen zu versetzen und sich in einer **Selbstrückkopplung** zu fragen, wie der Andere zu mir steht. Die kindliche Zeigefunktion dient eben stets einer Intention, nämlich der, eine Wirkung bei dem Gegenüber zu spüren. Wir wissen aus der Neurosenbetrachtung, dass gerade gestörte frühe Beziehungserfahrungen zu gestörten verinnerlichten Beziehungsmustern führen, wie Fairbairn uns schon 1952 zeigte (vgl. Fairbairn 1952). Dass die frühen Traumata als gestörte Beziehungserfahrungen – eben als »*frozen drama*« (Moser 2013, S. 411) – dann in späteren Beziehungen aktualisiert bzw. wiederholt werden, nennt Berne (1961) Skript-Wiederholung und bezieht sich hier auf eine frühe materielle Programmierung.

*f) Die frühen Introjekte*

Es sind meistens schwierige Beziehungserfahrungen, die mit Verlust, Missbrauch oder Ähnlichem einhergehen und die in der elliptischen Erfahrungswelt des gemeinsamen Schemas keine hinreichende Möglichkeit zur Nachahmung und auch zur Steuerung als Eigensteuerung für die Affekte und Kognitionen zur Verfügung stellten. Diese Regulierungen, die sich so verfestigt haben, werden dann als **Introjekt** verinnerlicht und dienen dem Schutz und haben defensiven Charakter. Hier werden fest verankerte Introjekte wie ästhetische Gebilde – wie als Plomben – aus dieser vergangenen Zeit, zeitlos, genutzt; die affektive Erregung der gescheiterten dyadischen Beziehungserfahrung wird durch diese Introjektionen beruhigt und bleibt an den Beteiligten lokalisiert, die Introjektionen bleiben als Mikro-Welt (Affektreserve) (vgl. Moser 2013, S. 411) konserviert. Die frühe ästhetische Erfahrungsfähigkeit besitzt gerade in der Transformationsfähigkeit von sinnlichen Impulsen auch die Möglichkeit, innerpsychisch eine tröstende Funktion einzunehmen. **Internalisieren** ist jeweils situativ und lebendig aus der Hier-und-Jetzt-Situation heraus zu verstehen und ist bezogen auf das Hier und Jetzt angemessen, weil das Internalisierte, auch das transformierte Verinnerlichte, in Verbindung zur aktuellen Realität steht. Internalisieren verläuft prozesshaft, wir können dies ähnlich begreifen wie die Entwicklung der Kognition nach **Piaget:** als eine *sensomotorische, präoperationale, konkret operationale und formal operationale Verfeinerung* oder nach Baumgarten: als ein Prozess, *sinnliche Gegebenheiten* aus dem Chaos und *dem gegeben Reichtum des unüberschaubaren Horizonts und der Fülle* der erscheinenden Welt als **ästhetische Denkart** aufzunehmen, gerade da, wo das Logische aufhört (§ 569). (vgl. Baumgarten. In: Majetschak 2007)

Das so gebildete doppelte Vermögen, sich selbst zu steuern, bewältigt die Frage, inwieweit spiele ich eine Rolle in der inneren Welt des Anderen – und umgekehrt, inwieweit spielt der Andere eine Rolle in mir. So können wir innere und aktualisierte Mikro-Welten unterscheiden als einerseits Introjekt-feste, zeitlos *benutzte Plomben* mit defensivem Charakter, und andererseits Internalisierungen durch ästhetische Transformatierungen als produktiv angereicherte Modelle offen dem jeweiligen Hier und Jetzt gegenüber, um neue Erfahrungen zu steuern (Abb. 4). Wir müssen uns dabei verständlich machen, dass diese inneren Mikro-Welten nicht direkt unserem Bewusstsein zugänglich sind, sie sind Phantasmen und Phantomwelten, ästhetische Gebilde, aber um nichts weniger in uns aktiv. Sie sind bei jeder Beziehungsaufnahme aktiv und stehen in *Form von Stimmungen* (Moods) und *inneren Bildern* (bildhafte Phantasien, ästhetische Empfindungen) zur Verfügung, ja wir können so weit gehen und sagen, dass diese Mikro-Welten uns helfen, uns in Beziehungsanbahnungen zu orientieren und zu verhalten. In diesem Sinn sind sie an unsere Wahrnehmungswelten gekoppelt und es lässt sich eine Entwicklungslinie nachzeichnen von **Wahrnehmung** ßgrß über **Nachahmung** ßgrßüber **ästhetische Transformation** ßgrß zur *Internalisierung*.

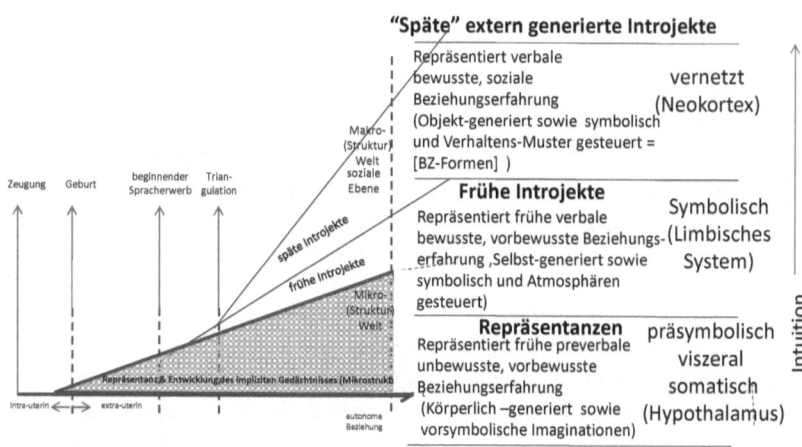

Abb. 4: Introjekte und Repräsentanzen in der Beziehungserfahrung

Jede Bewegung, die durch eine Mikro-Welt begleitet wird, sei es affektiv oder kognitiv, sei es ästhetisch, wird also durch Wahrnehmungen und ästhetische Transformation kontextuiert und situativ mit einer körperlichen Erfahrung sowie Beziehungsobjekten verkoppelt. Hat sich früh bei der Entwicklung aus einem Beziehungsgeschehen (Beziehungsgestalt) heraus eine entsprechende Selbstorganisation zur psychischen Steuerung von Affekten und Kognition entwickelt, so hat sich ebenso eine Steuerungsmatrix oder ein Steuerungsprozessor gebildet – wie bereits erwähnt –, um gewissermaßen den Selbststeuerungsprozess aufrecht zu erhalten. Die Fähigkeit, sich zu steuern und sich damit situativ angemessen affektiv und kognitiv regulieren zu können, bleibt kein abgeschlossener nach innen gekehrter Prozess, der nichts anderes tut als in einem Beziehungsgeschehen verhaftet zu sein, nein, im Gegenteil, jede »*Randzone*« (Moser 2013, S. 417) wird als **Brücke zu einer Außenwelt**, zu einem Außenmilieu mit Transformations-Potential entwickelt. Diesmal wird das gemeinsame Schema überschritten und tatsächlich Bezug genommen auf die Umwelt des gemeinsamen Schemas. Sogleich entstehen Vorsicht und ein wachsames Wahrnehmen als Folge innerhalb des relationalen Beziehungsfeldes. **Verdichten sich die Randzonen zu Kulissen, werden neue Objekte** (»Außenobjekt«) gefunden, die noch nicht verbunden sind und noch nicht energetisch besetzt sind. Doch diese Brücken zur Außenwelt / Umwelt haben eine *osmotische Funktion*, durch die die Umwelt sensorisch und sinnlich aufgenommen wird. Es werden mehr und mehr innere Welten und äußere Welten unterschieden und es wachsen parallele psychische Organisationen an unterschiedliche innere Bilder verknüpft heran, die dabei helfen, z. B. Informationen zu zeigen oder auch zu verbergen. Diese inneren *parallelen Organisationen* sind innerlich verbunden und wir können nun auch verstehen, wie zentral die inneren Mikro-Welten unsere gesamten psychischen Organisationen beeinflussen. Ein stabiles Körper-Ich baut auf dem günstigen Kern unserer inneren Mikro-Welten auf und ermöglicht uns, uns situativ in Beziehung zu setzen, sie zu halten und sie zu gestalten. Eine psychotherapeutische Wirkung mit Nachhaltigkeit kann nur entstehen, bezieht die psychotherapeutische und kunsttherapeutische Arbeit diese Mikro-Welt mit ein.

*g)   Der Bezug zu der Makro-Welt*

Dem gegenüber sortieren wir die Makro-Welt. Diese entsteht aus der Randzone im Übergang der Entwicklung des Kindes von den frühen repräsentierten Erfahrungen hin zu introjizierten Erfahrungen, auch sinnlichen und damit ästhetisch geformten. Die frühen Introjekte, Mutter und Vater, sind dann verinnerlichte exteropsychische Realitäten, die nach dem ersten Lebensjahr entwickelt werden und stets zu den früheren Mikro-Welt-Erfahrungen innerpsychisch in Beziehung stehen. Der wesentliche Wirkungsgrad einer Veränderung in der psychischen Organisation entsteht nicht aus dem strukturellen Aufbau einer Instanz Ich oder Selbst, sondern in der veränderten Vernetzung zwischen Mikro-Welten und Makro-Welten. Das Wohlbefinden, welches innerlich getragen sein muss, kann nicht einfach nur auf äußere soziale Verankerung zielen, ohne dabei den psychischen Apparat (auch die hier betonte ästhetische Transformationsfähigkeit) insgesamt einzubeziehen. Dies bedeutet: ein Wohlbefinden (eine Empfindung von Wahrheit und Schönheit) stellt sich nur ein, werden die Impulse der inneren Erfahrung, wie sie in den körperlichen und imaginierten Erfahrungen aus frühester Zeit repräsentiert sind, einbezogen bei der Suche nach einem inneren Gleichgewicht. Dieses Gleichgewicht repräsentiert – folgt man der beziehungsanalytischen Überzeugung – eine andere, neue Vernetzung, eine neue Nutzung innerer Ressourcen in der Gestaltung zwischenmenschlicher Prozesse. Der Prozess hat Vorrang, denn schließlich wissen wir, dass Wahrnehmungswelten psychischer und ästhetischer Art sich als ein **komplexes Gefüge** (vgl. Grawe 2004, S. 62 ff.) von zueinander vernetzten Nervenzellen prozessual gesteuert erst **in der Wiederholung psychischer Strukturen** herausbilden. Dies erlaubt uns, die Wirkung von Psychotherapie im Prozess der Psychotherapie selbst zu suchen. Die Wirkungen müssen nicht in **einem speziellen Verhalten** sichtbar werden, um den Patienten als evident erkennen zu können. Es wird notwendig sein, den Komplex der gesamten Persönlichkeit des Patienten zu erleben, ihn atmosphärisch zu empfinden und dann erschließt sich sein Wohlbefinden in seiner speziellen Art und Weise sein Leben zu führen, zu gestalten, sich zu erkennen und zu beurteilen (seine Wahrheit und seine Schönheit findend ist nicht als isoliertes Wesen, sondern ist als ein Atmosphärisches im Hier und Jetzt der Persönlichkeit). Dieses setzt wesentlich eine andere »neue« Art der vernetzten Beziehungsgestaltung und -führung voraus, die es gilt, wissenschaftlich zu würdigen.

Anschließend können wir die Bedeutung einer Mikro-Welt für die innere Wirksamkeit verstehen, die integriert in fünf weitere Welten wirksam bleibt: Zwei Mikro-Welten (Mikro-Welt, Kern-Welt) und drei Welten als Makro-Welten (verbale Welt, narrative Welt, integrative Welt). Wir sehen, wie diese Welten ineinandergreifen und als inneres System sich selbst erhalten; alle Welten sind nur lebensfähig in Verbindung mit der Außenwelt, in der Beziehungserfahrung. Innerhalb der Beziehungserfahrungen konstruieren sich diese Welten gemeinsam, bedingen sich, ergänzen sich, stimulieren sich, sind voneinander abhängig, bestätigen sich in der Existenz und unterliegen alle der sinnlichen Verarbeitung im Sinn einer umfassenden transformativen – auch ästhetischen – Gestaltung. In wissenschaftlichen Untersuchungen über Psychotherapie (vgl. Johnson 2011, S. 42) kann deutlich gezeigt werden, dass **41,7% des psychotherapeutischen Prozesses durch die Gesprächssituation** zwischen Therapeut und Patient zustande kommt und sich dadurch Erfolge im therapeutischen Prozess einstellen. Dies bedeutet auch, dass das wesentliche Element zur Aufrechterhaltung psychischer Stabilität aus der dialogischen Begegnung im Gespräch entsteht.

## 2. Soziale Bezogenheit / Relationalität – Prozess und Resultat

*a) Äußere soziale Anforderungen*

Der wesentliche Wirkungsgrad einer Veränderung in der psychischen Organisation entsteht nicht aus dem strukturellen Aufbau einer Instanz Ich oder Selbst, sondern in der veränderten Vernetzung zwischen Mikro-Welten und Makro-Welten. Die hierin liegenden Prozesse der Transformation sinnlicher Erfahrungen als ästhetische Verarbeitung in einer frühkindlichen Welt sind schon oben verdeutlicht worden. Das Wohlbefinden in einer sozialen Welt mit anderen Menschen muss innerlich getragen sein und kann nicht einfach als Übernahme der äußeren sozialen Anforderungen verstanden werden, bei welcher der psychische Apparat (sowie die ästhetische Transformationsfähigkeit) Ausdruck eines exteropsychischen Anpassungsprozesses wäre. Würden wir alle innere Verarbeitung in ihrer vollen Komplexität reduzieren auf einen Anpassungsprozess, verlören alle Menschen ihre Einzigartigkeit. Das Subjektive verflüchtigte sich und damit gerade die Vielfalt der je menschlichen Gestaltung, die ja nun auch das Anziehende und das Schöne ausmacht.

Dies bedeutet: Ein Wohlbefinden (eine Empfindung von Wahrheit und Schönheit) stellt sich nur ein, werden die Impulse der inneren Erfahrung, wie sie in den frühen Jahren herausgebildet werden, danach eingefaltet, und nur in dem Maße, wie sie in bestimmten Lebenssituationen wieder reaktiviert bzw. ausgefaltet werden.

Alles was passiert, ist von beiden Personen, Patientin und Psychotherapeut stimuliert und gestaltet. Also alle möglichen Missverständnisse, Vorkommnisse sind von beiden evoziert, das ist mehr als Übertragung und Gegenübertragung.

Diese Sichtweise geht im Grundsatz davon aus, dass wir Menschen in unserer Entwicklung Beziehung aufnehmen und assimilieren. Daniel Stern spricht vom impliziten Beziehungswissen, das aufgebaut wird, noch bevor das Baby die Symbolisierungsfähigkeit erwirbt. Dieses implizite Beziehungswissen – es hat eine bildhafte Sprache – aktualisiert sich im dialogischen Fluss der Psychotherapie zwischen Patientin und Psychotherapeut. So entfaltet sich das intersubjektive Feld der Psychotherapie. In diesem Feld werden neue Begegnungsformen möglich, die durch das Beziehungsgeschehen generiert und emergiert werden, auch wiederholende Begegnungsformen werden sichtbar. So kann ein gemeinsames Lächeln auf eine bestimmte Transaktionsfolge hin einen solchen Moment der unmittelbaren Begegnung darstellen. Dieser Moment wird von Stern und Sander als »Now Moment« bezeichnet. Dieser **Now Moment** (vgl. Stern 2004, S. 34) ist der besondere Moment der relationalen Erfahrung, da er das implizite Beziehungswissen auf den Punkt bringt und erfahrbar macht und dies emotional und ästhetisch – es ergibt dann jeweils einen ästhetischen Moment, den wir Menschen »schön« finden, weil er ein aufeinander bezogenes schwingendes Geschehen darstellt. Erst dieser Moment eröffnet einen (Beziehungs-)Raum für Veränderung, eine andere Perspektive und einen neuen Horizont für die Neugestaltung von Gefühlswelten sowie für Neu-Interpretationen von Erlebtem und einen Transformationsprozess des bisher Erfahrenen.

*b) Implizite Beziehungswissen als eine Art »Grammatik« und Beziehungsformen*

Wenn wir nun das implizite Beziehungswissen verstehen als eine Art »Grammatik«, so ergeben sich bestimmte Formen von Beziehungserfahrung, die ihrerseits an bestimmte Aufgabenstellungen im Laufe der psychischen Entwicklung gebunden bleiben. So ist die wohl basale Erfahrung in der Mutter-Kind-Beziehung aufgebaut auf dem Vertrauen, dem »Miteinander-Fließen-Können«; diese Grunderfahrung baut auf dem gemeinsamen Mutter-Kind-Schema auf. Das Wesentliche, das dieser Grunderfahrung folgt, ist das Handeln des Kindes. Martin Buber bezeichnet diese Beziehungsform als »*Ich – Es – Du*«, indem er hervorhebt, dass die wirkliche Begegnung in der »*Ich-Du*«-Beziehung zum Ausdruck kommt und sich in der »*Ich-Es-Du*«-Beziehung ein sachlicher Zusammenhang zwischen das Ich und das Du

## The Unkown Known – Ästhetische Erfahrungen in der Kindheit

schiebt; deswegen gelingt die wirklich berührende Beziehung als Begegnung eben nicht über Sachlichkeitsvermittlung. Erich Fromm spricht dann vom »Reich des Habens« und nicht vom »Reich des Seins«. Doch das handelnde Kind eröffnet sich neue Beziehungszusammenhänge auch über sachliche, gegenständliche Dinge. Dabei ist die »Sache« das Es, auch eine Distanzierungsmöglichkeit und damit ein Raum für Selbstreflexion und Perspektive auf sich selbst.

Schließlich wird in der Begegnung »Ich – Ich« ein Spiegelungsvorgang beschrieben, der nach dem Erwerb des Vertrauens, nach dem Erwerb der Optionen, über Handeln Beziehungen aufzubauen, nun einen weiteren Schritt darstellt. In der Spiegelung, komplementär oder konkordant, wird dem Kind ermöglicht, über eine gesunde Beziehungserfahrung ein inneres Gefühl zu den und für die eigenen Fähigkeiten und Fertigkeiten aufzubauen.

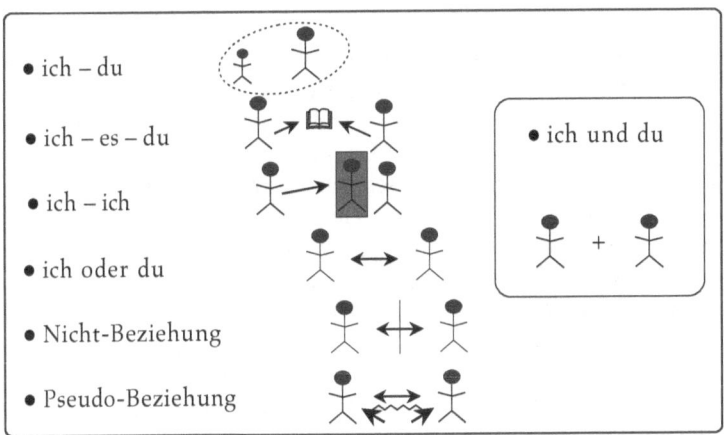

Abb. 5: Beziehungsformen © M. Sell

Denn dieser Spiegelung – sowie in der damit einhergehenden Frustration, wenn die Spiegelung (Abb. 5) ausbleibt – wohnt auch die Fähigkeit inne, sich mit Anderen so zu verbinden, dass die eigenen Möglichkeiten herausgestellt und zugleich weitere entwickelt werden können; als Transformationsprozess brauchen wir diese auch unbewussten Spiegelungen, die auch im Betrachten eines Kunstwerkes oder im Hören einer komponierten Musik stattfinden können und uns erfassen.

Weitere Beziehungsformen sind die »*Ich oder Du*«-Beziehung, in der wir kompetitives Verhalten lernen, das wir im Zusammenleben brauchen, um uns auseinandersetzen zu können. Eine weitere Form ist die »*Nicht-Beziehung*«, sie dient der Abgrenzung und der Separation von Beziehungspartnern. Die »*Ich – Pseudo-Du*«-Beziehung ermöglicht im Zwischenmenschlichen den Umgang mit Paradoxien. Gerade in einer Welt mit zunehmender Komplexität tauchen entsprechend mehr und mehr paradoxe Momente auf und müssen bewältigt werden. Zum Schluss können wir die »*Ich und Du*«-Beziehung nennen, die, als erwachsene Form, die selbstgewählte Struktur einer Beziehung erfasst, auf die sich zwei Partner einigen, wenn sie ihre Art und Weise der Gestaltung von Beziehung entwickeln, und in der soziale und emotionale, ästhetische – schöne – und schwingende – stimulierende – Momente in der Beziehung einen Raum bilden, den Beziehungsraum, der eine Besonderheit für das jeweilige Paar darstellt.

Zusammenfassend können wir weiter sehen, dass eine **Beziehungs-Atmosphäre das intuitive ganzheitliche Erfassen des Anderen und das Sich-Beziehen auf den Anderen darstellt und dass sich darin bereits eine komplexe Verarbeitung bzw. Transformation sinnlicher Erfahrungen in der Beziehung entfaltet.** In diesem intuitiven Vorgang werden alle Erfahrungen auf der Basis eines »gemeinsamen Schemas« wie interaktive Eigenschaften und verschlüsselte Erinnerungen wach, werden die inneren Arbeits-Modelle – geleitet durch eine meta-kognitive Steuerung – kokreativ aktiv und stellen so eine Kopräsenz dar: also ein Beziehungsgeschehen, in dem eine warmherzige geschützte Beziehung zum Ausdruck kommt. Wir können das Beziehungsgeschehen dann in unterschiedlichen Formen analysieren und in sieben Beziehungsformen darstellen, wie ich sie bereits vorhin beschrieben habe.

### 3. Amodale und transmodale Wahrnehmung

Das Vorhandensein von Beziehung und die Ausgestaltung unserer Beziehungen stellen die Voraussetzung für die Ausgestaltung unserer Wahrnehmung dar, soweit haben wir die frühe Entwicklung des Menschen in der Mikro-Welt in Verbindung mit der Makro-Welt verstanden. In diesem Prozess der Ausgestaltungen der Transformation unserer sinnlichen Erfahrungen im Rahmen unserer Beziehungen und der damit verbundenen Wahrnehmungsentwicklung sehe ich **die Kunst**, die **künstlerische Tätigkeit**, **die Rezeption von Kunst** und die **Kunsterziehung** sowie die **Kunstpädagogik** als essentiellen Bestandteil einer Persönlichkeits- und Identitätsentwicklung.

*a) Definieren von Wahrnehmung*

»**Wahrnehmungen basieren auf Empfindungen zusammen mit Sinnesfunktionen, sie verdichten zusammen die Bedeutungsinhalte hinsichtlich eines Gegenstandes oder eines Vorgangs.**« (Duden Lexikon Bd. 9, S. 2290)

Hier ist dann auch wieder der Anknüpfungspunkt, von dem aus wir die Bedeutung der ästhetischen Wirkung, sei es durch Kunstwerke oder durch sonstige aufscheinende Vorkommnisse der Alltagswelt – z.B. der Werbung, der Bildproduktion im Fernsehen, in der Filmproduktion, etc. –, einzuschätzen haben. Die Bildung, oder die Heraus-Bildung als Auseinandersetzung mit Strich, Form, Farbe, Ton, Raum und Zeit, kann nur aufbauen auf einer Wahrnehmung, die hierfür sensibilisiert ist. Dies bedeutet, dass Wahrnehmung einen sensorischen Vorgang bezeichnet, einen Prozess der Gestaltung markiert, ein Miteinander von Raum und Zeit erfasst und eine Verbindung zu Formgestaltung und Tonalität herstellt. Wahrnehmung ist die dynamische Organisation der menschlichen inneren Ressourcen, also ein vielschichtiger Vorgang.

Für das Erfassen der ästhetischen Wirkung im Kunstwerk brauchen wir einen Zugang zu dieser existenziellen Seite unserer Persönlichkeitsentwicklung.

»Die Kunsterziehung [nun] zielt auf den künstlerisch existentiellen erschlossenen Menschen. d.h. sie zielt zunächst auf künstlerische Selbstachtung: Was im Kinde […] existentiell zum Bilde werden möchte, das soll zum Bilde werden können. Sie zielt gleichzeitig auf Achtung vor dem Kunsthaften überhaupt ...« (Meyers 1968, S. 116).

Diese Achtung vor dem Kunsthaften beginnt in der Realisierung von Dreierlei:
1. »Diese **Bildung** erfolgt zuerst im Künstler« (Staguhn 1967, S. 303).

2. Unsere Wahrnehmungsfähigkeit und die Transformationsfähigkeit sind angeboren und werden in der Vielschichtigkeit zunächst in unseren frühen Beziehungen iterativ heraus-**gebildet**.
3. Das Selbst (Identitäts-**Bildung**) findet im Spannungsgefüge von persönlicher und gesellschaftlicher Erfahrung statt.

Die Bildung erfolgt zuerst im Künstler, dies bedeutet – und wird spürbar, folgt man der Faszination, die von Kunstwerken ausgeht –, dass in dem Kunstwerk die Vielfältigkeit der verarbeiteten Wahrnehmung eines Künstlers uns gegenübertritt. Wir treten gewissermaßen zu dem Reflexionsprozess des Künstlers in Beziehung. Dies ist mehr als mit dem Künstler über seine Werke zu sprechen. Wir sind erfasst von der Verarbeitung von **Form, Gestalt von Stimmungen, Atmosphären und Spannungen**.

»Das Kunsthafte stammt aus einer menschlichen Disposition zu nichtdiskursiver Welterkenntnis. Durch direkten, nicht analysierbaren Kontakt mit dem Phänomen vermag der Mensch Welt künstlerisch aufzuschließen.« (Meyers 1968, S. 116)

Dieses **Aufschließen** – wie Meyers sagt – ist eine **dialogische, interaktive Tätigkeit**. Selbst wenn Meyers hier von der nichtdiskursiven Welterkenntnis spricht und damit die innere Wahrnehmungswelt unter Beteiligung der Mikro-Welt meint, die scheinbar sprachlos sich nur über eine Formgestaltung, über eine ästhetische Wirkung der äußeren Welt erschließt, so soll doch gesehen werden, dass auch diese innere Welt einen dialogischen oder interaktiven Hintergrund besitzt. Der Künstler gilt uns als der lebendige Garant für unser inneres Kind und ist damit der Garant für unsere Bildung.

*b) Amodale Wahrnehmung*

»In einem Experiment von Meltzloff und Borton (1979) werden Problem und Thema klar umrissen. Die Autoren gaben drei Wochen alten Kindern, deren Augen verbunden waren, einen von zwei unterschiedlichen Schnullern: der eine war glatt und kugelförmig, die Oberfläche des anderen war mit Knubbeln besetzt. Nachdem die Säuglinge eine Zeitlang am Schnuller gelutscht und ihn dabei nur mit dem Mund berührt hatten, nahm man ihnen den Schnuller weg und platzierte ihn neben den anderen. Dann entfernte man die Augenbinde. Nach kurzem visuellem Vergleich betrachten die Säuglinge den Schnuller, an dem sie eben gelutscht hatten, intensiver.« (Stern 2016, S. 74) Diese Ergebnisse widersprechen allen bekannten Annahmen über Lernvorgänge und Welterfahrung von Säuglingen. Rein theoretisch dürften Säuglinge zu dieser Leistung nicht in der Lage sein. Eigentlich müssten die Säuglinge erst über eine haptische Berührung, über ein haptisches Schema Erfahrungen sammeln, dann ein visuelles Schema entwickeln, um sie schließlich austauschen zu können.

*c)*   *Amodale Fähigkeit und das transmodale Paradigma*

Diese in dieser Untersuchung festgestellte Möglichkeit des Transfers von Informationen in einen anderen Modus ist eine vorhandene angeborene Möglichkeit. Wir können diese Wahrnehmungsfähigkeit, das Übersetzen einer haptischen Erfahrung in eine unmittelbare visuelle Form, als **transmodales Paradigma** bezeichnen. Dieser Vorgang wird von Stern auch als Fähigkeit zur **amodalen Wahrnehmung** bezeichnet. In zunehmendem Alter werden diese Fähigkeiten zur **intermodalen** Wahrnehmung, also Dauer, **Takt, Rhythmus** in einem. Schon das Sprechen der frühen Bezugsperson – der Mutter – ist in diesem Zusammenhang der amodalen Wahrnehmung zu sehen, denn das Kind wandelt den visuellen Impuls ebenso in einen akustischen um und umgekehrt. Man könnte sagen:

»Wir hören, was wir sehen, nicht was gesagt wird« (McGurk & McDonald 1970; vgl. Stern 2016). Die **Aus-Bildung** der Wahrnehmungsfähigkeit ist nicht zu verstehen als ein einfaches Übersetzen verschiedener Modi, sondern als das Enkodieren amodaler Repräsentanzen, die dann in jedem Sinnesmodus wiedererkannt werden. Stern schreibt hierzu: »Offenbar ist die generelle Wahrnehmungsweise der Säuglinge so umfassend oder global, dass sie amodale Eigenschaften jeder beliebigen Modalität aus jedem Bereich des menschlichen Ausdrucksverhaltens erkennen, diese Eigenschaften abstrakt repräsentieren und sie dann in andere Modalitäten übersetzen können. ... Bei diesen abstrakten, für den Säugling wahrnehmbaren Repräsentationen handelt es sich **nicht um Bilder, Töne, haptische Eindrücke und benennbare Objekte**, sondern vielmehr um Formen, Intensitätsgrade und Zeitmuster – die eher globalen Merkmale des Erlebens« (Stern 2016, S. 80).

Diese amodale Wahrnehmung gründet und verarbeitet verschiedenartige Eindrücke vom Selbst und von den Anderen und bildet Synergien. »Winnicotts Analysen ergaben, dass die Objekte des Kindes in einem synergetischen Zusammenhang stehen. Das heißt, dass die Objekte gleichermaßen introjektiv (Einatmen, Essen, Sehen, Hören), projektiv (Sich-Übergeben, Ausscheiden, Spucken) und identifikatorisch (Sich-Selbst-Erleben) angereichert werden. Das Objekt ist die Einheit verschiedener Sinnesdimensionen, eine Einheit, die dynamisch gedacht werden muss […].« (Menzen 2016, S. 114) Menzen bringt diesen Transformationsvorgang des synergetischen Prozesses der sinnlichen Verarbeitung auf den Begriff. Dieser Prozess läuft permanent weiter prozessual und dennoch gerinnt die Bewegung in Momenten in eine Struktur dieser Sinneseindrücke, in der funktional Sinneseindrücke aufgrund von Beziehungserfahrung verbunden werden und dem Kind (dem Menschen) als eingefaltete Erfahrung zur Verfügung stehen; dabei werden nach Piaget präformte Denkstrukturen zur Verfügung gestellt, die sich innerhalb von 30 bis 40 Sekunden zu einer Gesamtbildstruktur formen und so prozessual zur Verfügung stehen (vgl. Menzen 2016, S. 54; Menzen 2019). Dies ist ohne eine ästhetische Transformationsfähigkeit nicht vorstellbar und revolutioniert entwicklungspsychologisches Denken.

Kehren wir zurück zu unserer dritten Voraussetzung für die Achtung des Kunsthaften.

Es ist wirklich schwer zu realisieren, dass alles, diese sehr komplexen Wahrnehmungsvorgänge, im selben Moment, momentan im Jetzt existiert. Die Vergangenheit – das **Heraus-Bilden** – existiert als Teil der gegenwärtigen Wirklichkeit – der **Bildung** – ebenso wie die Zukunft – das **Gestalten**. Wenn Sie sich genau beobachten, sagen Sie »Ich fühle mich angespannt« statt »Ich fühle eine Spannung« oder »Ich fühle wie die Luft leise über meinen Arm streicht« statt »Ich fühle einen Luftzug«. Wir ziehen verschiedene Wahrnehmungs-Vorgänge in Prozesse zusammen. Dies dient sicherlich dazu, mit einer Vielfalt an Stimulation zurechtzukommen. Das Körperliche unserer Wahrnehmung im Sinn einer Spannung, einer Bewegung, einer Muskeltätigkeit usw. wird allmählich in den Hintergrund gedrängt, gegenüber der Vielfältigkeit und Reichhaltigkeit unserer Phantasietätigkeit. Indem wir so manche Äußerung dessen, was in uns vorgeht, verhindern, greifen wir in unser eignes Verhalten ein. Wir könnten lernen, dem Körper die Führung zu überlassen, so dass wir uns davon befreien, unser Verhalten einzuschränken und so unsere Wahrnehmungen einzuschränken. Der Kern der größten Einschränkung liegt in einer gesellschaftlichen Erfahrung, die eine Beziehung zu uns selbst und die Beziehungen zu unseren Beziehungspartnern maßgeblich beeinflusst.

Die Stimulationsgeschwindigkeit eines virtuellen Raums der Phantasie als Angebot wird hoch sein und die Wahrnehmung unserer lokalen Erfahrung wird dagegen langsam und sogar vorübergehend nicht stimulierend sein; die räumliche, sinnliche Erfahrung tritt dann zurück in den Hintergrund und es werden die bildhaften virtuellen Momente den Vordergrund bestimmen und so die Wahrnehmungswelt verändern. Gerade hier bleibt der Kunst, dem künstlerischen Schaffen eine zentrale Aufgabe: die Aufgabe der persönlichen Spiegelung, der persönlichen Stimulation, die Aufgabe, das Gerührtsein herzustellen oder anzubieten, denn in uns allen ist diese Fähigkeit, an allen virtuellen Angeboten entlang oder vorbei zu einer inneren Welt zurückzufinden, die wir bereits durchlebt haben und die in unseren Mikro-Welten verankert ist. Kunst vermag Hilfen zu geben, trotz aller Anpassungsleistung darauf zu vertrauen, dass jeder von uns über diese Transformationsfähigkeit sinnlicher Erfahrung verfügt und sie in seiner Individualität bewahren kann. Verheißungsvoll – oder, wie man modern sagt, visionär – dabei kann nur diese Einsicht in die vorhandene Transformationsfähigkeit verankert in der Mikro-Welt unserer Persönlichkeit einen höheren Wert geben und die darin liegende höhere, dabei stabile Qualität des Lebens zu erkennen helfen.

Die Bedeutung der Pflege der Beziehung versteht sich nun im Hier und Jetzt als die Schaffung eines Möglichkeitsraums für Erfahrung, für die Begegnung mit dem Künstler in seinem Werk, für die Begegnung mit seinem eigenen Selbst und für die Begegnung mit einer Gesellschaft und ihren Wertigkeiten. Es wird eine intuitive Erfahrung von Formen, Intensitätsgraden und Zeitmustern sein; diese Formen, Intensitätsgrade und Zeitmuster markieren das intuitive Erfassen des Anderen als das Atmosphärische in der Beziehung.

## 4. Atmosphärische Wahrnehmung

»Das Atmosphärische gehört zum Leben, und die Inszenierung dient der Steigerung des Lebens.« (Böhme 2013, S. 48) Interaktionelle relationale Kunsttherapie ist so gesehen der Versuch, ein neues Verständnis der Entwicklung des Menschen (Mikro- und Makro-Welten) zu entwickeln, aufbauend auf modernen Hirnforschungen (Spiegelneuronen, Alles im Präsenz), auf Erkenntnissen der Säuglingsforschungen (gemeinsames Mutter-Kind-Schema) und aufbauend auf modernen wissenschaftlichen psychotherapeutischen Erkenntnissen (Relational Turn) sowie auf einer Integration und/oder einer Rückgewinnung der ästhetischen Erfahrung in der Menschwerdung (Kokreation). Im Now Moment verbindet sich intuitiv alle (ästhetische) atmosphärische Erfahrung mit Emotionen (Limbisches System) und Interpretationen des Patienten über seine Welt allgemein und mit seiner spezifischen Welt-Erfahrung. Im Verstanden-Werden durch den Psychotherapeuten sowie den Kunsttherapeuten fließt psychische Energie zwischen Patient und Therapeut; dabei kann die Berührtheit durch ein solches Verstehen sich bahnbrechen in Form von emotionaler Trauer, meist in »kleinen« Tränen, und energetisch kann die Energie zurückgewonnen werden und für das Hier und Jetzt genutzt werden. Erst so zusammengenommen werden folgende Grundvoraussetzungen genannt: Wechselbezüglichkeit (Mutuality) – Kooperationsfähigkeit (Cooperation) und Kooperationsbedürfnis des Menschen (Collaboration/Enactment). Ergänzend integrieren sich die Grundvoraussetzungen der Fähigkeit zur geteilten Aufmerksamkeit (Shared Attention) und der Fähigkeit, den intentionalen Gehalt einer Begegnung zu erfassen (Intentionality). Zusammen werden diese Voraussetzungen auf der Basis der ersten Relationen des Menschen herausgebildet und erworben. Dies führt mental oft zu neuen Entscheidungen, die lebensverändernd sind und den Patienten befähigen, sich autonom zu empfinden und zu steuern. Der Now Moment (vgl. Stern 2004, S. 34) hat somit große Bedeutung und mit Daniel Stern können wir feststellen, dass er den Vorzug vor der Deutung durch den Psychotherapeuten sowie Kunsttherapeuten hat. Wenn wir nun das implizite Beziehungswissen als eine Art »Grammatik« verstehen, so ergeben sich bestimmte Formen von Beziehungserfahrung, die ihrerseits an bestimmte Aufgabenstellungen im Laufe der psychischen Entwicklung gebunden bleiben. So ist die wohl basale Erfahrung in der Mutter-Kind-Beziehung auf dem Vertrauen aufgebaut, dem »Miteinander-Fließen-Können«. Diese Grunderfahrung baut auf dem gemeinsamen Mutter-Kind-Schema auf. Das Wesentliche, das dieser Grunderfahrung folgt, ist das Handeln des Kindes. Die Bestätigung und die Freude des Kindes helfen dem Kind, sich sicher zu fühlen und sich zu interpretieren. Der Wettbewerb mit geschwisterlicher Rivalität – auch bei Einzelkindern im Kindergarten – stellt ein weiteres Merkmal dieser Tiefenstruktur (Mikro-Welt) dar. Das Loslösen aus festen Beziehungszusammenhängen, sich eigenständig zu fühlen, sich selbstständig zu erfahren, bildet einen weiteren Teil der Entwicklung. Auch diese Prozesse verankern sich unbewusst und ein bewusstes Erleben wird meistens erst in Übertragungs- und Gegenübertragungsprozessen analysierbar und somit einer Oberflächenstruktur zuführbar. Erst in dieser Oberflächenstruktur ist der »grammatikalische« relationale Erfahrungszusammenhang deutlich, damit besprechbar und interpretierbar. Deshalb ist es wichtig, eine Sensibilität für das, was sich in der interaktionellen relationalen Erfahrung unbewusst kristallisiert, zu entwickeln. Diese Sichtweise geht im Grundsatz davon aus, dass wir Menschen in unserer Entwicklung Beziehung aufnehmen und uns assimilieren, also eine spezifische Form der Gestaltung von Beziehung entwickeln, in der wir unsere Gefühlswelt »containen« oder rahmen. Es ist aber auch umgekehrt möglich, dass bestimmte innere Gefühlsbewegungen implizite Beziehungsformen hervorrufen, die ein Gewahrsein des Anderen in der eigenen inneren psychischen Organisation im Abgleich mit dem Selbstgewahrsein einschließt. Stern spricht vom impliziten Beziehungswissen, das aufgebaut wird, noch bevor das Baby die Symbolisierungsfähigkeit erwirbt. Dieses implizite Beziehungswissen aktualisiert sich im dialogischen Fluss der Psychotherapie sowie Kunsttherapie zwischen Patient und Kunst-/Psychotherapeut. Es entfaltet sich das intersubjektive Feld der Psychotherapie und Kunsttherapie. Das implizite, relationale, interaktive, ästhetische Wissen ist unbewusst und somatisch atmosphärisch verankert; es lassen sich neurowissenschaftlich sogenannte Spiegelzellen lokalisieren, die nachweislich empathische Beziehungsabläufe zwischen Beteiligten beeinflussen und eine somatische Basis bilden. Die frühen Erfahrungen, auch die, die vor dem Gebrauch der syntaktischen Sprache stattfinden, gehören zum impliziten Wissen, das nicht symbolisch, non verbal, prozedural und nicht bewusst ist. Dagegen ist das explizite Wissen der Oberflächenstruktur symbolisch, verbalisierbar, deklarativ. Das implizite Wissen ist durch Affekte, Stimmungen (Moods) und Atmosphären, durch Aktivierungspotenziale und Motivationsschwankungen und durch spezifische »Denkstile« (operative Organisationsstrukturen) charakterisiert.

## 5. Fazit

Es geht um frühe Beziehungserinnerungen, um Erfahrungen in interaktionellen relationalen Zusammenhängen. Die Geschehnisse in psychotherapeutischen und kunsttherapeutischen Prozessen führen zu einer beschreibbaren Oberflächenstruktur in der Kommunikation, in der atmosphärischen Erfahrung. Erst in der metaperspektivischen Beobachtung – und dies geschieht durch Patient und Psycho-/Kunsttherapeut gemeinschaftlich – wird ein Meta-Modell der Beobachtung entwickelt, eine Art Arbeitsbündnis zwischen Patient und Psycho-/Kunsttherapeut, mittels dessen anhand von somatischen Repräsentationen, von Stimmungen und Atmosphären ein Verständnis der eigenen Beziehungserfahrung erstellt werden kann. Es ist der schmale Grat zwischen bewusst und unbewusst, auf dem Patient und Psychotherapeut wandern. Es werden »alte« Steuerungsmechanismen umgeschrieben, überschrieben oder ergänzt. So werden zwei wichtige Merkmale des impliziten Wissens beschreibbar: erstens die Stimmungen und atmosphärischen Erfahrungen, jene »komplexen Selbstzustände mit ihrer Erinnerungswelt« (Bollas 2014) und zweitens die Gegenwartsmomente, in denen die intersubjektiven Verflechtungen (Stern 2004) als affektive »Überraschungen unvermutet und hochaffektiv in der Behandlung auftauchen«. Diese Phänomene können auch Krisen in der Behandlung hervorrufen, und je nach Arbeitsstil und Arbeitsbündnis können diese dann positiv überschrieben werden und die Energie positiv genutzt werden. Diese relationalen interaktiven Erfahrungen in der Psycho-/Kunsttherapie bilden die Basis für eine alternative Beziehungserfahrung, mittels derer kulturelle, gesellschaftliche, kommunikative Verdinglichungen verändert bzw. aufgehoben werden können. So gesehen bleibt für den Patienten wie für den Psychotherapeuten die Psychotherapie eine Entdeckungsreise mit widersprüchlichen, abwehrenden und verdeckten Erinnerungsspuren sowie mit entspannenden, offenen, produktiven Phasen. Am Ende der Psycho-/Kunsttherapie bleibt die Fähigkeit, sein eigenes Leben bewusster zu steuern und autonomer zu gestalten, ästhetisch bewusster zu sehen und sinnlicher zu empfinden als vorher – und dies mit der Fähigkeit gekoppelt, in interaktionellen relationalen Zusammenhängen Gleichgewicht und Balance zu finden.

## Literatur

Ashby, W. R. (1952). *Design for the Brain.* New York: Wiley.
Berne, E. (1961). *Transactional Analysis in Psychotherapy.* New York: Grove Press.
Bollas, C. (2014). *Der Schatten des Objekts.* Stuttgart: J. G. Cotta'sche Buchhandlung.
Böhme, G. (2013). *Atmosphäre.* Frankfurt a. M.: Suhrkamp.
Buber, M. (1951) Vorwort. In: H. Trüb (1951). *Heilung aus der Begegnung.* Stuttgart: Ernst Klett.
Fairbairn, W. R. D. (1952). *Psychoanalytic Studies of Personality.* London: Tavistock.
Fuchs, Th. (2013). *Das Gehirn – ein Beziehungsorgan.* Stuttgart: Kohlhammer.
Gergely, G. & Unoka, Z. Bindung und Mentalisierung beim Menschen: Die Entwicklung des affektiven Selbst. In: *Psyche.* Jg. 65. S. 862–899.
Grawe, K. (2004). *Neuropsychotherapie.* Göttingen: Hogrefe.
Hortig, V. & Moser, U. (2012). Interferenzen neurotischer Prozesse und introjektiver Beziehungsmuster im Traum. In: *Psyche.* Jg. 66. S. 889–916.
Johnson, R. (2011). *Transactional Analysis Psychotherapy. Three Methods Describing a Transactional Analysis Group Therapy.* Lund/Schweden: Lund University.
Majetschak, S. (2007): *Ästhetik zur Einführung.* Hamburg: Junius.
Menzen, K.-H. (2016). *Grundlagen der Kunsttherapie.* München/Basel: Ernst Reinhard Verlag.
Menzen, K.-H. (2019). *Drei auf einer Bank.* Wien/Berlin: Turia & Kant Verlag.
Meyers, H. (1968). *Kind und bildnerisches Gestalten.* München: Kramer
Moser, U. (2013). Was ist eine Mikrowelt? In: *Psyche.* Jg. 67. S. 401–431
Rath, I. (2014). Zur therapeutischen Begegnung: Haltung – kommunikativer Dialog – Wirkung. In: *Zeitschrift für Transaktionsanalyse* (ZTA), 31. Jg. Heft 1. Teil 1. S. 19–32. Heft 3. Teil 2. S. 150–165.
Rizzolatti, G. & Sinigaglia, C. (2008). *Empathie und die Spiegelneurone – Eine biologische Basis des Mitgefühls.* Frankfurt a. M.: edition unseld. Suhrkamp.
Sandler, J. & Sandler, A. M. (1999). *Innere Objektbeziehungen.* Stuttgart: Klett-Cotta.
Scheurle, H. J. (2013). *Das Gehirn ist nicht einsam.* Stuttgart: Kohlhammer.
Sell, M. (1996). Psychic States, Ego States, States of Relationship. In: *Conference Reader Ego States in Transactional Analysis.* IAS Haarlem/ Institut INITA Hannover. S. 155–162
Sell, M. (2009a). Beziehungsformen als Element konsequenter transaktionaler Denkweise, In: *Zeitschrift für Transaktionsanalyse* (ZTA) 2/2009. 108–115.
Sell, M. (2009b). Transaktionsanalyse und Beziehungsraum. In: *Zeitschrift für Transaktionsanalyse.* ZTA 1/2009. S. 5–11.
Staguhn, D. (1967). *Didaktik der Kunsterziehung.* Frankfurt a. M.: Diesterweg.
Stern, D. (2004). *The Present Moment in Psychotherapy and Everyday Life.* New York: W. W. Norton.

Stern, D. (2016). *Die Lebenserfahrung des Säuglings* [1985/1992]. Stuttgart: Klett-Cotta.
Trüb, H. (1951). *Heilung aus der Begegnung*. Stuttgart: Ernst Klett Verlag.
Worms, F. (2013). *Über Leben*. Berlin: Merve.

## II. Künstlerische Therapien im klinischen Setting

*Aurelia Puschert*

# Zum spielerischen Erkunden des eigenen Potentials

Theatertherapie als Behandlungsbaustein auf einer psychosomatischen Station

> **Abstract:** Dieser Artikel erforscht die Wirkung von Theatertherapie als ressourcenorientiertem Verfahren im stationären psychosomatischen Behandlungssetting. Die sich bereits früh ausprägende Störung auf körperlicher Ebene und ihre seelischen Begleitkomponenten werden analysiert. Im Anschluss wird das Spezifische des theatertherapeutischen Ansatzes in diesem Behandlungskontext betrachtet. Es wird erläutert, wie Patienten mittels Übungen zur Stärkung der Wahrnehmung, des Ausdrucks und der Improvisationsfähigkeit in einer Gruppe trainieren, die eigenen inneren Erfahrens- und Erlebnisräume zu erweitern und wie sie nach außen hin in kleinen Szenen lustvoll und spielerisch-theatral neue Aktions- und Reaktionsweisen ausprobieren können. Abschließend wird der Ansatz der modernen neurobiologischen Sichtweise gegenübergestellt, die davon ausgeht, dass die Erfahrung u. a. von Verbundenheit und eigener Gestaltungsfähigkeit einen der wesentlichen Wirkfaktoren für eine erfolgreiche Therapie darstellt.

Theatertherapie als künstlerische Therapieform erweist sich im Rahmen einer psychosomatischen Station im therapeutischen Alltag immer mehr als wertvolle Ergänzung des sonstigen Therapieangebots wie Gruppen- und Einzeltherapien, Kunst-, Musik- und Tanztherapie sowie Physiotherapie, Sport und Atemschule. Diese noch relativ neue, ressourcenorientierte Therapieform nutzt das aktivierende, stärkende und verwandelnde Potential des Theaters, um im Rahmen der stationären, teilweise auch im Rahmen ambulanter Therapien bei körperlich wie psychisch erkrankten Menschen neue Sichtweisen auf spielerisch-kreative Wandlungsprozesse zu initiieren.

Als humanistischer Ansatz liegt sein Schwerpunkt auf dem ganzheitlichen Erleben und Ausdruck im Hier und Jetzt – wobei *psyche* und *soma* als im Ursprung verbunden und daher als **Eins** begriffen wird. Er ermöglicht einen Zugang zu Emotionen, die weit über die verbale Ebene hinausgehen, da sie vorsprachlich sind.

Im Rahmen einer psychosomatischen Abteilung, in der Erklärungsmodelle wie die von M. Schur (1955) beschriebene Theorie zur *De- und Resomatisierung* konzeptionell eine tragende Rolle spielen, leistet die Theatertherapie einen wertvollen Beitrag in der Behandlung gerade auch früher Störungen. In der in dieser Theorie beschriebenen natürlichen Entwicklung von der graduellen Auflösung körperlicher Reaktionsweisen beim Kind hin zu mehr bewussten, sprachlich vermittelbaren psychischen Mustern entsteht bei psychosomatischen Patienten, auf dem Hintergrund intensiven Stresserlebens, eine rückläufige Entwicklung. In der Re-somatisierung nach der De-somatisierung entsteht ein körperlicher Schmerz, der oftmals auf symbolische Weise einen psychischen Schmerz zum Ausdruck bringt. So finden sich bei den psychosomatisch Erkrankten klassischerweise Erkrankungen in den Bereichen wie Herz, Magen-Darm und Haut, mit den dazugehörigen Themen wie Liebeskummer, Frustrations-, Verarbeitungs- und Abgrenzungsproblematiken. Das Charakteristische hierbei ist in der Regel, dass eine angemessene psychische Verarbeitung und angemessene Mentalisierungsmöglichkeiten nicht zur Verfügung stehen. Die körperlichen Erkrankungen lösen mit der Zeit ihrerseits oftmals psychische Störungen wie Angst und Depression aus. Insgesamt leiden die Patienten zudem häufig durchgängig an einem schlechten Selbstwertgefühl, Selbstzweifeln und fehlender Selbstwirksamkeit. Auch sind die aggressiven Anteile regelhaft schlecht integriert, so dass es ihnen an Kompetenzen im Umgang mit schwierigen und konflikthaften Situationen fehlt, was zumeist zu einer Chronifizierung der Erkrankung im Alltag beiträgt.

Das breite Spektrum des theatertherapeutischen Ansatzes bietet an dieser Stelle eine Fülle von Übungen an, deren Zugang zunächst einen spielerisch-lustvollen und aktiven Einstieg in die therapeutische Gruppenarbeit ermöglicht. Ziel dieses Spektrums an Aufwärm- und Einstiegsübungen ist der Aufbau guter Strukturen der Zusammenarbeit, in denen sich alle Patienten wohlfühlen können und in denen Interaktion und gemeinsamer Entdeckergeist sowie eine gute Gruppenkohäsion und Vertrauen gefördert werden. Die Wahrnehmung, Sinne und Körper sollen als Aktions- und Reaktionsmodi aktiviert werden und Spontaneität und bewusstes Anders-Sein und Ausprobieren neuer Verhaltensweisen innerhalb dieses therapeutischen Settings verwirklicht werden. Eine parallel sich entwickelnde symbolische Welt soll geschaffen werden, die dank ihres entfremdeten, künstlerisch-gestalterischen Rahmens ein hohes Maß an Schutz bietet (die sog. »ästhetische Distanz«). Es wird dabei im gesamten Prozess davon ausgegangen, dass der Mensch die meisten Ressourcen, die er zur Lösung seiner Probleme benötigt, in sich trägt und dass er von Grund auf ein positives Veränderungspotential besitzt. Dieses gilt es im Verlauf für den jeweiligen Patienten zu entdecken, zu entwickeln und mit der Zeit immer weiter zu klären und zu stärken.

Dabei lassen sich unterschiedliche Arten von Übungen differenzieren: *Wahrnehmungs*übungen ermöglichen es den Patienten, die Sensibilität für sich und andere zu erhöhen. Ein Beispiel wäre eine Einstiegsübung, in der ein Patient seinen rechten Nachbarn im Kreis freundlich-heiter mit einem »Guten Morgen« begrüßt, dieser beantwortet den Gruß, indem er diesen in Sprache, Tonfall, Gestik und Mimik spiegelt, um dann im Anschluss sein eigenes »Guten Morgen« weiterzureichen. Im Anschluss erfolgt die gleiche Übung mit Wechsel der Kreisrichtung nach links, diesmal in einem unfreundlich-missgestimmten Ton.

Des Weiteren gibt es ein breites Spektrum an *Ausdrucks*übungen, die es den Patienten ermöglichen, ihre Fähigkeit zur Selbstmitteilung zu stärken sowie ihre Fähigkeit, Gefühlen und Gedanken spielerisch in Wort, Stimme, Mimik und Gestik Ausdruck zu verleihen. Ein Beispiel wäre eine Übung, in der jeweils eine Person in die Kreismitte geht und kommentierend mit dem Satz »heute geht's mir so ...« eine dazu gehörige körperliche Haltung, Gestik und Mimik einnimmt. Sie tritt dann wieder an den Rand, während der Rest der Gruppe in die Kreismitte tritt, um Körperhaltung, Gestik, Mimik und sprachliche Intonation zu spiegeln.

Im Rahmen von *Bewegungs*übungen und -spielen werden Atem und Stimme trainiert und die Beweglichkeit und die körperlichen Kräfte trainiert bzw. restituiert. Ein Beispiel für eine solche Übung ist ein Ballspiel, in dem in verschiedenen emotionalen Modi ein Ball durch den Kreis geschickt wird, mit dem jeweils emotional gefärbten Satz »der ist für dich ...« – in Freude, Wut, Traurigkeit, Neugierde, Angst, Verliebtheit etc.

Schließlich bieten sich *Improvisations*übungen an, um die eigene spielerische Spontaneität und Reaktionsfähigkeit zu entwickeln und zu vertiefen. Eine beispielhafte Übung besteht darin, dass vier einzelne Personen nacheinander in den Kreis gehen und sich jeweils u. a. als eine Person / Pflanze / Tier / Gegenstand vorstellen (z. B. »Ich bin eine Prinzessin / eine Wiese / ein Frosch / ein Brunnen.«), die Person, die als erste aufgetreten ist, tritt als erste wieder ab und nimmt eine der weiteren Personen mit (z. B. »Ich nehme den Frosch mit.«), die verbliebenen zwei werden wiederum ergänzt, so dass immer wieder andere Bilder in sich wechselnden Zusammenhängen zu spontan neuen Gedankenassoziationen führen.

Für Patienten mit psychosomatischen Beschwerdebildern gilt in besonderer Weise, dass sie für die Bewältigung eigener Themen und Konflikte sowie die Überwindung von Schwierigkeiten mit Menschen ihres sozialen Umfelds kaum Handlungsoptionen zur Verfügung haben. Was die Krankheitsgenese und -chronifizierung angeht, lässt sich oftmals beobachten, dass sie in einem sozialen Umfeld aufgewachsen sind, welches durch ein erhöhtes Stresserleben gekennzeichnet und streng und rigide war und in dem bei nicht konformem Verhalten mit Liebesentzug gedroht wurde, so dass sich seit der Kindheit ein Selbstbild entwickelt hat, welches tendenziell *starr und unbeweglich* ist. Es fehlt also an den Lernerfahrungen in einem Umfeld mit diversifizierten Identifizierungs- und Handlungsangeboten, die überhaupt erst den Ausgangspunkt für die Entwicklung innerer Freiräume bilden. In einem Prozess der Identifizierung hat das Kind »fremde« Persönlichkeitsanteile, teilweise auch aus Geschichten, Märchen und Mythen, im Laufe seiner Entwicklung in sich aufgenommen, die mit seinem Selbstbild verschmolzen sind und in der Bewältigung seiner gegenwärtigen Probleme teilweise hinderlich sein können. Es handelt sich um die Bestandteile, aus denen sich das zentrale psychische Gefühl seiner selbst und seiner Identität im Laufe seiner Entwicklung zusammengesetzt hat. Dieses bleibt dann in der Regel über die Zeit konstant.

Die Handlungsoptionen eines Erwachsenen hängen maßgeblich von den Erfahrungen ab, die das Kind ab dem Alter von zwei Jahren mittels kindlichem Spiel in einem Übungsfeld erproben konnte, in welchem Handeln und Fühlen in kindlichen Rollen aus verschiedenen Perspektiven ausprobiert und ins aktive Repertoire übernommen werden konnte. Im günstigen Fall hat ein Kind die Möglichkeit, in diesem ursprünglichen Lernumfeld eine nahezu unendliche Anzahl von Handlungs- und Interaktionssequenzen kennenzulernen und zu trainieren. Ist dies nicht der Fall, setzt die Theatertherapie daran an, den Patienten die Möglichkeit zu bieten, die inneren Handlungsspielräume im Nachhinein im geschützten Rahmen der Gruppe spielerisch zu erkunden und in ihrer Bedeutung und Handlungsrelevanz

## Zum spielerischen Erkunden des eigenen Potentials

für den Patienten in konkreten sozialen Kontexten zu erproben. Hier besteht die Rolle des Therapeuten darin, das Set der Handlungs- und Interaktionsmöglichkeiten des Patienten zu erweitern, durch spielerische Interaktionen innere Handlungsspielräume zu entwickeln und zu fördern, so dass der Patient mit der Zeit in die Lage versetzt wird, sich seiner individuellen Umgebung und ihren multiplen Anforderungen in für ihn günstigerer, weil diversifizierterer Form zu nähern.

Dazu dient in einem nächsten zentralen Schritt die spielerisch-theatrale Auseinandersetzung mit Material aus dem Lebensalltag, welches die Patienten mit in die Therapie bringen. An dieser Stelle hat sich zunächst die Methode des Playbacktheaters bewährt. Hier geht es darum, anhand konkreter Alltagssituationen aus den Bereichen Partnerschaft, Familie, Arbeit und soziales Umfeld sich mit dem eigenen Verhalten und möglichen weiteren Handlungsoptionen zu beschäftigen. Ein Erzähler schildert eine Begebenheit, die ihn beschäftigt und wählt Spieler in der Gruppe aus, die die beteiligten Personen darstellen (mit der Option, dass diese ablehnen können und neue gefunden werden müssen). Als Erzähler kann ich das Spiel auf der Bühne jederzeit unterbrechen oder abbrechen, als Therapeutin besteht die Option, mittels Regieanweisungen das Spiel zu intensivieren bzw. neu zu gliedern, d.h. zum Beispiel durch Wiederholung oder durch die Aufforderung zu alternativem Verhalten. Im Anschluss an die Szene formuliert das Publikum Titelvorschläge, von denen sich die Erzählerin, die für ihre Szene die zentrale Rolle im Geschehen einnimmt, einen aussuchen kann. Zum Abschluss werden im Sharing spontane Assoziationen und Wünsche für die Erzählerin von Seiten des »Publikums« ausgesprochen. Ein Beispiel wäre hier die Umsetzung einer bereits 30 Jahre währenden partnerschaftlichen Konfliktsituation einer Patientin mit ihrem alkoholkranken Ehemann. In der Therapiesituation hatte die Patientin eine Mitpatientin ausgewählt, den Ehemann zu spielen, die aufgrund eigener Vorerfahrungen dankbar für die Rolle und den hiermit möglichen Perspektivwechsel war. Die Patientin bestimmte am Ende aus den entwickelten Vorschlägen den Titel »Die Hölle« für ihre Szene. Dies hatte einen nachhaltigen kathartischen Effekt für die Patientin, für die das Thema bislang in der Öffentlichkeit ein absolutes Tabuthema dargestellt hatte. Ebenso ist es aber auch möglich, in diesem zentralen Therapieteil auf Märchen und Mythen zurückzugreifen, um das Repertoire an Rollen und Handlungsmustern spielerisch-lustvoll zu erkunden und zu erweitern. Dies empfiehlt sich besonders bei sehr eingespielten Handlungsmustern; so kann es für ein Patientin, die sich bislang als das »Aschenbrödel« ihrer Familie erlebt hat, ebenfalls einen kathartischen Effekt haben, wenn sie im Spiel mit der Gruppe lustvoll-böse die Rolle der rachsüchtigen bösen Stiefmutter spielt. Entscheidend am Ende ist immer das gemeinsame Sharing der Gruppe, das es den einzelnen Patienten ermöglicht, die gemachten neuen Erfahrungen und diversifizierten Handlungsoptionen zu integrieren.

Zusammenfassend lässt sich sagen, dass die theatertherapeutische Arbeit mit psychosomatisch erkrankten Menschen, die regelhaft in der Kindheit ausgeprägte Karenzerfahrungen durchlebt haben, die entscheidende Wichtigkeit der frühen spielerischen, phantasievollen und kreativen Erkundung und Aneignung des eigenen Lebensumfeldes für die Entwicklung innerer Bilder als Modelle von handelndem und fühlendem menschlichen Verhalten – gerade auch, um später kritische und krisenhafte Lebensabschnitte, die von Krankheit geprägt sind, aktiv bewältigen zu können – verdeutlicht. In den Nach-Reifungsprozessen, die die Theatertherapie an dieser Stelle anstößt, wird ihre besondere Bedeutung im Rahmen eines umfassenden Therapieprogramms deutlich: Erst sie ermöglicht, Defizite im eigenen Selbst- und Fremdbild zu korrigieren, neue Handlungsoptionen zu entwickeln und diese mit Lust und Humor und im experimentellen und Halt gebenden Umfeld der Gruppe umzusetzen. Erst in diesem kontinuierlichen Eintrainieren neuer Muster des Erlebens und Verhaltens werden neue positive – weil buntere und reichhaltigere – Erfahrungsräume (im Gegensatz zu den schwarz-weißen der Depression) möglich, die essentiell für die nachhaltige Wirkung jeder Therapie sind.

»Medizinische Interventionen müssen daher, wenn sie nachhaltig wirksam sein sollen, darauf abzielen und sich daran messen lassen, ob und wie effektiv sie dazu beitragen, die Selbstheilungskräfte der Patienten zu unterstützen bzw. zu reaktivieren.

Aus neurobiologischer Sicht geht es dabei in erster Linie darum, im präfrontalen Kortex verankerte, die Selbstheilungskräfte des Organismus unterdrückende, maladaptative Vorstellungen, Einstellungen und Haltungen zu verändern ... Mit anderen Worten: Die im Lauf ihres bisherigen Lebens gemachten Erfahrungen von Unverbundenheit, von Unvereinbarkeit, Unverständnis und Hilflosigkeit müssen durch solche Erfahrungen überlagert werden, die an ursprüngliche, zumindest während der frühen Kindheit, vorgeburtlich oder postnatal gemachte Erfahrungen von Kohärenz, Verbundenheit und eigener Gestaltungsfähigkeit anknüpfen.« (Hüther 2011, S. 58 f.)

## Literatur

Bauer, J. (2004). *Das Gedächtnis des Körpers. Wie Beziehungen und Lebensstile unsere Gene steuern.* München: Piper.
Diegelmann, Ch. & Isermann, M. (Hrsg.) (2011). *Ressourcenorientierte Psychoonkologie: Psyche und Körper ermutigen.* Stuttgart: Kohlhammer.
Hoffmann, S. O. & Hochapfel G. (1999). *Neurosenlehre, Psychotherapeutische und Psychosomatische Medizin.* München: Schattauer.
Hüther, G. (2011). »Psych-somatik und Somato-psychik – die untrennbare Einheit von Körper und Gehirn.« In: Diegelmann, Ch. & Isermann, M. (Hrsg.) (2011). *Ressourcenorientierte Psychoonkologie: Psyche und Körper ermutigen.* Stuttgart: Kohlhammer. 51–60.
Lutz, I. (2008). »Was wirkt? – Was heilt? Von Wirkfaktoren des originären Theaterhandwerks und Erkenntnissen moderner Hirnforschung.« In: Neumann, L., Müller-Weith, D. & Stoltenhoff-Erdmann, B. (Hrsg.) *Spielend leben lernen.* Berlin: Schibri. 52–65.
Molcho, S. (2009). *Umarme mich, aber rühr mich nicht an. Körpersprache der Beziehungen. Von Nähe und Distanz.* München: Ariston.
Müller-Weith, D., Dudek, N. & Wührl-Struller, K. (2014). *Dramatherapeutische Praxis. Eine Übungssammlung.* Berlin: Schibri.

*Katja Watermann*

# Kunsttherapie bei Persönlichkeitsstörungen – Zur subjektiven Wirksamkeit kunsttherapeutischer Verfahren bei männlichen Patienten mit Persönlichkeitsstörungen in der forensischen Psychiatrie

> **Abstract:** Der vorliegende Beitrag geht auf eine 2018 veröffentlichte Pilotstudie zurück und stellt deren Inhalt zusammengefasst vor.

Was bewirkt Kunst in der Therapie und lässt sich eine überzeugende Theorie zu ihrer Wirksamkeit entwickeln? Um diese Fragen zu beantworten, wurde im Rahmen der forensischen Psychiatrie erforscht, wie männliche Patienten mit Persönlichkeitsstörungen Kunsttherapie aus ihrer Sicht erleben und welche Bedingungen sie für eine erfolgreiche Therapie benennen. Um den umfassenden Untersuchungsgegenstand zu erforschen, wurden drei verschiedene Datensorten mithilfe von drei unterschiedlichen qualitativen Methoden bzw. Verfahren eingesetzt und trianguliert.

Die Studie liefert einen ausführlichen Einblick in die komplexen Zusammenhänge zwischen persönlich erlebter Wirksamkeit und fördernden Behandlungsbedingungen. Sie zeigt, dass bei dieser Patientengruppe durch eine intensiv angewandte additive Kunsttherapie mit künstlerisch-kunstpädagogischer Ausrichtung ›Prozesshaftigkeit‹ und damit eine positive Veränderung des Erlebens und Verhaltens entsteht. Zudem macht sie deutlich, dass eine Vielzahl an Bedingungen notwendig ist, damit eine kunsttherapeutische Behandlung zum Erfolg führt.

## Anlass und Forschungsstand

Als KunsttherapeutInnen erleben wir immer wieder, dass PatientInnen die praktische Auseinandersetzung mit Hilfe künstlerischer Verfahren als auffallend förderlich erleben und sich deutlich mehr

Kunsttherapie wünschen. Dennoch kommt Kunsttherapie nur selten als fester Baustein gerade im Rahmen einer psychiatrischen Behandlung vor. Es fehlt an ausreichenden wissenschaftlichen Wirksamkeitsnachweisen, was dazu führt, dass Kunsttherapie noch nicht akkreditiert ist (vgl. Martius 2018, S. 437). Dies war Anlass, sich verstärkt mit störungsspezifischen Konzepten für Menschen mit Persönlichkeitsstörungen zu beschäftigen. Dieses Störungsbild kommt in psychiatrischen Kliniken immer häufiger vor, gilt aber hinsichtlich seiner Behandelbarkeit durch Kunsttherapie noch als zu wenig erforscht. Innerhalb der Behandlung wird der Umgang mit PatientInnen dieses Störungsbildes häufig als sehr schwierig erlebt, denn einige PatientInnen mit bestimmten Formen von Persönlichkeitsstörungen zeigen häufig eine geringe Bereitschaft oder Fähigkeit, aktiv an therapeutischen Maßnahmen mitzuwirken oder sich auf eine therapeutische Beziehung einzulassen (vgl. Sachse 2006, S. 18). Das Gros der Wissenschaftler geht davon aus, dass Persönlichkeitsstörungen primär interpersonelle Störungen sind (vgl. Barnow 2008, S. 18; vgl. Sachse 2006, S. 11; vgl. Fiedler 1999, S. 119).

Um das Störungsbild der Persönlichkeitsstörungen genauer zu untersuchen, habe ich im Bereich der forensischen Psychiatrie geforscht. Hier werden PatientInnen für unbegrenzte Zeit behandelt. Sie haben schwere Straftaten wie Brandstiftung, Vergewaltigung oder Mord begangen, litten aber zum Zeitpunkt der Tat an einer psychischen Störung oder auch Suchterkrankung und gelten daher als nur vermindert schuldfähig oder als schuldunfähig (§ 63 StGB) (vgl. Weigend 2009, S. 34).

Ein Blick auf den aktuellen Forschungsstand zeigt, dass es nur wenige empirische Studien gibt, die speziell der Frage nachgehen, welche Faktoren in der Kunsttherapie wirksam sind und wie bzw. worin sich ihre Wirksamkeit ausdrückt. Zudem zeigte eine vorangegangene Recherche, dass es in Bezug auf die vorgestellte Studie weder Untersuchungen mit vergleichbaren Ergebnissen gibt, noch Beiträge vorliegen, die vorwiegend die Perspektive der Patienten berücksichtigen (vgl. Watermann 2018, S. 18–22).

Katja Watermann

## Kunsttherapie und Vielfalt

Folgt man Werner Kraus, der sich mit diesem Thema intensiv beschäftigt hat, gibt es keine einheitliche Definition von Kunsttherapie (vgl. Kraus 2007, S. 9). Ein Blick in die Literatur zeigt, dass es mindestens sieben unterschiedliche Ansätze gibt (vgl. Baukus & Thies 1997, S. 1 ff.; vgl. Menzen 2001, S. 13–22). Auch wenn sich alle Richtungen auf die kunsttherapeutische Triade beziehen, die sich aus PatientIn, KunsttherapeutIn und Werk zusammensetzt, unterscheiden sich die vielfältigen Ansätze doch deutlich in ihren Zielen, Methoden und Techniken.

Im klinischen Bereich kommen fünf Ansätze vorrangig zur Anwendung:
1. Die anthroposophische Kunsttherapie.
2. Die heilpädagogische Kunsttherapie.
3. Die tiefenpsychologische Kunsttherapie.
4. Die kreativ- und gestaltungstherapeutische Kunsttherapie.
5. Die künstlerisch-kunstpädagogische Kunsttherapie.

Da die künstlerisch-kunstpädagogische Kunsttherapie die Grundlage des hier vorgestellten Forschungsprojekts bildete, soll kurz erläutert werden, was sie auszeichnet.

Dieser Ansatz bezieht sein Wissen aus den Erkenntnissen des Bauhauses und hier vor allem aus den Lehren der Künstler Johannes Itten, Wassily Kandinsky und Paul Klee. Diese Richtung hat die Intention, die Erlebnis- und Ausdrucksfähigkeit von Menschen zu steigern und ihre Handlungskompetenzen zu fördern, indem sie ihnen ermöglicht, über ästhetische Erfahrungsprozesse ganzheitlich die Sinne zu schärfen, die eigene Wahrnehmung zu schulen und sich als aktiv schöpferischer Mensch zu erleben (vgl. Hampe 2003, S. 111). In der Folge können wichtige Erkenntnisse über sich selbst gewonnen sowie das eigene Verhalten und Erleben positiv verändert werden. Basis hierfür ist die ästhetische Erfahrung, die auf den amerikanischen Pädagogen und Philosophen John Dewey (1859–1952) zurückgeht. Was eine ästhetische Erfahrung im Kern ausmacht, ist laut Dewey »*die Umwandlung von Widerständen und Spannungen, von an sich zur Zerstreuung verleitender Erregung, in eine Bewegung, die auf einen umfassenden, erfüllten Abschluß hinzielt*« (Dewey 1980, S. 70).

## Stichprobe und Setting

Am kunsttherapeutischen Forschungsprojekt nahmen insgesamt 15 Patienten mit verschiedenen Persönlichkeitsstörungen teil (n = 15). Bei der Zusammenstellung der Stichprobe wurden Ein- und Ausschlusskriterien festgelegt, wie eine Erstdiagnose aus dem Bereich der Persönlichkeits- und Verhaltensstörungen und die Unterbringung laut § 63 StGB.

Im Vorfeld der Untersuchung wurde ein spezielles kunsttherapeutisches Konzept entworfen, das 66 Therapieeinheiten sowie vielerlei Arten von Reflexionsgesprächen umfasste. Die Männer kamen insgesamt über ein halbes Jahr lang dreimal die Woche zur Therapie. Zweimal in der Woche fand für 90 Minuten eine Einzelarbeit in der geschlossenen Gruppe statt und einmal in der Woche wurde für zwei Stunden ein gemeinsames Kunstprojekt durchgeführt.

## Behandlungskonzept

Um künstlerische Prozesse und ästhetische Erfahrungen während des Forschungsprojekts zu ermöglichen, war der Raum der Kunsttherapie eingerichtet wie ein Atelier. Die Patienten konnten an Tischen, an Malwänden und an Staffeleien arbeiten und ihnen stand permanent eine große Bandbreite an Farben und unterschiedlichsten Materialien zur Verfügung, die die wichtigste Grundlage für neue Erfahrungen und Erkenntnisse bilden.

Um die individuell stattgefundenen ästhetischen Erfahrungsprozesse zu reflektieren, wurden verschiedene Arten von Gruppen- und Einzelgesprächen durchgeführt, die für die spätere Auswertung entweder protokolliert oder mitgeschnitten und im Nachgang ausgewertet wurden. Zu den wichtigsten Gesprächen gehörten das Zielplanungsgespräch, die sogenannten Werkgespräche und das Abschlussgespräch. Alle waren darauf ausgerichtet, gemeinsam mit dem Patienten seine Werke, Ziele und persönlichen Erfahrungen, seine Entwicklungen sowie individuellen Ressourcen zu beleuchten, um darauf aufbauend weitere persönliche und kreative Veränderungsprozesse anzustoßen (Abb. 1).

Abb. 1: Herr A., »Hoffnung ist alles«, Wasserfarbe auf Papier, 28 × 19 cm.
(Autorin: Katja Watermann)

## Forschungsfrage und Forschungsmethodik

Die übergeordnete Forschungsfrage war, wie Patienten mit Persönlichkeitsstörungen, die in der forensischen Psychiatrie untergebracht sind, Kunsttherapie subjektiv erleben und welche Bedingungen und Faktoren sie als förderlich einschätzen.

Um einen größeren Erkenntnisgewinn hinsichtlich des umfassenden Forschungsgebiets zu erreichen, wurde für die Analyse die Forschungsstrategie der Triangulation gewählt, und die Forschungsfrage mittels mehrerer Erhebungs- oder Auswertungsmethoden durchleuchtet. Ausgewertet wurden hierfür sieben Abschlussinterviews mit Hilfe ausgewählter Aspekte der Grounded Theory, zwei Bilder von zwei Patienten mittels der Dokumentarischen Bildinterpretation und 28 Dokumentationsformulare von zwei Patienten anhand des Instruments zur Beobachtung und Auswertung kunsttherapeutischer Prozesse (IBAKP) (Tab. 1).

# Kunsttherapie bei Persönlichkeitsstörungen

| Methode | Datensorten |
|---|---|
| Grounded Theory Methode | • 7 Abschlussinterviews |
| Dokumentarische Bildinterpretation | • 2 Werke |
| Instrument zur Beobachtung und Auswertung kunsttherapeutischer Prozesse (IBAKP) | • 28 Dokumentationsformulare |

Tab. 1: Übersicht über die triangulierten Methoden sowie deren Datensorten

Im Fokus der Auswertung stand die Grounded Theory, da sie sich sehr dafür eignet herauszufinden, was sich hinter bestimmten Phänomenen verbirgt und vor allem, weil es dieser Methode darum geht, eine realitäts- und praxisnahe Theorie zu entwickeln.

Um aufgedeckte Phänomene oder auch Kategorien in Beziehung setzen zu können, wird im Rahmen der Grounded Theory der Einsatz des Paradigmatischen Modells empfohlen. Es dient dem Zweck, menschliches Handeln zu erklären und wesentliche Bedingungen aufzuzeigen sowie zu beleuchten, was das Handeln bewirkt. Dazu wird das zentrale Phänomen, also das, was als Kernaussage in der Untersuchung herausgearbeitet wurde, in ein relationales Gefüge gebracht. Der Kontext beschreibt, in welchem Zusammenhang das Phänomen auftritt. Die ursächlichen Bedingungen lassen Aussagen darüber zu, warum es auftritt, also was der Grund für das Phänomen ist. Die Handlungs- und Interaktionalen Strategien verweisen auf das, was Menschen tun, damit das Phänomen auftritt oder auch, was Menschen dazu beitragen, damit das Phänomen bestehen bleibt. Die intervenierenden Bedingungen wiederum sind wichtig, weil sie die Handlungen von Menschen entweder fördern oder hemmen können. Und als Letztes verweisen die Konsequenzen darauf, was menschliches Handeln zur Folge hat oder auch haben könnte (vgl. Flick 2002, S. 265) (Abb. 2).

Abb. 2: Grafische Darstellung des Kodierparadigmas nach Strauss und Corbin 1996 S. 78

Katja Watermann

## Forschungsergebnisse

Da die Erkenntnisse sehr umfassend sind, werden in diesem Beitrag nur einige bedeutende anhand des Paradigmatischen Modells vorgestellt.

*Zentrales Phänomen: Prozesshaftigkeit*

Die Zusammenführung der Ergebnisse zeigt deutlich, dass nach Ansicht der Patienten durch Kunsttherapie ›Prozesshaftigkeit‹ entsteht, d. h. dass sie der Meinung sind, dass sich ihr Erleben und Verhalten positiv verändert hat. Herr B., ein Patient aus dem Forschungsprojekt, äußerte sich im Laufe des Abschlussgesprächs zu seiner erfolgreichen Entwicklung beispielsweise so: »*Ziele und Wünsche in der Kunsttherapie waren ja überwiegend, wirklich lockerer zu werden und den Perfektionismus abzulegen. Und das hab ich definitiv erreicht. Ja, und vielleicht noch so zu meiner sozialen Kompetenz in der Gruppe, die hat sich vielleicht noch ein bisschen gefestigt. Das hat ganz gut geklappt.*«

Und noch ein weiterer Hinweis lässt sich aus den Aussagen der Patienten entnehmen.

Laut Klaus Grawe, einem Schweizer Psychotherapieforscher, ist in Hinblick auf eine wirksame und erfolgreiche Psychotherapie bedeutend, dass ein »*Transfer der Erkenntnisse und der individuellen Therapieziele in den Alltag*« (Grawe 2015) stattfindet, da nur aufgrund dort neu gemachter Erfahrungen eine Veränderung langfristig herbeigeführt werden kann. Hier zeichnet sich ab, dass dem so ist, denn die Männer geben an, dass sich ihre positiven Veränderungen auch auf der Station und gegenüber ihren Angehörigen zeigten.

*Kontext: Erleben neuer Situationen durch Kunsttherapie*

Aus den Abschlussinterviews ergeben sich viele Hinweise, wie die kunsttherapeutischen Rahmenbedingungen (Kontext) aussehen sollten, damit die Männer ihr Erleben und Verhalten positiv verändern können. So sind sie der Meinung, dass es vor allem das ›Erleben neuer Situationen durch Kunsttherapie‹ ist, dass sie in ihrer Entwicklung weiterbringt. ›Prozesshaftigkeit‹ entsteht beispielsweise dann, wenn die Patienten sich mit neuen Materialien und Techniken auseinandersetzen können, wenn sie nach eigenen Vorstellungen arbeiten, anstatt Aufgaben gestellt zu bekommen, die die Therapeutin für sinnvoll erachtet, und wenn sie eigene kunsttherapeutischer Ziele benennen und diese auf ihre Art und Weise umsetzen dürfen.

*Ursächliche Bedingungen: Experimentieren & Hilfe erhalten*

Dass es zu einer positiven Veränderung des Erlebens und Verhaltens kommt, hat aus Patientensicht zwei Gründe. Der erste ist, dass die Teilnehmer in der Kunsttherapie die Chance erhalten, zu experimentieren. Aber alleine etwas auszuprobieren reicht nicht aus, um etwas Neues dazuzulernen, denn das kennen wir alle: Experimente können auch zu Frust, Versagensgefühlen und Demotivation führen, wenn man nicht weiß, wie es geht oder nur wenig mutig und ausdauernd ist. Entscheidend ist daher – und hier sind wir beim zweiten Grund für das Entstehen von Prozesshaftigkeit – dass die Patienten in ihrem Handeln immer auf die Unterstützung der Kunsttherapeutin zählen können und Hilfe bei der Umsetzung ihrer Ideen erhalten.

*Handlungs- und interaktionale Strategien: Kunst als Mittel nutzen & Verhalten verändern*

Ein Ergebnis der Auswertung ist, dass die Männer verstärkt die ›Kunst als Mittel nutzen‹, um ihre aktuellen Gedanken und Gefühle auszudrücken und sich selbst darüber besser wahrzunehmen. Beispielhaft meint Herr B. hierzu: »*Ja, natürlich, das war ja auch ne Art, äh, äh, Problembewältigung, indem man das einfach nicht redet, sondern einfach das, was man denkt und fühlt, zeichnet.*«

Die Ergebnisse zeigen zudem, dass die Teilnehmer sehr aktiv und gezielt ihr ›Verhalten verändern‹. Sie werden spontaner und flexibler und weichen von zum Teil dissozialen und starren Verhaltensweisen ab. Auch wird deutlich, dass die Männer beginnen, auch anderen Menschen zu helfen. Dies ist gerade in Hinblick auf ihr auffälliges Sozialverhalten nicht unerheblich. Beispielhaft äußert sich Herr M. so: »*Ja, es war ganz schön, es hatte schon, also was alleine reichte, war schon jemandem zu helfen, dass er seins noch fertigkriegt. (…).*

*Einfach mal jemandem Unterstützung geben. Das war schon mal was.«*

*Intervenierende Bedingungen: Beziehungsgestaltung und Werkcharakter*

Die intervenierenden Bedingungen sind für KunsttherapeutInnen besonders bedeutsam, weil sie die Handlungen von PatientInnen entweder fördern oder hemmen können. Wichtige Grundlagen im zwischenmenschlichen Umgang sind laut Patientenaussagen, dass wir uns ihnen gegenüber ehrlich interessiert zeigen, unser Engagement auch über unsere Körpersprache signalisieren und den Patienten nicht negativ bewerten sowie eine non-direktive Haltung einnehmen.

Nicht minder bedeutsam ist die zweite Bedingung: der Werkcharakter. Er sagt etwas darüber aus, welchen Bezug das Werk zum Patienten hat. So wird aus den Interviews deutlich, dass die künstlerische Arbeit des Patienten eine enge Beziehung zu seiner Lebensgeschichte aufweist und seine Realität in großem Maße abbildet. Dadurch birgt das Werk ein beträchtliches Identifikationspotential, sodass eine intensive Verbundenheit entsteht.

*Konsequenzen: Therapieeffekt Spaß, Freude und Entspannung*

Als Folge der eingesetzten Handlungen der Patienten – etwa Kunst als Mittel zu nutzen oder eigenes Verhalten gezielt zu verändern – konnte der ›Therapieeffekt Spaß, Freude und Entspannung‹ identifiziert werden. Bei einigen Teilnehmern entwickelt er sich prozesshaft, also erst mit der Zeit, andere sagen dagegen, dass sie zu jeder Zeit Spaß, Freude und Entspannung erlebt haben. Exemplarisch wird hierzu eine Aussage eines Teilnehmers wiedergeben, der beim Abschlussinterview gefragt wurde, welchen Nutzen er aus der Behandlung ziehen konnte. Herr D. meint: »*Gebracht hat es mir im Endeffekt sehr viel, weil durch die Kunsttherapie bin ich auf jeden Fall auch ruhiger geworden und entspannter.*«

## Zusammenfassung

Die Eingangsfrage dieses Beitrages lautete: Was bewirkt Kunst in der Therapie und lässt sich eine überzeugende Theorie zu ihrer Wirksamkeit entwickeln?

Die Ergebnisse der Pilotstudie zeigen auf, dass eine additive, intensive Kunsttherapie mit künstlerisch-kunstpädagogischer Ausrichtung eine positive Wirkung hat, indem ›Prozesshaftigkeit‹ entsteht. Zudem machen sie deutlich, was die Patienten tun, damit sie ihr Erleben und Verhalten verändern, welche Folgen ihr Handeln hat und welche förderlichen Rahmenbedingungen in der Kunsttherapie notwendig sind. Und abschließend verdeutlichen sie, wie eine Theorie zur Kunsttherapie aussehen kann. Zur Veranschaulichung werden Ausschnitte des Modells mittels einer Grafik illustriert (Abb. 3) (vgl. Watermann 2018, S. 314).

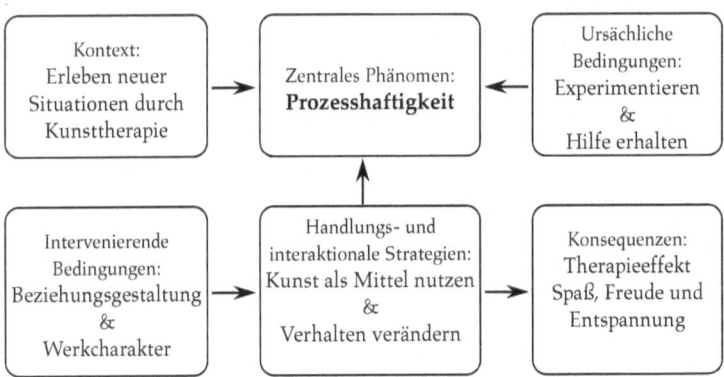

Abb. 3: Modell zur subjektiven Wirksamkeit von Kunsttherapie bei männlichen Patienten mit Persönlichkeitsstörungen in der forensischen Psychiatrie (Ausschnitt) (vgl. Watermann 2018, S. 314).

## Ausblick und Anschlussmöglichkeiten

Von großer Bedeutung wäre, weiter zu erforschen, ob das Ergebnis ›Prozesshaftigkeit‹ auch bei der kunsttherapeutischen Arbeit mit anderen Störungsbildern auftritt und ob die positive Veränderung des Erlebens und Verhaltens als Langzeiteffekt entsteht. Auch wäre es sinnvoll zu ermitteln, wie und wie ausgeprägt ein Transfer in andere

Lebensbereiche stattfindet. Dies wäre anhand objektivierender Fremdbeurteilungen durch Einschätzungen weiterer Behandler umsetzbar. Zudem könnten weitere Studien darauf ausgerichtet sein, verstärkt quantitative Methoden zu berücksichtigen, um vermehrt repräsentative Ergebnisse abzubilden. Und nicht zuletzt wäre es sinnvoll, eine einheitliche Definition von Kunsttherapie zu erarbeiten. Hierzu könnten übergreifende Gemeinsamkeiten der unterschiedlichen Ansätze ermittelt werden, um weiter notwendige Grundlagenforschung zu betreiben und die Etablierung der Kunsttherapie voranzubringen.

## Literatur

Barnow, S. (2008). Persönlichkeitsstörungen: Was versteht man darunter? Dimensionale und kategoriale Klassifikation von Persönlichkeitsstörungen. In: Barnow, S. (Hrsg.), *Persönlichkeitsstörungen: Ursachen und Behandlung.* Bern: Hans Huber. S. 17–60.

Baukus, P. & Thies, J. (1997) (Hrsg.) *Kunsttherapie.* Stuttgart: Gustav Fischer.

Dewey, J. (1980). *Kunst als Erfahrung.* Frankfurt am Main: Suhrkamp.

Fiedler, P. (1999): Persönlichkeitsstörung. In: Reinecker, H. (Hrsg.) *Fallbuch der klinischen Psychologie. Modelle psychischer Störungen.* Göttingen: Beltz. S. 119–137.

Flick, U. (2002). *Qualitative Sozialforschung. Eine Einführung.* Reinbek bei Hamburg: Rowohlt.

Grawe, K. (2015). *Veränderung in der Therapie: Transfer in den Alltag.* https://www.klaus-grawe-institut.ch/blog/veraenderung-in-der-therapie-transfer-in-den-alltag/ (abgerufen 20.10.2018)

Hampe, R. (2003). Die künstlerischen Therapien und das Bauhaus. In: Bertolaso, Y. (Hrsg.). *Die Künste in den künstlerischen Therapien. Selbstverständlichkeit oder Etikettenschwindel?* Münster: Paroli. S. 105–123

Kraus, W. (2007). Die Heilkraft des Malens Fachhochschule für Kunsttherapie Nürtingen Zu diesem Buch. In: Kraus, W. (Hrsg.) *Die Heilkraft des Malens. Einführung in die Kunsttherapie.* München: C. H. Beck. S. 7–12.

Martius, P. (2018). Forschung und Kunsttherapie: ein Überblick. In: von Spreti, F., Martius, P. & Steger, F. (Hrsg.). *KunstTherapie. Wirkung – Handwerk – Praxis.* Stuttgart: Schattauer. S. 437–441.

Menzen, K-H. (2001). *Grundlagen der Kunsttherapie.* München: Ernst Reinhardt.

Sachse, R. (2006). *Persönlichkeitsstörungen verstehen. Zum Umgang mit schwierigen Klienten.* Bonn: Psychiatrie.

Strauss, A. & Corbin, J. (1996). *Grounded Theory: Grundlagen Qualitativer Sozialforschung.* Weinheim: Beltz.

Watermann, K. (Hrsg.) (2018). *Kunsttherapie bei Persönlichkeitsstörungen. Theorie und Praxis.* München: kopaed.
Weigend, T. (2009) (Hrsg.). *Strafgesetzbuch (StGB),* München: Beck Texte im dtv.

*Dorothee Wiewrodt & Monika Wigger*

# »Linda hat einen heilen Kern« – Psychodynamik in der psychoonkologischen und kunsttherapeutischen Begleitung

**Abstract:** Psychodynamik ist verbunden mit intrapsychischen Prozessen und geht einher mit einem stetigen Ausgleichfinden zwischen der tatsächlichen individuellen physischen, sozialen und ökonomischen Realität und den damit verbundenen individuellen Bedürfnissen, Wünschen und Träumen. Die Konfrontation mit einer onkologischen Erkrankung kann den psychischen Apparat und seine Ausgleichsfunktionen hemmen und zur konflikthaften Erstarrung führen. Psychoonkologische Krisenintervention und kunsttherapeutische Begleitung waren für die Patientin Linda N. *Erste Hilfe*, um sich aktiv und selbstbewusst aus der Belastungssituation zu befreien und wieder die gesunden, kompetenten, aktiven Anteile bei sich selbst wahrnehmen zu können. Inwieweit spezifischen künstlerischen Verfahren wie Körperbild und Collage hierbei eine besondere Qualität zukommen kann, wird im Kontext der Prozessbeschreibung verdeutlicht. Exemplarische Beispiele von Künstler*innen zeigen Analogien zu den tiefen Erfahrungen von Linda N., die sie eindrücklich selbst in Worte fasst.

## Psychodynamik

Psychodynamik ist verbunden mit intrapsychischen Prozessen, die nicht offensichtlich und linear wahrnehmbar sind. Ein besonderes Augenmerk liegt dabei darauf, die Zusammenhänge zwischen äußeren und inneren Faktoren als Auslöser für seelische Reaktionen auszumachen. Sigmund Freud hat sich eingehend damit befasst und die Phänomene differenziert beschrieben. Für ihn als Naturwissenschaftler und Mediziner erwies sich die Psyche als ein komplexer seelischer Mechanismus. Alle darin stattfindenden Prozesse benötigen für ihre Funktion entsprechende Energie und produzieren energetische Spannungen, die ihren Ausgleich suchen. Die Entladung derselben kann entweder als angenehm positiv oder als unangenehm negativ empfunden werden. Es erfordert neben Introspektion auch die Selbst- und Fremdbeobachtung, um sich diese Prozesse zu erschließen und Bedürfnisse, Wünsche und Motive in Einklang mit Realität, Möglichkeiten und Grenzen zu bringen. In Zuständen der Entspannung, des Schlafes, des Traumes und des kreativ-künstlerischen Schaffens sind basale, »primitive« Wünsche (Freud 1923) und damit einhergehende Emotionen zumeist deutlicher erkennbar als im Alltagsleben (Egg 1985, S. 17). Künstlerische Mittel können hier zur (Selbst-)Erkenntnis und zum Verständnis beitragen. In Form von (Körper-)Sprache, Texten, Bildern, Objekten, Farbe und weiteren lebendigen Ausdrucksformen manifestieren sich psychodynamische Prozesse und werden dadurch sinnlich wahrnehmbar. Hierbei ist die subjektive Annahme von Sinnhaftigkeit jeglichen Ausdrucksphänomens und Verhaltens zunächst grundlegend – auch wenn dieses sich nicht unmittelbar erschließen lässt. Zusammenhänge zu erkennen ist eine hermeneutische Aufgabe und stellt nach wie vor eine Herausforderung dar. Dennoch existieren inzwischen Instrumente, welche nachweislich eine operationalisierte psychodynamische Diagnostik (OPD 2) ermöglichen. So lassen sich beispielsweise anhand von Selbstauskunftsskalen (Frankfurter Körperkonzeptskalen, FKKS) Zusammenhänge zwischen Körpererleben und dessen Auswirkungen auf verschiedene Lebensbereiche nachweisen (vgl. Schneider et al. 2008). Inzwischen wird der psychodynamische Ansatz auch von der Hirnforschung unterstützt (vgl. Roth 2007).

## Psychodynamik im Kontext der Psychoonkologie

Intrapsychische Konflikte und die damit einhergehende Dynamik können auch im Rahmen einer Tumorerkrankung eine Rolle spielen. Mit der Hoffnung auf Heilung sucht ein/e Patient*in Ärzte oder das Krankenhaus auf, weiß aber in der Regel gleichzeitig um die belastenden Faktoren einer Operation, Strahlen- oder Chemotherapie. Ein innerer Konflikt lässt sich in dieser Situation kaum vermeiden. Behandlung ist für die Patient*innen also Fluch und Segen zugleich. Die Themen Konflikt und Abwehr nach dem psychoanalytischen Konzept Freuds sind in aktuellen psychotherapeutischen und psychoonkologischen Konzepten hinsichtlich der Entwicklung von Strategien bezüglich Coping und Regulation von Emotionen weiterentwickelt worden (vgl. Keim 2016).

### Linda hat einen heilen Kern

*Linda hat einen heilen Kern* ist der Titel einer Collage einer jungen Frau, die 2004 mit einer Tumordiagnose im zentralen Nervensystem konfrontiert wurde. Befassen wir uns zunächst mit diesem starken Titel der Collage als Einstieg in das Thema, noch ohne ein Bild vor Augen zu haben, das Krankheitsbild zu kennen oder die Interventionen zu beschreiben.

Ein *Kern* ist die Mitte, um die sich alles dreht, der wesentliche (Kern-)Punkt einer Sache, die Essenz: das wertvolle Kernholz eines Baumes, das Innere einer Frucht, der Zellkern als Träger des Erbgutes. Ein *heiler Kern* betont also eine vollkommene Unversehrtheit, ist unbestritten *ganz* – im besten Sinne von *heil*. Im zarten Alter zwischen 18 und 24 Monaten erkennen wir uns selbst im Spiegel und nennen uns beim Vornamen. Unser Selbstbild in dieser Lebensphase ist gekennzeichnet durch »Alles oder Nichts«-Denken. So können wir uns nicht vorstellen, gleichzeitig gute und schlechte Eigenschaften zu haben – gleichzeitig gesund und krank zu sein (vgl. Jungbauer 2017, S. 127). In diesem Alter trauen wir uns in positiver Hinsicht häufig einfach alles zu, können Berge versetzen. Diese frühe Phase intensiven Selbstwirksamkeits- und Wirkmächtigkeitserlebens trägt neben anderen Faktoren, wie z. B. Bindung und Beziehung, dazu bei, ein Reservoir an lebensnotwendigen Ressourcen anzureichern. Piaget beschreibt den kindlichen Glauben an die Wirksamkeit des eigenen Denkens als *Magie*, einem Phänomen, das bei psychisch gesunden Erwachsenen in Form von spontanen, magischen Haltungen durchaus noch vorhanden ist und aktiviert werden kann (vgl. Piaget 1997, S. 152). »Der Wunsch vergegenständlicht sich damit in den Dingen und beeinflusst durch Projektion das Schicksal oder die Ereignisse« (Piaget 1997, S. 153). Lindas Titel *Linda hat einen heilen Kern* hat magische Überzeugungskraft, mutet an wie ein Mantra, ein Vers, der Kraft gibt, inspiriert und tröstet und ihrem schweren Krankheitsbild trotzt. Linda verwendet den Titel in den folgenden Jahren für drei ihrer Werke (u. a. Abb. 3, Abb. 4).

Dem Potential des Titels *Linda hat einen heilen Kern* steht eine inzwischen 16 Jahre andauernde Krankengeschichte gegenüber, die die Patientin rückblickend folgendermaßen beschreibt:

»*Meine Erkrankung hat ja angefangen 2004 und wurde ja eigentlich falsch diagnostiziert und mit einer Bestrahlung ohne Biopsie behandelt. Ich muss sagen, die Behandlung war anstrengend (Gamma Knife) und doch waren die Kontrolluntersuchungen sehr zufriedenstellend, weil der Tumor immer wieder geschrumpft ist. Von 2004 bis 2012 habe ich gar nicht wahrgenommen, dass ich einen Tumor hatte. Es war auch nicht beschwerlich für mich. Mein richtig großes Leid hat angefangen Ende 2012 und nach der OP 2013. Seitdem ist ja auch ein Marathon an Behandlungen über mich hergefallen. Und natürlich wurde auch der richtige Tumor diagnostiziert*« (E-Mail von Linda 2020).

Der Tumor, der sich bei Linda N. im Kleinhirn angesiedelt hatte, war ein sehr seltener, insgesamt aber langsam wachsender Hirntumor, ein sogenanntes *Plexuspapillom*. Über Jahre konnte der Tumor durch die anfängliche Bestrahlung stabil gehalten werden, doch dann kam es zu dem seltenen Fall, dass Tumorzellen über das Nervenwassersystem zum Rückenmark gelangten, sich hier ansiedelten und sogenannte *spinale Abtropfmetastasen* bilden konnten. So kam es im weiteren Verlauf zu Symptomen im Bereich der Halswirbelsäule, dann der Lendenwirbelsäule und letzlich zu mehr oder weniger ausgedehnten Tumoransammlungen nicht nur im gesamten Bereich der Wirbelsäule, sondern auch in verschiedenen Hirnarealen und an den Hirnnerven. Somatische Begleitsymptome wie Schmerzen im Bereich der Wirbelsäule, Störungen im Hormonhaushalt, ein zunehmender »Wasserkopf« durch eine Liquorresorptionsstörung und Sehstörungen gingen mit der fortschreitenden Tumorerkrankung einher.

Linda N. bekam mehrere Bestrahlungen, verschiedene Chemotherapeutika und wurde sechsmal operiert. Seit 2016 war sie auch Patientin der Neurochirurgie des Uniklinikums Münster. Aufgrund von Stimmungsschwankungen, Ängsten und schwindendem Selbstwertgefühl erhielt sie psychoonkologische Gespräche. Hier wurde ihr die ambulante Kunsttherapie vorgeschlagen und so kam Linda im Februar 2017 erstmalig in das Atelier von MW. Linda war sehr ambitioniert, sofort loszulegen. Sie wollte direkt mit den Händen auf dem Malgrund arbeiten. Es sei »viel in ihr drin, was aus ihr heraus wolle«, so der Wortlaut der Patientin in dieser Stunde. Wirbelsäule, Tumor, Sonne und ein Abdruck der »goldenen Hände« ihres behandelnden Neurochirurgen waren gestisch und schnell zu Papier gebracht. Absichtsvolles und gestisch Zufälliges stehen hier eng nebeneinander. Illustrative, bedeutungsvolle Elemente und zufällige, suchende Spuren nimmt Linda zum Anlass für eine Geschichte. Sie gibt dem Werk den Titel *Gewinner* (Abb. 1). »Es ist gut, dass der Klumpen raus ist«, so Linda nach der Sitzung. Linda ist erleichtert, ist froh, das Werk im Atelier zurück- lassen zu können. Es folgten noch drei weitere kunsttherapeutische Einzeltermine im Atelier. Das eigene kreative Potential, bis dahin weitestgehend unbenutzt, wird fortan nicht mehr von ihr infrage gestellt. In der zweiten Stunde wählt sie die gleiche Papiergröße, möchte erneut mit den Händen arbeiten. Sie knüpft an die gelbe Sonne aus dem ersten Bild an. Das Gelb nutzt sie für die Blütenblätter einer Sonnenblume. In der Mitte des Blütenkorbes gestaltet sie sorgsam einen braunen Röhrenblütenkern, ein Potential, aus dem sich viele kleine Kerne entwickeln können (Abb. 2).

Wenige Wochen später schreibt sie: »*Heute war ich bei der Kunsttherapie. Und was soll ich sagen, diese war für mich wieder sehr erfüllend. Als ich zu Hause meine Collage* Linda hat einen heilen Kern *erstellt hatte, entstand mein neues Lebensmotto »Ich habe einen heilen Kern«. Und diesem habe ich heute meine Zeit bei der Kunsttherapie gewidmet.*
 *Das Ergebnis macht mich sehr stolz. :–)*
 *Und wenn ich das sagen darf, ich bin von mir und meinem emotional künstlerischen Ausdruck begeistert*« (E-Mail von Linda 2019) (Abb. 3).

Das Kern-Thema wird auch weiterhin in Lindas Werk von besonderer Bedeutung sein und für sie zu einem zentralen bildnerischen und symbolischen Motiv für die gesunden Anteile werden (Abb. 4).

## Köpfe

Der Kopf ist ein *Pars pro Toto*, stellvertretend für die Gesamtpersönlichkeit. Das ganze Tier oder der ganze Mensch wird vor dem geistigen Auge vorstellbar, allein durch die Präsenz des Antlitzes. Ein Portrait beinhaltet ausgesprochen intime Prozesse, den der Wahrnehmung und den des Wahrgenommenen. Künstler haben selbstbezogen auf das Künstlerporträt damit intensiv experimentiert. Solange die

Abb. 1: Gewinner (2017)

fotografische Wiedergabe noch nicht möglich war, kam dem Modellsitzen über zeitlich lange Sitzungen eine besondere Bedeutung zu. Stets sind dabei ein *Sich-Offenbaren* und *Sich-zur-Schau-Stellen*, aber auch die künstlerische Umsetzung des Gegenübers von Bedeu-

Abb. 2: Ohne Titel (2017)

tung. Es geht nicht immer um das konkrete Abbild, sondern auch um das Atmosphärische, das Sichtbar-Machen von Unsichtbarem, das Klischee (vgl. Hampe 1999a, S. 257–263; 1999c; 2001). Der Maler Alexej Jawlenski (1865–1941) arbeitete in seiner letzten Schaffensphase an ganzen Serien abstrakter Köpfe. Er verzichtete auf eine Kon-

Abb. 3: Linda hat einen heilen Kern (2017)

tur des Gesichtes und auf die Verbindung eines Halses als Übergang zum Körper. Seine Bilder waren weit entfernt von Nähe zu einem anatomisch stimmigen Modell eines menschlichen Gesichtes. Allein die unterschiedliche Komposition der Farben und Anordnung der Linien ermöglichten ihm tiefgreifende Veränderungen von Stimmun-

Abb. 4: Linda hat einen heilen Kern (2020)

gen und Themen. Jawlenski war in dieser Schaffensperiode schwer an Arthrose erkrankt. Zeitweise waren seine Bilder die einzige Verbindung zur Welt (vgl. Chiappini 1990).

Lindas Köpfe (z. B. Abb. 5) zeigen für die Autorinnen spannende formale Analogien zu der Serie Jawlenskis, und der Hinweis auf seine Werke stieß bei Linda auf großes Interesse und Resonanz.

## Körperbilder

Ein Blick in den Spiegel ermöglicht uns die visuelle Wahrnehmung unserer physischen Erscheinung. Aber auch mental haben wir eine Vorstellung unseres Körpers, ein sogenanntes Körperbild. Dies erweist sich in den meisten Fällen als eine Mischung aus Körpereinstellungen und damit verbundenen Gefühlen, angereichert mit gesellschaftlichen Körper- bzw. Schönheitsidealen (vgl. Darskowski 2003). Annette Steffini und Bernd Loewe betonen, dass bei somatisch erkrankten Patient*innen der Körper und seine Veränderungen bei den Betroffenen im Fokus der Aufmerksamkeit stehen und daher eine

»Linda hat einen heilen Kern«

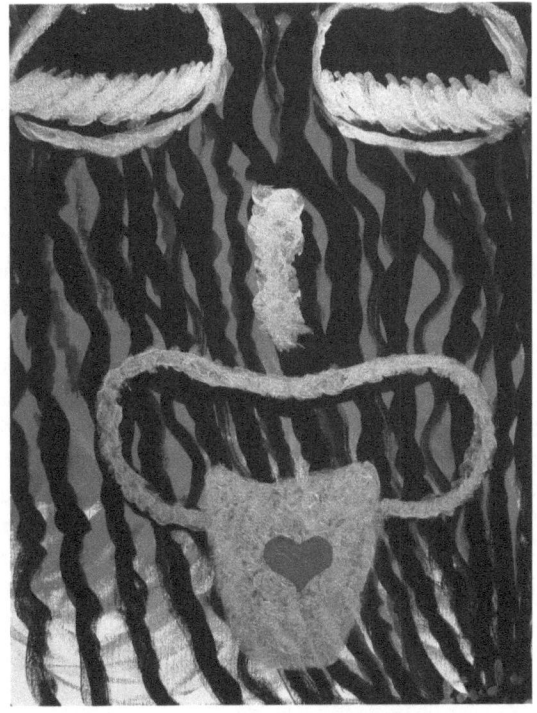

Abb. 5: Listen to your heart (2019)

Veränderung des Körperbildes nicht auszuschließen ist (vgl. Steffini & Loewe 2018, S. 76). Die Veränderung des Körpers durch die Einnahme von Cortison, welches als Medikament auch im Rahmen einer Hirntumorerkrankung häufig zum Einsatz kommt, kann unter anderem zu einer Veränderung der Gesichtsform und Fettansammlungen im Bereich des Nackens und des Bauches (medizinisch bezeichnet als *Vollmondgesicht*, *Stiernacken* und *Stammfettsucht*) führen. Psychische und physische Belastungen durch die Krebserkrankung und deren Behandlung können daher durch ein verändertes Körperbild den psychischen und physischen Stress noch weiter erhöhen. Linda wählte in der dritten Stunde ein Körperschema, welches schematisiert und unverkennbar sehr weibliche Konturen hat (Abb. 3).

Die Malerin Maria Lassnig (1919–2014) widmete sich Zeit ihres künstlerischen Schaffens dem Körper, besonders dem eigenen und dem damit verbundenen Körperbewusstsein.»[...] [D]enn das Bewusstsein für den eigenen Körper ist kein Bild, sondern muss erst in ein Bild übersetzt werden« (Fricke 2018, S. 123). Maria Lassnig erforscht das Thema zeitlebens intensiv am eigenen Leib. Sie nutzt ihren Körper im künstlerischen Prozess als »Körpergehäuse«. Darin auszumachende, wahrnehmbare, tiefsensible, vestibuläre oder taktile Empfindungen verbindet die Malerin mit dem Hier und Jetzt, sind das einzig Reale. Spannungs- und Druckgefühle beim Sitzen, Liegen oder Bewegen, Schmerz, aber auch körperlich wahrnehmbare äußere Bedrohungen werden jeweils zum Zentrum ihrer Aufmerksamkeit und des damit verbundenen malerischen Ausdrucks. Phasenweise bezeichnete Maria Lassnig ihre Bilder als »body-awarenesspaintig«. Absichtslos, quasi nackt, planlos tritt sie vor die Leinwand und lässt das Bild entstehen (vgl. Derenthal et al. 2000, S. 166).

Diese Ausgangslage, dieser malerische Impuls, ist auch der Beweggrund für Lindas Körperbilder. Der Körper fungiert dabei als malerisches Werkzeug, gleichermaßen wie ein Pinsel. *»Ich muss dabei ganz für mich sein, ungestört«* (E-Mail von Linda 2019). Die Bilder sind farbintensiv, neonleuchtendes Pink und Gelb. Farbe wird auf die Leinwand »*geklatscht*«, eh die Körperspur sich auf der Leinwand entwickeln kann.[1] In Lindas Bildern finden sich eingearbeitete Worte, Metaphern, die sich mit der Farbe verbinden und entdeckt werden wollen. Sie spürt in ihren Bildern den unterschiedlichen Zuständen und Qualitäten von Freiheit nach. Sich frei und ungehindert bewegen zu können, ist für Linda seit ihrer Tumorerkrankung problematisch und zeitweise unmöglich geworden. Häufig besteht die Gefahr, dass Bewegung ihr Schmerzen bereitet oder zu Schwindel führt und sie nicht ohne Begleitung unterwegs sein kann. Linda liebt Musik, sie tanzt und bewegt sich gerne. *Freiheit, Freisein* und *frei sein* sind Titel einiger ihrer Werke und für sie von zentraler Bedeutung (Abb. 6).

Für Maria Lassnig war Absichtslosigkeit und Freiheit in ihrer Malerei ebenfalls der einzig mögliche Weg, tief in sich hineinspüren zu können. »Ich konzipiere nicht willentlich ein Bild, ich weiß vorher nie, was aufs Bild kommen soll. [...] Die Absicht wäre ein Gitterzaun, der verhindern würde, die ganze Tiefe, die Abgründe, die aufgehäuften Erkenntnisse, Wünsche und Verzweiflungen hinein zu lassen« (Lassnig. In: Strobl 2000, S. 170). Linda hat mittlerweile einen ganzen

---

[1] »Farbklatsch« hat sich inzwischen zu Lindas Label entwickelt (»*farbklatsch_kunst*« *by Linda*).

»Linda hat einen heilen Kern«

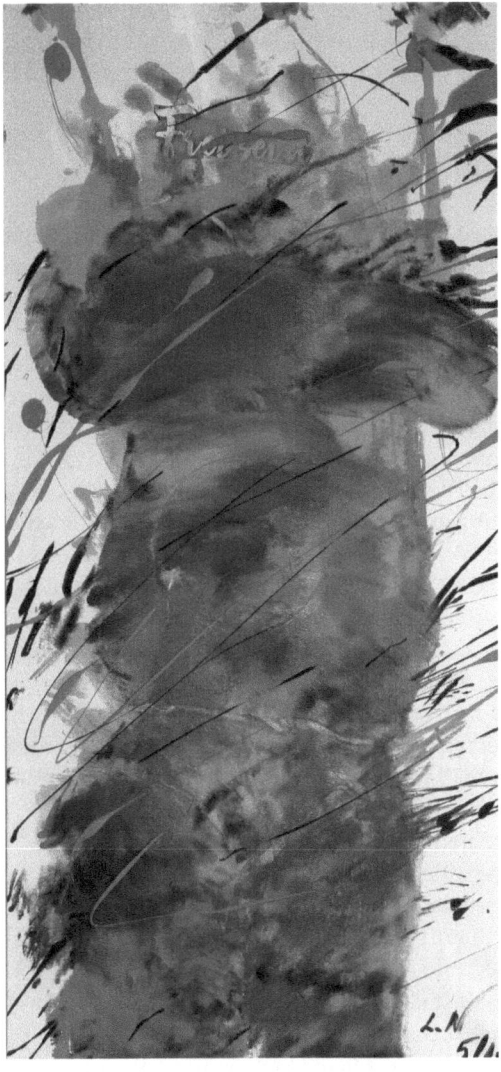

Abb. 6: Freisein (2019)

Zyklus von Körperbildern geschaffen. »Es macht mich unruhig, keine Leinwand zu Hause zu haben« (E-Mail von Linda 2019). Das körperliche Malen sei inzwischen eine Sucht, sagt Linda. In diesem Fall könnte das Wort »Sucht« im Sinne von »suchen« verstanden werden, als Möglichkeit zu neuem, mutigem Umgang mit Farbe, zu Selbsterfahrung und Selbsterkenntnis.

## Kunsttherapie online – Online-Kunsttherapie

Krankheitsbedingte Immobilität oder weite Entfernungen erschweren es manchen Patient*innen, eine/n Therapeut*in aufzusuchen oder eine erfolgreich begonnene Behandlung fortzusetzen. Mittlerweile existieren evaluierte psychotherapeutische Behandlungsangebote, die diese Lücke zu kompensieren versuchen. An der Universität Leipzig wurde zum Beispiel ein Online-Programm untersucht, das für leichte bis mittelschwere Depressionen entwickelt wurde: Moodgym[2] (Stimmungstraining), basierend auf kognitiver Verhaltenstherapie. Manualisierte Übungen sollen im Rahmen des Programms dabei unterstützen, u. a. negative Denkmuster zu erkennen und zu ändern (vgl. Wagner et al. 2014). Ein vergleichbares Modell wurde an der Universität Heidelberg entwickelt. Die »Internet-Brücke« gehört dort zu den etablierten Online-Angeboten. Patient*innen, die aus psychosomatischen Reha-Kliniken entlassen werden, treffen sich wöchentlich mit einem Therapeuten zur Gruppentherapie im Chatroom. Das Risiko, dass die während der stationären Behandlung erreichten Verbesserungen im Alltag verlorengehen, reduziert sich so um ein Drittel. Für 53 % der Patient*innen führt die »Internet-Brücke« aus dem virtuellen wieder zurück ins reale Setting: in eine ambulante Psychotherapie, die in nächster Nähe erfolgt (vgl. Süddeutsche Zeitung 2011).

Depressivität, Ängste und allgemeiner Disstress treten bei bis zu 60 % der Tumorpatient*innen auf. Häufigste Störungsbilder nach ICD-10 und DSM-IV sind Anpassungsstörungen (11–13 %), Angststörungen (10–14 %) und affektive Störungen (7–11 %) (vgl. Reuter & Spiegel 2016, S. 7 f.).

Für die Psychoonkologie und die Kunsttherapie in Münster gibt es noch keine evaluierten Online-Konzepte, aber die gelungene Vernetzung mit Linda über eine Entfernung von 130 km könnte zur wei-

---

[2] Internet-based versus face-to-face cognitive-behavioral intervention for depression: a randomized controlled non-inferiority trial.

teren Entwicklung derartiger Konzepte ermutigen; wobei bei Linda heimatnah zusätzlich eine psychotherapeutische Begleitung erfolgt.

Nach der Operation im Bereich der Halswirbelsäule mit anschließender Bestrahlung wurde die Patientin nach Hause entlassen Die neu entdeckten Schöpferkräfte als Ressource wollte Linda nicht gleich wieder missen. Recherchen bezüglich kunsttherapeutischer oder künstlerisch-kreativer Kurse am Heimatort blieben zunächst erfolglos, und Mut, Hoffnung und Kräfte schwanden unter der Therapie zusehends. Bei einem der letzten Behandlungstermine am Uniklinikum Münster wurde anschließend mit dem Krankentransport eine Staffelei, Farben und Pinsel aus der Malwerkstatt Münster zum Heimatort der Patientin mitgegeben. Es konnte also weitergehen mit dem künstlerischen Schaffen. Und selbst als weitere Behandlungen mit anstrengender Chemotherapie, erneute Operation und Bestrahlungen die Kräfte weiter schwinden ließen, blieb die bildnerische Schöpferkraft erhalten, gibt Linda Sinnhaftigkeit, Halt und Energie. Phasenweise ist Linda körperlich so schwach, dass sie kaum noch die Wohnung verlässt. Die Küche wird zum temporären Atelier. Manchmal liegen Kunst und Kochen eng beieinander, sind gleichermaßen nährend. Ebenso wie der weiterhin bestehende rege Schriftwechsel per Mail mit den beiden Autorinnen.

Die Passage aus dem folgenden Schriftwechsel zeigt, wie gravierend die psychische Belastung durch die Faktoren des Tumors sind; wie nah Freud und Leid, Angst und Zuversicht, Erschöpfung und Schaffenskraft bei Linda nebeneinander liegen.

»*In den letzten Tagen machen sich Ängste bei mir breit [...].*
*[...]*
*Angst, mich nicht um mich kümmern zu können.*
*Angst, dass mich meine Kreativität verlässt.*
*Angst, dass es meinen Kindern nicht gut gehen könnte ...*
*O man, ich könnte den ganzen Tag so weitermachen. Diese Angst drückt mir so unter meinen Hals und auf den Brustkorb.*
*In dieser Angstphase bin ich jetzt etwas ruhiger und emotionaler und gestern hatte ich das Bedürfnis, dieser Angst Ausdruck zu geben. Sodass ich 3 Karten gemalt habe [...]. Und auch wenn diese von der Angst handeln, finde ich diese ganz hübsch.*
*So, ich denke, die Angst wird mich nicht vereinnahmen, weil ich das nicht zulassen werde und dabei hilft mir auch meine Kunst und diese E-Mail*« (E-Mail von Linda 2019).

Die Inhalte des Schriftwechsels zwischen Linda und den beiden Autorinnen thematisieren Stimmungsschwankungen und Ängste, psychische Höhen und Tiefen, medizinische Fragen, bildnerische Themen und damit verbundene Fragen. Teilweise stellt Linda sich selbst und uns die Frage nach künstlerischen Kategorien, um ihr eigenes Werk in einen Kontext stellen und so verorten zu können. Dieses Eingebundensein in einen kunstgeschichtlichen Rahmen ermöglicht Linda sowohl ein Verständnis für das eigene künstlerische Schaffen als auch die Möglichkeit der gemeinsamen Auseinandersetzung über historische und zeitgenössische Kunstwerke und Biografien unterschiedlicher Künstler*innen, die damit im Zusammenhang gesehen werden könnten. Durch ihre besondere Affinität zur Malerei und Collage wurden die damit zusammenhängenden Themen zwischen den Autorinnen und ihr besonders vertieft. Zeitweise ergaben sich bei den Autorinnen Analogien zu historischen Künstlerbriefen, in denen Sammler*innen oder Künstler*innen sich gegenseitig ermutigten, austauschten und Anregungen gaben. So schrieb Marc Chagall 1933 an seinen Sammler Karl Im Obersteg:

»[...] *Die Begegnung mit Ihnen ist mir in bester Erinnerung, und ich bin froh, dass Sie das, was ich mache, lieben und verstehen*« (Seppelfricke 2011).

Verständnis und Mitgefühl sind nicht nur in der face-to-face-Behandlung die Basis, sondern bilden auch in dem schriftlichen Trialog zwischen Linda und den Autorinnen die Grundlage für die gemeinsame Kommunikation. Die Übermittlung neu entstandener Kunstwerke und die damit verbundenen Korrespondenzen sind bei Linda jedes Mal mit Spannung und Erwartung verbunden. Wie wird unsere Reaktion sein? Was sagt uns das Werk? Was löst es für Empfindungen aus? Inzwischen nutzt Linda die Internetplattform Instagram und kommuniziert ihre Werke an ein breiteres Publikum. Sie kann dadurch von zuhause aus ihren Radius erweitern, den Austausch vergrößern, Vernetzung ermöglichen. Das Feedback zu ihren Bildern von Anderen, besonders aber auch von den Autorinnen ist ihr wichtig und tut ihr gut, erfüllt sie mit Stolz und motiviert sie, weiter zu machen.

»Aus Mitgefühl resultiert sowohl Ressourcenorientierung neben der Orientierung am Leiden als auch Würdeorientierung. Inzwischen ist klar, dass eine ausschließliche Orientierung am Leiden dieses auf Dauer nicht lindern oder gar heilen kann, und es ist auch klar, dass Patientinnen nur gesunden können, wenn sie die Erfahrung machen, dass ihre Würde geachtet wird. Mitgefühl kann sich auch als

Mitfreude zeigen, d. h. dass der Therapeut z. B. erkennen lässt, dass es sich mit dem Patienten über etwas freut – etwas, was früher eher unüblich war« (Reddemann 2017, S. 27).

Gemeinsame Begeisterung über ein Werk, Austausch über neue Ideen, aber auch Krisengespräche und Zuspruch in Phasen, wenn die Krankheit überwiegt und schwer erträglich ist, sind Lindas Motivation für den primär virtuellen Austausch. Lust und Unlust in Balance zu bringen mittels bildnerischer Kunst, Wort und Text, hat sich für Linda bewährt, trägt zum psychischen Gleichgewicht bei, stabilisiert, schafft Ordnung und sorgt für seelischen Ausgleich.

Nicht nur für die Freude am künstlerischen Schaffen, sondern auch für ihre Ängste findet sie die passenden Worte, so dass man nachfühlen kann, wie schwer diese zeitweise wiegen und wie belastend sie sind. Die verschiedenen Ausdrucksmodalitäten ermöglichen ihr, sich mitzuteilen, *Ent*-lastung zu erleben, nach vorne zu schauen und sich nicht aufzugeben.

*»Ich möchte dem ›Etwas‹ in mir nicht so viel Beachtung und Raum schenken. Ich denke, das wird noch alles gut, weil der gesunde Anteil in mir größer und stärker ist. Und dieser in meinem Körper die Oberhand hat. Und sich momentan sehr stärkt durch meine Kunst. Diese drängt aus mir raus und macht mich momentan sehr glücklich. Ich erlaube es, mir einzubilden, ich sei eine Künstlerin und nicht die kranke Linda. Momentan bewundern mich alle für meine kreative Kunst. […] Momentan gibt meine Kunst mir meinen Sinn fürs Leben!«* (E-Mail von Linda 2019).

*»Momentan geht's mir eher beschwerlich und wie ich schon Prof. G. sagte ich bin im ›Heulsusen-Modus‹.* 😇
*Es folgen noch mehr Weihnachtskarten, die sind richtig schön und auch »massiv« durch die Acrylfarbe. Und meine Mutter hat bis jetzt alle Karten eingerahmt und aufgehängt. Das sieht auch so schön aus …«* (E-Mail von Linda 2019).

*»Heulen kann manchmal sehr entlastend sein. Von daher finde ich den Modus gar nicht so schlecht.*
*… [E]s entsteht ja zwischenzeitlich auch etwas Tolles und Kreatives … und das ist doch super.*
*Ich wünsche Dir ein schönes Wochenende* 😇*!«* (E-Mail-Antwort von MW 2019).

Abb. 7: Ich stehe da (2019)

Linda hat durch ihre Kunst Ressourcen entdeckt, die ihr helfen, z. B. mit der großen und konkreten Angst vor dem Ergebnis der nächsten MRT-Untersuchung umzugehen. »Meine Untersuchung steht bevor und ich fühle mich momentan ziemlich stabil, ruhig und gefasst.

Und dies habe ich versucht in meine Zeichnung *ich stehe da* zu übertragen. Ich habe dieses Regenwetter kreativ genutzt und einige Stunden dieses Bild gemalt. Es ist schön, ich fühle mich mit meinem starken Körper auf festem Boden und die Sonne strahlt und wärmt durch mich hindurch ... Das tut gut ...« (Abb. 7).

Abb. 8: Attacken im Kopf (2017)

## Text und Bild – Die Collage als Ordnungsprinzip

Die beiden Collagen (Abb. 8, Abb. 9) liegen hinsichtlich der Anfertigung nur wenige Wochen auseinander. Anders als beim Malen und Zeichnen fordert das Anfertigen von Collagen eine sowohl rezeptive

Abb. 9: Die Quelle meiner Stärke (2017)

als auch aktive Auseinandersetzung mit Bildern der »realen« Welt. Zeitungen, Zeitschriften, Stoffe, Bonbonpapier, Verpackungsmaterial, alte Kinokarten, Bahn- oder Flugtickets und andere Materialien können dabei den Pool für die Kreation eigener, neuer Bildwelten bieten. Der Umgang mit dem Fundus bietet die Möglichkeit zur

Strukturierung und Ordnung eigener Geschichten. Durch visuelle Wahrnehmung, Entdecken, Entscheiden, Reißen, Schneiden, Organisieren und Kleben kann dabei der Prozess sowohl kontemplativ als auch ausgesprochen lustvoll und aktiv erlebt werden.

Max Ernst bezeichnet die Collage als »systematische Ausbeutung des zufälligen oder künstlichen Zusammentreffens von zwei oder mehr wesensfremden Realitäten auf einer augenscheinlich dazu ungeeigneten Fläche – und de[n] Funke[n] Poesie, welcher bei der Annäherung dieser Realitäten überspringt« (Max Ernst. In: Vedral 2017, S. 22).

Linda verarbeitet in ihren Collagen sowohl Text- als auch Bildmaterial und ergänzt dieses zusätzlich mit eigenen Skizzen und Zeichnungen. Der inneren Unordnung und dem Wechselbad der Gefühle kann sie dadurch Ausdruck verschaffen. Die Collage *Attacken im Kopf* (Abb. 8) erwies sich daher nicht nur als Reflektion persönlicher Prozesse, wie Abb. 9 es zeigt, sondern auch als eine hilfreiche Gesprächsgrundlage für Mutter und Tochter über krankheitsbedingte Gefühlszustände. Linda hatte ihr inneres »Wirrwarr« der Gefühle in der Collage für sich bearbeiten, vorstrukturieren und ordnen können. Das Bild war für die Tochter leichter lesbar und konnte dadurch zum gemeinsamen Austausch beitragen.

Inzwischen hat Linda das Thema Collage für sich kunsthandwerklich weiter ausgebaut. Seit einiger Zeit gestaltet sie Lesezeichen, Grußkarten und Notizheftchen unter dem Label *»farbklatsch_kunst« by Linda*. Inzwischen ist eine umfassende Edition zu den jeweiligen Produkten entstanden und es hat sich daraus sogar ein »kleines Business« für sie entwickelt (E-Mail von Linda 2018). Linda weist besonders darauf hin, dass es sich bei jedem Produkt um ein Unikat handelt. Es ist für sie mit einem positiven Gefühl verbunden, dass ihre Werke sinnvoll sind und genutzt werden.

## Leben mit einer Krebserkrankung

Nach Angaben des Robert-Koch-Instituts wurden 2016 in Deutschland rund 492.000 Krebserkrankungen diagnostiziert (Robert-Koch-Institut 2019). Deutschland gehört zu den Ländern Europas mit den höchsten Überlebensraten nach Krebs. Die körperlichen, kognitiven, emotionalen und sozialen Einschränkungen der Lebensqualität von

Menschen mit Krebs bekamen in Deutschland aber erst in den vergangenen Jahren eine zunehmende Beachtung.

Zu der Diagnose Krebs können von den Betroffenen sehr unterschiedliche Haltungen eingenommen werden. Dies ist abhängig von der Persönlichkeit und der Gesamtsituation des Einzelnen. Rosa skizziert hier die Möglichkeit einer Haltung des »Hörens und Antwortens«. Diese weist der Erkrankung eine hörbare Stimme zu, auf die der Betroffene mit seiner Art und Weise zu leben antworten kann (vgl. Rosa 2019, S. 92). Dies könnte sich beispielweise in der Veränderung der persönlichen Lebensweise äußern, z. B. der Wahl eines anderen Lebenstempos, der Lenkung der Aufmerksamkeit auf Aspekte wohltuender, sinnlicher Wahrnehmung, der Einbeziehung spiritueller Erfahrungen oder der künstlerischen Betätigung.

Die CAESAR-Studie[3] weist darauf hin, dass Menschen mit Darm-, Brust- oder Prostatakrebs mehrere Jahre nach ihrer Diagnose ihre allgemeine Gesundheit und Lebensqualität ähnlich hoch einschätzen wie Personen aus der Allgemeinbevölkerung; bei anderen Krebsarten scheinen jedoch spezifische psychosoziale Einschränkungen auch langfristig zu bestehen (vgl. Barnes et al. 2019, S. 137). Eine onkologische Erkrankung und die damit einhergehende komplexe medizinische Behandlung bedeuten für die Patient*innen ein hohes Maß an biologischer und psychosozialer Belastung. Emotionale Reaktionen (z. B. Schock, Traurigkeit, Hilflosigkeit) und Verhaltensweisen wie sozialer Rückzug und Wut der Patient*innen sind nachvollziehbar und nicht als psychische Erkrankung zu verstehen (vgl. Reuter & Spiegel 2016, S. 6). Bei länger anhaltendem Befinden kann dies zu klinisch manifesten Depressionen oder Angsterkrankungen führen.

Nach einem Zeitraum von fünf Jahren wird von einem so genannten *relativen 5-Jahres-Überleben* gesprochen (RS5 – Abkürzung des englischsprachigen Begriffs »Relative Survival«). Bezogen auf alle Krebserkrankungen betrug dieses für den Zeitraum von 2011 bis 2013 bei Frauen 66,2 % und bei Männern 60,7 %. Diese statistische Annahme ist unter anderem von Relevanz für die Beschreibung lebensqualitativer Aspekte der Patient*innen. Bedeutende Faktoren

---

[3] CAESAR **Ca**ncer **S**urvivorship – **a** multi-**r**egional population-based study (eine bevölkerungsbezogene Studie in Schleswig-Holstein, Nordrhein-Westfalen, Rheinland-Pfalz, Hamburg, Bremen und dem Saarland (2009/2010).

hinsichtlich der Lebensqualität Langzeitüberlebender einer Krebserkrankung lassen sich in vier Bereiche unterteilen:

| |
|---|
| **Körperliches Wohlbefinden und Symptome** (körperliche Aktivitäten, Kraft/Erschöpfung, allgemeine körperliche Gesundheit, reproduktive Gesundheit, Schmerzen) |
| **Psychisches Wohlbefinden** (Kontrolle, Angst, Depression, Vergnügen, Freizeit, Angst vor Rezidiv, Kognition, Aufmerksamkeit, Sorgen wegen Diagnose, Kontrolle über Behandlung |
| **Soziales Wohlbefinden** (familiäre Sorgen, Rollen und Beziehung, Liebe/Sexualfunktion, Aussehen, Freude, Isolation, Finanzen, Arbeit) |
| **Spirituelles Wohlbefinden** (Hoffnung, Transzendenz, Bedeutung der Erkrankung, Religiosität, Unsicherheit, innere Stärke) |

Tab. 1: Aspekte der Lebensqualität bei Überlebenden einer Krebserkrankung (vgl. Barnes et al. 2016. Bericht zum Krebsgeschehen in Deutschland (vgl. Zentrum für Krebsregisterdaten im Robert-Koch-Institut, S. 154)

Die Gesamtsituation bleibt für Patient*innen und Angehörige je nach Art der Krebserkrankung also komplex, und ein Leben, vergleichbar mit dem vor der Erkrankung, ist so oft nicht mehr möglich.

Linda N. hat einen konstruktiven Umgang mit ihrer Lebenssituation gefunden. Rückblickend schreibt sie über ihre Beziehung von Kunst(therapie) und Psyche Folgendes:

»*Wenn ich jetzt so mein Tagebuch durchforste, dann hat die Kunsttherapie mir sehr geholfen, eine neue Seite an mir zu entdecken und meine zusammengeknuddelte, negative Energie loszuwerden. Ich habe dieser Form, Farbe und Raum gegeben. Das hat mich sehr befreit, und diese Ängste und negative Gedanken sind raus, raus aus mir und auch nicht mehr zurückgekehrt in der Form, wie ich es jahrelang mit mir herumschleppte. Es war der einzige Weg, diesen Negativ-Klumpen an der Wurzel zu packen und mich davon zu befreien*« (E-Mail von Linda 2019).

## Fazit

Linda hat die Kreativität zunehmend selbstständiger für sich entdeckt und die Kunst ist inzwischen zu einem wichtigen Teil in ihrem Leben geworden. Das Bedürfnis, die Bilder nicht nur entstehen, sondern andere daran teilhaben zu lassen und einem breiteren Publikum zugänglich zu machen, wuchs mit den Rückmeldungen ihrer Familie, Freund*innen und durch das Feedback im Internet.

Am 26. Februar 2020 zeigte Linda eine umfassende Werkschau in der Krebsberatungsstelle ihres Heimatortes. Familie, Freunde, Bekannte und ihr supportives Team sind bei der Ausstellungseröffnung mit dabei. Souverän berichtete sie bereits vorher in einem Radiointerview und im Rahmen eines Zeitungsinterviews von der Entwicklung und Bedeutung ihres künstlerischen Schaffens. Erste künstlerische, kreative Kontakte werden geknüpft und können ihr zukünftig helfen, sich heimatnah als Künstlerin zu verorten.

Linda hat durch ihre intensive künstlerische Auseinandersetzung ein konstruktives Gegengewicht, einen Kraftquell ihrer Krankheit gegenüberstellen können und sehr viel Autonomie gewonnen. Sie hat durch oder trotz ihrer schweren Hirntumorerkrankung den Mut gehabt, etwas für sie Neues und Ungewohntes auszuprobieren und die Kunst zu entdecken. Die Kunsttherapie war dabei weichenstellend, ihren künstlerischen Weg zu finden.

*»Irgendwie habe ich jetzt keine Ruhe, nicht zu schreiben, was mir die Kunst bedeutet.*

*Das erste Mal bin ich so richtig in Kontakt mit der Kunst bei Dir und deinem Kurs gekommen. Bis dahin habe ich mich von der Kunst ferngehalten und war für mich einfach nur unkreativ. In deinen Kursen hat sich in mir etwas gelöst, und ›verhärtete‹ Emotionen aus meinen tiefsten Inneren (und ich bin davon überzeugt, dass diese meine Krankheit begünstigt haben) haben sich in meine Kunst herausgedrängt und etwas Wundervolles erschaffen.*

*Im Rahmen der Kunsttherapie habe ich auch meinen heilen Kern entdeckt und dieser gibt mir Kraft, mich kreativ zu entfalten und mich auf das Gesunde zu fokussieren. ßSmxß ßSmxß*

*Für mich ist meine Kunst eine Art Freisein.*

*Und mit allem, was ich künstlerisch erschaffe, fühle ich mich zutiefst verbunden, und in jedem Werk ist ein Teil von mir mit integriert […]«* (E-Mail von Linda 2019).

Wir danken Linda N. ganz herzlich für ihr Vertrauen und die Bereitschaft, ihre Texte und Kunstwerke veröffentlichen zu dürfen.

## Literatur

Arbeitskreis OPD (2006). *OPD-2 – Operationalisierte Psychodynamische Diagnostik.* Bern: Huber Verlag.
Chiappini, R. (1990). *Alexej Jawlenski.* Kunsthalle Emden. Emden: Electa.
Daszkowski, A. (2003). *Das Körperbild bei Frauen und Männern.* Sinzheim: Tectum Verlag.
Egg, R. (1985). *Psychotherapie. Ein Handbuch.* Stuttgart: Kohlhammer.
Fricke, A. (2018). Stillstand ist der Tod. In: *Body Check. Martin Kippenberger & Maria Lassnig.* Köln: Snoeck Verlag. 122–134.
Jungbauer, J. (2017). *Entwicklungspsychologie des Kindes- und Jugendalters.* Weinheim Basel: Beltz Juventa.
Koch, L., Bertram, H., Eberle, A., Holleczek, B., Schmid-Höpfner, S., Waldmann, A., Zeissig, S. R., Brenner, H. & Arndt, V. (2013). Lebensqualität von Langzeitüberlebenden nach Brust-, Darm- und Prostatakrebs. In: *Forum – Deutsche Krebsgesellschaft.* 28(1): 43–47.
Möller, H. J., Laux, G. & Deister, A. (2015). *Psychiatrie, Psychosomatik und Psychotherapie.* (6. Aufl.). Stuttgart: Thieme Verlag.
Piaget, J. (1988). *Das Weltbild des Kindes.* (5. Aufl.). München: Dialog & Praxis.
Reddemann, L. (2017). *Imagination als heilsame Kraft.* Stuttgart: Klett- Cotta.
Rosa, H. (2019). *Unverfügbarkeit.* Wien-Salzburg: Residenz Verlag.
Roth, G. (2007). *Persönlichkeit, Entscheidung und Verhalten. Warum es so schwierig ist, sich und andere zu ändern.* Stuttgart: Klett-Cotta.
Schneider, G., Mendler, T., Heuft, G. & Burgmer, M. (2008). Der Körper in der Konflikt- und Strukturdiagnostik der Operationalisierten Psychodynamischen Diagnostik – Bezug zu Körperkonzepten in der Selbstauskunft. *Zeitschrift für Psychosomatische Medizin und Psychotherapie.* 54(2): 132–149.
Vedral, J. (2017). *Collage Dream Writing.* Wien: Punktgenau.
Wagner, B., Horn, A. B. & Maercker, A. (2014). Internet-based versus face-to-face cognitive-behavioral intervention for depression: a randomized controlled non-inferiority trial. In: *Journal Affective Disorders.* Jan. 152–154:113–21. doi: 10.1016/j.jad.2013.06.032. Epub 2013 Jul 23.
https://edoc.rki.de/bitstream/handle/176904/3264/28oaKVmif0wDk.pdf?sequence=1&isAllowed=y (abgerufen am 15.02.2020, 16:45h).
https://www.krebsdaten.de/Krebs/DE/Content/Publikationen/Krebs_in_Deutschland/krebs_in_deutschland_inhalt.html (Stand 17.12.2019, abgerufen am 15.02.2020, 16:33h).
https://www.pschyrembel.de/Intrapsychischer%20Konflikt/P053R (abgerufen am 01.03.2020, 09:20h).
https://sz.de/1.1134663 (abgerufen am 16.02.2020, 21:49h).
https://www.deutschlandfunkkultur.de/kuenstlerfreundschaften.1013.de.html?dram:article_id=172149.

III. Symbolisierungen psychodynamischer Prozesse kreativen Gestaltens

*Georg Franzen*

# Symbolisches Erleben

Zur Psychodynamik der Kunst

**Abstract:** Unter Berücksichtigung selbstpsychologischer und ästhetischer Theorien wird die Kunsttherapie als ein psychodynamisches Verfahren dargestellt, in dem es möglich ist, während des therapeutischen Prozesses auch Kunstbetrachtungen zu integrieren, welche die Verbalisierung von emotionalen Erlebnisinhalten und einen kreativen Prozess fördern. Dargestellt wird ein kunstpsychologischer und tiefenpsychologischer Zugang zum symbolischen Erleben.

Die psychoanalytische Selbstpsychologie bietet ein Erklärungsmodell für die therapeutische Wirkung rezeptiver Verfahren. Die Psychoanalyse als »hermeneutische Tiefenpsychologie« mit ihrer Konzentration auf unbewusst ablaufende seelische Vorgänge ist zumeist als eine im Wesentlichen auf sprachliche Kommunikation ausgerichtete Form der Psychotherapie bekannt (vgl. Kraft 1989).

Besonders der Psychoanalytiker Heinz Kohut (1977) hat sich im Rahmen der Weiterentwicklung der Psychoanalyse mit künstlerischen Fragestellungen auseinandergesetzt. Im Mittelpunkt der analytischen Selbstpsychologie steht die erlebende Person in ihrer Ganzheitlichkeit und in ihren Lebenszusammenhängen. Für Heinz Kohut (1993) basieren psychische Konflikte auf einer Einschränkung des Selbst, die darin besteht, dass es die Bestimmungen nicht realisieren kann, die in seinem Kern angelegt sind. Das Selbst entsteht aus einem Wechselspiel von ererbten Faktoren und Umwelteinflüssen einerseits und den frühen Objekterfahrungen andererseits (vgl. Milch 1995, S. 36). Das Selbst kann als das organisierende Prinzip unserer menschlichen Psyche verstanden werden. Bei Verletzung unseres emotionalen Erlebens durch Kränkungen (z. B. in Beziehungen) kann es zu Störungen des Selbst kommen. Im therapeutischen Prozess liegt die Aufmerksamkeit des Therapeuten auf dem ganzen erlebenden Selbst der Klienten. Empathisches Verstehen und Erklären sind Hauptpfeiler der von Kohut begründeten Selbstpsychologie. Bei der

Betonung der Bewusstmachung unbewusster Prozesse richtet sich die Aufmerksamkeit auf den aktuellen Konflikt des Selbst- und Selbstobjekt-Erlebens. Empathie hat eine das Selbst stützende Funktion. Ihr Ziel ist die Stärkung des Selbst und damit die Möglichkeit, die Bestimmung des eigentlichen Wesenskerns annähernd zu realisieren. Für Ernest Wolf (1996, S. 79) braucht ein Erwachsener eine selbststützende Erfahrung mit realen Objekten, wie Kunst, Literatur, Musik und Religion, Ideen, die dadurch, dass sie zur Verfügung stehen, Selbstobjekte für diesen bestimmten Erwachsenen sein können. »Der subjektive Aspekt einer Beziehung zu einem unbewussten Objekt, das durch die Anwesenheit eines Symbols vermittelt wird, ist ausschlaggebend dafür, dass dieses als Selbstobjektfunktion dienen kann« (Wolf 1996, S. 79).

Der psychoanalytisch orientierte Zugang zur bildenden Kunst ist für Hartmut Kraft (1984, S. 11): »Empathie einerseits, d. h. der Versuch der Einfühlung in das Kunstwerk, in seine innere Struktur, sein Thema etc., und Introspektion andererseits, d. h. Wahrnehmung unserer ›Antwort‹«, unserer Empfindungen, Gedanken und Assoziationen. Um von dieser erst verstehensmäßigen, einfühlenden Annäherung an das Kunstwerk selber sowie in die Interaktionen zwischen Rezipient und Kunstwerk zu gelangen, benötigen wir Angaben über den Künstler und seine Zeit und greifen auf kunsthistorische, soziokulturelle, wahrnehmungspsychologische und informationsästhetische Angaben zurück.

Heinz Kohut hat, wie es Hans-Peter Hartmann beschreibt, der Empathie prinzipielle Bedeutung beigemessen. »Kohut und die psychoanalytische Selbstpsychologie verstehen unter Empathie einen bestimmten Modus der Beobachtung, nämlich, sich selbst in einen anderen hineinzuversetzen und die Welt aus dessen inneren Bezugsrahmen heraus wahrzunehmen und zu interpretieren. Voraussetzung für Empathie ist aber zunächst, dass der andere in seiner kontingenten Existenz anerkannt, d. h. in den Verstehenshorizont aufgenommen wird« (Hartmann 1995, S. 26).

Für den Psychoanalytiker Heinz Kohut (1977, S. 11) gehören Introspektion und Empathie unbedingt zu jeder psychologischen Beobachtung, weil wir dadurch innere Erlebnisse wiedererwecken können. Der Empathiebegriff wurde für die phänomenologisch orientierte Gesprächstherapie durch Carl Rogers (1972) entwickelt. Jobst Finke (1994, S. 42) hebt in diesem Zusammenhang hervor, dass in Anlehnung an M. Scheler (1923) zwischen Einfühlen und Einsfühlen unterschieden werden sollte. Während es beim Einsfühlung zu einer Art emotionalen Verschmelzung kommt, »bleibt beim Einfühlen für den Sich-Einfühlenden eine gewisse emotionale Distanz gewahrt, er bleibt sich im Akt des Nachempfindens und Nachbildens der Gefühle (...) bewusst« (Finke 1994, S. 42).

Wichtig ist in der Unterscheidung zwischen dem psychoanalytischen und phänomenologisch-orientierten Empathiebegriff, dass beim letzteren eine aus der Einfühlung heraus resultierende Tiefendeutung zunächst unterbleibt.

Die Phänomenologie ist nach Edmund Husserl (1859–1938) nicht Erkenntnis im eigentlichen Sinn, sondern geistiges Schauen, Intuition. »Es handelt sich bei den phänomenalen Erlebnissen nicht um Zustände im Inneren eines Menschen, sondern um Intentionalitäten, d.h. um verschiedene Arten des Seins bei der Welt. Eine solche intentionale Analyse hat als Grundlage den jeweiligen Sinn, in dem die Welt uns jeweils erscheint. Wenn ich darauf achte, was die Welt für mich bedeutet, erfasse ich gleichzeitig, wer und was ich selber bin« (Quittmann 1985, S. 42).

Empathie kann bezogen auf die Kunst definiert werden als ein Sich-Einfühlen bzw. als ein zunächst spontanes, unvoreingenommenes Sich-Einlassen bei der Betrachtung eines Kunstwerkes. Dabei sind subjektive psychische Qualitäten, wie die der Intuition, gefragt. Es geht darum, Gedanken, Wünsche, Gefühle und Phantasien zu erfassen.

In der künstlerischen Erfahrung, darauf verweist Rollo May (1991, S. 71), ist Empathie ebenfalls grundlegend, da sich der oder die Betreffende in irgendeiner Weise mit dem Objekt identifizieren muss, wenn es ästhetisch erlebt werden soll.

Der Begriff der Einfühlung, der grundlegend durch Theodor Lipps (1900) definiert wurde, bietet eine Schnittstelle für psychologisch-ikonologisch orientierte Konzepte. In diesem Zusammenhang sind wiederum die Forschungen von Theodor Lipps von Bedeutung, dem der Begriff der Einfühlung (den Edward Titchener mit »empathy« ins Englische übersetzt hat) seine theoretische Fundierung verdankt (vgl. Arnheim 1991, S. 80). Lipps unterscheidet zwischen der »einfachen Einfühlung« und der »sympathischen Einfühlung«, die später zum Zentralbegriff seiner ästhetischen Theorie werden sollte. Er unterscheidet in diesem Zusammenhang zwischen »Zeichen« und »Symbol«. »›Zeichenhaft‹ ist für uns der Ausdruck eines Wesens, dessen Beschaffenheit wir mit der unseren analog empfinden: Die

Gebärde des Zornes eines Menschen, dem wir unmittelbar gegenüberstehen, ›zeigt‹ uns eine Befindlichkeit unmittelbar an, verweist darauf, dass in diesem Menschen etwas vorgeht, das dem, was wir einfühlend in uns registrieren, entspricht.« (Lipps 1899, zit. Allesch 1987, S. 334). In der Betrachtung des Kunstwerks, also etwa der Statue eines zürnenden Menschen, erscheint dagegen die »erfahrungsgemäße Geberde des Zornes« auf »den wesentlichen und charakteristischen Grundzüge, die Form« reduziert; die Folge davon ist, dass sich das »verstandesmäßige Bewusstsein der Wirklichkeit des Zornes« bzw. der »Glaube« daran auf den »Eindruck« reduziert: »Das Zeichen hat sich verwandelt in ein ästhetisches ›Symbol‹« (Lipps 1899, zit. Allesch 1987, S. 332).

Nach Spector (1972, S. 132) war Freud die »Einfühlungstheorie« Lipps bekannt, jedoch ignorierte er deren Betonung der ästhetischen Betrachtung gerade in Bezug auf Skulpturen von der Art des Moses des Michelangelo. Die Kritik an der »Ästhetik« Freuds ist, dass sie es unterlässt, die Verbindung zwischen Künstler, Betrachter und Kunstwerk herzustellen, und wenig über die Schlüsselbereiche der Wahrnehmung und des Gefühls in der Kunst aussagt (vgl. Spector 1972, S. 133).

Auch Horst Bredenkamp spricht von der »Kraft der Bilder« (Bredenkamp 2012, S. 55) und folgert, »dass sich keine philosophische Schule stärker von lebenden Bildern anregen lassen hat als jene Theorie der Einfühlung, die durch Friedrich Theodor Vischer, dessen Sohn Robert und Theodor Lipps mit dem Ziel begründet wurde, in der Zuwendung zu den leblosen Stoffen dieselbe Empathie wirken zu lassen wie gegenüber lebenden Personen. Die Formen des Verständnisses für den oder das andere sind in diesem Sinn Folgen der ästhetischen Disposition, im Artefakt keine leblosen Stoffe, sondern den Empfänger und Respondenten der eigenen Empfindungen zu sehen« (Bredenkamp 2012, S. 121).

Johanna Franz (2007, S. 67) beschreibt, dass wir dank der modernen Neurowissenschaften heute annehmen können, dass Kunst bewusst und unbewusst Resonanzen in den Spiegelneuronen auslöst. Kunst, so Johanna Franz (2007, S. 67), löst in uns intuitives, empathisches Erleben aus und formt unser Denken.

So ist gerade die Einfühlung in das Kunstwerk eine wichtige Voraussetzung, um den Sinn-Gehalt zu verstehen und etwas von der psychischen Energie des Kunstwerkes aufzunehmen. Natürlich kann es bei einer so intendierten Betrachtungen immer zu »Projektionen«

kommen, die auch Rudolf Arnheim (1991, S. 80) als »einen extremen Subjektivismus« beschreibt. Die psychologischen Kräfte, die die künstlerische Form bestimmen, wirken für Arnheim (Theorie der Kunst) im Wesentlichen im Wahrnehmungsprozess und im Bereich der Motivation sowie der Persönlichkeit. Zum Zwecke der Analyse können diese Faktoren getrennt behandelt werden. In Wirklichkeit beeinflussen sie einander fortwährend.

Dennoch ist ja gerade die Einfühlung in das Kunstwerk eine wichtige Voraussetzung, um den »Sinn-Gehalt« zu verstehen und etwas von der »psychischen Energie« des Kunstwerkes aufzunehmen. Wichtig für den gesamten Prozess sind:
- eigene Vorstellungen, Gefühle, Erinnerungen, Auffassungen, Meinungen und Phantasien aus der Vergangenheit als eigenen Persönlichkeitsanteil in Beziehung zum Kunstwerk zu erfahren und zu verstehen.
- etwas über den eigenen ästhetischen Standpunkt zu erfahren, um symbolisches Verstehen auch aus einer künstlerischen Sichtweise zu reflektieren.

Dieses Verfahren kann am Beispiel verschiedener Kunstwerke eingeübt werden. Schließlich werden diese Ergebnisse mittels kunstwissenschaftlicher Methoden überprüft, um damit eine Vernetzung von kunstwissenschaftlichen und psychologischen Erkenntnissen zu ermöglichen. Ein psychologisch intendierter Zugang zum Kunstwerk ermöglicht es, neue Fragestellungen zu entwickeln, die das Gebiet der Kunstwissenschaft bereichern und beleben. Ein erlebnisbezogener Zugang zum Kunstwerk fördert die Fähigkeit, die Tiefendimension des Künstlerischen zu verstehen und Kultur insgesamt als Teil eines psychologischen Prozesses zu reflektieren, der sich über Interaktionsformen entwickelt hat, die in der Aufschlüsselung symbolischer Bildinhalte verstanden werden können.

In den Untersuchungen von Kreitler und Kreitler (1980, S. 261) konnte in einer experimentellen Studie nachgewiesen werden, dass 84 Prozent der beobachteten Betrachter von Statuen offenkundige Nachahmungsbewegungen vollführten, während drei Prozent diese imitierenden Bewegungen offenbarten, nachdem sie die Statue verlassen hatten und auf sie zurückblickten. Es gestaltet sich eine Beziehung zwischen Kunstwerk und Betrachter, die ein Nacherleben des künstlerisch-symbolhaften Inhaltes ermöglicht:

- Wie erlebe ich diese Bilderwelten?
- Wie nehme ich diese sinnliche Erfahrung wahr?

In der Wechselwirkung von psychologisch-hermeneutischen Deutungsansätzen und kunstwissenschaftlichen Methoden kann somit das »Verstehen« und »Erleben« künstlerischer Produktionen vertieft werden.

In der Erweiterung des Konzepts der Selbstpsychologie beziehe ich kreativitätsorientierte Methoden als Kommunikationshilfen und fördernde Selbstobjekte in den therapeutischen Prozess ein (vgl. Franzen 1997, 1999, 2009, 2011). So kann z.B. die Betrachtung eines Kunstwerkes oder die Erfahrung eines Kunstraumes die Verbalisierung von Erlebnisinhalten unterstützen. Damit wird eine Entlastungsmöglichkeit geschaffen.

Die kreativitätsorientierte Arbeit mit Symbolen ist eher ein empathisches Erklären als ein Deuten. Die Erklärung sollte vom Klienten angenommen und verstanden werden, das Symbol sollte nicht entgegen seinem aktuellen Selbsterleben gedeutet werden. Dabei kann das Symbol nicht nur etwas über den aktuellen Zustand und Prozess des Selbst aussagen, sondern auch über vergangene und gegenwärtige Objektbeziehungen.

## Psychodynamik

Bei der Begegnung mit einem Kunstwerk sind also Sinne gefragt. Diese Begegnung ist energetisch, »aus der Begegnung wird das Kunstwerk geboren« (May 1997, S. 80). Es geht um ein »Sich-Einlassen«, um ein Kunstwerk tatsächlich zu erfahren. Das Kunstwerk bietet einen subjektiven Erfahrungsraum, in der es seelische Wirksamkeiten entwickeln kann. Wilhelm Salber (1999, S. 125) sieht in der Kunst ein Instrument, mit dem wir behandelt werden und auch behandeln können.

Im Rahmen der tiefenpsychologisch fundierten Psychotherapie steht die innere Konflikt-Dynamik im Vordergrund der Behandlung. Auch die Sozial- bzw. Familienbeziehung finden Berücksichtigung. Ich-stützende Maßnahmen erlauben eine Rücksichtnahme auf die Ressourcen des Patienten. Tiefenpsychologisch fundierte Grundlagenkonzepte aus der Psychoanalyse werden berücksichtigt. Hier sind es jedoch eher die Konzeptionen der Neo-Psychoanalyse um Erich Fromm und die Konzepte der Analytischen Psychologie C. G. Jungs, die z. B. im Rahmen der kreativitätsorientierten, tiefenpsychologisch fundierten Therapien, wie um eine vertiefte Ressourcenorientierung erweitert werden. Eine Fokussierung auf den Aktualkonflikt (vgl. Peseschkian 2007) steht im Mittelpunkt der Behandlung. Die interpersonelle Beziehung zwischen Patient und Therapeut findet auch unter dem Aspekt der Berücksichtigung von Übertragung und Widerstand statt, jedoch wird dem Patienten ein hohes Maß an Selbstexploration zuerkannt, und es wird grundsätzlich von einem positiven Versuch der Krankheitsbewältigung ausgegangen. Dies entspricht dem Rahmen eines tiefenpsychologisch fundierten Verfahrens. Das szenische bzw. symbolische Verstehen wird in diesem Sinne um einen kunsttherapeutischen Ansatz erweitert. Kommunikation erfolgt über die Interaktion mit einem Kunstwerk, Literatur oder bildende Kunst finden Eingang in ein psychotherapeutisches Setting (vgl. Franzen 2001, 2004, 2007).

Das künstlerische Symbol dient in diesem Sinne als repräsentatives Selbstobjekt des eigenen Selbst-Erlebens. Franz Marc drückte in seinen Tierbildern besonders die Beziehung zur Natur aus. Die Schönheit einer zerbrechenden Welt (vgl. Meyer-Büser 2009) wurde auf einer intensiv gefühlten Ebene von Franz Marc erfasst, bevor der Erste Weltkrieg diese Naturerfahrungen durch seine Grausamkeit förmlich zerriss. In einer Art »Nahaufnahme« hielt Franz Marc die unberührte geistige Dimension der Natur in seinen Gemälden fest: die Freiheit der Kunst, die Freiheit der Gedanken, die Freiheit der Natur. Im Symbol der Katze erscheinen diese Freiheiten lebendig: die Liebe zu sich selbst, gefühlte Achtsamkeit, Freiheit. Das Werk eines Künstlers, wie das von Franz Marc, entstand in dieser Farb- und Formensprache aus einer Innenschau. Diese psychische Energie überträgt sich auf den Betrachter. Franz Marcs »weiße Katze« (Abb. 1) bietet eine Projektionsfläche für eine Innenschau und für Imaginationen, die letztendlich für »Selbstachtung« stehen. Seine großartigen Bilder, die eine fast magische Wirkung ausüben und die seine eigene Einsamkeit und den Umgang damit zum Ausdruck bringen, eignen sich besonders dafür, Gefühle zu reflektieren. Je nach dem Grad der Empfindungsfähigkeit des Betrachters scheint hier ein Harmoniebedürfnis im Vordergrund zu stehen, welches in der gesamten Komposition des Gemäldes wirksam wird.

Das Symbolische und die Symbolbildungsprozesse dienen der Geborgenheit im fremden, unverständlichen, unerkannten Leben. »Sie sind wie Wegzeichen und rettende Inseln, Anhaltspunkte im Ungewissen« (Matthies 1990, S. 34). Die »Verbilderung« eines unbewussten Gefühls oder Konflikts ist eine kreative Ebene, die dem Patienten in seinem Erlebnisfeld eine Art »neuer Wirklichkeit« (Leuner 1994, S. 285) vermittelt. Therapeutische Arbeit mit Kunst ist eine Form der indirekten Kommunikation. Dabei wird das Problem/Symptom symbolisiert und die Auseinandersetzung mit dem Problem/Symptom findet über die Auseinandersetzung mit dem Symbol statt. Dabei kann dann eine hohe emotionale Besetzung der Symbole dazu führen, »dass eine Veränderung auf der Symbolebene eine Veränderung der Gefühlsebene zur Folge hat« (Wohlschläger 1998, S. 49). So ermöglicht allein der geistig-energetische Gehalt dem Symbol, als geistiger Bedeutungsträger Funktion zu tragen und in der bewusstseinsmäßigen Aneignung von Wirklichkeit Verwendung zu finden (vgl. Hampe 1999, S. 62).

Eine symbolische Erfahrung ist daher mit psychischer Energie besetzt. Diese psychische Energie vermittelt sich durch das Kunstwerk. Der Betrachter kann sich auf die Bilderwelten einlassen und einen energetisch besetzten Beziehungsraum erleben, der dann zugleich bewusste und unbewusste Prozesse auslösen oder in Gang setzen kann. Symbolisches Verstehen ist demnach erfahrungsorientiert.

## Praxisbeispiel

Eine Boderline-Patientin berichtete zu Beginn der Therapie über Angstzustände, Erschöpfungszustände und Depressionen. »Ich spüre oft ein Gefühl tiefer Traurigkeit in mir.« Sie fühle sich öfters völlig überbelastet. Nach einem Klinikaufenthalt habe sie »wieder mit dem Ritzen angefangen«. »Ich schneide zwei bis dreimal wöchentlich mit einer Rasierklinge in den Arm, weil ich den Druck nicht aushalte.« Die Patientin berichtet von Schwierigkeiten mit ihrer Arbeitsstelle und sie habe »viel Gewalt erlebt«. Oft sitze sie Zuhause und wisse weder ein noch aus. Die Patientin wirkte körperlich und emotional angespannt. Ihre Stimmungslage war deutlich gedrückt. Es bestand die Schwierigkeit, Affekte zu differenzieren. Es konnte von einer Ich-Schwäche ausgegangen werden. Es lag eine allgemeine Strukturschwäche und eine narzisstische Verwundbarkeit vor. Die Störung war mit deutlichen Einschränkungen der sozialen Leistungsfähigkeit verbunden. Bevorzugte Abwehr: Spaltung, Verleugnung, Affektisolierung und Impulsdurchbruch wechselten sich ab; Dissoziationen durch Selbstverletzungen und Identifikation mit dem Aggressor. Bei der Patientin lag neben einer konflikt- und strukturbezogenen Ätiologie auch eine aktuell wirksame trauma-bezogene Problematik zugrunde, was die sich akut aufdrängenden Erinnerungen verdeutlichten. Strukturbezogen lagen Entwicklungsdefizite nach OPD vor allem in der Selbststeuerung (Wutausbrüche, Selbstverletzungen) sowie Selbstwahrnehmung vor. Der alte Modus der Regulation und Abwehr eigener Affekte schien nach der Überlastung wegzufallen. Genetisch ließen sich die gegenwärtigen Konflikte in Verbindung bringen mit einer ausgesprochen ungünstigen familiären Entwicklung. Die Vermutung lag nahe, dass die Patientin im frühen Kontakt zur leiblichen Mutter keinerlei ausreichend stabile affektive Regulation von Spannungszuständen und positive Spiegelung erfahren hatte. Von frühen gewaltsamen Übergriffen und dem damit verbunden traumatischen Erleben in Beziehungen konnte ausgegangen werden. In der aktuellen Konfliktsituation, der mangelnden Abgrenzung gegenüber früheren Partnern und der familiären Überforderung kam es dazu, dass eigene starke Aggressionen infolge eines empfundenen Unrechts, wie auch in der früh erlebten familiären Situation, nicht angemessen erlebt werden durften und es zu einer Wendung gegen das eigene Selbst kam. So blieb ihr nur im Rahmen ihrer strukturellen Defizite die Möglichkeit, die sich aufdrängenden tiefen Schuld- sowie unbändigen Wutgefühle strafend gegen das eigene Selbst oder ihren Körper zu richten oder mittels Impulsdurchbruch affektartig unreif abzuführen, sodass es zur beschriebenen komplexen Dekompensation kam. Es war wichtig, eine stabile therapeutische Beziehung aufzubauen, in einer Atmosphäre von Vertrauen, Sicherheit und Wertschätzung. Dies führte erst einmal zu einer Entlastung, auf deren Basis sich eine langsame Annäherung an das erlittene Trauma und schließlich eine Traumabehandlung anschließen konnten. Durch sehr dosiertes Wiederbeleben des traumatischen Ereignisses mithilfe spezieller traumatherapeutischer Techniken mit dem Ziel, die Erinnerungen aushalten zu können, wurde eine zunehmende Ich-Stärkung ermöglicht und die Steuerungsfähigkeit verbessert. Zudem schien ein grundlegendes ressourcenorientiertes Vorgehen bei der Patientin indiziert. Als Schutz des Selbst sollten die narzisstischen Rückzugstendenzen und die starke Abwehr gegen unbewusst affektiv besetztes Material noch nachhaltig respektiert werden. Neben Grundlagen der katathym-imaginativen Psychotraumatherapie (vgl. Steiner u. Krippner 2006) arbeitete ich mit dem ressourcenorientierten Vorgehen der Positiven Psychotherapie und bot im Verlauf der Therapie immer wieder auch Kunstbilder an, um bei der Patientin über eine symbolische Erfahrung eine Selbstwertstabilisierung zu erzielen. Ihr persönliches Interesse und ihre Vorliebe für Katzen konnten wir in der therapeutischen Arbeit über Franz Marc »Die weiße Katze« (vgl. Franzen 2009) verankern.

Abb. 1: Franz Marc »Die weiße Katze« (Kater auf gelben Kissen) 1912.
Aus: Marc, Macke und Delaunay.
Ausstellung im Sprengel Museum Hannover 2009

Sie führte aus, sie habe lange nach einem »inneren sicheren Ort« gesucht. In dem Bild von Franz Marc habe sie ihn gefunden. Sie könne sich endlich vorstellen, wie ein solcher Ort für sie beschaffen sein muss. »Ja, diese weiße Katze, sie liegt neben mir, sie schnurrt, ich kann sie streicheln, sie beruhigt mich, ich spüre ihre Wärme, fühle mich gleichsam von ihr geschützt und völlig sicher.« Dies half ihr dann auch, sich auszugleichen im Alltag, sodass die Patientin sich nicht mehr selbst verletzte. Das Bild erfüllte damit eine Spiegel- und Modellfunktion.

In der Spiegelfunktion (vgl. Franzen 2013) kommt es zu einer Identifikation. Assoziationen werden verstärkt. In der szenischen/symboli-

## Symbolisches Erleben

schen Betrachtung des Kunstwerks und den damit verbundenen Assoziationen von widersprüchlichen Bewegungsanteilen wird die unbewusste Bedeutung gleichsam erfahren. Übungen zu den Funktionsweisen von Kunst und zu unbewussten Bedeutungsinhalten bieten rezeptive kunsttherapeutische Verfahren, da die Einführung in psychologische Zusammenhänge natürlich auch über das Bild oder ein Gedicht erfolgen kann. Wichtig ist es, die Unterscheidung zwischen manifester und latenter Bedeutung, das heißt die äußere und unbewusste Seite des Kunstwerks zu verstehen. Bildhafte Darstellungen lassen ihr Inhalte ich-näher erscheinen und erleichtern so die Identifikation mit ihnen. Losgelöst von der unmitttelbaren Erfahrungswelt verhelfen Geschichten und Bilder zu einem distanzierteren Verhältnis zu den eigenen Konflikten.

Kunstwerke bieten eine Modellfunktion an, indem eine symbolische Erfahrung möglich wird. Aus vielen persönlichen Gesprächen mit den Klienten weiß ich, dass der Gebrauch von künstlerischen Medien eine unterstützende Wirkung hat und zu einer Verbesserung der Kommunikation führt, dass sie gerne damit arbeiten und es als eine Bereicherung empfinden, nicht nur in der Situation der Gruppeninteraktion, sondern vor allem nehmen sie diese Inspiration mit in den Alltag und suchen selbst nach Formen kreativer Gestaltungen. Es kommt zu einer Entfaltung der Fähigkeit, in der Gruppe freier miteinander zu kommunizieren, und das ist sehr viel. Dies führt dann auch zu einer Strukturierung des Alltagserlebens. So konnte ich feststellen, dass sich insbesondere bei psychiatrischen Klienten der teils wahllose Medienkonsum reduzierte und eine Auseinandersetzung mit kulturellen Angeboten stattfand. Nach mehreren Sitzungen ermuntere ich die Teilnehmer, selbst Bilder, Musik, Literatur oder Filme mitzubringen, die ihre aktuelle Situation beschreiben und Erinnerungen wecken. Zunächst steht dann das Bild als Beispiel einer möglichen Veränderung, es steht für die Motivation, neue, positive Lebensentwürfe zu entwickeln.

Kunst kann trösten und begleiten, kann in Lebenskrisen eine wichtige Funktion übernehmen, die ermutigend, stellvertretend für Erfahrungen und Gefühle steht. Die Arbeit mit bildender Kunst in der Psychotherapie trägt dazu bei, Sinn- und Wertsysteme der Patienten zu stabilisieren, fördert die Kommunikationsfähigkeit und ist ein Beitrag zur Strukturierung des Alltagslebens.

So sind Symbole ein Schlüssel zu den subjektiven Lebensentwürfen, sie bieten einen Weg, um das Leiden zu verstehen, es über

Assoziationen zu erschließen und an neuen Mustern zu arbeiten, perspektivisch neue Entwürfe zu entwerfen, die eine größere Lebenszufriedenheit ermöglichen.

## Literatur

Allesch, C. G. (1987). *Geschichte der psychologischen Ästhetik.* Göttingen: Hogrefe.
Allesch, C. G. (1993). Psychologie und Ästhetik: Zur Geschichte und Gegenwart eines schwierigen Verhältnisses. In: Schurian, W. (Hrsg.). *Kunstpsychologie heute.* Göttingen: Hogrefe. 19–49.
Arnheim, R. (1972). *Anschauliches Denken.* Köln: Dumont.
Arnheim, R. (1972). *Neue Beiträge.* Köln: Dumont.
Arnheim, R. (1984). *Die Macht der Mitte. Eine Kompositionslehre für die bildenden Künste.* Köln: Dumont.
Bredekamp, H. (2010). *Theorie des Bildakts.* Berlin: Suhrkamp.
Finke, J. (1994). *Empathie und Interaktion. Methodik und Praxis der Gesprächspsychotherapie.* Stuttgart: Thieme.
Franz, J. (2007). Wie Kunst verändern kann. Resonanzphänomene über Spiegelneurone. In: *Imagination* 3/2007. Wien: Facultas. 60–71.
Franzen, G. (1992). *Der tiefenhermeneutische Zugang zur bildenden Kunst, Dargestellt am Beispiel der Freud-Studie »Der Moses des Michelangelo«.* Frankfurt am Main: Peter Lang.
Franzen, G. (1994). Der Verlust der Mitte – Betrachtungen zu Albrecht Dürers »Melencolia I«. In: *Musik-, Tanz- und Kunsttherapie 5.* Göttingen: Hogrefe. 232–239.
Franzen, G. (1997). Rezeptive kunsttherapeutische Verfahren. In: Kruse, O. (Hrsg.). *Kreativtät als Ressource für Veränderung und Wachstum.* Tübingen: dgvt.
Franzen, G. (2001). Symbolisches Verstehen als Grundlage der tiefenpsychologischen Kunsttherapie. In: Bertolaso, Y. (Hrsg.). *Musik-, Kunst- und Tanztherapie. Qualitätsanforderungen in den künstlerischen Therapien.* Münster: Paroli. 119–130.
Franzen, G. (Hrsg.) (2009). Katathymes Bilderleben und künstlerische Therapien. In: *Themenheft. Musik-,Tanz-und Kunsttherapie.* 2009 (4). Göttingen: Hogrefe.
Franzen, G. (Hrsg.) (2009). *Kunst und seelische Gesundheit.* Berlin: Medizinisch-wissenschaftliche Verlagsgesellschaft.
Franzen, G. (2010). Frida Kahlo »Die gebrochene Säule« – Eine kunstpsychologische Betrachtung. In: *Psychologie in Österreich* 5/2010. Wien: BÖP. 390–395.

Franzen, G. (2012). Kunst & Psyche – psychologische Aspekte künstlerischer Therapien. In: Rössler, W. & Matter, B. (Hrsg.). *Kunst- und Ausdruckstherapien*, Stuttgart: Kohlhammer.ltas. 66–75.
Fromm, E. (1981). *Märchen, Mythen, Träume*. Hamburg: Rowohlt.
Fromm, E. (1990). *Die Entdeckung des gesellschaftlichen Unbewussten*. Weinheim: Beltz.
Fromm, E. (1992). *Gesellschaft und Seele. Sozialpsychologie und psychoanalytische Praxis*. Weinheim und Basel: Beltz.
Hampe, R. (1999). *Metamorphosen des Bildlichen*. Bremen: Universität Bremen.
Hartmann, H.-P. (1995). *Der therapeutische Prozess. Psychoanalytische Theorie und Methode in der Sicht der Selbstpsychologie*. Frankfurt am Main: Suhrkamp.
Kohut, H. (1977). *Introspektion; Empathie und Psychoanalyse. Aufsätze zur psychoanalytischen Theorie zur Pädagogik und Forschung und zur Psychologie der Kunst*. Frankfurt am Main: Suhrkamp.
Kohut, H. (1993). *Die Heilung des Selbst*. Frankfurt am Main: Suhrkamp.
Kohut, H. (1993). *Wie heilt die Psychoanalyse?* Frankfurt am Main: Suhrkamp.
Kraft, H. (1984). *Psychoanalyse, Kunst und Kreativität heute. Die Entwicklung der Kunstpsychologie seit Freud*. Köln: DuMont. Neuauflage (2007). Kraft, H. (1989). *Künstler, Kunstwerk und Betrachter*. Köln: DuMont.
Kreitler, H. & Kreitler, S. (1980). *Psychologie der Kunst*. Stuttgart: Kohlhammer.
Leuner, H. (1990). *Katathymes Bilderleben. Ergebnisse in Theorie und Praxis*. Bern: Hans Huber.
Leuner, H. (1994). *Katathym-imaginative Psychotherapie (K.I.P)*. Stuttgart: Thieme.
Lipps, T. (1906). *Die ästhetische Betrachtung und die bildende Kunst*. Hamburg / Leipzig: Leopold Voss.
Matthies, K. (1989). *Schönheit, Nachahmung, Läuterung*. Frankfurt am Main: Peter Lang.
Matthies, K. (1990). Symbolisches Verstehen als Zielsetzung sinnlich-sinnhaften Lernens in den Künsten. In: *Integrative Therapie* 1–2. 25–44.
May, R. (1987). *Der Mut zur Kreativität*. Paderborn: Junfermann.
Meier-Büsel, S. (2009) (Hrsg.). *Marc, Macke und Delaunay. Die Schönheit einer zerbrechenden Welt*. Ausstellung im Sprengel Museum Hannover. Köln: Dumont.
Milch, W., Kutter, P., Paál, J., Schöttler, Ch. & Hartmann, H.-P. (1995). *Der therapeutische Prozess. Psychoanalytische Theorie und Methode in der Sicht der Selbstpsychologie*. Frankfurt am Main: Suhrkamp.
Milch, W. (2001). *Lehrbuch der Selbstpsychologie*. Stuttgart: Kohlhammer.
Peseschkian, N. (1994). *Positive Psychotherapie*. Frankfurt am Main: Fischer.
Quitmann, H. (1985). *Humanistische Psychologie*. Göttingen Hogrefe.
Salber, W. (1977). *Kunst, Psychologie und Behandlung*. Bonn: Bouvier.
Spector, J. (1973). *Freud und die Ästhetik*. München: Kindler.
Steiner, B. & Krippner, K. (2006). *Psychotraumatherapie: Tiefenpsychologisch-imaginative Behandlung von traumatisierten Patienten*. Stuttgart: Schattauer

Wolf, E. S. (1989). *Selbstpsychologie. Weiterentwicklungen nach Heinz Kohut.* München: Verlag Internationale Psychoanalyse.
Wollschläger, M. E. & Wollschläger, G. (1998). *Der Schwan und die Spinne. Das konkrete Symbol in der Diagnostik und Therapie.* Bern: Hans Huber.

*Andrea Friedrichs-Dachale*

# Lebensbäume: Symbolisierungen als Ausdruck der Psychodynamik in der Katathym Imaginativen Psychotherapie (KIP)

> **Abstract:** In den affektgetragenen Imaginationen der Katathym Imaginativen Psychotherapie drücken sich symbolhaft verinnerlichte Beziehungserfahrungen, Konflikte mit ihren Antrieben, Wünschen und Hemmungen aus. Dabei werden Selbst- und Objektanteile und die Beziehungsdynamik in den inneren Bildern ausgedrückt und durch den Therapeuten in einem unterstützenden Dialog bearbeitet. Anhand des gemalten Tagtraum-Bildes wird der innere Prozess nachbesprochen und verarbeitet. Die Psychodynamik zeigt sich in der Projektion auf die Bildebene; der diagnostische Blick auf das Bildgeschehen und die Ausgestaltung werden beschrieben. An Beispielen wird die Ausdruckskraft der inneren Bilder in Hinblick auf die Psychodynamik und die Entwicklung gezeigt.

Der Beitrag gibt einen Einblick in die Katathym Imaginative Psychotherapie und die Symbolisierungen als Ausdruck der Psychodynamik. Die Katathym Imaginative Psychotherapie (KIP) wurde in den 50er Jahren von Prof. Hanscarl Leuner, Leiter der Klinik für Psychosomatik und Psychiatrie der Universität Göttingen, unter dem Begriff Katathymes Bilderleben entwickelt. H. C. Leuner war Psychoanalytiker und geprägt durch seinen Lehr-Analytiker, Prof. Schmalz, einen Schüler C. G. Jungs. Dadurch und durch das Autogene Training beeinflusst, interessierte er sich für Imaginationen und die Ausdruckskraft der Symbolik, welche er in seiner Methode als wesentliches therapeutisches Agens nutzte und entwickelte.

Die Katathym Imaginative Psychotherapie ist ein tiefenpsychologisches Verfahren, welches **affektgetragene Symbolisierungsprozesse** im Tagtraum nutzt, um einen Zugang zum Unbewussten zu ermöglichen: Unbewusste Wünsche, Konflikte und Abwehrmechanismen werden symbolisiert auf der Projektionsebene des Tagtraumes sichtbar gemacht und im Dialog mit dem Therapeuten bearbeitet. Der ursprüngliche Begriff »katathymes Bilderleben« beschreibt den bildhaften Erlebnischarakter der Imaginationen. Das aus dem Griechischen stammende Wort »katathym« bedeutet »der Seele, der Lebenskraft, der Gemütsbewegung entsprechend«. Die Methode macht sich die Symbolisierungsfähigkeit des Menschen zu Nutze, die eine seiner wichtigsten Fähigkeiten ist. Der Patient erlebt sich in den Tagträumen als Handelnder, was ihm Möglichkeiten zum Probehandeln und zur kreativen Entfaltung eröffnet. Diese ist eine der drei Wirkdimensionen; eine weitere zentrale ist die Verdeutlichung und Bearbeitung von Konflikten. Die dritte Wirkdimension ist die Auffüllung affektiver Lücken: Im Rahmen einer kontrollierten Regression im Dienste des Ichs, die durch Entspannung und Sich-den-Bildern-Überlassen ausgelöst wird, können sonst verdrängte Impulse aus dem narzisstischen, oralen, analen oder ödipalen Bereich auftauchen und in imaginativen Handlungsvollzügen befriedigt werden.

Dabei entspricht der Umgang mit den im Tagtraum entstehenden Symboliken einem psychodynamischen Verständnishintergrund. Symbole werden als Darstellung innerer Objektbeziehungen verstanden. Sie bilden die verinnerlichten Erfahrungen des Menschen ab. Aus tiefenpsychologischer Sicht werden frühe Erfahrungen in Form von Selbstrepräsentanz, Objektrepräsentanz und den damit verbundenen Affekten gespeichert.

In seiner psychischen Entwicklung erlebt der Mensch zunächst die Umwelt als ganzheitlich: Das Selbst und das Objekt sind noch nicht getrennt, sondern eine ganzheitliche Erlebensmatrix aus dem Selbst, dem Objekt und der Beziehung zwischen beiden, wobei Körperliches und Seelisches stellen eine Einheit darstellen.

Während des 2. Lebensjahres wird das Kleinkind fähig, psychische Repräsentanzen zu bilden. Diese Welt der inneren Objektrepräsentanzen besteht aus dem Erleben in den Interaktionen mit anderen. Vorläufer der Imaginationsfähigkeit entstehen ab dem 9. Lebensmonat. Durch sie kann das Kind zunehmend aus dem gesamten Wahrnehmungs-Affekt-Handlungsmuster das visuell Bildhafte herausfiltern und ein inneres Bild entstehen lassen. Mit circa 18 Monaten ist die Fähigkeit ausgebildet, Erinnerungen mittels Vorstellungen ins Gedächtnis zu rufen und auch die **Symbolisierungsfähigkeit**, die Erschaffung der »inneren Bilder«.

## Warum können Symbolisierungsprozesse für die Therapie nützlich sein?

Für das Kind macht die **Symbolisierung** die Welt erfahrbar, ermöglicht eine Ablösung aus der primären Bindung und hilft, Orientierung in seine Erlebniswelten zu bringen. Dem Erwachsenen ermöglicht sie einen **Erkenntnis und Verstehensprozess**, wenn er sich mit seinen Symbolisierungen befasst.

Der Begriff Symbol meint ein bildhaftes Zeichen, das einen tieferen Sinn ausdrückt. Das Wort stammt von dem Griechischen »symbolon«: »Erkennungszeichen, Kennzeichen, Merkmal, Sinnbild«; das Verb »symballein« bedeutet »zusammenbringen, zusammentragen, vergleichen« und bezeichnet die im Altertum praktizierte Art des Wiedererkennens und der Wiederbegegnung: Ein Gegenstand wurde in zwei Teile zerbrochen und die Teile wurden an zwei Menschen verteilt. Nur diese konnten die Teile bei einem späteren Zusammentreffen zusammenfügen. Dadurch bewiesen sie einander ihre Legitimation und Verbundenheit. Die einzelnen Teile bekommen einen Sinn, der über den Gegenstand hinausweist – den der Beziehung.

Durch das individuelle Verstehen des Symbolisierten wird dieses Zusammengehörige erfahren und kann aufgeschlüsselt werden. In der Psychotherapie kann dieses kategoriale, ordnende Prinzip genutzt werden, um die Patienten in die Lage zu versetzen, sich in ihren diffusen Gefühlswelten und unbewussten Konflikten zu begreifen und einen Zugang zu ihrem Inneren zu bekommen. Ein Gefühl kann eine Gestalt gewinnen und ist »zu begreifen«. Das »unverdaute«, nicht gespiegelte Gefühl kann über die Symbolisierung einen Bild-Ausdruck finden und im Kontext der Bearbeitung verstanden werden.

So entsteht über die Symbolisierung eine Möglichkeit der Wiederbegegnung mit Inhalten des verinnerlichten Beziehungswissens. Aus einem unbewussten Erlebniskern entsteht mit der Vermittlung des Symbols ein Erlebnisphänomen. Zum Beispiel kann sich ganzheitlich aus einem Wortbild – z. B. »**ein Ort der Geborgenheit**« – eine assoziative Szene entfalten und den Zugang eröffnen zu einer tieferen psychophysischen Erlebnisweise und der Aktivierung positiver Introjekte, die auf frühen Bindungserfahrungen fußen. Dazu ein Beispiel: In dem Tagtraum zu der Motivanregung »Ort der Geborgenheit« drückt sich im Bild ein Wunsch nach Getragen- und Gehaltenwerden aus, welches die Imaginierende in der Übertragungssituation erlebt hat und im Tagtraumerleben (wieder)erlebt, was zu einer Stärkung im Selbstsystem und Bindungserleben führt.

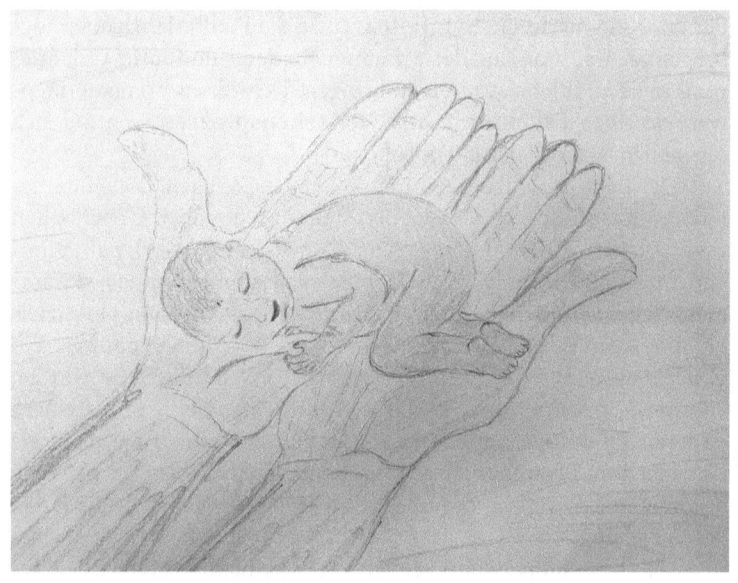

Abb. 1: Ort der Geborgenheit

## Therapeutische Beziehung in der KIP

In der regressiven Szene der Imaginationen wird eine unterstützende, haltgebende therapeutische Beziehung angeboten. Die therapeutische Grundhaltung ist die einer Mutter, die ihrem Kind eine gute Bindungserfahrung ermöglichen möchte: unterstützend, schützend, fürsorglich, förderlich, haltgebend und präsent. Frühe Erfahrungen des Containment, Holding, der Wärme und Konstanz werden aktiviert.

Der Patient kommt in einen kontrollierten regressiven Zustand, nach anfänglicher Entspannung verdichten sich die Tagtraumphantasien, und er erlebt sich als Handelnder seiner inneren Erlebniswelt, kann dabei Erfahrungen mit den symbolisierten Anteilen machen. In der imaginativen Szene ist somit alles möglich, was sich aus der unbewussten Dynamik in der Projektionsfläche des Bilderlebens zeigen mag.

## Motive und Setting in der KIP

Die Katathym Imaginative Psychotherapie hat ein spezifisches Setting mit drei Kommunikationsebenen:
- Die Ebene der Imagination ist ein emotional-sensueller Raum.
- Die Ebene des Gespräches ist ein kognitiver Verarbeitungsraum.
- Die Ebene des kreativen Gestaltens umfasst eine Verstehensebene, eine Metakommunikation anhand des gemalten Bildes.

Nach einem Vorgespräch regt der Therapeut eine kurze Entspannung und ein sog. »Motiv« an, das als Anregungsmotiv für die Imagination eine prozessfördernde Thematik einführt. Es gibt eine Vielzahl von Grundstufenmotiven, Ressourcen-Motiven und Konflikt-zentrierenden Motivangeboten. Während der Imagination ist der Patient in einem **Erlebnisraum** der Imagination, in dem die präsentative Symbolik des Unbewussten vorherrscht. Der Patient kann sich in seinem Tagtraum entfalten, und der Therapeut begleitet ihn im Dialog. Nach dem Tagtraum wird der Patient angeregt, diesen zuhause aufzuschreiben und ein Bild dazu zu malen und es dann in die folgende Stunde mitzubringen. Im Nachgespräch und im Besprechen des Tagtraumes anhand des gemalten Bildes findet die **kognitive Verarbeitung** des Erlebten Raum: das Verstehen im Kontext der (biographischen) Erfahrungen.

## Bildgestaltung, Bildausdruck, Bildbesprechung:

Der Gestaltungsprozess des Malens ist noch einmal eine Weiterentwicklung der inneren Dynamik. In diesem Ausdrucks-Prozess werden zusätzliche psychodynamische Phänomene wirksam, etwa in den folgenden Aspekten: welches Bildformat wird gewählt, welches Material, wie ist die Dynamik des Malens, zart oder heftig, was wird gemalt, was nicht, was ist bedeutsam, was wird groß gemalt und ausdrucksstark, was ganz klein am Rande? Der Therapeut registriert in der Bildbesprechung eben diese Aspekte, wobei er das Bild nicht deutet, sondern förderlich und positiv konnotierend mit dem Patienten bespricht. Dabei sammelt er Einfälle des Patienten und bringt seine Fragen und Anmerkungen ein. Die Bildbesprechung ist eine Kunst für sich, indem sie dem Patienten die Möglichkeit gibt, sein Erleben sprachlich auszudrücken und zu verstehen.

*Wie schaue ich auf den imaginativen Prozess und wie schließe ich daraus auf die Psychodynamik?*

Es gibt mehrere psychodynamische Faktoren, die im Gleichgewicht der Seele eine Rolle spielen und die sich in der Symbolisierung ausdrücken. Die Symbolisierung ist mehrfach determiniert und erschließt sich nie ganz, sondern in Facetten. Es erfordert einen Erkennungsprozess, der sich wie ein ordnender Blick auf bestimmte Aspekte der Seele richtet: Genauer hingeschaut, ergeben sich Konturen und werden Gestalt:

Der Psychotherapeut verfolgt, indem er mit Symbolisierungen arbeitet, ein tiefenpsychologisches Konzept. Mit einem diagnostischen Blick erfasst er die verschiedenen Ebenen in der Symbolisierung. Stellt man sich die Seele wie einen Fundus von verinnerlichten Erfahrungen vor, sind darin Erfahrungen im Zusammenhang mit Eltern, Großeltern, Geschwistern Partnern u. a. verankert; **introjizierte Beziehungserfahrungen.** Selbstpsychologisch betrachtet, sind die Erfahrungen im **Selbstbild** verankert, positive wie negative Selbst-Anteile, oftmals nicht integrierte abgewehrte Schattenseiten. Zudem gibt es die **Ich-Funktionen**, die die unbewussten Konflikte zwischen **Antrieben** primär narzisstischer, oraler, analer oder ödipaler Art abwehren, um den **Über-Ich-Ansprüchen** des Gewissens gerecht zu werden. Diese komplexe Dynamik drückt sich im Tagtraum symbolhaft aus:

Da die Symbole mehrfach determiniert sind, lassen sich Ordnung in das Geschehen bringen und psychodynamische Hypothesen bilden, wenn man den diagnostischen Blick auf 7 Ebenen ausrichtet (vgl. Rust 2018):

1. Aktuelle Situation (was bewegt den Patienten momentan, wie drückt es sich im Bild aus?)
2. Genese (was wiederholt sich da aus der Geschichte des Patienten?)
3. Struktur (wie lässt sich das Mitgeteilte neurosenpsychologisch einordnen?)
4. Abwehr (wie verarbeitet der Patient die andrängenden Konflikte, was wird abgewehrt, wie zeigt es sich in der Symbolik?)
5. Übertragung (welche inneren Objekte werden am Therapeuten aktualisiert, wo taucht er in der Symbolik auf?)
6. Gegenübertragung (welche Gefühle, Bilder, Reaktionen entstehen im Therapeuten, wie reagiert er auf die Bilder?)

# Lebensbäume: Symbolisierungen als Ausdruck der Psychodynamik

Abb. 2a: Baum mit Weg

Abb. 2b: Ausschnitt Baum mit Weg

7. Symbolik (was drückt die Bildsymbolik aus? Welche Selbstanteile und Objektanteile zeigen sich und wie ist die Beziehungsdynamik?)

**An einigen Beispielen des Tagtraumgeschehens** sollen hier die Symbolik und der Ausdruck der Psychodynamik erläutert werden. Das Grundstufen-Motiv **Baum** ist ressourcenaktivierend und gibt – wie das Blumenmotiv – einen ersten diagnostischen Aufschluss: Die Symbolik umfasst Selbstanteile und die Objektanteile sowie die unbewussten Beziehungswünsche und Beziehungserfahrungen. Aus der Bilddynamik lässt sich auf die Kontaktaufnahme zu verdeckten Selbst- und Objektanteilen schließen.

Patient A: Die Baumimagination zeigt einen langen Weg mit einer Gabelung und drückt in der Weite des Bildes die Verlorenheit des Imaginierenden aus, der seinen Weg noch nicht finden konnte. Nach dem Verlust der Mutter erscheint er in der Krone des Baumes klein, wie mit zwei Armen gehalten, beschützt und vielleicht auch etwas eingeengt. Seine Angst vor der Ungewissheit und vor einer Entscheidung hindert ihn, weiter zu gehen. In der unbelebten Weite der Landschaft gibt es keinen Ort, zu dem es ihn zieht, als Ausdruck seiner inneren Sinnkrise und Einsamkeit. Oben zwei Vögel könnten ihm zeigen, wie es weitergeht, aber sie sind noch weit weg.

Auf den diagnostischen Ebenen betrachtet, kann die Tagtraumsymbolik aufgeschlüsselt werden:
- Aktuelle Lebenssituation: das Studium ist beendet, Ratlosigkeit, Konflikte durch Erwartungen anderer, welchen (beruflichen) Weg soll er gehen?
- Genese, Konflikte der Kindheit: Alleingelassensein, die fürsorgliche Mutter fehlt, der Sinn ist ihm verloren gegangen.
- Struktur und Konflikt: Konflikt zwischen Bindungswünschen und der Autarkie, seinen eigenen Weg zu gehen.
- Abwehr, Widerstand: zweifelnd retentive Abwehr, Wunsch nach Unterstützung abgewehrt; der Weg des anderen ist ja nicht der seine.
- Übertragung: »Hilfst du mir«? Ich warte darauf, um sie als hilfreich zu erleben und nicht zurückzuweisen.
- Gegenübertragung: helfend und unterstützend.
- Was drückt die Symbolik aus, auf der Subjektstufe und Objektebene und auf der Beziehungsebene? Der Baum gibt Schutz, die

## Lebensbäume: Symbolisierungen als Ausdruck der Psychodynamik

Weite macht Angst, die beiden Vögel sind Symbole der verlorenen / erhofften dyadischen Beziehung; Schrittmacher, die ihm helfen können, Symbole der Freiheit, aber noch nicht als solche genutzt.

Abb. 3 Familienwurzeln

Die Patientin, von der dieses Bild stammt, ist unabgelöst und abhängig von der Mutter und deren tradierten Konflikten. Sie leidet darunter, aber es ist ihr vertraut. Ihr Baumbild zeigt überstarke Wurzeln, größer als die Krone, und drücken das Verhaftet-Sein als Selbstanteil aus. Objektstufig betrachtet ist die Beziehungssymbolik ambivalent. Im Tagtraum hatte sie sich an den Stamm gelehnt und Schutz unter dem Baum gesucht. Dass sie sich nicht gemalt hat, kann die Abwehr der Beziehung ausdrücken, den unbewussten Autonomieschritt.

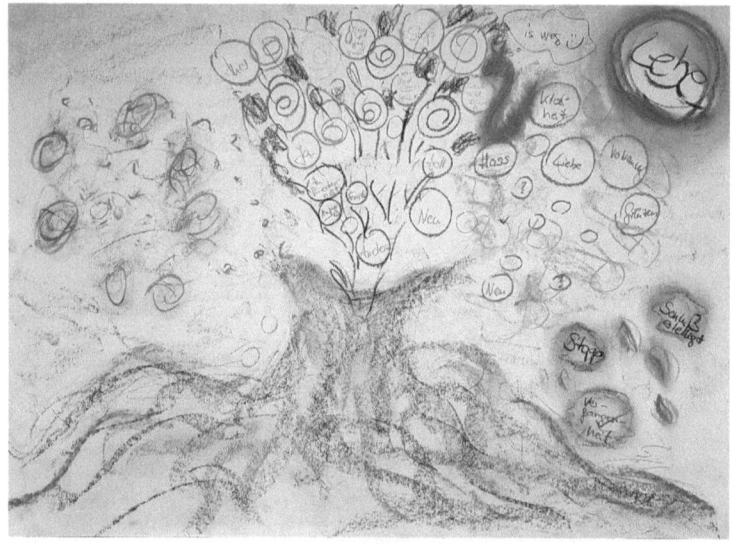

Abb. 4: Wunschbaum

Frau C drückt in der Baumimagination ihre komplexe seelische Dynamik aus: lange zurückgehaltene Affekte und Nöte symbolisieren sich, fast wie aus einem Vulkan springen Wünsche, Gefühle und Vorsätze aus ihm hervor; die Krone ist voll neuer Früchte, die sie in der Therapie gefunden hat. Die Wurzeln sind kraftvoll und mächtig, ein Selbst- und Objekt-Anteil, und transportieren den symbolisierten Wunsch, den Halt, den sie gefunden hat, zu bewahren.

# Lebensbäume: Symbolisierungen als Ausdruck der Psychodynamik

Abb. 5: Drei Bäume

Diese Baumimagination von Frau D ist gespalten, dreigeteilt, von links nach rechts zu sehen: zunächst eine sonnige Wunsch-Berglandschaft, mit der die Imaginierende ihre depressive Stimmung abwehrt, ein Apfelbaum mit reifen Früchten, die den Wunsch einer oralen Versorgung symbolisiert, die ihr nach einer Trennung fehlt. Dann entsteht der »katathyme« Baum, der ihrer Stimmung entspricht: Karg und herbstlich im Regen symbolisiert sich das Alleinsein und die Traurigkeit. Ein Loch im Stamm könnte eine Schutzhöhle sein. Der Schutz, den sie in ihrem Leben vermisst, findet darin ein Symbol.

Andrea Friedrichs-Dachale

Abb. 6: Baum mit tiefen Wurzeln

Die folgenden drei Bilder zeigen einen therapeutischen Prozess von Frau D: Ihre Baumsymbolik zeigt als Selbstanteil eine Spaltung ihrer zwei Wurzeln. Die frühe Trennung der Eltern hat zwei Seiten in ihr hinterlassen, die lebendige, tragende, breite Wurzel in der »Muttererde« und die tiefe abgeschnittene Wurzel in der »väterlichen« Erde, die schwer ist, kraftvoll und schwarz, wie die in der Heimat des Vaters und Großvaters. Dort war sie glücklich als Kind.

## Lebensbäume: Symbolisierungen als Ausdruck der Psychodynamik

Das **Bergmotiv** bietet als weiteres Grundstufenmotiv die Möglichkeit der Konfliktdarstellung und Bearbeitung, wie die beiden letzten Beispiele zeigen. Ein Fortschritt der Therapie zeigt sich in einem **Wandlungsphänomen** der Berg-Symbolik:

Abb. 7: Der gespaltene Berg

Frau D's Bergbild zeigt die Überlebenskunst des Baumes, der sich an den Felsen klammert, in der Krone lebt ein kleiner Vogel. Der Berg ist gespalten, unerreichbar und karg, wie es die Imaginierende als Kind durch die Trennung der Eltern erlebte: den Vater verloren, die Mutter krank, sie dazwischen, traurig und ratlos. Der Wunsch, sich an den Vater-Berg zu klammern, wird ebenso deutlich wie auch ihre Anpassungsleistung und Lebenskraft, subjektstufig symbolisiert im Baum. Der Vogel ist ein positives Symbol der Lebendigkeit, ein Begleiter für den Entwicklungsprozess und eine Ressource.

Abb. 8: Berg nach Wandlung

Im späteren Prozess hat sich das Bergsymbol gewandelt: Der Zugang zum Väterlichen und zur eigenen Kraft und Lebendigkeit ist gefunden. Stolz auf dem Gipfel und geschützt in der Mulde des »väterlichen« Bergsymbols genießt sie den Erfolg. Der Berg ist erreichbar geworden und ganzheitlich sind die Selbst- und Objektanteile integriert. Der Vogel hat sich zum Adler gewandelt: Er ist ein Symbol der Freiheit von der Abhängigkeit zum Vater und deutet den nächsten Entwicklungsschritt an.

## Schlussbemerkungen

Die Beispiele geben einen Eindruck von der Wirkkraft der Symbolisierung in der KIP. Die Bildgestaltung und das Verständnis der Symbolik zeigen **Schnittmengen** zur Kunsttherapie; auch sie hat eine tiefenpsychologische Grundlage. Die Ausdrucksform des unbewussten Erlebens ist beiden Methoden gleichermaßen zu eigen, ebenso wie ein emphatisches Aufnehmen und Fördern dessen, was der Patient ausdrückt.

Für Kunsttherapeuten, Gestaltungstherapeuten und andere psychosoziale Berufsgruppen haben Dozenten der AGKB (Arbeitsgemeinschaft Katathymes Bilderleben) ein Fortbildungsinstitut gegründet, welches die ressourcenorientierte Nutzung von Imaginationen im jeweiligen Berufskontext lehrt und fördert (www.IFI-BS.de). Kunsttherapeuten haben einen leichten Zugang zur Bildsymbolik und zur Kreativität. Sie können die Nutzung von Imaginationen für ihre Berufspraxis sehr leicht lernen, und der Einsatz von Imaginationen in Klinik und Praxis wird als Bereicherung erlebt.

## Literatur

Friedrichs-Dachale, A. (2001). Innere Begleiter überwinden die Kränkung. In: Ullmann, H. (Hrsg.) (2001): *Das Bild und die Erzählung in der Psychotherapie mit dem Tagtraum*. Bern: Huber. 125–138.

Friedrichs-Dachale, A. & Smolenski, C. (2012). KIP in der Klinik. Möglichkeiten und Anwendungsbereiche. In: Ullmann, H. & Wilke, E. (Hrsg.) *Handbuch Katathym Imaginative Psychotherapie*. Bern: Huber. 450–463.

Hexel, M. (2000). Zur Entwicklung emotionaler Bewusstheit. In: Salvisberg, H., Stigler, M. & Maxeiner, V. (2000). *Erfahrung träumend zur Sprache bringen*. Bern / Göttingen: Huber. 17–47.

Leuner, H. C. (2012). *Lehrbuch der Katathym-imaginative Psychotherapie, Grundstufe – Mittelstufe – Oberstufe*, Bern: Huber.

Rust, M. (2018), Die 7 Ohren des Therapeuten. In: *Imagination* 1–2/2018. 110–114

Schnell, M. (1997). Der imaginative Raum – vom Übergangsobjekt zur Objektbeziehung. In: Kottje-Birnbacher, L, Sachsse, U. & Wilke, E (Hrsg.) *Die Imagination in der Psychotherapie*. Bern: Huber. 207–215.

Schnell, M. (2000). Vom Be-Zeichnen zum Be-deuten. Vom Zeichen zum Symbol. In: Salvisberg, H., Stigler, M. & Maxeiner, V. (2000). *Erfahrung träumend zur Sprache bringen*. Bern / Göttingen: Huber. 169–185.

Schnell, M. (2003). Die Kraft der Bilder – vom neurophysiologischen Phänomen zur bedeutungsvollen Innenwelt. In: *Imagination* 4/2003, 60–75.

Ullmann, H., Friedrichs-Dachale, A., Bauer-Neustätter, W. & Linke-Stillger, U. (2017). *Katathym Imaginative Psychotherapie (KIP)*. Stuttgart: Kohlhammer.

Wilke, E. (2011). *Katathym Imaginative Psychotherapie* (KIP). Stuttgart: Thieme.

*Ruth Hampe*

# Adolf Wölfli und die Zion-Hefte

**Abstract:** Adolf Wölfli (1864–1930) verbrachte über 30 Jahre seines Lebens bis zum Tod in der Psychiatrie Waldau nahe Bern/Schweiz. Nach seiner Einweisung 1895 beginnt er als eigenständige Beschäftigung um 1899 zu zeichnen. Das Konvolut seiner im Laufe der Zeit entstehenden künstlerischen Arbeiten ist immens. Die Zion-Hefte (Heft 18 und 19) gehören zu der Reihe der Hefte mit Liedern und Tänzen, die nach seiner Umbenennung zu Skt. Adolf der II. (1916) in den Jahren 1919–21 entstanden. Auf diese Arbeiten mit den eingefügten Bildgestaltungen soll exemplarisch Bezug genommen werden.

Bereits 1907 hat Marcel Rejá in seinen Ausführungen zu Gestaltungsaspekten von Schizophrenen ausgeführt, dass in dem Symbolismus und dem Ornamentalen insbesondere ›embryonale Formen der Kunst‹ sichtbar werden. Dies beinhaltet, dass die Bildgestaltungen einer anderen Wahrnehmung unterliegen und damit einem anderen Raum- und Zeitbewusstsein folgen. Allgemein lässt sich festhalten, dass Wölfli seine abgespaltene Außenwelt über Aktualisierung einer elementaren mitmenschlichen Beziehungskonstellation als naturgesetzlich und mythologisch verhaftet aufbaut. Seine Bilder erscheinen unter diesem Aspekt wie eine spirituelle Vertiefung, wie die Transzendalität eines Spiegels, der ins Unendliche reicht. Sie offenbaren eine Reise in den inneren Raum und die innere Zeit des Bewusstseins, ein Problemlösungsverhalten im Rahmen einer existentiellen Krise.

## Einleitung

Adolf Wölfli gehört zu den bedeutendsten Künstlern aus dem Bereich von Psychopathologie und Kunst. Nur wenigen Künstlern aus dem psychiatrischen Kontext ist es möglich gewesen, eine so umfassende

Rezeption von Schriften, musikalischen Kompositionen, Bildern und Objekten zu erhalten. Zudem haben zeitgenössische Künstler vielfach biographische und künstlerische Aspekte von ihm aufgegriffen und in Theaterstücken, musikalischen Aufführungen u. a. neu umgesetzt. Mit seinem umfassenden Lebenswerk hat Adolf Wölfli die Kunstwelt zu inspirieren vermocht. Im Folgenden soll auf einen Teil seiner Schriften mit den eingefügten Bildern exemplarisch eingegangen werden, und zwar die beiden Zion-Hefte von 1919–1921 betreffend.

## I. Biographische Zugänge zu Adolf Wölfli

Zum besseren Verständnis von Gestaltungsaspekten in den Arbeiten von Adolf Wölfli soll kurz auf wesentliche biographische Ereignisse Bezug genommen werden. Dies betrifft sein Geburtsdatum, den 29. Februar 1864, das auf einen Schalttag fiel und sich nur alle vier Jahres wiederholt. Er erhielt den Vornamen seines Bruders Adolf, der zweijährig 1862 verstorben war, und war der jüngste Sohn von insgesamt sieben Jungen. Der zweitälteste Bruder, Gottlieb, war ebenfalls früh verstorben, d. h. 1847 mit drei Jahren, und der folgende Sohn erhielt 1849 gleichfalls seinen Vornamen als Karl Gottlieb. Die Mutter war Wäscherin und der Vater arbeitete als Steinhauer, war als Trinker bekannt und kam wegen Diebstahls des Öfteren ins Gefängnis. Die Kinder lebten aufgrund der Armut vielfach als ›Verdingbuben‹ bei anderen Bauernfamilien. Dies betraf auch Adolf Wölfli, als der Vater 1870 die Familie verlassen hatte und er 1872 mit seiner kranken Mutter armengenössig und durch die Behörden von Bern in die Heimatgemeinde Schangnau umgesiedelt wurde. Von der Mutter getrennt wurde er als ›Verdingbub‹ bei einer Bauernfamilien untergebracht. Erst drei Monate später erfuhr er dann vom Tod der Mutter an Schwindsucht. Es folgten verschiedene Aufenthalte in Bauerfamilien als ›Verdingbub‹, wie z. B. 1875 bis 1879 bei der Familie Johann Bieri in Schangnau. 1876 erlebte er den Tod der zweijährigen Elisabeth in dieser Bauernfamilie, worauf er sich später in seinem künstlerischen Werk verschiedentlich bezog. Ab 1880 war er als Knecht und Handlanger tätig und scheiterte aufgrund seiner sozialen Lage in seinen Liebesbeziehungen. Wegen versuchter Notzucht an einem vierzehnjährigen und einem fünfjährigen Mädchen erhielt er 1890 eine Strafe zum zweijährigen Aufenthalt im Zuchthaus. Nach seiner Entlassung und Rückkehr ins Berufsleben wurde er 1895 mit 31 Jahren wegen versuchter Notzucht an einem dreieinhalbjährigen Mädchen verurteilt, das er im Kinderwagen unsittlich berührt hatte, wie durch Passanten angezeigt worden war. Dies führte zu seiner Einweisung in die Irrenanstalt Waldau, der damaligen Psychiatrie, mit der Diagnose Schizophrenie, wo er bis zu seinem Tod am 6. November 1930 blieb. In den ersten Jahren teilte er sich dort den Wachsaal mit vielen Mitpatienten, ohne einen privaten Bereich für sich zu haben und litt an psychotischen Schüben (vgl. Hunger et al. 1993). In seiner Akte wird 1899 erstmals vermerkt, dass er sich die Zeit mit Zeichnen vertrieb. Ab 1904–1906 sind die ersten schwarz-weißen Zeichnungen erhalten geblieben, während alle anderen Zeichnungen verschollen sind bzw. durch Mitpatienten u.a. vernichtet wurden. Dies scheint auch zu gewalttätigen Ausbrüchen seinerseits beigetragen zu haben, was zu einer Verlegung in eine Einzelzelle führte, wo er sich dann ganz seinem ästhetischen Gestalten widmen konnte. Dazu trug auch das Kommen des Psychiaters Walter Morgenthaler an die Irrenanstalt Waldau 1907 bei, wo dieser zuerst als Assistenzarzt (1908–1910) und dann als Oberarzt (1913–1919) tätig war. Er hat die besondere Begabung von Adolf Wölfli erkannt und gefördert. Von da an begann Adolf Wölfli, mit Farbstiften anstelle mit nur Bleistiften zu arbeiten. Es entstand zwischen 1908 und 1912 das Prosawerk *»Von der Wiege bis zum Graab. Oder, Durch arbeiten und schwitzen, leiden und Drangsal, bettend zum Fluch. Manigfalltige Reisen, Abenteuer, Un=glücks=Fälle, Jagten, und sonstige Erlebnisse eines verirrten, auf dem gantzen Erdball herum. Oder, Ein Diener Gotes, ohne Kopf, ist ärmer als der ärmste Tropf«* (circa 3000 Seiten) mit illustrierenden Farbstiftzeichnungen. Danach folgten zwischen 1912 und 1916 die *»Geographischen und allgebräischen Hefte«* (circa 3000 Seiten) mit im Text eingefügten Musik- und Zahlenbildern. In dem Zusammenhang kam es zu einer Identitätsbildung, indem er ab 1916 seine Arbeiten mit *»Skt. Adolf II.«* signierte. Zugleich war es auch der Beginn von Einblattzeichnungen, der sogenannten *»Brotkunst«*, die er zum Erwerb von Malmaterialien, unter deren Mangel er ständig litt, z.B. an Besucher verkaufte. Mit *»Skt. Adolf II.«* macht er zugleich deutlich, dass er der zweitgeborene Adolf war. Diese Signierung hielt er in den folgenden Schriften bei, während er zuvor auf seine vielseitigen Tätigkeiten und Fähigkeiten Bezug genommen hatte. Es folgten zwischen 1917 und 1922 die *»Hefte mit Liedern und Tänzen«* (circa 7000 Seiten) und erste Auftragsarbeiten für die Waldau, wie das Bemalen von Schränken, eines Paravants u. a. In der Zeit von 1924–1928 entstanden die »*Allbumm-Hefte mit Tänzen und Märschen*« (circa 5000 Seiten) und als letztes folgte der »*Trauer-Marsch*«, eine unvollendete Arbeit, mit der er sich zwischen 1928–1930 beschäftigte (circa 8000 Seiten) und die er nach einer Magenkrebsoperation nicht mehr abschließen konnte (vgl. Adolf-Wölfli-Stiftung 1985; 1987; 1991; 1998).

Mit der Veröffentlichung »Ein Geisteskranker als Künstler« (1921) hat Walter Morgenthaler eine der ersten Monographien zum künstlerischen Ausdruck eines Patienten verfasst, gefolgt von dem Buch von Hans Prinzhorn »Kunst der Geisteskranken« (1922). Dadurch hat Adolf Wölfli noch zu Lebzeiten eine gewisse Anerkennung erlangt. Unter Einbeziehung biographischer Aspekte zum Verlust von Familienangehörigen ist bei Adolf Wölfli interessant, dass mit Beginn seiner zeichnerischen Beschäftigung um 1899 seine Geschwister – bis auf einen Bruder, Johannes (1857–1909),– bereits verstorben waren. Beginnend mit der Schrift »*Von der Wiege bis zum Graab*« (1908–1912) über imaginäre Reisen um die Welt und später in den Kosmos erfolgte auch eine Einbeziehung von verstorbenen Familienangehörigen. Sein Neffe Rudolf war das einzige noch lebende Familienmitglied und wurde von ihm in den Schriften mit Aufgaben nach seinem Tod betraut (vgl. Baumann 1999, S. 26 f.).

## II. Die Zion-Hefte (1919–21) im Kontext seines gestalterischen Werks

Nach seiner Umbenennung in »Skt. Adolf II.« entstanden im Kontext der »*Hefte mit Liedern und Tänzen*« (1917–22) die zwei »Zion-Hefte« (1919–21) als »*Heft, No. 18, oder, Erstes Zion=Heft, von Skt. Adolf II., Von Skt. Adolf=Heim. Im Ober=Emmenthal. Allgebratohr. Bern. Schweiz.1,921.Frrrrrt*« und »*Heft No. 19, oder, Zweites, Zion=Heft. Von Skt. Adolf II., Allgebratohr von, Skt. Adolf=Heim. Im Ober=Emmenthal. Kt. Bern. Schweiz. Europpa. 1,921. Frrrrrt*«. In den Heften mit Liedern und Tänzen besingt er die Erschaffung seiner eigenen »*Skt. Adolf=Schöpfung*«, die sich in seinen Schriften »*Von der Wiege bis zum Graab*« (1908–1912) und »*Geographische und Allgebräische Hefte*« (1912–1916) – mit der konstanten Namensgebung als Skt. Adolf II. nach dem Heft No 13 (1916) – auf seine imaginären Gründungen auf der Erde mit späterer Ausdehnung ins Weltall bezieht. Nach diesen imaginären Bereisungen der Erde und des Kosmos beginnt Adolf Wölfli in dem Heft No. 11 (1913), eine alte und neue Schöpfung zu thematisieren, bzw. er besingt seine »Skt. Adolf Riesen-Schöpfung« unter Einbeziehung besonderer Ereignisse, Familienmitglieder und anderer Personen, auch imaginierter Gattinnen. Es erfolgt eine Bereisung des »Skt. Adolf=Stärn, in der grossen Skt. Adolf=Pfanne, der alten Schöpfung« nach allen Richtungen mit der »Gott=Vatter=Familie«. Für Adolf Wölfli wird der »Skt. Adolf= Stern« zum Weltkörper der großen »Skt. Adolf=Pfanne«, und zwar als Zentrum der alten und neuen Schöpfung. Die neue Schöpfung wird von ihm als notwendige Ergänzung zur alten verstanden und führt zur Vollendung als runde Kugel. Dies folgt dem Ideengehalt bezogen auf eine Sternenmetapher als neuen Schöpfungsaspekt. In dieser Hinsicht erfolgt eine Verschmelzung mit dem Göttlichen bzw. eine Kommunikation mit einem sakralen Ursprungsort als *Re-ligio*, mit Gott *Orpheus* an oberster Stelle. Es ähnelt einer Suche nach dem Paradies als Gegenpol zu einem erlebten gebrochenen Weltbezug.

In seinem gestalterischen Werk unterscheidet Adolf Wölfli in Bezug auf Zion sowohl den »Zion=Stärn« und die »Zion=Schnecke« als auch das »gefiederte Auge«. Der »Zion=Stärn« gilt für ihn als »Skt. Adolf=Heim. Riesen=Stadt auf dem Zion=Stärn«. Adolf Wölfli war sehr wohl bibelkundig, so dass ihm die Bedeutung von Zion in der *Prophezeiung von Jesaja (2/3)* bekannt gewesen sein mag, d.h. »*Von Zion wird das Gesetz ausgehen ...*«, was auch beinhaltet: »*Sitz des höchsten Lichts*«. Anzumerken ist, dass 1897 der I. Zionistische Weltkongress in Basel stattfand – ausgehend von der zionistischen Bewegung, die eine jüdische war. Es ist aber davon auszugehen, dass sich Adolf Wölfli mehr auf die biblische Bedeutung von Zion als auf den Zionismus bezogen hat. Er hebt einerseits eine Lichtkraft in der Sternen-Symbolik hervor und andererseits die Gestalt eines gefiederten Auges. Die Skt. Adolf Schöpfung mag bei ihm eine Referenz bezogen auf den Wandel des alten zum neuen Jerusalem haben, identisch mit dem Himmlischen Jerusalem, wie es in der Geheimen Offenbarung des heiligen Johannes, der Apokalypse, als Hervortreten eines neuen Himmels und einer neuen Erde bezeichnet wird. Er thematisiert eine neue Ordnung in einer sakralen Dimension und identifiziert sich mit dieser –wie durch seine konstante Namensgebung als Skt. Adolf II. seit dem 23. Juli 1916.

Die beiden Konvolute der Hefte verweisen in der Zusammenstellung auf eine allgemeine Papierknappheit, die bei Adolf Wölfli dazu geführt hat, verschiedenste Werbeblätter (Abb. 1) mit zu verwenden und auch in der Größe Variationen vorzunehmen. Es handelt sich um Pack- und Ladenpapiere, gebrauchte Papiertischtücher, Kartons und Stahlwolle-Verpackungen, Stadtpläne, Fahrpläne, Casinoplakate, Klinikrapporte, Doktordiplome etc.

Abb. 1: beschriftetes Werbeblatt von 1918, Heft 18

Er verwendet zudem ein neues Nummerierungs-System als Gliederungsprinzip, nach dem er die musikalischen Kompositionen – wie »Polkas« und »Mazurckas« – ordnet (vgl. Spoerri 1991, S. 240; Baumann 1999, S. 22 f.).

Während das erste Zion-Heft noch relativ sparsam an aufwendigen Zeichnungen ist, lassen sich im zweiten Zion-Heft größere, doppelseitige Zeichnungen finden. Zudem sind kleine Bleistiftzeichnungen in den Texten eingefügt (Abb. 2a,b+c), die auf seine zeichnerische Kompetenz verweisen.

Adolf Wölfli und die Zion-Hefte

Abb. 2a: Bleistiftzeichnung eines Karren im Text von 1918, Heft 18

Ruth Hampe

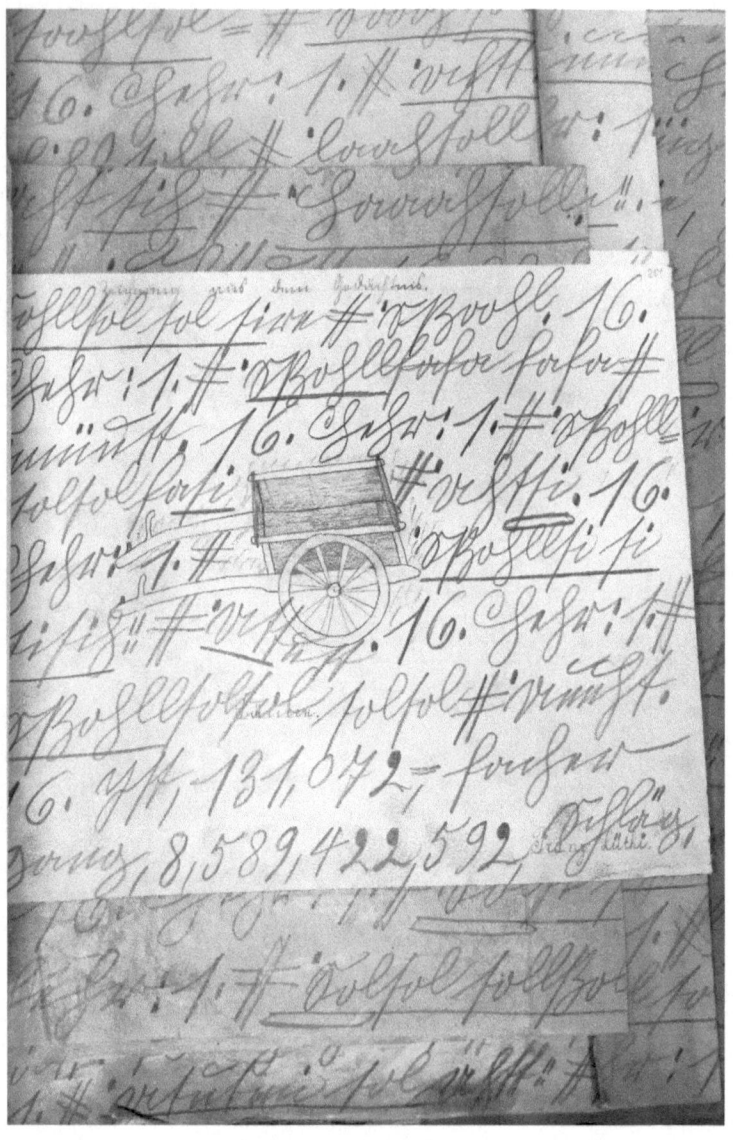

Abb. 2b: Bleistiftzeichnung eines Karren im Text von 1918, Heft 18

Adolf Wölfli und die Zion-Hefte

Abb. 2c: Bleistiftzeichnung eines Hauses im Text von 1918, Heft 18

Abb 3: eingeklebte Reproduktion von 1918, Heft 18

Weiterhin gestaltet er überwiegend mit eingeklebten Reproduktionen (Abb. 3) in Form von Einzelbildern oder mehrteiligen Collagen auf großformatigen, gefalteten Blättern (100 × 70 cm). Wie bei den Rubriken im Unterhaltungsteil von Zeitschriften betitelt er diese – wie Elka Spoerri als Kuratorin herausgearbeitet hat – häufig als »Vexier=Bild«, »Rekonsations=Tableau«, »Humoristische Mappe« etc.

Zeichnungen werden seltener, und musikalische Kompositionen werden ausschließlich als Solmisationen notiert. Die vielen Buchstaben- und Silbenwiederholungen, Unterstreichungen, Taktangaben und Musikzeichen bewirken, dass die jeweiligen Seiten sich optisch als dekorative Schriftbilder präsentieren (vgl. Spoerri 1991, S. 240). Allgemein wird ein Rückgang der narrativen Texte sowie der gezeichneten Illustrationen sichtbar im Vergleich zu den vorhergehenden Schriften »*Von der Wiege bis zum Graab*« und »*Geographische und Allgebräische Hefte*«. So heißt es auch im »Schluss«-Text von 1922, Heft Nr. 20, S. 1:

»*Schluss. Hochwährte Läser und Läserinnen. Wegen schmertzhafter Krankheit und grässlich biterem Leiden, findet sich meine ändsunterzeichnete Wenigkeit genöhtigt, das grosse, lehrreiche, untterhaltende und, schöne, in keiner Ahrt und Weise zu untterschätzende Buch, in seinem unvollendeten Innhalt diräkt, abzuschliessen, was den umstand nicht verhählt, Letzerem noch eine Anzahl sinnreiche, schöne und ahnschauliche Bilder, beizufügen, zu deren musikahlischer Bearbeitung, ich leider die, Kraft und Ausdauer, nicht mehr besitze. Und doch, möchte ich, nachdem ich schon 22 volle Jahre lang, An diesem komplizierten Wärk gearbeitet habe und den Tritten Theil des gantzen Buches zu Stande brachte, dem Letzteren noch einen hübschen Schlussakt beibringen, an welchen sich gewiss, manches musikalische Genie, ergötzen und freuen wirt. Es folgt nun Hier, ein schöner, Elfgängiger, Schluss=Marsch=Stooss, bestehend aus ll Lieder. 1,922.*«

Im Ganzen gliedern sich die »*Hefte mit Liedern und Tänzen*« entsprechend seiner Benennungen zum jeweiligen Abschluss wie folgt:
- Miniathuren, Geographie und, All=gebrah=Heft, No. 15 von Skt. Adolf II. Bern. Ist unvollendet.
- Heft, No. 16 von Adolf Wölfli, oder, Skt. Adolf II., von, Skt. Adolf=Heim, im Ober=Emmenthal. Hat früher, Schangnau, geheißen. 1,919.
- Heft, No. 17, von, Skt. Adolf II., Allgebratohr, von, Skt. Adolf=Heim, im Ober=Emmenthal. Bern, Schweiz. 1,920. Frrrrrt.
- Heft, No. 18, oder, *Erstes Zion=Heft*, von Skt. Adolf II., Von Skt. Adolf=Heim. Im Ober=Emmenthal. Allgebratohr. Bern. Schweiz.1,921.Frrrrrt.
- Heft, No. 19, oder, *Zweites, Zion=Heft*. Von Skt. Adolf II., Allgebratohr von, Skt. Adolf=Heim. Im Ober=Emmenthal. Kt. Bern. Schweiz. Europpa. 1,921. Frrrrrt.
- Heft, No. 20.

Auffällig ist in dem Zusammenhang auch seine Herausstellung als »Allgebratohr«, da er der »Allgebrah« eine besondere Bedeutung zumaß, d.h.: »*Die Stimme Gottes ist Menschenstimme und heißt Allgebrah. Allgebrah ist Musik und Gesang. Diese Gottes=Gaben zu fördern. Zu verstärken und zu veredeln, sei stets und alle Zeit, Euer innigstes Bestreben: Dieß wallte Gott. Manuel*« (Adolf Wölfli 1908. In: Adolf-Wölfli-Stiftung 1985, S. 16). Von daher kommt den Zahlen in seinem Werk eine besondere Bedeutung zu. Zudem wird sein Gestaltungswerk unter dem Begriff eines Gesamtkunstwerks wahrgenommen (vgl. Szeeman 1983, S. 245–250).

## III. Zion und der Zion=Stärn in den Gestaltungen von Adolf Wölfli

Die Doppelkomposition »*Der Zion=Stärn in seiner natürlichen Informatiohn. Skt. Adolf=Gross=Gross=Gott=Vatter=Ei*« von 1919, Heft 19, S. 235, (Abb. 4a) mit einem 16-teiligen Zion-Stern rechts sowie einem in zwei Halbkreise geteilten Ei links ist im zweiten Zion-Heft von 1919 eingefügt (vgl. Hampe 1995; 2005; 2011).

Abb. 4a: »Der Zion=Stärn in seiner natürlichen Informatiohn. Skt. Adolf=Gross=Gross=Gott=Vatter=Ei« von 1919, Heft 19, S. 235

Es handelt sich zum einen um die Darstellung eines 16-teiligen »*Zion=Stärn[s]*« (Abb. 4b), mit der oberen Strahlenspitze auf blauem Grund und einer Kopfform mit Federkrone und Kreuz im Zentrum.

## Adolf Wölfli und die Zion-Hefte

Abb. 4b: »Der Zion=Stärn in seiner natürlichen Informatiohn« von 1919

Umschlossen ist das Zentrum von sechs ›Glöggli-Ringen‹* und außen einem ›Dampferschrauben-Band‹**. Anfangs besteht ein 8-teiliger Ring, dann ein 12-teiliger wie ein Ziffernblatt, gefolgt von einem 16-teiligen, danach von einem 39- und 49-teiligen Ring. Weiterhin folgen zwei Bänder mit 4er Einteilung von Glöggli und Dampferschrauben, d.h. mit einer Anzahl von 9 und einmal abweichend mit 8 Glöggli sowie umgekehrt im darauffolgenden Dampferschrauben-Ring in der Zahlenfolge von 8 und einmal 9, also 9:9:8:9 und 8:8:9:8. Die Betonung der Kardinalpunkte wie auch eine Zwischenteilung im Verhältnis 4:4 bestimmt die Grundstruktur des Kreises. Adolf Wölfli scheint damit einen Ursprungsbezug und eine neue Ordnung zu thematisieren, aus der er sich zu regenerieren versucht.

Zum anderen zeigt es das »*Skt. Adolf=Gross=Gross=Gott=Vatter=Ei*« (Abb. 4c) mit einer nach oben hin spitz zulaufenden Form und zentrierter Ringsymbolik in Gestalt der liegenden Acht bzw. mit einer doppelseitigen Becherform mit Köpfen, rechts und links dargestellt.

---

\* Glöggli bezieht sich auf Glöckchen.
\*\* Dampferschrauben beinhalten sich bewegende Schiffschrauben bzw. Propeller, in diesem Fall linksdrehend.

Abb. 4c: »Skt. Adolf=Gross=Gross=Gott=Vatter=Ei« von 1919

In einem Rechteck wird das Bild von einem dunklen 64-teiligen ›Glöggli‹-Rand mit zusätzlich 8 gelben ›Glöggli‹ in den Kardinal- und Eckpunkten umschlossen. In den Ecken befinden sich eingefügte ›Vögeli‹-Formen in Spektralfarben, die jeweils in 3-er Folge auf die oberen und unteren Zentrierungen ausgerichtet sind. In den Zahlen-, Formen- und Farbverhältnissen ist die Komposition durchkonstruiert mit einer Ausrichtung nach Oben.

Auf der rückwärtigen Seite des Blattes berichtet Adolf Wölfli von der »*Schlacht bei Plevna*« von 1919, Heft 19, S. 236 (Abb. 5).

Es zeigt eingefügte Postkartenbilder mit Schlachtfeldern sowie eine elegant wirkende Frau vor einer entfernten männlichen Gestalt als Gefangenem. Die Entstehung des Bildes korrespondiert mit der Zeit des Versailler Vertrages und dem Beginn des Völkerbundes (1918). Im Text geht Adolf Wölfli sowohl auf ein Kriegsgeschehen, Riesen=Städte und ein Skt. Adolf=Sieger=Denkmal als auch auf Skt. Adolfina als zukünftige Gemahlin des Skt. Adolf II. ein. In Relation

Adolf Wölfli und die Zion-Hefte

Abb. 5: »Schlacht bei Plevna« von 1919, Heft 19, S. 236

zur Vorderseite scheint er eine kosmogonische Verknüpfung mit dem historischen Geschehen vorzunehmen, indem er selbst als Held und Friedensbringer in der Versicherung Gottes auftritt.

Im Hinblick auf diese Doppelkomposition kann vergleichend Bezug genommen werden auf eine Gestaltung im esoterischen Buddhismus, wo zwischen Mandalas zweier Sphären unterschieden wird, d. h. zwischen der Welt der »*Taizô-kai*« als der Sphäre des Mutterschoßes und der Welt der »*Kongô-kai*« als der Sphäre des Donnerkeils (vgl. Kato 1992, S. 69), – jeweils mit unterschiedlicher Strukturierung als zwei Aspekte der Schöpfungsgottheit bzw. des Dainichinyorai in zentraler Position. Das Mandala der Sphäre des Mutterschoßes besteht aus verschachtelten Quadraten mit einem zentralen Quadrat als stilisierter achtblättriger Lotos und aus fünf Buddhas des esoterischen Wissens mit ihren zugehörigen Bodhisattvas. Das Mandala des Donnerkeils ist in neun Quadrate mit einem zentralen Feld aufgeteilt.

Auch in der Zeichnung »*Skt. Adolf=Heim. Riesen=Stadt auf dem Zion=Stärn*« (Abb. 6) von 1919, Heft 19, S. 451, liegt eine Ordnungsstruktur als Mandalaform vor. Er bezeichnet diese Darstellung auch als »*kleiner Skt Adolf Kuss*« im Gegensatz zum »*Der Gross=Gott=Vatter=Huht. Skt Adolf Kuss, Riesen=Fonttaine*« von 1917 (vgl. Hampe 1986; Hampe 1999, S. 205–217).

Eine abstrahierte menschliche Gestalt mit Kreuz auf dem Kopf gleitet im Zentrum der Zeichnung auf einem Regenbogenstrahl hinein, während eine Schlangenform das Zentrum umschließt und Kopfformen mit Federkronen in den Kardinalpunkten eingefügt sind. Ein 22-teiliger ›Glöggli‹-Ring, ein Federkranz in Regenbogenfarben, ein 32-teiliger ›Glöggli‹-Ring und ein gelber Ring mit Kopfformen und 8 ›Vögeli‹-Formen verbunden mit 4 rechteckigen Formelementen grenzen das Zentrum ab. Der äußere Noten-Ring mit jeweils zwei verdoppelten Kopfformen in 4-er Teilung und ein blauer Ring mit liegenden doppelseitigen Kopfformen, wovon eine Kopfform fehlt, verstärken die Ordnungsstruktur. Ein ›Dampferschrauben‹-Band, zusammengesetzt aus 4-teilgen hell-dunklen Schrauben, umschließt das Zentrum in der Anzahl von 2 × 12 Schrauben und 2 × 11 Schrauben mit eine zusätzlichen Leerform in den Kardinalpunkten. Die Eckpunkte des umfassenden Rechtecks bilden 4 Kopfformen – wieder mit Federkrone – als Himmelsausrichtungen und sind jeweils umschlossen von ›Glöggli‹-Ringen, d. h. 3 × 15 ›Glöggli‹ und 1 × 16 ›Glöggli‹ mit 3 Kopfformen, bezeichnet als »*Skt. Adolf Ring Süd=Ost=Hall:*

Abb. 6: »Skt. Adolf=Heim. Riesen=Stadt auf dem Zion=Stärn« von 1919, Heft 19, S. 451

*Riesen=Stadt. Krinolina«.* Seitlich zum Regenbogenstrahl verweist Adolf Wölfli auf »*August 1876. Skt. Adolf II.*«, also auf das Alter von 12 Jahren, das auch das Todesjahr der 2-jährigen Elisabeth in der Bauernfamilie war, wo er als Verdingbub damals untergebracht war. Darauf bezieht er sich vielfach mit seinem vermeintlichen Griff in die ›Wiiga‹ als Schuldzuweisung.

## IV. Zur Verarbeitung von Aggression in den Gestaltungen

Als Gegenpol spielt auch die Verarbeitung von Schuldbewusstsein und Zorn in seinen ästhetischen Produktionen eine Rolle, so auch im »*Gatzinn=Zohrn. Gatzinn=Hall. Gatzinn=Skt. Adolf=Wald*« von 1919, Heft 19, Seite 455 (Abb. 7), und in dem eingelegten Blatt »*Sattan=Hall auf dem Santta=Maria=Stärn*« (Abb. 8), lose gefaltet im Heft Nr. 19, ohne Seitenangabe.

Abb. 7: »Gatzinn=Zohrn. Gatzinn=Hall.
Gatzinn=Skt. Adolf=Wald« von 1919, Heft 19, S. 455

Abb. 8: eingelegtes Blatt »Sattan=Hall auf dem
Santta=Maria=Stärn« von 1919, Heft 19

Adolf Wölfli und die Zion-Hefte

Diese Zeichnung »*Sattan=Hall*« von 1919 ist geprägt von einer doppelseitigen Omega-Symbolik in Rotorange, einem Zentrum mit 4-seitigen Kopfdarstellungen mit rotem Mund und roten Augen, die nach rechts blicken – im Gegensatz zu sonstigen Kopfdarstellungen bei ihm mit Linksausrichtung. In den auslaufenden Spiralen der Omega-Symbolik sind zudem Kopfdarstellungen mit Federkrone und Kreuz als »*heilige Skt. Adolfina von Sattan=Hall*« mit Bezug auf »*Skt. Adolf=Tohn, =Lied, =Bett und =Schlacht*« eingefügt. Spiralförmige Arme, ähnlich einer Krake oder dem Oktopus, mit jeweils 17 ›Glöggli‹, davon jeweils eines markiert, bestimmen die Komposition. Über dem Zentrum befindet sich zuoberst ein ›Glöggli‹-Band in 8er-Anordnung in Rotorange, zuunterst dagegen eines in Schwarz. Nach links drehende ›Dampfschrauben‹ umgrenzen oben und unten – jeweils zu 5 angeordnet – sowie seitlich rechts und links – jeweils zu 3 angeordnet – den Bildraum. Zusammenaddiert – also 4 × 5 und 4 × 3 – ergibt es die Zahl 32, wobei die Eck- und Kardinalpunkte gesondert betont sind. Als Ganzes stellt es ein Ordnungsgefüge dar, das proportionalen Zahlenverhältnissen folgt und in der rückseitigen Texterklärung eine Angabe hat zu »*640,000, Haaver=Zohrn=faches, Gross=Gross=Keiser=Reich*«. Die Anzahl der ›Glöggli‹ in den Krakenarmen von 68, d. h. 17 × 4, und entspricht abzüglich der markierten 4 ›Glöggli‹ der Zahl 64. Der äußere ›Dampfschrauben=Ring‹ verhält sich zu dieser Zahlengröße als proportionale Teilungsmenge von 32. In der Bildgestaltung scheint Adolf Wölfli sich auf Triebaffekte zu beziehen, d. h. auf seine innere Auseinandersetzung aufgrund narzisstischer Kränkung und auf eine Wärterin in der Anstalt Waldau, und zwar im »*Porträt führ Iro allerliebste, fürstliche Hoheit, Prinzessin, Grittili Amacher, vom Wilderwyl, =Skt. Adolf=Hoof*«.

## V. Bildkompositionen bei Adolf Wölfli

In den eingefügten Bildkompositionen, insbesondere im Zweiten Zion-Heft von 1919, sind einige Formelemente wahrzunehmen, die Strukturmomente vorhergehender Zeichnungen aufgreifen. Dies betrifft zum Beispiel die Zeichnung »*Gross=Ost=Meer=Skt. Adolf= Ring=Nord=Pfanne. Ahnsicht*« (Abb. 9) von 1919, Heft 19, S. 458 mit symmetrischer Anordnung und Spiegelungsdifferenzen.

Abb. 9: »Gross=Ost=Meer=Skt. Adolf=Ring=Nord=Pfanne. Ahnsicht«
von 1919, Heft 19, S. 458

Adolf Wölfli und die Zion-Hefte

Abb. 10a: »Die Skt. Anna=Wand am Poppolos: Mit dem Bildnis der heiligen Skt. Anna, Mutter: Gross=Gross=Göttinn« von 1919, Heft 19, S. 465

Es wird eine Hausformation mit mehreren Ebenen gezeigt. Auf dem unteren Bogen sind zwei Kopfformen – weiblich und männlich – mit einer Becherform im Zentrum eingefügt, während im linken Bogen eine Gitterstruktur und im rechten Bogen eine weibliche Gestalt zu sehen sind. Rechts außen befindet sich eine männliche Gestalt in gekreuzigter Haltung, darunter eine Handform mit der Schrifteinfügung »Jäger«. Zwei Uhren mit gegensätzlichen Uhrzeiten, d. h. 5 nach 12 Uhr und 5 nach 6 Uhr, und darüber zwei Uhren mit Becherform, beide mit 5 nach 12 Uhr, sowie zuoberst eine Uhr, die ebenfalls 5 nach 12 Uhr anzeigt, sind zu erkennen. Es gibt im oberen Teil zwei Ebenen mit jeweils 5 Kopfformen. In dieser Hinsicht ist die Zeichnung durchstrukturiert und ähnelt mit der Hausform auch anderen Bildgestaltungen von Adolf Wölfli. Anscheinend wird damit ein Schulkomplex angesprochen, den er kreativ zu verkleiden versucht.

Die Zeichnung »*Die Skt. Anna=Wand am Poppolos: Mit dem Bildnis der heiligen Skt. Anna, Mutter: Gross=Gross=Göttinn*« von 1919, Heft 19, S. 465, (Abb. 10a) stellt eine Doppelkomposition mit dem Blatt von S. 466 dar.

Abb. 10b: »Die Skt. Anna=Gross=Gross=Göttinnen=Haarffe: Der Skt. Adolf=Gross=Gross=Vatter=Stifel« von 1919, Heft 19, S. 466

Diese Zeichnung wird dominiert von einem Bogen mit einem 33-teiligen ›Glöggli‹-Band sowie einem 8-teiligen ›Glöggli‹-Band seitlich mit Kopfeinschluss und der Zeitangabe 1918, also dem Jahr des vorhergehenden Heftes.

Das zweite Blatt »*Die Skt. Anna=Gross=Gross=Göttinnen=Haarffe: Der Skt. Adolf=Gross=Gross=Vatter=Stifel*« (Abb. 10b),

Adolf Wölfli und die Zion-Hefte

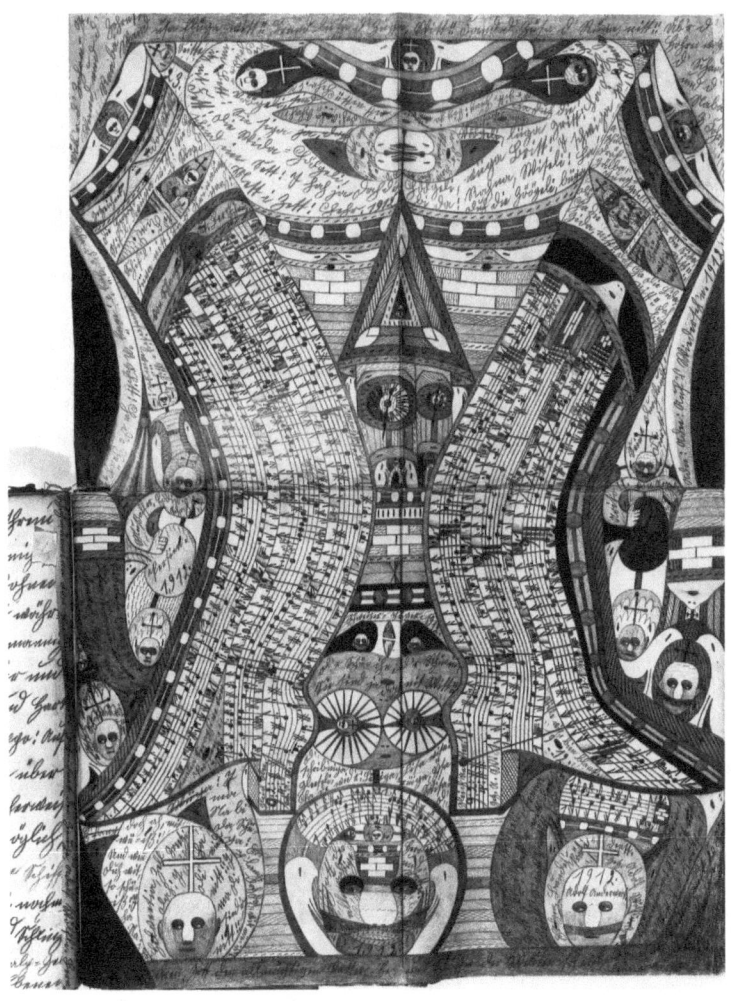

Abb. 11: »Stifle wix, bien blank«.
Aus: »Von der Wiege bis zum Graab« von 1912, S. 23

1919, Heft 19, S. 466, weist oben ein 12-teiliges ›Glöggli‹-Band auf und im Zentrum einen 16-teiligen ›Glöggli‹-Ring mit außen links einer weiblichen und rechts einer männlichen Kopfform.

Oben steht »*Wottan=Stifel*«, was auf die germanische Gottheit Wodan verweisen mag, wie auch beispielsweise in Richard Wagners Opernzyklus ›Ring der Nibelungen‹.

Bereits in der Zeichnung »*Stifle wix, bien blank*« von 1912, S. 23 (Abb. 11) aus »*Von der Wiege bis zum Graab*«, bildet ein Stiefelpaar mit Turmsymbolik als »*Käfichturm*« ein Zentrierungsmotiv. Darunter befinden sich jeweils ein weiblicher und ein männlicher Kopf sowie ein männlicher Kopf im Zentrum.

Im Text heißt es: »*Stiefel wixen: Nein das kann ich nicht. Ich suche mihr in weit'r Welt, noch viel ein schö=neres Licht*«. Oben links wird auf ein »*krankes Kind*« als »*d'Krinalina*« Bezug genommen, während oben rechts »*D'Bürgi*« in Verbindung zu »*Aschis= Dräk=gälba, Jung=gesell*« hineingeschrieben sind, bzw. »*Die Herzog=Stif'l, wiiga witt: Sie Cher d'Magd Schif'L, siiga nitt: La d'Krinalina, gah*«. Auch mit dieser Zeichnung scheint Adolf Wölfli auf biografische Lebensaspekte in der Schuld- und Sühnethematik zu verweisen bzw. eine Verarbeitung von innerer Schuldzuweisung vorzunehmen (vgl. Hampe 1990; 1992; 1994).

Auch in der Zeichnung »*Keiserl, Esskurial in Pekin: China*« von 1918, Heft 15, S. 1907 (Abb. 12, Ausschnitt) taucht das Stiefelmotiv ebenfalls auf, und zwar zusammen mit Collage-Elementen aus der *Chocolat Suchard*-Werbung.

Der Stiefel ist in Linksausrichtung dargestellt und hat eine Umgrenzung von 44 Dampferschrauben. Die obere Gestalt über einem 9-teiligen ›Glöggli‹-Band zeigt auf die Schrifteinfügung »*Die Wiggalin Karaffe D.*«, wobei es einen Einschluss der Zahl »*8*« in einem besonders strukturierten ›Glöggli‹ am Stiefel gibt. Damit scheint Adolf Wölfli wieder das Wiiga-Motiv als biografische Metapher aufzugreifen.

Allgemein ist aber anzumerken, dass bereits in den frühen Zeichnungen von ihm der gezeichnete Schuh als Stiefelmotiv bei ganzkörperlich dargestellten Personen wiedergegeben wird und einer Schuhmode entsprach.

Adolf Wölfli und die Zion-Hefte

Abb. 12: »Keiserl, Esskurial in Pekin: China« (Ausschnitt)
von 1918, Heft 15, S. 1907

## VI. Zur Zahlenmystik in den Arbeiten von Adolf Wölfli

Auffallend in den Gestaltungen von Adolf Wölfli ist die Bedeutungsgebung der Zahlen. So war es beispielsweise im 19. Jahrhundert beliebt, den Buchstabenstellungen im Alphabet Zahlen zuzuordnen. Entsprechend hat Adolf Wölfli seinen Namen wie folgt dechiffriert: Adolf Wölfli: A = 1, W = 23. In der Addition ergibt es die Zahl 24, die auch wir folgt gelesen werden kann: 3 × 8 – also 888. 1876 war für Adolf Wölfli das Jahr, in dem er als Junge von 12 Jahren nach seinen biografischen Ausführungen in die Wiege der zweijährigen Elisabeth gegriffen hat. Im Trauermarsch thematisiert er immer wieder die WIIGA, die zahlenmäßig wie folgt aufgeschlüsselt werden kann: 23–9–9–7–1. In der Auflösung des Zahlenrätsels nach Alfred Stohl (2001) wird die Zahl für den Namen von Elisabeth (5) hinzuaddiert und das Ganze durch den Namen von Wölfli geteilt, d.h. (239971 + 5) : 24 = 9999, was für Adolf Wölfli einen negativen Zah-

175

lenvierling beinhaltet. Dagegen ergibt der Zahlenwert für Elisabeth Bieri (E = 5, B = 2) und deren Mutter Rosali Bieri (R = 18, B = 2) zusammen 5 + 2 + 18 + 2 = 27. Wenn diese Summe nun als Divisor für den Zahlenwert der Wiiga herangezogen wird, ergibt sich ein positiver Zahlenvierling, d.h. (239971 + 5) : 27 = $\underline{8888}$. So heißt es auch bei Adolf Wölfli: »*Die heilige Zahl ist gleich Gattin gleich Zahl*« (Adolf Wölfli. Trauermarsch 1930, S. 7128. In: Szeemann 1976, S. 63).

Zahlen werden scheinbar bei ihm als Repräsentanten einer dynamischen kosmischen Ordnung bzw. die Zahl als Form aller kosmischen Rhythmen und Schwingungen wahrgenommen. Auch Pythagoras betrachtete Musik als Sphärenklang im Kosmos, entstehend durch die Bewegung der Planeten in der Rotation um das zentrale Feuer. Musik galt als wesentlicher Faktor, der den Charakter einer Person formt und physische sowie mentale Probleme zu heilen vermag. Die Lehre der Harmonie, das erste Naturgesetz als »Alles ist Zahl.«, stammt von Pythagoras. Bei Adolf Wölfli heißt es: »*Die Stimme Gottes ist Menschenstimme und heißt Allgebrah. Allgebrah ist Musik und Gesang. Diese Gottes=Gaben zu fördern. Zu verstärken und zu veredeln, sei stets und alle Zeit, Euer innigstes Bestreben: Dieß wallte Gott. Manuel*« (Adolf Wölfli, 1908. In: Adolf-Wölfli-Stiftung 1985, S. 16). In seinen Gestaltungen arbeitet er wiederholt mit Binärsequenzen, d.h. insbesondere mit der Zahlenfolge 1, 2, 4, 8, 32, 64 als Form der Verdoppelung, wie sie auch in der Zellteilung besteht. Die Acht bildet zudem bei ihm das Symbol seines Sterns – vielfach auch als Emblem auf der Brust – und umgibt Zentren mit dieser ›Glöggli-Anordnung‹ u.ä. (vgl. Hampe. 1992; 1994; 1996a). Zahlenverhältnisse entsprechen einer proportionalen Ordnung entsprechend der Binärsequenz (1–2–4–8) oder der Fibonacci-Sequenz (1–2–3–5-8) bzw. auch dem Goldenen Schnitt. Die Zahl 8 bestimmt z.B. die Struktur des Sauerstoffatomkerns (8 Neutronen und 8 Protonen), der von 8 Elektronen ummantelt wird. Auch ist die Zahl 8 auf das Stadium der Entstehung des Lebens mit der Zellteilung bezogen. Nach der Teilung in 8 Zellen erfolgt eine Teilung in 16, d.h. als Zahlenfolge im Binärsystem von 1, 2, 4, 8, 16 etc. Die acht Zellen sollen dabei die Ausgangszellen bilden. Weiterhin ist der 8. Ton vom Grundton in der Musik die Oktave. Aus 8 gleichseitigen Dreiecken wird der Oktaeder gebildet und stellt in der Geometrie einen der fünf platonischen Körper dar. Anzumerken ist, dass es sich nach Platon bei den platonischen Körpern um fünf Polyeder handelt, die die fünf Elemente definieren, d.h. der Tetraeder für das Feuer, der Würfel für die

Erde, der Oktaeder für die Luft, der Ikosaeder für das Wasser und der Dokaeder für den Äther.

## VII. Re- und Dekontruktion von Wirklichkeit in den Arbeiten von Adolf Wölfli

Bereits 1907 hat Marcel Rejá in seinen Ausführungen zu Gestaltungsaspekten von Schizophrenen ausgeführt, dass in dem Symbolismus und dem Ornamentalen insbesondere ›embryonale Formen der Kunst‹ (vgl. Rejá, 1997, S. 161) sichtbar werden. Tatsächlich scheinen die Bildgestaltungen von Adolf Wölfli einer anderen Wahrnehmung zu unterliegen und einem anderen Raum- und Zeitbewusstsein zu folgen. Seine imaginären Reisen in fremde Länder und sogar bis in den Kosmos mit der Gründung einer »Neuen Schöpfung« entsprechen De- und Re-Symbolisierungen bzw. können als Bewältigung und Sinngebung von Erinnerungsspuren ins Imaginäre verstanden werden (Vgl. Hampe 1990a; 1990b; 1996a; 1996b; 2009). Entsprechend erscheinen seine Bilder wie eine spirituelle Vertiefung, wie die Transzendalität eines Spiegels, der ins Unendliche reicht. Es beinhaltet eine Reise in den inneren Raum und die innere Zeit des Bewusstseins, ein Problemlösungsverhalten im Rahmen einer existentiellen Krise. Zugleich ist es die Wiederkehr des Mythischen, des Bezuges zu einem Ursprung im elementaren Sein, auch ähnlich archaischen Kunstformen, entsprechend einer pränatalen Koenästhesie (vgl. Grunberger 1982; Hampe 2005). Seine vielfältigen Gestaltungsformen verweisen auf eine ideelle Versöhnung in der Vermittlung mit dem Sakralen, auf einen symbolischen Tausch mit dem Göttlichen. Die Verarbeitung von Realitätserfahrungen in Bern, wie z. B. die des Zytglogge-Turms – ein Zeitglockenturm von 1405/06 mit astronomischer Uhr und Glockenspiel –, weiterhin die der verschiedenen Brunnenfiguren und städtischen Hausgestaltungen, erfährt eine symbolische Umdeutung. So entsprechen beispielsweise die figürlichen Darstellungen – wie doppelte Uhren, der Narr, der Bär u. a. – seinem Berner Erfahrungsraum, werden aber in seinen Zeichnungen mit einem anderen Bedeutungsgehalt belegt. Ihr Referentielles verweist auf eine innerpsychische Bedeutungsgebung als Spiegel einer inneren Weltschau. In der Verschränkung mit dem Göttlichen als Ursprungsbezug wird sein Vorname Adolf mit dem »A« als Anfangsbuchstabe zum Symbol einer Neubearbeitung und Neuwahrnehmung der Erde und des Kosmos durch ihn – ähnlich auch einer Verschmelzungsmetapher. Diese Form der Aneignung mit biografischen Verkleidungen zeigt auch eine Beziehung zu Platons Vorstellung des Kosmos als Kugelgestalt, in welcher Ordnung und Schönheit als göttliche Formung zum Ausdruck kommt. Der Schöpfungsmythos einer vollendeten Kugelform, in der auch der Mensch – gleichsam als Abbild seines Kopfes – geformt ist, erfährt im übertragenen Sinn in Adolf Wölflis Zeichnungen mittels verschiedener Kopfdarstellungen, eingefügt in mandalaförmige Grundstrukturen, eine andere Bedeutungsgebung. Auch wenn einerseits eine Gleichstellung mit dem Göttlichen bei ihm erfolgt, so ist andererseits eine Schuld- und Sühnedarstellung offensichtlich. Gedrängt von einer Erlösungsmetapher arbeitet Adolf Wölfli an seinem Gestaltungswerk, das auch eine Botschaft vermitteln soll, indem er Betrachter oder Leser direkt anspricht. Text und Bild stehen in diesem Sinne in einem Wechselbezug bzw. gehen ineinander nicht auf, sondern bewahren eine Eigenständigkeit. Im Bildnerischen zeigt sich eine Vielschichtigkeit in der strukturellen Bearbeitung, die mit wiederkehrenden Formen, Kompositionen und Farbgebungen auch ein Bildvokabular beinhaltet, das sich einer Beliebigkeit verweigert. Im Hinblick darauf sind seine Zeichnungen archaischen Formstrukturen ähnlich bzw. wiederholen sich in der Kombination von Einzelmotiven in verschiedenen Abwandlungen, in denen er den Verlust seiner Liebsten anklagt und ein imaginäres Einlösen eines göttlichen Versprechens vorausnimmt. Eine Täter- und Opferthematik, die ihre Erlösung in einer imaginären Kosmogonie findet, ergänzt diesen Zwiespalt.

*Mein Dank gilt der Adolf-Wölfli-Stiftung am Kunstmuseum Bern für die freundliche Unterstützung.*

## Literatur

Adolf Wölfli-Stiftung (Hrsg.) (1985). *Adolf Wölfli. Von der Wiege bis zum Graab. Oder, Durch arbeiten und schwitzen, leiden, und Drangsal bettend zum Fluch. Schriften 1908–1912.* Bde. 1+2, Frankfurt a. M.: Fischer.
– (1987). *Adolf Wölfli. Zeichnungen von 1904–1906.* Bern: Hatje.
– (1991). *Adolf Wölfli. Geographisches Heft Nr. 11.* Stuttgart: Hatje.
– (1998). *Adolf Wölfli. Schreiber. Dichter. Zeichner. Componist.* Basel: Wiese.

Baumann, D. (1999). Adolf Wölfli (1864–1930). In: Adolf-Wölfli-Stiftung (Hrsg.). *Albert Anker – Adolf Wölfli. Parallele Welten.* Schriftenreihe Kunstmuseum Bern No 1. Bern: Kunstmuseum Bern. 22–33.
Grunberger, B. (1982). *Vom Narzißmus zum Objekt.* Frankfurt a. M.: Suhrkamp.
Hampe, R. (1986). Ikonisch-symbolische Objektivierungsformen. In: *fragmente* 20/21, 1986, 149–170.
– (1990a). Mythenbilder – zur kosmogonischen Motivik Adolf Wölflis. In: *Musik-, Tanz- und Kunsttherapie.* 1. Jahrg. Heft 1. 42–46.
(1990b). *Bild-Vorstellungen. Eine kunst- und kulturpsychologische Untersuchung bildlicher Formgebungen,* Ammersbek b. Hamburg: Verlag an der Lottbek.
– (1992). Die Thematisierung des Weiblichen in den Bildern Adolf Wölflis. In: H. Hinterhuber, M. Heuser & O. G. Sayn-Wittgenstein (Hrsg.). *Liebe und Depression,* Innsbruck/Wien 1992, 167–174.
– (1994). Zur Schlangensymbolik in den Bildern Adolf Wölflis. In: *Kunst & Therapie.* Heft Nr. 22. Köln: Richter. 45–69.
– (1995). Zur Sonnen- und Sternsymbolik in den bildnerischen Gestaltungsformen Adolf Wölflis. In: P. Gerlitz (Hrsg.). *Jahrbuch für Symbolforschung.* Bd. 12. Frankfurt a. M.: Lang. 165–184.
– (1996a). Adolf Wölfli und die Narrengestalt. In: *Musik-, Tanz- und Kunsttherapie.* 7. Jahrg. Heft 1. 20–33.
– (1996b). Bildliche Symbolisierungsformen eines Adolf Wölfli. In: W. Zifreund (Hrsg.). *Therapien im Zusammenspiel der Künste.* Tübingen. 231–245.
– (1999). *Metamorphosen des Bildlichen.* Bremen: Univ.
– (2005). Pränatale Koenästhesie und bildliche Symbolisierungen. In: Reiter, A. (Hrsg.). *Vorgeburtliche Wurzeln der Individuation. Im Gedenken an Leben und Werk von Gustav H. Graber.* Heidelberg: Mattes. 221–234.
– (2009). Bildliche Symbolisierungsprozesse in der Dekonstruktion von Lebenserfahrung. In: G. Franzen (Hrsg.). *Kunst und Gesundheit.* Berlin: Medizinische Wissenschaftliche Verlagsgesellschaft. 93–110.
– (2011). »Träume eines Geistersehers« – oder eine andere Wahrnehmung von Realität. In: Stompe, T., Boehlke, E., Walther, A.-U. & Heuser, M. P. (Hrsg.). *Wahnwelten.* Berlin: GIB. 124–134.
Hunger, B., Kohlenbach, M., Kurzmeyer, R., Schröder, R., Stingelin, M. & Thüring, H. (Hrsg.). (1993). *Porträt eines produktiven Unfalls – Adolf Wölfli.* Frankfurt a. M.: Stroemfeld/Nexus.
Kato, Sh. (1992). *Geheimnis Japan.* Köln: Bertelsmann.
Rejá, M. (1997). *Die Kunst bei den Verrückten* (1907). Ch. Eissing-Christophersen & D. Le Parc (Hrsg.). Wien: Springer.
Spoerri, E. (1991). Die Entstehung von Adolf Wölflis erzählerischem Werk. In: Adolf Wölfli-Stiftung (Hrsg.) (1991). *Adolf Wölfli. Geographisches Heft Nr. 11.* Stuttgart: Hatje. 215–247.
Stohl, A. (2001). Der Algebrathor: Materialien zu einer Zahlensystematik im Werke Adolf Wölflis, nebst einer ersten, knappen Erläuterung des »Grossen Zinseszins« von 1912 (errechnet 1911). In: D. Baumann & B. O. Polzer

(Hrsg.). *Wespennest Sonderheft. Kopfwelten ADOLF WÖLFLI. Schreiber, Dichter, Zeichner, Componist*. Wien: W. Falmer. 89–97.

Szeemann, H. (1976). Keine Katastrophe ohne Idylle – Keine Idylle ohne Katastrophe. In: Adolf Wölfli-Stiftung (Hrsg.). *Adolf Wölfli*. Bern: Basilius Presse. 54–65.

Szeemann, H. (Hrsg.) (1983). *Der Hang zum Gesamtkunstwerk*. Frankfurt a. M.: Sauerländer.

*Regina Liedtke*

# Die Entwicklung des SELBST und sein Ausdruck in Ganzheitssymbolen

**Abstract:** Die Entwicklung des SELBST ist im Wesentlichen abhängig von dem sich früh bildenden Beziehungsraum zwischen dem Säugling und seiner/n Bezugsperson/en (Daniel Stern u. a.). Ein intermediärer Raum / Übergangsraum (D. W. Winnicott) entsteht und ermöglicht die für die Künstlerischen Therapien so wichtige Symbolisierungsfähigkeit. In der tiefenpsychologisch fundierten und transpersonalen Kunst- und Gestaltungstherapie gilt es, dafür gute Bedingungen zu schaffen und die Klient*innen auf dem Weg der Individuation in ihre Mitte zu führen. Geschieht die SELBST-Werdung, so tauchen Ganzheitssymbole – im weitesten Sinne Mandala-Gestaltungen – im therapeutischen Prozess von selbst auf (C. G. Jung). Ein Therapiebeispiel macht dies deutlich.

## Entwicklung des SELBST

Das **SELBST** bildet sich als reflexives ICH-SELBST durch Austausch- und Resonanzprozesse mit sich und anderen. Gleichzeitig ist ein allen Menschen innewohnendes Entwicklungsprinzip, ein archetypisches Wirkfeld wie C. G. Jung es nennt, an der Entwicklung des SELBST beteiligt. Es ist verbunden mit der frühen Erfahrung des Enthalten-Seins und findet seine gereifte Form in der Zentrierung und spirituellen Öffnung auf dem Weg der Individuation hin zum kosmischen Großen Ganzen.

In dem sich von Anfang an entwickelnden Geflecht von Resonanzen auf feinstofflicher und biopsychischer Ebene beginnt der Aufbau von Bindungen ebenso wie der Aufbau von physiologischen Strukturen bereits in der pränatalen Zeit und kommt nach der Geburt zu seiner weiteren Ausformung. Feinfühlige Empathie und liebevolle Hinwendung signalisieren dem Kind bestenfalls, dass es willkommen ist und bieten ihm einen positiven Entwicklungsraum. Bion spricht in diesem Zusammenhang von »Containment«, einem Akt des In-sich-Aufnehmens und Haltens im Zustand »träumerischer Gelöstheit« (Bion 1992, S. 84). Kohut prägte das Bild des Gespiegelt-Werdens über den »Glanz im Auge der Mutter« (Kohut 1966, S. 569), welches nach Winnicott als Bestätigung des authentisch Eigenen über die Entwicklung eines »wahren« oder »falschen Selbst« entscheidet. Auch er sagt »Wenn ich sehe und gesehen werde, so bin ich« (Winnicott 1973, S. 131) und misst dem damit existentiellen Wert bei. Ein detaillierter Blick auf die Stufen der frühkindlichen Entwicklung gibt uns wichtige Anhaltspunkte nicht nur für die Therapie mit Kindern, sondern auch in Hinblick auf regressive, häufig traumabedingte Zustände unserer oft frühgestörten erwachsenen Klienten.

## Die Selbstentwicklung des Kindes (nach Daniel Stern u. a.) als Matrix für die Psychodynamik im kunsttherapeutischen Prozess

- *Pränatales Selbsterleben*
  Die intrauterine Phase bildet den ersten Raum für Bindungserfahrungen durch den sensiblen Austausch biopsychischer Botschaften: Imprints als zelluläres Bewusstsein, implizites Gedächtnis auf Basis früher hirnorganischer Reifungsprozesse, Anlage der emotionalen Grundgestimmtheit des Selbst (vgl. Evertz et al. 2014).
- *Auftauchendes Selbstempfinden: in den ersten zwei Lebensmonaten*
  Amodale, d.h. ganzheitliche, sowie kreuzmodale Wahrnehmungsfähigkeit; Vitalitätsaffekte.
- *Empfinden eines Kern-Selbst: zwischen dem 2. und 7. Lebensmonat*
  Selbsturheberschaft, Selbstkohärenz, Selbstaffektivität, Selbstkontinuität; Speicherung von Eindrucksqualitäten aus der erfahrenen Realität auf episodischem Niveau, generalisierte Interaktionsrepräsentationen (RIGs); erstes soziales Lächeln.
- *Subjektives Selbst: zwischen dem 7. und 9. Lebensmonat*
  Beziehung zu anderen über Aktivierung der Spiegelneuronen, Erkennen von Wörtern als vertrauten Lautfolgen; sog. »Frem-

deln«, d.h. Unterscheiden von vertrauten und fremden Personen.
- *Verbales Selbst / Vorläuferformen relationalen Denkens: ab dem 15.-18. Lebensmonat*
Die Fähigkeit zur Objektkonstanz und emotionalen Besetzung eines Übergangsobjekts, sowie die Kapazität, »Handlungen im Geiste ablaufen zu lassen, ohne sie in die Tat umzusetzen« (Alemzadeh 2008. In: Fernandes 2013), welche die Entstehung weiterer Kompetenzen impliziert: Beginn der Selbstkonzept-Entwicklung, verbunden mit der Entwicklung des Hippocampus und des präfrontalen Kortex; »[d]ie Fähigkeit, das Selbst zum Objekt der Reflexion zu machen, die Fähigkeit, symbolisch zu handeln (etwa im Spiel) und der Spracherwerb« (Stern 2007. In: Fernandes 2013).
- *Autonomie-Entwicklung: ab Ende des 2. und Beginn des 3. Lebensjahres*
Verselbständigungsprozesse: Das Kind benennt sich selbst als »ICH« und grenzt sich als eigene Persönlichkeit mit einem heftigen »Nein!« ab (Trotzverhalten).

Von besonderer Relevanz für die **bildnerischen Therapieformen** ist, dass die ersten zwei bis drei Lebensjahre des Kindes geprägt sind von der Wahrnehmung, Erinnerung und Gedankenwelt in Bildern. Die Entwicklung des Hippocampus und der rechten Hirnhemisphäre ist bestimmend für bildhaftes und ganzheitliches Erleben. Erst danach entwickeln sich das linkshemisphärische, sprachlich-analytische Denken und die Fähigkeit zur Abstraktion.

In der **Zeichenentwicklung des Kindes** kommt dem frühen Schmieren ein wesentlicher Stellenwert zu, »weil es an der Schnittstelle von haptischer Materialerkundung, manuell erzeugter Spur und visuellem Eindruck dieser selbst hervorgebrachten Spur angesiedelt ist« (Stritzker et al. 2008, S. 9). Weiter heißt es in *Frühes Schmieren und erste Kritzel – Anfänge der Kinderzeichnung*: »Das Schmieren entwickelt sich exakt zu jener Zeit, in der das Kind beginnt, ein flexibles inneres Repräsentationssystem zu entwickeln und symbolisches Denken zu üben. Damit werden die Bilder und das Denken kommunikabel, womit auch die Sprachentwicklung einhergeht. Gleichzeitig beginnt die Selbstwahrnehmung, das Selbstbild und die Identität konturieren sich, wozu immer wieder erneut die Selbstvergewisserung gehört« (Stritzker et al. 2008, S. 14f).

Dem Schmieren folgt, teils parallel dazu, das Kritzeln, das zuerst ähnlich zufällig geschieht und mit staunender Neugier entdeckt, schließlich mit der Entwicklung kortikaler Kontrollmöglichkeit gerichteter ausfällt und als kinästhetische Zeichnung zunehmend bewusst wiederholt wird. Der »Konzeptkritzel«, das erste graphische Symbol, wird gewöhnlich im Alter von drei bis vier Jahren gezeichnet: So werden beispielsweise Kreise bewusst als Einzelform geschlossen und mit einem Punkt als Zentrum markiert. Sie können als Ganzheitssymbol im Sinne einer ersten **Manifestation des SELBST** verstanden werden. Das SELBST ist Zentrum und Ganzheit des Menschen und offenbart sich als Energie und als Gestalt im Ganzheitssymbol (vgl. Neumann 1992).

Bei **Traumatisierungen** sind diese Entwicklungsprozesse gestört. Frühkindliche Bindungserfahrungen, die Sicherheit und Harmonisierung von Spannungen gewährleisten, hat es dann nicht in ausreichendem Maße gegeben. Die integrierende Funktion des Hippocampus als Teil des Limbischen Systems im Mittelhirn versagt, wodurch der amygdalagesteuerte Überlebensmodus (die Amygdala – das Angstzentrum – ist bereits nach dem ersten Schwangerschaftsdrittel funktionsfähig) mit seinem Flucht- oder Kampfreflex die Führung übernimmt. Dies kann sich in Fragmentierungen zeigen und zum Kippen in impulshafte, regressive Verhaltensweisen führen, wie wir sie beispielsweise von Borderline-Patienten kennen. Sind Flucht oder Kampf nicht möglich, kommt es aufgrund großer Ohnmacht und blockierter Energien zur Erstarrung. Traumata in den ersten zwei bis drei Lebensjahren werden zur biologischen und psychischen Struktur (vgl. Evertz et al. 2014). Bei Frühstörungen vorliegende »Strukturdefizite spiegeln sich in Symbolisierungsdefiziten wider« (Hochauf 2014, S. 39; vgl. Dieter 2000).

## Symbolisierung als Akt der SELBST-Werdung

»Die Fähigkeit zur Symbolisierung bindet Erfahrungen in einem Bedeutungsgehalt« (Hochauf 2014, S. 41). Sie ermöglicht ›das Erleben innerer Ganzheit‹ und dessen Ausdruck.

Symbole für das SELBST sind Ganzheitssymbole, die im kunstpsychotherapeutischen Prozess von selbst auftauchen und sich in der Gestaltung beispielsweise als Kreis, Kugel, Schale, Pokal (Heiliger

Gral) oder Mandalabild zeigen können. Sie stellen die Wiederkehr zur anfänglichen Einheit in gereifter Form dar, nachdem Spaltungen und Fragmentierungen aufgehoben und Konflikte durchgearbeitet worden sind. Dieter drückt das sehr treffend folgendermaßen aus: »Das Symbol verbindet, was getrennt war und hilft uns, Brücken zu schlagen, neue Verbindungen herzustellen, und unter anderem ermöglicht es uns auch eine Wiedergutmachung« (Dieter 1996; 1997. In: Dieter, J. 2000, S. 9). C. G. Jung weist auf die darin wirkende Eigendynamik der Seele hin: »Es handelt sich hierbei offensichtlich um einen *Selbstheilungsversuch der Natur*, der nicht etwa einer bewussten Überlegung, sondern einem instinktiven Impuls entspringt« (Jung 1995, S. 412). Auch Eschenbach betont: »Das Symbol entsteht im dynamischen Energiefeld der unbewussten Psyche, ist dadurch selber ein dynamisches Gebilde« (Eschenbach 1978, S. 28).

Voraussetzung dafür ist das Zustandekommen eines heilsamen Feldes in der therapeutischen Beziehung oder – wie Winnicott es nennt – eines ›intermediären Raums‹. Dieser gemeinsame Beziehungsraum, der ›Übergangsraum‹ von ICH und DU, von Innen und Außen sowie von Realität und Phantasie ist der Ort des Geschehens, wo nie dagewesene Geborgenheit erfahrbar wird und Kreativität entstehen kann (vgl. Winnicott 1973).

Genau hier setzt die **Kunst- und Gestaltungstherapie** an. Der kreative Prozess des Gestaltens findet in therapeutischer, d.h. sowohl haltgebender als auch raumgewährender Begleitung als dialektische Zwiesprache mit sich und dem Bild statt. Im Sinne eines Primärprozesses wird anfänglich etwas Inneres veräußert, dann wiederholt als Gegenüber angeschaut und mit einer Reaktion beantwortet, was schließlich zum ausgestalteten Werk führt. An diesem Prozess des Ausbalancierens von Externalisierung und Internalisierung sind durch den vertieften, vorbewussten Bewusstseinszustand sowohl das – persönliche und kollektive – Unbewusste als auch u.U. kontrollierende Über-Ich-Anteile, auf jeden Fall aber handelnde und integrierende Ich-Funktionen beteiligt. Dieser transformatorische Vorgang der Symbolisierung wird im Nachgespräch mit der Therapeutin vervollständigt und somit einem umfassenderen Sinnverständnis des ICH-SELBST zugeführt.

Regina Liedtke

## Ein Therapiebeispiel

Es betrifft ein 10-jähriges Mädchen, das ich zweieinhalb Jahre in Therapie hatte. Der Beziehungsaufbau mit der Mutter und dem Kind gestaltete sich ausgesprochen schwierig, obwohl es bereits ein umfangreiches Hilfenetz gab und es zu meinen Aufgaben zählte, neben den Therapiestunden mit dem Kind und der Elternberatung auch aufsuchende Arbeit und die Zusammenarbeit mit dem Umfeld in meine Therapie einzubeziehen.

Aus der Anamnese ist zu entnehmen, dass wir es mit einer frühkindlichen Traumatisierung zu tun haben. Die Mutter führte ein unstetes Leben und bemerkte die Schwangerschaft erst spät. Im Alter von knapp drei Jahren kam es aufgrund von Vernachlässigung zu einer dramatischen Herausnahme des Kindes aus dem vertrauten Umfeld mit Fremdunterbringung und Kontaktsperre zur Mutter. Bereits einige Zeit davor sei diese – wie sie selbst berichtete – ›emotional abwesend‹ gewesen. Erst mehr als drei Jahre nach der Trennung wurde ihr wieder Besuchskontakt gewährt und ein Dreivierteljahr später konnte das Mädchen – nun fast 7-jährig – zur Mutter dauerhaft zurückkehren. Doch obwohl die Mutter sehr darum gekämpft hatte, musste sie feststellen, dass sie »das Gefühl für sie [ihre Tochter] verloren hatte«.

Welche Botschaften hatte das Mädchen also für sein Selbsterleben erhalten? Anstatt freudig erwartet und willkommen geheißen zu werden, erhielt die Kleine die intrauterine Botschaft »für mich existierst Du gar nicht«. Nach einer halbwegs intakten Familienphase erlebte sie den abrupten und totalen Verlust ihrer wichtigsten Bindungsperson – Bowlby prägte den Begriff »Separationstrauma« (Bowlby 1976. In: Fischer & Riedesser 2009, S. 286) dafür –, den wir uns gar nicht traumatisch genug vorstellen können und den sie in ihrer Not damit beantwortete, »alles aus dem Fenster zu werfen«.

Nach der Rückkehr war die Mutter-Tochter-Beziehung erwartungsgemäß schwierig und hochambivalent. Das Verhalten des Kindes der Mutter gegenüber war geprägt durch Anhänglichkeit und Anpassung (›falsches Selbst‹) – aggressive bzw. autoaggressive Anteile zeigten sich als Somatisierungen in Form einer Neurodermitis und ersten Ansätzen einer bulimischen Essstörung. Es bestand ein unsicher-ambivalentes Bindungsmuster mit Spaltungstendenzen in Gut und Böse.

Aus Kita und Schule wurden berichtet: Konzentrationsstörungen, ›black outs‹, verliert sich, emotionale Labilität, zeitliche und örtliche Orientierungsschwierigkeiten, Konflikte mit anderen Kindern, geringes Selbstwertgefühl, geringe Frustrationstoleranz, leicht kränkbar, fühlt sich schnell abgelehnt, insbesondere bei Anforderungen und Grenzsetzungen.

In der Therapie kam es anfänglich zu heftigem Widerstand, Fluchtverhalten, negativen Übertragungen mit Abwertungen und mit Projektionen eigener abgespaltener Gefühle wie Wut, Ärger, Rache und Traurigkeit. Das Mädchen musste von der Schule bzw. von der Kita abgeholt werden, um überhaupt in der Therapie anzukommen. Per Re-Inszenierung ihres Traumas – »Übertragungen, die zu Traumata gehören, sind szenische Abbildungen« (Hochauf 2014, S. 80) – ließ sie mich die erlebte Ohnmacht und Zerrissenheit spüren und mühsam um den Aufbau unserer Beziehung ringen. Daneben wurden inselhaft kleine Situationen eines vertrauensvollen Kontakts möglich. Frühe Bedürfnisse wie essen, schaukeln und gespiegelt werden führten sie in eine positive Regression mit neuem Entwicklungspotential. Die existentielle Frage »wer bin ich?« beschäftigte sie immer wieder. Durch Gesichtsbemalungen vor dem Spiegel setzte sie sich mit verschiedenen seelischen Aspekten wie »kleiner Löwe«, ›schönes Mädchen‹ oder »Vampir« auseinander. In szenischen Spielen zeigte sich, dass sich der »kleine Löwe« »eingesperrt, dressiert und bevormundet« fühlte. Der Wunschtraum nach »süßer Honigmilch« war kontrastiert mit der Befürchtung, sie könne vergiftet sein (tatsächlich war diese ihr wegen der Neurodermitis strikt verboten).

Nach einem halben Jahr war eine so weit tragfähige Beziehung aufgebaut, dass das Mädchen die Therapiepraxis nun selbständig aufsuchen konnte. Den Therapieprozess bestimmten zunehmend die nun bewusstere, teils auch aggressive Auseinandersetzung mit mir einerseits und die Suche nach Nähe, Schutz und Geborgenheit andererseits. Entsprechende kreative Gestaltungen entstanden in der Zeit, wie z. B. ein selbst gebautes Schwert, Zweikämpfe als Zeichendialog oder ein kleiner Bär, der ein mit weicher Watte ausgepolstertes Zuhause bekam. Parallel wurden auch immer die in Schule, Kita und der Mutter-Tochter-Beziehung virulenten Alltagsprobleme bearbeitet, wie »engste Freundin – nicht mehr meine Freundin« oder »gut genug sein, um dazuzugehören«.

Eines Tages, nach einer eineinhalb Jahre andauernden therapeutischen Arbeit, entwickelte sich aus einem intensiven Malprozess folgendes Bild.

Regina Liedtke

## Das Ganzheitssymbol als Ausdruck des Zu-sich-selbst-Kommens

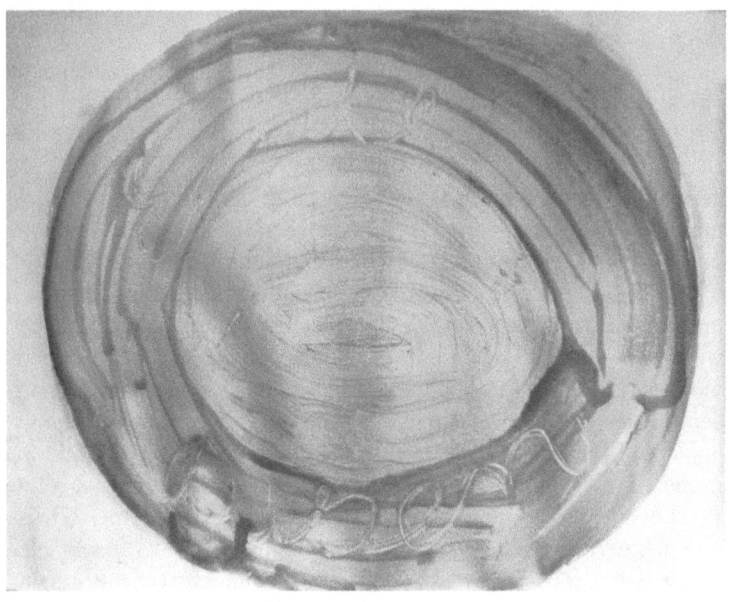

Abb. 1: Erde innen – Erde außen (Foto: Regina Liedtke)

»Das Bild entstand in meditativer Atmosphäre und tiefer Versunkenheit mit den Farben Gold und Silber durch ruhige, umkreisende Bewegungen mit dem Pinsel – ganz nach dem von Heinz Deuser geprägten Satz: ›Bewegung wird Gestalt‹. In die Mitte schrieb sie ›Erde innen‹, in den Außenkreis ›Erde außen‹. Dazu sagte sie am Ende: ›Es ist nicht nur meine Erde, es ist die Erde von allen – aber es ist *auch* meine Erde!‹« (Liedtke 2012, S. 50).

Hier vollzog sich also im halbbewussten Trancezustand erweiterten Bewusstseins die seelische Vereinigung der Gegensätze, wodurch der oben beschriebene und in der therapeutischen Beziehung erfahrene gemeinsame Übergangs- bzw. Lebens-Raum repräsentiert wurde. Das Mädchen, das sich aufgrund seiner traumatischen Verlusterfahrung immer verlassen und ausgeschlossen fühlte, erlebt sich nun als zugehörig. Das einst schwer erschütterte Selbst- und Weltverständnis wird nun als beseelt und tragend erfahren.

»Ein zweites Ganzheitssymbol gestaltete sie nach einer weiteren halbjährigen Therapiephase, der Auseinandersetzung mit den eigenen Persönlichkeitsanteilen: ein Yin-Yang-Zeichen als Symbol einer Integration der Polaritäten und damit der Aufhebung der Spaltung. Sie nannte es ihr ›Glückszeichen‹« (Liedtke 2012, S. 50).

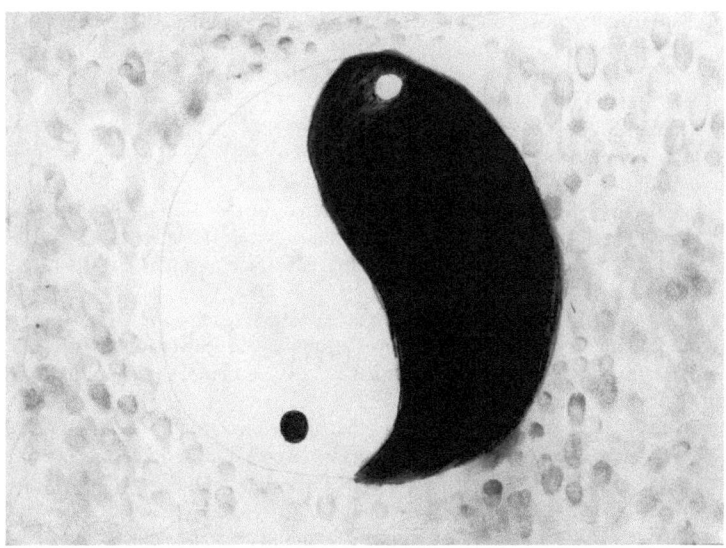

Abb. 2: Yin-Yang (Foto: Regina Liedtke)

Diese Zeichnung bildet – anders als das gemalte Bild – ein nun mental reflektiertes und bereits im Außen kennengelerntes Symbol ab, mit dem sich die mittlerweile vorpubertäre 12-Jährige im Sinne einer Schattenintegration bewusst identifiziert.

Damit sind wesentliche Prozesse der Zentrierung und Harmonisierung in der SELBST-Werdung vollzogen und eine gute Basis für die nachfolgenden Entwicklungsschritte gelegt.

## Literatur

Bion, W. R. (1992). *Lernen durch Erfahrung*. Frankfurt am Main: Suhrkamp
Dieter, J. (2000). Symbolbildung und ihre Bedeutung für die Psychotherapie. In: *Imagination*, Heft 2000, 1. Wien: Facultas Universitätsverlag. 5–28.

Eschenbach, U. (Hrsg.) (1978). *Das Symbol im therapeutischen Prozess bei Kindern und Jugendlichen*. Stuttgart: Adolf Bonz.
Evertz, K., Janus, L. & Linder, R. (Hrsg.) (2014). *Lehrbuch der Pränatalen Psychologie*. Heidelberg: Mattes.
Fernandes, F. (2013). *Die Entwicklung des Selbstempfindens nach Daniel N. Stern*. KiTa Fachtexte: Alice Salomon Hochschule Berlin, Fröbel Kompetenz für Kinder, Weiterbildungsinitiative Frühpädagogische Fachkräfte, online unter: https://www.kita-fachtexte.de/texte-finden/detail/data/die-entwicklung-des-selbstempfindens-nach-daniel-n-stern/ (abgerufen am 12.04.2019).
Fischer, G. & Riedesser, P. (2009). *Lehrbuch der Psychotraumatologie*. München/Basel: Ernst Reinhardt.
Hochauf, R. (2014). *Frühes Trauma und Strukturdefizit. Ein psychoanalytisch-imaginativ orientierter Ansatz zur Bearbeitung früher und komplexer Traumatisierungen*. Kröning: Asanger.
Jung, C. G. (1995). Mandalas. In: Gesammelte Werke Carl G. Jung; Band 9,1. *Die Archetypen und das kollektive Unbewußte*. Düsseldorf: Walter.
Kohut, H. (1966). Formen und Umformungen des Narzissmus. In: *Psyche* 20(8) Stuttgart: Klett Cotta. 561–587
Liedtke, R. (2012). Ganzheitssymbolik im kunsttherapeutischen Gestalten und ihre spirituelle Dimension. Eine Annäherung an ein schwer fassbares Phänomen. In: *Kunst & Therapie*, Heft 2012, 1 Kunsttherapie und Spiritualität. Köln: Claus Richter. 46–53.
Müller, V. (2000). Präverbale Welten – Säuglingsforschung und ihr Beitrag zu Theorie und Praxis der Kunsttherapie. In: Hampe, R., Ritschl, D. & Waser, G. (Hrsg.) *Kunst, Gestaltung und Therapie mit Kindern und Jugendlichen*. Bremen: Universität. 106–122.
Neumann, E. (1992). Die Psyche und die Wandlung der Wirklichkeitsebenen. In: *Die Psyche als Ort der Gestaltung – Drei Eranos-Vorträge*. Frankfurt am Main: Fischer.
Stern, D. N. (1991). *Tagebuch eines Babys. Was ein Kind sieht, spürt, fühlt und denkt*. München: Piper.
Stritzker, U., Peez, G. & Kirchner, C. (2008). *Frühes Schmieren und erste Kritzel – Anfänge der Kinderzeichnung*. Norderstedt: Books on Demand.
Winnicott, D. W. (1973). *Vom Spiel zur Kreativität*. Stuttgart: Klett-Cotta.

*Kerstin Schoch*

# Psyche, Kreativität und Bildlicher Ausdruck: Ein quantitatives Ratinginstrument zur Formalen Bildanalyse *(RizbA)*

**Abstract:** Eine grundlegende Annahme der Kunsttherapie ist, dass das Gestaltete etwas mit der*dem Gestaltenden zu tun hat. Sie umfasst verschiedenste psychologische Konstrukte und innere Repräsentanzen, darunter Persönlichkeit, Kreativität sowie klinische Diagnosen. Quantitativ empirisch untersucht wurde diese Hypothese bislang kaum, da quantitative Methoden in der kunsttherapeutischen Forschung eine vergleichsweise junge Geschichte haben. So existieren bislang nur wenige methodische Standards, Paradigmen und genuin kunsttherapeutische Messinstrumente. Dies betrifft insbesondere kunsttherapeutische Grundlagenforschung, die traditionell eher qualitativ ausgerichtet ist.

Das *Ratinginstrument für zweidimensionale bildnerische Arbeiten (RizbA)* leistet an dieser Stelle einen entscheidenden Beitrag. Der Fragebogen erfasst Inhalte einer Formalen Bildanalyse wie Darstellung, Farbe, Form, Raum, Bewegung, Komposition und Ausdruck. Er verfolgt eine objektive Analyse *Bildlichen Ausdrucks*, ohne Bildmaterial zu deuten oder zu bewerten. *RizbA* ist ein genuin kunsttherapeutisches Messinstrument, das Gütekriterien wie Objektivität, Validität und Reliabilität erfüllt und als Universaltool eine Vielzahl von Anwendungsmöglichkeiten in Forschung und Praxis bietet.

## Kreativität

Aktuelle Perspektiven auf Kreativität distanzieren sich von der Idee eines individuellen Genies. Nichtsdestotrotz ist Kreativität ein relevanter Faktor in Bezug auf bildnerisches Schaffen. In diesem Artikel soll sich der Begriff der Kreativität auf eine zeitgenössische Vorstellung von Kreativität beziehen – auf eine demokratische Sichtweise, in der jeder Mensch in der Lage ist, kreativ zu werden (vgl. Kampylis &

Valtanen 2010). Andere existierende Kreativitätskonzepte (vgl. Glăveanu 2013; Rhodes 1961; Said-Metwaly, Van den Noortgate & Kyndt 2017) werden an dieser Stelle außen vor gelassen, da sie für den hier behandelten Kontext nur bedingt von Relevanz sind.

Kreativität steht auch in einem engen Zusammenhang mit der Persönlichkeitsdimension *Offenheit für neue Erfahrungen* (vgl. Lee & Ashton 2009; McCrae & Costa 2004). Kreative Menschen haben eine höhere Flexibilität und können zwischen ihren eigenen Persönlichkeitszügen wechseln. Sehr wahrscheinlich ist Komplexität sogar ein Charakterzug kreativer Persönlichkeiten (vgl. Haller & Courvoisier 2010). Diese Variabilität findet sich auch in den Paradoxa der Kreativität wieder. Unter diesen postuliert eines, dass Kreativität eine Kombination verschiedener Persönlichkeitscharakteristika ist, die logischerweise nicht unbedingt zusammengehören; beispielsweise divergentes und konvergentes Denken (vgl. Cropley 1997). Des Weiteren finden sich verschiedene Studien, in denen Korrelationen zwischen Persönlichkeit und Kunstpräferenz, z. B. auch hier in Bezug auf *Offenheit für neue Erfahrungen*, gefunden wurden (vgl. Gridley 2006; 2013).

### Bildlicher Ausdruck

Wenn wir bildnerisches Schaffen betrachten, so ist es ebenfalls wahrscheinlich, dass sich spezifische psychologische Konstrukte der Kreativität, wie kreativer Ausdruck oder kreatives Urteilen (vgl. Amendt-Lyon 2001) sowie damit korrelierende Persönlichkeitsdimensionen wie *Offenheit für neue Erfahrungen* auch im bildnerischen Produkt wiederfinden lassen.

Zwischen Psyche, Kreativität und bildnerischen Arbeiten besteht also – zumindest auf theoretischer Ebene – ein dichtes Netzwerk an Verknüpfungen. So heterogen kunsttherapeutische Positionen sich auch gestalten, so gilt vermutlich doch für alle die grundlegende Annahme, dass sich im Gestalteten innere Repräsentanzen der\*des Gestaltenden widerspiegeln. Dies betrifft verschiedene psychologische Konstrukte, darunter z. B. Persönlichkeit, Kreativität und klinische Diagnosen.

## Psychodynamik kreativen Gestaltens messen

Quantitativ untersucht wurde dieses theoretische Geflecht sowie die Annahme einer Psychodynamik kreativen Gestaltens bislang nur wenig. Hauptgrund hierfür ist wohl ein Mangel an geeigneten Messinstrumenten. Was die Messung von Kreativität anbelangt, gibt es zwar Instrumente, die sich hieran versuchen. Eine valide Erfassung von Kreativität ist jedoch nach wie vor eine ebenso kontroverse wie ungeklärte Frage (vgl. Said-Metwaly et al. 2017). Ähnlich sieht es mit der Erfassung *Bildlichen Ausdrucks* aus, in dem sich Kreativität theoretischen Annahmen zufolge widerspiegeln sollte. Es gibt zwar einige Instrumente, die kunsttherapeutische Prozesse und Produkte erfassen (vgl. Schoch 2018; Schoch, Gruber & Ostermann 2017), jedoch keines zur Formalen Bildanalyse, das statistische Gütekriterien erfüllen würde. Diese Arbeit setzt an dieser methodischen Lücke an und stellt ein entsprechendes Instrument zur Analyse *Bildlichen Ausdrucks* vor.

## Das Ratinginstrument für zweidimensionale bildnerische Arbeiten *(RizbA)*

*RizbA* beschreibt das Konstrukt *Bildlicher Ausdruck* mit Inhalten einer Formalen Bildanalyse, wie Darstellung, Farbe, Form, Raum, Bewegung, Komposition und Ausdruck, die sich zum Gesamtkonstrukt zusammensetzen. Das Antwortformat besteht aus einer bipolaren, sechsstufigen Likertskala, eine diskret gestufte Ratingskala, die das Ausmaß der Zustimmung mit verbal verankerten Antwortkategorien erfasst (siehe Tabelle 1).

| | | | | | |
|---|---|---|---|---|---|
| *trifft überhaupt nicht zu* | *trifft nicht zu* | *trifft eher nicht zu* | *trifft eher zu* | *trifft zu* | *trifft vollkommen zu* |
| | | | | × | |

Tab. 1: *RizbA:* Antwortformat

Die aktuelle Version besteht aus 26 Items (siehe Tabelle 2). Sie verfügt über eine mittlere bis hohe Diskriminanzfähigkeit zwischen bildnerischen Arbeiten, eine mittlere bis sehr hohe Inter-Rater*innen-Reliabilität sowie über eine sehr hohe Test-Retest-Reliabilität. Die durchgeführten Hauptkomponentenanalysen deuten auf eine sinnvoll interpretierbare Faktorenlösung hin, die über die beiden Messzeitpunkte hinweg weitestgehend stabil bleibt (vgl. Schoch et al. 2017).

| Nr. | Itembeschreibung |
|---|---|
| 1 | Das Bild enthält zeichnerische Elemente |
| 2 | Das Bild enthält malerische Elemente |
| 3 | Die Darstellungsweise ist gegenständlich |
| 4 | Die Darstellungsweise ist abstrakt |
| 5 | Der Farbauftrag ist pastos |
| 6 | Die vorherrschende Farbgebung ist leuchtend |
| 7 | Im Bild befinden sich vorwiegend reine Farben |
| 8 | Im Bild befinden sich vorwiegend Mischfarben (Sekundärfarben) |
| 9 | Im Bild sind folgende Farbkontraste vorhanden: Komplementärkontrast |
| 10 | Im Bild enthaltene Formen sind vorwiegend organisch |
| 11 | Im Bild enthaltene Formen sind vorwiegend geometrisch |
| 12 | Die Linienführung verläuft vorwiegend gebogen |
| 13 | Die Linienführung verläuft vorwiegend eckig |
| 14 | Das Bild enthält unbearbeitete Flächen |
| 15 | Das Bild wirkt tief |
| 16 | Das Bild ist perspektivisch |
| 17 | Das Bild ist frei von Perspektive (aperspektivisch) |
| 18 | Das Bild ist unruhig |
| 19 | Das Bild ist wild |
| 20 | Die Gesamtkomposition ist senkrecht angelegt |
| 21 | Die Gesamtkomposition ist waagrecht angelegt |
| 22 | Die Gesamtkomposition ist diagonal angelegt |
| 23 | Die Gesamtkomposition ist flächendeckend ohne Hauptmotiv (All-Over-Structure) |
| 24 | Das Bild wirkt diffus |
| 25 | Das Bild wirkt präzise, exakt |
| 26 | Das Bild wirkt harmonisch |

Tab. 2: *RizbA:* Vorläufige Endversion mit 26 Items

## RizbA in Forschung und Praxis

Perspektivisch ermöglicht *RizbA* die Berechnung von Korrelationen mit verschiedenen anderen Konstrukten. Bislang nicht oder ausschließlich qualitativ untersuchte Zusammenhänge und Hypothesen können damit in Zukunft auch quantifiziert und weitergehend überprüft werden.

Das Instrument erhebt keinen Anspruch darauf, den gesamten kunsttherapeutischen Kontext mit all seinen Inhalten und Ebenen – man denke hier an die kunsttherapeutische Triade von Klient*in, Therapeut*in und Werk – abzubilden. Es umfasst ausschließlich den Teilaspekt *Bildlichen Ausdrucks*. In vielen Fällen bietet es sich an, Bildmaterial nicht ausschließlich quantitativ zu analysieren, sondern die Auswertung mit qualitativen Bildanalyseverfahren zu ergänzen. So kann ein komplexes Datenmuster entstehen, dass der Vielschichtigkeit bildlicher und psychodynamischer Prozesse überhaupt gerecht werden kann. Beispielsweise könnte zusätzlich mit der*dem Gestaltenden ein Bildgespräch im Sinne einer phänomenologischen Bildanalyse durchgeführt werden, das weitere Aspekte wie z.B. Spontaneindruck umfasst. Dies könnte eine aufschlussreiche Ergänzung der quantitativ erhobenen Daten darstellen.

*RizbA* erfüllt den in der Kunsttherapie vorhandenen Bedarf an einem genuin dem Fach entsprungenen Messinstrument, das Bilder objektiv beschreibt und dabei Gütekriterien empirischer Forschung – wie Objektivität, Validität und Reliabilität – erfüllt. Es eignet sich zum Einsatz in der kunsttherapeutischen Praxis zwecks Dokumentation und Analyse bildnerischer Prozesse. Zugleich bietet es kunsttherapeutischer Forschung eine Vielzahl von Anwendungsmöglichkeiten in Bezug auf Bildanalysen und die Berechnung von Korrelationen mit anderen psychologischen Konstrukten – beispielsweise, wenn es darum geht, Psychodynamik kreativen Gestaltens zu untersuchen und nachzuweisen.

Der Fragebogen, dazugehörige Materialien sowie Publikationen sind im Sinne von Open Science frei verfügbar unter www.kunsthochzwei.com/openscience.

## Literatur

Amendt-Lyon, N. (2001). Art and creativity in Gestalt therapy. In: *Gestalt Review*, 5(4). 225–248.

Cropley, A. (1997). Creativity: A bundle of paradoxes. In: *Gifted and Talented International*, 12(1). 8–14.

Glăveanu, V. P. (2013). Rewriting the language of creativity: The five A's framework. In: *Review of General Psychology*, 17(1). 69.

Gridley, M. C. (2006). Concrete and abstract thinking styles and art preferences in a sample of serious art collectors. In: *Psychological reports*, 98(3). 853–857.

Gridley, M. C. (2013). Preference for abstract art according to thinking styles and personality. In: *North American Journal of Psychology*, 15(3). 463–481.

Haller, C. S. & Courvoisier, D. S. (2010). Personality and thinking style in different creative domains. In: *Psychology of Aesthetics, Creativity, and the Arts*, 4 (3). 149. doi:10.1037/a0017084

Kampylis, P. G. & Valtanen, J. (2010). Redefining creativity: Analyzing definitions, collocations, and consequences. In: *The Journal of Creative Behavior*, 44 (3). 191–214.

Lee, K. & Ashton, M. C. (2009). *The HEXACO Personality Inventory – Revised: A measure of the six major dimensions of personality*. Online: http://hexaco.org. (abger. 30.05.2019).

McCrae, R. R. & Costa, P. T. (2004). A contemplated revision of the NEO Five-Factor Inventory. In: *Personality and individual differences*, 36(3). 587–596. doi:10.1016/S0191-8869(03)00118-1.

Rhodes, M. (1961). An analysis of creativity. In: *The Phi Delta Kappan*, 42(7). 305–310.

Said-Metwaly, S., Van den Noortgate, W. & Kyndt, E. (2017). Approaches to Measuring Creativity: A Systematic Literature Review. In: *Creativity: Theories – Research – Applications*, 4(2). 238–275. doi:10.1515/ctra-2017-0013

Schoch, K., Gruber, H. & Ostermann, T. (2017). Measuring art: Methodical development of a quantitative rating instrument measuring pictorial expression (RizbA). In: *The Arts in Psychotherapy*. 55, 73–79. doi:10.1016/j.aip.2017.04.014.

Schoch, K. (2018). Jenseits von gut und schön: Entwicklung eines quantitativen Ratinginstruments für zweidimensionale bildnerische Arbeiten (RizbA). In: *Musik-, Tanz- und Kunsttherapie: Zeitschrift für Künstlerische Therapien im Bildungs-, Sozial- und Gesundheitswesen*, 28(2). 131–138.

IV. Psychodynamische Prozesse kreativen Gestaltens in der Flüchtlingsarbeit

*Alexandra Daszkowski*

# Transgenerationale Traumatisierung und traumazentrierte Kunsttherapie

**Abstract:** Bei diesem Beitrag geht es um eine Annäherung an das Phänomen Transgenerationale Traumatisierung aus einer kunsttherapeutischen Perspektive. Zunächst wird die subjektive Bedeutung der oft nicht greifbaren generationsübergreifenden »Traumabelastung« heraus- und traumatischen Erlebnissen gegenübergestellt. Nach Aufzeigen protektiver Faktoren werden zentrale Symptome von Traumafolgestörungen beschrieben und relevante Aspekte der stationären Traumatherapie dargelegt. Wirkweisen von traumazentrierter Kunsttherapie werden erläutert und auf Transgenerationale Traumatisierung erweitert. Der Beitrag soll so für das schwer fassbare Thema, welches sich gerade auch in kunsttherapeutischen Prozessen nonverbal zeigen kann, sensibilisieren, ohne dabei seine Relevanz für den klinischen Kontext generalisieren zu wollen.

## Heute und damals, hier und dort

Der Ansatz dieses Beitrages ist nicht eigentlich ein klinischer. Und doch ist er es. Das gesellschaftlich relevante Thema Transgenerationale Traumatisierung betrifft sowohl Patienten als auch ihre Therapeuten. Die Kinder und Enkel traumatisierter Menschen befinden sich in unseren Praxen und Kliniken auf beiden Seiten. So ist dieser Beitrag an mancher Stelle eine Melange aus nicht-klinischen und klinischen Phänomenen, die auch in der stationär durchgeführten Kunsttherapie aufeinandertreffen können.

Vor dem Hintergrund kollektiv erfahrener traumatischer Erlebnisse während der »jüngeren deutschen Geschichte« – den Verbrechen im Nationalsozialismus und dem Zweiten Weltkrieg – schafft derzeit in Deutschland die Generation der Nachgeborenen auf gesellschaftlicher Ebene ein zunehmendes Bewusstsein für das Thema Transgenerationale Traumatisierung. Ich möchte als klinische Kunsttherapeutin die Frage aufwerfen, inwiefern diese Thematik auch in therapeutischen Prozessen auf angemessene Resonanz stößt. Als Beispiel möge mir eine hier zur Wiedergabe zur Verfügung gestellte Situation dienen, die noch nicht allzu lange her ist: Ein heutiger Kunsttherapeut musste in seiner Zeit als Klient bei dem Versuch, seiner Therapeutin traumatische Szenen aus dem Zweiten Weltkrieg anzuvertrauen, die seine Familie betrafen, eine überraschende Reaktion erleben. Auf die Schilderung der Szenen, von denen er annahm, dass sie bis dato in verstörender Weise in seiner Gefühlswelt abgebildet seien, entgegnete diese kurz und bündig: »Unser aller Familien sind von dieser Zeit betroffen. Daher brauchen wir über diese gar nicht zu reden. Was ist heute für Sie *persönlich* wichtig?« Der Klient verstummte daraufhin irritiert. Der von seiner Therapeutin implizierte – und auch in der Traumatherapie so oft angeführte – Orientierungssatz »hier und heute ist nicht dort und damals« führte in diesem Fall zur Verstärkung einer emotionalen Desorientierung, die weitgehend »unbeantwortet« blieb.

In dieser kleinen, aber – wie ich finde – bemerkenswerten therapeutischen Szene wurden zwei Botschaften unausgesprochen transportiert. Erstens: Belastende Familiengeschichten, so unterschiedlich diese auch sein mögen, können generalisiert werden und sind damit im Spezifischen irrelevant. Zweitens: Das, was »damals und dort« geschah, spielt in der gegenwärtigen Situation des Therapieprozesses keine Rolle und kann somit im heutigen Erleben und in der aktuellen Begegnung keine Resonanz erfahren. Das generationsübergreifende Phänomen der Transgenerationalen Traumatisierung bleibt im toten Winkel der Selbstreflexion und die mit ihr einhergehende Verstörung tabu. Doch wie die Puppe in der Puppe in der Puppe können die Erfahrungen und Gefühle der von kollektiven oder individuellen Traumata unmittelbar Betroffenen als atmosphärische und emotionale Bezugsgrößen in den Nachkommen weiterwirken, welche heute die (Kunst-)Therapeuten aufsuchen. Unter Umständen leiden diese Patienten sogar an belastenden Symptomen einer Traumafolgestörung, ohne selbst ein Trauma erfahren zu haben.

## Belastung oder Trauma?

Aus anthropologischer Sicht ist die Menschheitsgeschichte auch eine Belastungsgeschichte. Wir sind die Spezies der verletzlichen, nackten und sich ängstigenden »Primaten«. Aber wir haben durch Hand, Herz und Hirn auch die Kompetenz erlangt, Strategien zu entwickeln, um mit Ängsten, Gefahren und Belastungen umzugehen und diese zu transformieren. Modern ausgedrückt: Belastende Life-Events im Leben eines Menschen sind normal, und uns Menschen steht kulturell, gesellschaftlich und individuell ein beachtliches Spektrum an Fähig- und Fertigkeiten zur Verfügung, ihnen zu begegnen. Den konkret Betroffenen jedoch betrifft existenziell die Frage: Kann ich mit meiner akuten Belastungssituation umgehen und sie in meine Erfahrungswelt integrieren? Habe ich die hierfür nötige Resilienz und die angemessene Unterstützung? Oder wäre in dieser extremen Situation eine traumatherapeutische Behandlung hilfreich für mich?

Die katastrophalen Traumatisierungen während des Nationalsozialismus, des Holocaust und des Zweiten Weltkriegs waren, sind und bleiben beispiellos, und sie müssen für viele der direkt Betroffenen unintegrierbar bleiben. Zu einer Traumatherapie hatten und bekamen die meisten von ihnen aus verschiedenen Gründen keinen Zugang. Unsere heutigen Patienten sind ihre Kinder und Kindeskinder. Einige von ihnen erhoffen sich von ihrer Therapie einen Umgang mit eigenen psychischen Traumata, die eng mit denen der Eltern- und Großelterngenerationen verwoben sein können. Eine transgenerationale Weitergabe bezieht sich jedoch nicht allein auf die während des NS-Regimes verursachten Schädigungen. In familiären Strukturen können unverarbeitete psychische Traumata unterschiedlichen Ursprungs weitergereicht und wie eine schmerzende, nach außen verheimlichte Familientradition ausagiert werden, so dass sie die Beziehungserfahrungen von Kindern leidvoll prägen.

## Erfahrene Brüche, gefühlte Kohärenz

Unter Heranziehung des Trauma-Begriffes der WHO kann ein psychisches Trauma als Verletzung der Seele durch ein belastendes Ereignis oder eine Situation außergewöhnlicher Bedrohung bzw. katastrophalen Ausmaßes verstanden werden, welche bei nahezu jedem

Menschen eine tiefgreifende Verzweiflung hervorrufen würden. Für den betroffenen Menschen bedeutet dies das Erleben von Kontrollverlust, maximaler Hilflosigkeit und existenzieller Bedrohung in einem Zustand des Ausgeliefert-Seins, in dem er weder zu kämpfen noch zu fliehen in der Lage ist, sondern vielmehr in seinem Erleben erstarrt. Zu diesen Situationen zählen Erfahrungen von Krieg, Flucht, Gefangenschaft, Folter, Vergewaltigung, sexuellem Missbrauch oder körperliche Gewalt, aber auch eine als hochbedrohlich erlebte starke emotionale Vernachlässigung während der Kindheit. So schwer solch eine erlittene Extremsituation auch wiegt, sie muss nicht für jeden Menschen die gleichen emotionalen Folgen haben. Eine relevante Rolle bei der Verarbeitung eines extremen Belastungsereignisses kommt auch der subjektiven Bewertung sowie dem eigenen psychischen Vermögen zu, es zu bewältigen.

Welche psychischen Komponenten tragen zur Bewältigung einer extrem belastenden Situation bei? Aaron Antonovsky (1979), der als Begründer der Salutogenese gilt, postulierte, nachdem er Überlebende des Holocaust zu Spätfolgen befragt hatte, drei Perspektiven des Kohärenzgefühls (Sense of Coherence / SOC), welches dazu beitrage, dass nach einer traumatischen Erschütterung die Psyche wieder in Balance geraten und das Erfahrene langfristig in das Selbsterleben integriert werden könne. Diese Sicht geht davon aus, dass ein Stressor nicht prinzipiell zu einer Störung führt, sondern erst der individuelle Umgang mit der potentiell krankmachenden Situation. Menschen mit einem ausgeprägten Kohärenzgefühl reagieren widerstandsfähiger als Menschen mit einem schwachen, da sie über mehr eigene Widerstandsressourcen verfügen. Das individuelle Kohärenzgefühl beeinflusst wiederum die persönliche Lebenserfahrung, was zu einer Wechselwirkung führt. Es wirkt somit als flexibles Steuerungsprinzip, welches den Einsatz verschiedener Verarbeitungsmuster und Coping-Strategien in Abhängigkeit von äußeren Anforderungen dirigiert (Messenholl-Strehler 2012). Die drei Komponenten des SOC sind:

1. *Verstehbarkeit (sense of comprehensibility): kognitiver Aspekt*
   Das Gefühl der Verstehbarkeit bezieht sich auf das Vermögen eines Menschen, seine Lebenswelt als ausreichend geordnet und strukturiert wahrzunehmen, statt sie als chaotisch, willkürlich, zufällig oder unerklärlich zu erleben. Situationen, Stimuli, Ereignisse und Reaktionen – ob intern oder extern – können als

hinreichend konsistentes und verständliches Geschehen wahrgenommen werden.
2. *Handhabbarkeit (sense of manageability): emotionaler Aspekt*
Diese Komponente beschreibt die zuversichtliche Überzeugung eines Menschen, dass Schwierigkeiten im Prinzip zu bewältigen seien. Handhabbarkeit impliziert das Vertrauen, genügend Ressourcen zur Verfügung zu haben, um mit einer Situation umgehen zu können. Das setzt voraus, dass man sich selbst als jemanden erlebt, der gestaltend sein Umfeld beeinflussen, Probleme lösen und Herausforderungen generell meistern kann.
3. *Sinnhaftigkeit (sense of meaningfulness): mentaler Aspekt*
Diese Komponente beschreibt das Ausmaß, in dem ein Mensch sein Leben als emotional sinnvoll empfindet. Sie beinhaltet, dass man Anforderungen und Probleme als wert genug erachtet, um seine Energie in sie zu investieren und sie nicht nur als Belastung anzusehen. Sinnhaftigkeit impliziert die Überzeugung, dass es auch in Krisenzeiten etwas gibt, für das es sich zu leben lohnt (vgl. Messenholl-Strehler 2012).

## Traumafolgestörungen

Nicht jeder Mensch, der ein traumatisches Ereignis erlitten hat, entwickelt eine gravierende Traumasymptomatik. Doch wenn er mangels innerer und/oder äußerer protektiver Faktoren auf Dauer kein psychisches Gleichgewicht wiedererlangt, kann der traumatische Stress zu einer Folgestörung führen. Die Posttraumatische Belastungsstörung (PTBS) ist im ICD-10 den Reaktionen auf schwere Belastungen und den Anpassungsstörungen zugeordnet. Sie impliziert Zustände von emotionalem Leid, welche soziale Funktionen und Leistungen deutlich einschränken. Insbesondere langanhaltende und wiederkehrende traumatisierende Beziehungserfahrungen können zu einer komplexen Posttraumatischen Belastungsstörung führen. Diese schwere Form beinhaltet eine andauernde Persönlichkeitsänderung, welche das Selbstverständnis und die Beziehungsfähigkeit eines Menschen stark beeinträchtigt.

Kunzke und Güls (2003) zitieren die derzeitige Expertenmeinung, nach der die Posttraumatische Belastungsstörung als somatopsychische Störung aufgefasst werden kann, bei der unter dem Einfluss von extremem Stress Erinnerungen als fragmentierte Gedächtnisspuren unverarbeitet abgespeichert werden, so dass sie triggerbar bleiben. Als Basissymptome gelten das Auftreten von Intrusionen – d. h. ein erneutes Durchleben der traumatischen Situationen in Flashbacks oder Albträumen – sowie die Vermeidung von potentiell auslösenden Situationen, einhergehend mit Dissoziationen, Erstarren oder Gleichgültigkeit. Ein weiteres Basissymptom ist das durch ein durchgehend niederschwelliges Erregungsniveau zu erklärende Hyperarousal, mit dem eine chronisch gesteigerte Schreckhaftigkeit einhergeht (vgl. Kunzke und Güls 2003, S. 52). Schwer für die Betroffenen auszuhalten ist, dass die traumatische Erfahrung nicht in die normale Erinnerung integriert wird, sondern emotional in der Jetztzeit aufgerufen und mit belastenden Affekten wie starker unerklärlicher Angst, Scham, Anspannung oder Wut wiedererlebt wird. Physiologisch zu erklären ist dies mit einer gesteigerten Stressreaktionsbereitschaft, welche von der Hypothalamus-Hypophysen-Nebennierenrinden-Achse in Reaktion auf eine bedrohliche Situation reguliert wird. Bei Überaktivität steigen Cortisol- und Adrenalinausschüttung an, um für Kampf- und Fluchtreaktion bereitzustehen. Bei Dauerstress, den schwer traumatisierte Menschen chronisch erleben, kann diese nicht herab reguliert werden, so dass die Betroffenen einer unkontrollierbaren Affektkaskade ausgesetzt sind.

## Traumatherapeutische Aspekte

Um den herausfordernden Symptomen in angemessener Weise therapeutisch begegnen zu können, berücksichtigt die professionelle Traumatherapie spezielle Behandlungskriterien, die wiederum spezifische, auf die Patientengruppe abgestimmte Therapietechniken beinhalten. Die Therapieziele ergeben sich aus den Symptomen und dem Leid der Betroffenen. Ein wesentliches Ziel ist die Verbesserung der Alltagsfunktionalität. Um diese zu erreichen, ist die therapeutische Stabilisierung traumabezogener Ich-Zustände zentral. Parallel dazu kann die Bearbeitung des Traumas im Rahmen einer angemessenen Konfrontation erfolgen. Die eigene Fähigkeit zu entwickeln und zu stärken, Angst und andere belastende Affekte zu regulieren, ist ein weiterer wichtiger Therapieschritt. Weitere Therapiethemen sind die Verbesserung der Beziehungsfähigkeit, die Überwindung der Opferrolle sowie die Entwicklung von konstruktiven Zukunftsperspektiven (vgl. z. B. Flatten et al. 2011; Sachsse 2011).

In der stationären Traumabehandlung von Patienten mit komplexen Traumafolgestörungen hat sich somit ein Phasenmodell bewährt, bei dem sich Stabilisierung mit Konfrontation abwechseln. In der Stabilisierungsphase geht es vor allem um den Aufbau von Vertrauen in die therapeutische Beziehung, um Ressourcenaktivierung, um Skillerwerb und um Psychoedukation. In der Konfrontationsphase erfolgt eine behutsame Auseinandersetzung mit den traumatischen Ereignissen. In der abschließenden Phase der Neuorientierung stehen Akzeptanz des Geschehens und seine Integration in die persönliche Biografie im Vordergrund.

## Kunsttherapie in der Traumabehandlung

Kunsttherapie kann im Rahmen der Traumabehandlung ein wichtiger Baustein im Integrationsprozess sein (vgl. Daszkowski 2011; Lücke 2005). Wichtig scheint mir dabei zu sein, den schlimmen Erinnerungsbildern auch heilsame Bildszenen entgegenzusetzen. Der kunsttherapeutische Prozess ermöglicht darüber hinaus neue Erfahrungen – wie Brüche auszuhalten, Ambivalenz und Ambiguität zuzulassen, Chaos zu kreieren, in diesem Chaos wieder Strukturen zu entdecken und diese weiter zu verfolgen, um Neues zu entwickeln. Dabei steht in der klinischen Arbeit mit schwer beziehungstraumatisierten Menschen meiner Erfahrung nach aufgrund der unmittelbar triggerbaren Not die Affektregulierung essentiell im Vordergrund. Einige Betroffene haben z. B. Angst vor leeren Blättern und offenen (Atelier-) Räumen, vor bestimmten Materialien oder von ihnen ausgehenden Geräuschen, ja, sogar vor offenen Prozessen. Hier stehen Entwicklungsoffenheit versus Halt gebende Struktur in einem Spannungsverhältnis.

Innerhalb der stationären Traumatherapie hat es sich daher bewährt, kunsttherapeutisch mit »konkreten« Bildmotiven zu experimentieren, da diese bei Intrusionen, Flashbacks und Albträumen als besonders hilfreich erlebt werden und nachhaltiger selbstwirksam bleiben als die Erfahrung im gestalterischen Prozess selbst, da dieser unter Umständen nicht in der Erinnerung haften bleibt. Beziehungstraumatisierte Menschen sind in der Regel auf eine Kunsttherapeutin als aktiv auf sie bezogenes, mitunter auch vorsichtig mitsteuerndes Gegenüber angewiesen, um im Gestaltungsprozess nicht im Gefühl der Ohnmacht einerseits oder in der gefühlten Entgrenzung andererseits verloren zu gehen. Eine Stärke der traumazentrierten Kunsttherapie ist, so könnte man es zusammenfassen, dass in ihrem Verlauf Inneres externalisiert wird, so dass dieses dosiert beschaut, eingeordnet, bearbeitet und verändert werden kann (vgl. Daszkowski 2011). Das bislang Unaussprechliche, jedoch jetzt Dargestellte, kann in der kunsttherapeutischen Bildbesprechung benannt werden, so dass eine weitere Auseinandersetzung peu à peu möglich wird. Für einen traumatisierten Menschen kann solch eine angemessene und sichtbare Dosierung eine immens entlastende Erfahrung sein, welche – ganz im Sinne des SOC – Handlungsfähigkeit, Verstehbarkeit und Sinnhaftigkeit initiiert.

## Transgenerationale Traumatisierung

Bei Menschen, die ein Trauma erfahren haben, erwarten wir Symptome einer Traumafolgestörung, denen wir therapeutisch mit traumaspezifischen Behandlungskonzepten begegnen können. Was aber, wenn ein Mensch eine therapeutische Behandlung aufsucht, da er unter Anzeichen einer Traumafolgestörung leidet, ohne dass er selber ein Trauma erfahren hat? Symptome wie diffuse Angst, Schuld, Scham, Schreckhaftigkeit oder chronische Anspannung treten bei etlichen psychischen Störungsbildern auf. Es kann sich im Einzelfall als therapeutische Detektivarbeit erweisen, bis man erkennt, dass es sich bei der »Störung« nicht in erster Linie um eine klar beschreibbare psychiatrische Diagnose handelt, sondern um den Ausdruck des Phänomens Transgenerationale Traumatisierung. Diese ist, stark verkürzt definiert, die Übertragung eines Traumas, das eine bestimmte Person erfahren hat, auf deren Kinder und die nachfolgenden Generationen (vgl. Wissenschaftliche Dienste des Deutschen Bundestages 2017, S. 4).

So wird vielleicht erst im Laufe der Therapie deutlich, dass hin und wieder »etwas« atmosphärisch auftaucht, was den Patienten irritiert, da er dazu zwar Gefühle, aber keine Geschichte oder Erinnerung besitzt. Der Kontext für die ihm unheimliche Stimmung bleibt seltsam unbezogen, wird aber unter Umständen mit Nebenschauplätzen erklärt. Der tatsächliche Ereignisort des Unheimlichen ist womöglich das Zusammenleben mit traumatisierten Eltern oder Großeltern, die ihre belastenden Erlebnisse unbewusst reinszeniert haben. Kinder können die unausgesprochenen, aber in den Affekten oder im Verhalten der Erwachsenen atmosphärisch oder real ausagierten Themen emotional quasi wie Schwämme aufnehmen. Die Übertragung kann somit direkt oder indirekt sowie mit unterschiedlichen Auswirkungen und Reaktionen der Betroffenen erfolgen (vgl. Wissenschaftliche Dienste des Deutschen Bundestages 2017, S. 4; Moré 2013). Dieser mehrdimensionale Vorgang erlaubt verschiedene Perspektiven:

Die psychoanalytische Perspektive bezieht sich auf die – von Sigmund Freud so bezeichnete – »Gefühlserbschaft«, bei der emotional unverarbeitete Themen auf das Kind projiziert werden (vgl. Moré 2013). Selbst wenn Eltern ihrem Kind die Traumabelastung bewusst ersparen wollen, wird diese von ihm emotional aufgenommen. Darüber hinaus können Bindungsdefizite seitens der traumatisierten Eltern dazu führen, dass sie für das Kind emotional abwesend bleiben und ihm weder Geborgenheit noch Halt vermitteln können. Ein sozialisationstheoretischer Ansatz impliziert, dass die Traumabelastung der Eltern zu einem defizitären und unangemessenen Erziehungsstil führen könne. Aus systemischer Perspektive indes steht das in problematischer Weise geschlossene Familienmuster im Vordergrund, welches relativierende Beziehungen nach außen vermissen lasse. Innerhalb einer parentifizierten Rollendiffusion nähmen Kinder unter den isolierten Umständen oft für die Eltern die Elternrolle ein, womit sie chronisch überfordert seien. Das im Diskurs über Transgenerationale Traumatisierung zunehmend herangezogene biologische Transmissionsmodell stützt sich auf Erkenntnisse der Epigenetik. Diese beziehen sich auf Prozesse, welche Erbinformation nicht verändern, sondern besser oder schlechter verfügbar machen. Generationsübergreifende physiologische Effekte auf das Stresshormonsystem können, so der heutige Wissensstand, zur Folge haben, dass die betreffenden Kinder z. B. ein erhöhtes Risiko für Stresserkrankungen, Depression und PTBS aufweisen (vgl. Yehuda et al. 2016).

Alexandra Daszkowski

## Heute ist auch damals

Den verschiedenen Perspektiven auf das Thema Transgenerationale Traumatisierung möchte ich eine kreative Perspektive anschließen, welche eine gestaltende Transformation im kunsttherapeutischen Setting eröffnet. Meine Erfahrung als Kunsttherapeutin ist, dass sich im Bild Vergangenes und Gegenwärtiges verschränken können. Illustrieren möchte ich dies mit der von mir für diesen Artikel verfremdeten Nachstellung eines exemplarischen Prozesses, in dessen Verlauf eine Patientin die Transgenerationale Traumatisierung in ihrer Familie dargestellt und dessen Elemente sie im Laufe der kunsttherapeutischen Reflexion neu angeordnet hat. Die Patientin hat nach und nach eine prozesshafte Bilderreihe gemalt und im Raum positioniert, deren Inhalte und Motive von mir für diesen Artikel zur Veranschaulichung in verdichteter Weise in 3D nachgestellt wurden (vgl. Abb. 1 bis 6). Der für die Patientin persönlich bedeutsame Erkenntnisgewinn fand parallel zu ihrem Malprozess statt und wurde von ihr in der anschließenden Bildbesprechung verbalisiert:

In einem versteckten Raum sitzt ein Kind, das sich dorthin vor einem Raubtier geflohen hat (Abb. 1).

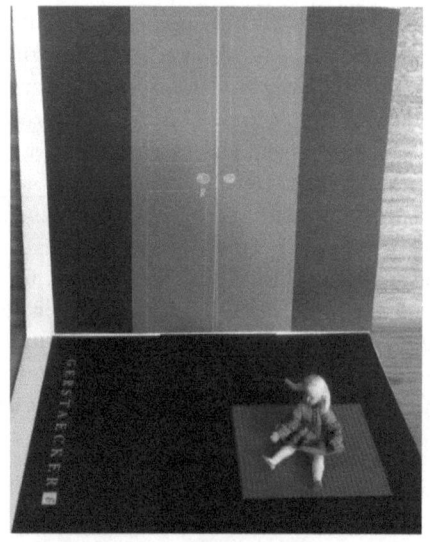

Abb. 1

Das Raubtier ist ein Elternteil und verfolgt in bedrohlicher Weise das Kind (Abb. 2).

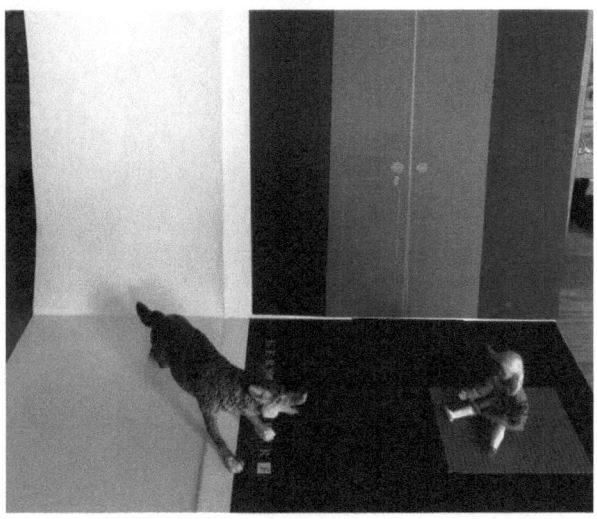

Abb. 2

Auf einem nächsten Bild erscheint ein noch gefährlicherer Aggressor (Abb. 3).

Abb. 3

Dieser schaut von oben auf die Szene (Abb. 4).

Abb. 4

Wer wird von ihm verfolgt und bedroht? Es ist das kleinere Raubtier, nicht das Kind (Abb. 5).

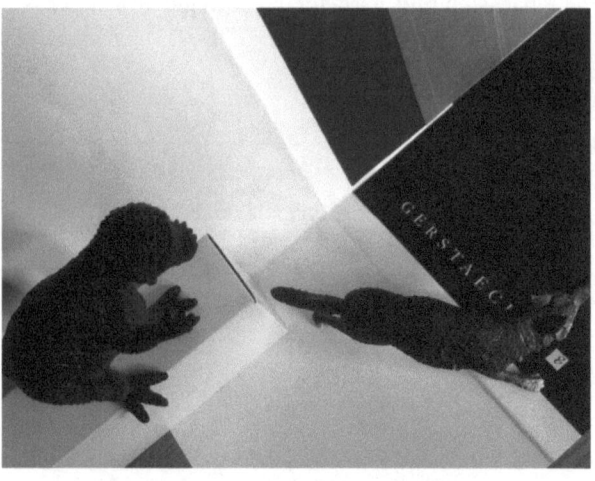

Abb. 5

Der ursprüngliche Aggressor ist ein längst verstorbener Großelternteil. Nach diesem Prozess der Differenzierung und Distanzierung kann eine gute und heilsame Kraft als Abstandshalter zwischen Kind und Elternteil hinzugefügt werden (Abb. 6). Im Anschluss kann das Kind den Kellerraum verlassen (ohne Abb.).

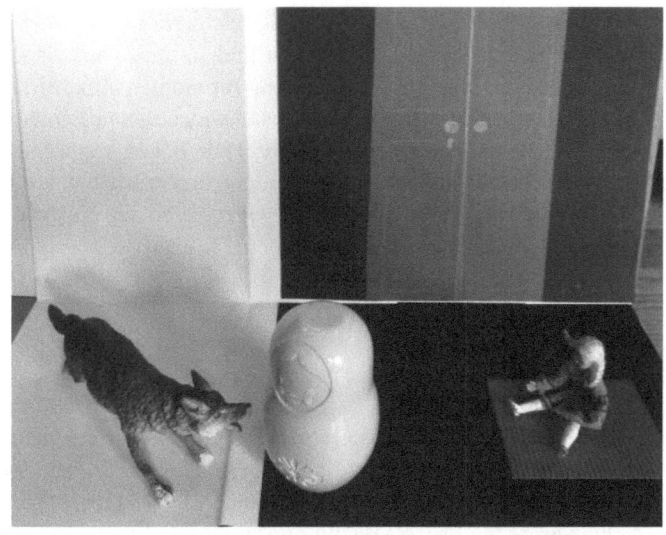

Abb. 6

In einer kunsttherapeutischen Differenzierung wie dieser wird unterscheidbar, was »zu einem gehört« und was nicht. Im genannten Beispiel ging es für die betroffene Patientin nicht nur darum, auf gestalterischer Ebene beide Aggressoren zu bezwingen, sondern ebenfalls um die sichtbare und verbale Auflösung eines Tabus innerhalb der Familiengeschichte, um so die generationsübergreifende Kette des Schweigens zu unterbrechen.

### Perspektive der Kunsttherapie

In einem kunsttherapeutischen Prozess wie dem exemplarisch angeführten ist die Selbstwirksamkeit auf gestalterischer Handlungsebene eine wichtige Erfahrung. So kann zum Beispiel die traumatische

(Vor-)Belastung mittels Reframing von Bildszenen aktiv verändert werden. Das Verwahren des Unheimlichen auf dem Papier kann als Containing und zur emotionalen Distanzierung dienen. Einen Schutz gegen die Vergangenheit zu visualisieren, diesen probehandelnd zu gestalten und ihn dabei zu verinnerlichen, kann zur wichtigen Ressource bei diffus gefühlter Bedrohung werden. Ein weiterer persönlich wichtiger Schritt kann es sein, für das generationsübergreifende Thema einen »plausibleren« Ausblick zu finden, um so auf visueller Ebene die familiäre Narration mit einem autonomen Zukunftsentwurf zu verändern. Die auf diese Art entstehenden dynamischen Bilderreihen, welche die generationsübergreifende Belastungsszene berücksichtigen, ohne sie jedoch in den Vordergrund zu stellen, können dabei helfen, das mit ihr einhergehende Unbehagen zu transformieren und zu integrieren (vgl. Daszkowski 2017).

## Integration versus Trennung

Doch bei dem Thema Transgenerationale Traumatisierung geht es nicht allein um Integration emotionaler Zustände oder Inhalte, sondern auch um deren Zurückweisung. In der Resonanzsphäre des kunsttherapeutischen Prozesses sind Zuordnung und Trennung möglich. Von welchen Themen gilt es sich abzugrenzen, da sie den Eltern, den Großeltern, den Vorfahren zugehörig sind? Anders als in manchen zentralen Prozessen der Traumatherapie geht es somit nicht vorrangig darum, die überflutenden Gefühle von der belastenden Erinnerungsszene zu trennen, damit sich diese in den chronologischen Reigen anderer Erinnerungen einreihen kann. Für eine von Transgenerationaler Traumatisierung betroffenen Person ist es bedeutsam, die eigene Geschichte von der Geschichte anderer und die eigenen Gefühle von den Gefühlen anderer zu trennen. Mit Unterstützung des kunsttherapeutischen Prozesses kann erst sicht- und dann verstehbar werden, dass das belastende emotionale Erleben in wesentlichen Teilen an einen »delegiert« wurde (comprehensibility). Es geht auch zentral um die unmittelbare Erfahrung, mittels der eigenen Gestaltung etwas zur Hand zu haben, womit sich diese Delegation autonom und kreativ transformieren lässt (manageability). Und nicht zuletzt ist für einen Betroffenen bedeutsam, eine visuell sinnhafte und verbal besprechbare Narration zu entwickeln, um diese in einen kohärenteren und zukunftsweisenden Kontext zu stellen (meaningfulness), mit dem Ziel, sich schließlich bewusst und aktiv von der generationsübergreifenden Übertragung abzugrenzen. Hier und heute. Von dort und damals.

## Literatur

Antonovsky, A. (1979): *Health, stress, and coping. New perspectives on mental and physical well-being, The Jossey-Bass Social and Behavioral Science Series.* San Francisco/USA: Jossey-Bass Inc.
Daszkowski, A. (2011). Kunsttherapie. In: Dulz, B.; Herpertz, S; Kernberg, O. F. & Sachsse, U. (Hrsg.). *Handbuch der Borderline-Störungen.* 2. Aufl. Stuttgart: Schattauer. 813–824.
Daszkowski, A. (2017). Ich sehe was, das Du nicht siehst. Kunsttherapie in der multiprofessionellen Borderline-Behandlung. In: *MTK, Zeitschrift für Musik-, Tanz- und Kunsttherapie.* 1/27, 5–17.
Dilling, H., Mombour, W. & Schmidt, M. H. (2015). *Internationale Klassifikation psychischer Störungen. ICD-10.* Göttingen: Hogrefe.
Flatten, G, Gast, U, Hoffmann, A, Knaevelsrud, Ch., Lampe, A, Liebermann, P, Maercker, A, Reddemann, L. & Wöller, W. (2011). *S3-Leitlinie Posttraumatische Belastungsstörung. ICD-10: F43.1.* Trauma und Gewalt, 5/3, 202–210.
Kunzke, D. & Güls, F. (2003). Diagnostik einfacher und komplexer posttraumatischer Störungen im Erwachsenenalter. Eine Übersicht für die klinische Praxis. In: *Psychotherapeut* 48, 50–70.
Lücke, S. (2005). Tiefenpsychologisch fundierte Kunsttherapie in der Behandlung traumabedingter Störungen. In: Spreti, F. v., Martius, P. & Förstl, H. (Hrsg.). *Kunsttherapie bei psychischen Störungen.* Jena: Urban & Fischer. 140–151.
Messenholl-Strehler, E. (2012). Antonovskys Salutogenese als dynamisches Modell. In: *EHK Zeitschrift für Erfahrensheilkunde,* 61/6. 321–326.
Moré, A (2013). Die unbewusste Weitergabe von Traumata und Schuldverstrickungen an nachfolgende Generationen. In: *Journal für Psychologie.* 21/2, S. 1–29, online-Zugriff (abgerufen am 20.4.2019): https://www.journal-fuer-psychologie.de/index.php/jfp/article/view/268/310
Sachsse, U. (2011). Traumazentrierte Pychotherapie der komplexen Posttraumatischen Belastungsstörung respektive Borderline-Persönlichkeitsstörung mit ausgeprägter, komorbider Posttraumatischen Belastungsstörung. In: Dulz, B., Herpertz, S, Kernberg, O. F. & Sachsse, U. (Hrsg.). *Handbuch der Borderline-Störungen.* 2. Aufl. Stuttgart: Schattauer. 713–725.
Wissenschaftliche Dienste der Deutschen Bundestages (2017). *Sachstand Transgenerationale Traumatisierung.* WD1- 3000 – 040/16, Fachbereich: Geschichte, Zeitgeschichte und Politik, online-Zugriff (abgerufen am 20.4.2019):

https://www.bundestag.de/resource/blob/501186/5cab3d455ea7c85a1dfbd7ce458d499a/wd-1-040-16-pdf-data.pdf

Yehuda, R, Daskalakis N. P., Bierer, L. M., Bader, H. N., Klengel, T., Holsboer, F. & Binder, E. B. (2016). Holocaust Exposure Induced Intergenerational Effects on FKBP5 Methylation. In: *Biological Psychiatrie.* 80/5, 372–380.

*Silke Schauder*

# Vom Bruch zum Bild: Kreatives Gestalten in der Migrantenbetreuung

**Abstract:** Inwieweit sind künstlerische Therapien besonders in der Migrantenbetreuung indiziert? Wie kann kreatives Gestalten dazu beitragen, traumatisch bedingte Hemmungen, Emotionsblockaden und Depressionen schonend anzugehen und aufzulösen?

Wie können Trauer und vielfältige Schockerlebnisse – gewaltsamer Tod von Nahestehenden, Verlust des Heimatlandes, Krieg und Verfolgung, Entwurzelung, Verlorenheit – symbolisch aufgearbeitet, assoziativ eingebettet und in erträgliche Metaphern umgesetzt werden? Welche isomorphen Vorgänge lassen sich zwischen Gestaltung und psychischem Erleben beobachten? Anhand von zwei Fallbeispielen soll gezeigt werden, wie kreatives Gestalten in dynamischer Wechselbeziehung psychische Prozesse fördert und begleitet. So möchten wir in unserem Aufsatz zur Debatte beitragen, wie kreatives Gestalten als Prozess, Matrix und Ergebnis der psychischen Verarbeitung wirksam in der Migrantenbetreuung eingesetzt werden kann.

## Theoretischer Abriss

Einleitend möchten wir hier kurz die aktuellen philosophischen, soziologischen und anthropologischen Modelle der Migrationserfahrung im französischen Sprachraum skizzieren (vgl. Galitzine-Loumpet & Saglio Yatzimirsky 2018), bevor wir näher auf die spezifischen Indikationen der Kunsttherapie eingehen.

In ihrem philosophischen, soziologischen und anthropologischen Ansatz beschreiben etwa Gisèle Legault und Lilyane Rachédi (2008) die Migrationserfahrung und deren dreifache Zeitlichkeit, die sie in *vorher*, *während* und *danach* aufteilen. Die Autorinnen bestimmen genauer die dazugehörigen spezifischen Prozesse, wie etwa die gespannte und unrealistische Erwartung des Aufbruchs *vorher*, die Schwierigkeiten *während* der Realisierung und die Desillusionierung *nach* der Ankunft der Migranten. Als Philosoph und Spezialist zu Hannah Arendt definiert Etienne Tassin (2018) die Problematik des Exils als das Fehlen eines Platzes in der Welt, das Fehlen der Anerkennung durch andere, das Gefühl der Überflüssig-Seins und des Überflüssigen, kurz: als das »Fehl-am-Platze-Sein«. Alexis Nouss (2015) entwickelt das Konzept der »*exiliance*«, ein existentieller Kern, den ihm zufolge alle Migranten teilen – dieser Kern sei gleichzeitig Bedingung und Bewusstsein ihrer besonderen Bedingung. Auch benennt Nouss den Verlust der banalen Identität des Migranten als *»Verlust des inselhaften Komforts einer unmittelbaren familiären, ethnischen oder nationalen Zugehörigkeit; [der Migrant] könne sich nicht in den sicheren Kokon seiner gewohnten Denk- und Verhaltenweisen flüchten, in den Klang seiner Sprache oder den Geschmack seiner Nationalgerichte«*.[1]

Payan (2010) sieht das Exil als Resultat des Misserfolgs der Migrationserfahrung. Das innere Exil vermischt sich mit dem äußeren Exil und dem Gefühl der Entwurzelung und Verlorenheit, des Nicht-Dazugehörens, der Ausgeschlossenheit und Isolation, was wiederum das Risiko der Depression, der Dekompensierung und der Somatisierung mit sich bringt (vgl. Ciprut 2007). So kann das Trauma der Migration einen morbiden, selbstzerstörerischen Prozess auslösen – oder aber eine Neuerfindung des Selbst ermöglichen.

In letzterem, dem positiven Fall kann die Migration und der interkulturelle Zwischenraum sogar zum Nährboden der Kunst werden. So schrieben Samuel Beckett, James Joyce, Thomas Mann, Vladimir Nabokov, Atiq Rahimi, Milan Kundera, François Cheng, Nedim Gürsel und viele andere im Exil. Die Muttersprache bleibt meist Heimat, auch und besonders, wenn der Schriftsteller in der Sprache des ihn aufnehmenden Landes nach künstlerischem Ausdruck und Asyl sucht.[2]

---

[1] Nouss, Alexis (2015). *La condition d'exilé. Penser les migrations contemporaines.* Paris: Maison des sciences de l'homme. Deutsche Übersetzung vom Autor.

[2] Vgl. die Arbeiten von Gérard Pirlot, Psychoanalytiker und Professor der Psychopathologie an der Universität von Toulouse II, zur Herausforderung, in einer Fremdsprache künstlerischen Ausdruck zu suchen. Vgl. auch unsere Forschungsgruppe Pandora, die am 14. und 15. Februar 2019 in Paris eine Tagung zum Thema *Exil und Kreativität* mit der Sigmund Freud Privatuniversität in Paris und anschließend mit der SFU Wien am 5. Juli 2019 organisierte.

## Was sind die Charakteristiken der Kunsttherapie in der Migrantenbetreuung?

Zahlreiche fachliche Ausrichtungen unterstreichen die spezifische Arbeitsweise und Indikation der Kunsttherapie im Rahmen der Migrantenbetreuung.[3] Kurz skizziert, basiert die Technik grundsätzlich auf einer nicht konfrontierenden Traumaverarbeitung und einer schrittweisen (Wieder-)Herstellung von psychischer Kontinuität nach der tief verunsichernden, oft sogar dissoziativen Migrationserfahrung. Auch geht es um die Förderung der Assoziationsfähigkeit nach der traumatisch bedingten kognitiven und emotionalen Schockstarre sowie um die Erzählbarkeit, die Vermittlung der Migrationserfahrung, die in ihrer Komplexität und Widersprüchlichkeit erfasst und integriert werden muss, damit sie zum heilsamen Neubeginn werden kann.

Der große Vorteil des kunsttherapeutischen Settings liegt in der spielerischen Umgehung der Sprachbarriere, in der weitgehenden Unabhängigkeit von der Sprachbeherrschung, die zumindest bei Migrationsbeginn ein großes Hindernis darstellt. Durch das gemeinsame und praktische Handeln im kreativen Prozess kann die Kommunikation, die zwischenmenschliche Begegnung, auf ästhetischer und emotionaler Ebene stattfinden. Der behutsam freigelegte Zugang zum kreativen Prozess wiederum begünstigt den stufenweisen Abbau von Gefühlen der Ausgrenzung, der Ohnmacht und Verlorenheit. Im besten Fall gelingt eine narzisstische Aufwertung durch das geschaffene Objekt, dem eine vermittelnde, sogar übersetzerische Funktion zukommt.

## Vor welchen spezifischen Anforderungen steht der Kunsttherapeut?

Vom inter- und transkulturell arbeitenden Kunsttherapeuten wird die Fähigkeit zur befreienden Dezentrierung gefordert, zur Ablösung vom eigenen ethnozentrischen Standpunkt, eine kulturell vorurteilsfreie Begegnungskompetenz mit dem »Fremden«, der Andersartig-

---

[3] Vgl. den Master of Arts *Kulturelle Beziehungen und Migration*, den die SFU in Berlin anbietet.

keit, der Differenz schlechthin. Auch ist die Fähigkeit des Therapeuten gefragt, in der Erarbeitung seiner Gegenübertragung die fremden Anteile in sich selbst bewusst zu erfassen, um die Gefühle von Ausgesetztheit[4] und Unbehaustheit im künstlerischen Prozess annehmend gestalten und neu verorten zu können. Wichtig sind außerdem kulturelle Grundkenntnisse und Respektierung der jeweils gültigen Codes und Umgangsformen (z. B. das strenge Tabu oder das ängstliche Abwarten von Körper- und Augenkontakt, das Verbot rein dyadischer Beziehungen, die Rolle des Lächelns usw.). Häufig ist das Gruppensetting am besten indiziert, zumal nach Kaës (1995; 2005) die Gruppe eine vierfache therapeutische Funktionen erfüllt, nämlich die abgrenzende Funktion (1), die die Strukturierung in Ich/Nicht-Ich und die Unterscheidung von psychischer und körperlicher Außen- und Innenwelt begünstigt. Mit Bions »alpha-Funktion« vergleichbar, erlaubt die Funktion der Symbolisierung (2), beängstigende Situationen durch adäquate Metaphorisierung erklärbar und verarbeitbar zu machen. Weiterhin sind von zentraler Bedeutung die Funktion, einen transitionalen Raum nach Winnicott (1971) zu erstellen (3), und die Funktion der »contenance« (4), die die psychischen Objekte zusammenhält und sie sicher vor der psychotischen Auflösung bewahrt.

Wie es bereits Axel Klöss-Fleischmann (2007) formulierte: »*Der Auftrag der Kunsttherapie ist, einen Zwischenraum zu schaffen, der die verschiedenen Polaritäten von Heimat und Fremde verbinden kann. Dieser Raum entsteht im Dazwischen und steht für die Beziehung zwischen Therapeut und Klient. Er kann bergende Eigenschaften beinhalten, aber auch zugleich einen grossen Freiraum anbieten [...] es kann eine Neubewertung der eigenen Geschichte entstehen. Durch das Erkennen von fremden Anteilen im Inneren und Äusseren kann man zu einer Identitätsfindung und -festigung gelangen. Die Narration ist ein Sinnbild für diesen Prozess, in dem die eigene Geschichte neu geschrieben und bewertet wird. Dazu bedarf es eines therapeutischen Raumes* (Potential space, Container, Espace aéré).«[5] Zusammenfassend geht es also um die Schaffung eines Zwischen-Raumes

---

[4] «*Ausgesetzt auf den Bergen des Herzens*», wie der existentiell unbehauste Rilke in seinen *Sonetten an Orpheus* (1922) so schön zu sagen wusste.
[5] Vgl. Axel Klöss-Fleischmann (2007). *Transkulturelle Kunsttherapie. Heimat, Migration und Fremde – Relevanzen für kunsttherapeutisches Handeln*. Diplomarbeit im Fachbereich Kunst und Kunstpädagogik, Fachhochschule für Kunsttherapie Nürtingen.

*(entre-deux)*, einer interkulturellen Kontaktfläche, die eine authentische und heilende Begegnung vor dem Hintergrund der schmerzhaften Migrationsproblematik ermöglicht.

*Was sind die klinischen Ziele?*

Wie kann Migranten im kunsttherapeutischen Setting geholfen werden? Wie bereits hinlänglich erforscht, leiden sie meist an dissoziativen, traumatisch bedingten Persönlichkeitsstörungen, Depression, somatischer oder psychischer Dekompensierung, PTSD als Folge der Erfahrung von Gewalt, Krieg, Verfolgung und massiver existentieller Bedrohung. »*Wer der Folter erlag, kann nicht mehr heimisch werden in der Welt*« schrieb bereits Jean Améry (1976). Es geht also trotz aller existentiellen Verheerung um die behutsame Suche nach erneuter Beheimatung, es geht um die Wiederherstellung der narrativen Kompetenz und Assoziierfähigkeit, um die Erzählbarkeit der traumatischen Erfahrung und um deren emotionale Aufarbeitung im kreativen Gestaltungsprozess, um ein Verkitten des Risses im Raum-Zeit-Erleben:[6] So soll die oft unter dramatischen Bedingungen gemachte Migrationserfahrung wieder in neuen symbolischen und identitätsstiftenden Raum-Zeit-Koordinaten verankert werden (vgl. Allafort, Sanca, Postolache & Mantrach 2016).

Auch müssen vielfältige Verluste dank Trauerarbeit vertieft und erträglich gemacht werden: der Verlust von Angehörigen,[7] von früher ausgeübter Arbeit und der mit ihr verbundenen sozialen Rolle, der Verlust des Heimatlandes und des kulturellen Bezugsrahmens, der Verlust der Matrix des Erlebens und seiner Verarbeitung, der Verlust an Sinnstiftung und ursprünglicher Identität. Die Kluft zwischen »Hier« und »Dort«, zwischen einem unvermittelbaren »Gestern«, einem unvermittelten »Heute« und einem undenkbaren »Morgen« kann durch kunsttherapeutische Hilfe verringert, im Idealfall sogar überbrückt werden. Die französische Kunsttherapiegruppe *arttherapie virtus* definiert diese Aufgabe etwa so:

---

[6] Vgl. Begag, Azouz *(1988). Espace-temps, présence-absence: des immigrés dans le champ urbain.*
[7] Mit dem dazugehörigen Schuldgefühl des Überlebenden oder, falls sie noch leben, mit dem Schuldgefühl jenen gegenüber, die er zurückgelassen hat.

« *Il s'agit de proposer un accompagnement multiple à un public de migrants confrontés à l'exil, aux persécutions ethniques, à la guerre et à la torture, à la précarité, aux violences politiques et sociales. Face au trauma, aux expériences extrêmes engageant le social, l'art-thérapie peut constituer une approche originale et novatrice favorisant la mise en place de différentes formes de narrativité: verbale, plastique, dramatique. Les médiations artistiques peuvent aider à explorer différents aspects du vécu interne des acteurs par la médiation d'un filtre permettant de contourner la confrontation directe à la remémoration traumatique (...)* ».[8]

## Zwei Fallstudien

Wir haben es bereits gesehen: Der Migrationsprozess erfordert eine Neudefinierung der kulturellen Identität, die unter dem Druck der Akkulturation stattfindet. Um die Indikation der Kunsttherapie bei Migranten näher bestimmen zu können, leitete ich im Rahmen des Kunsttherapie-Studienganges an der Universität Paris Descartes 2017 eine Master-2-Forschungsarbeit, in der Natasha Vassilieff unter meiner Supervision klinisch mit älteren exilierten Patienten in einem sozialen Heim arbeitete.

Herr C. (72 Jahre) und Herr K. (69 Jahre) kommen aus Kambodscha. Unabhängig voneinander flohen sie in den siebziger Jahren vor den Roten Khmer nach Paris. Zurzeit leben beide in einem Heim für sozial Bedürftige. Das Forschungsprojekt hatte zum Ziel, ihre kulturelle Identität nach einer mehr als vierzig Jahre zurückliegenden politischen Asylsuche zu erfassen, dazu eventuelle psychopathologische Störungen und Indikationen für Kunsttherapie. Natasha Vassilieff bot ihnen als Ausdrucksmodi Zeichnen und Malen an,[9] die Herrn C. und Herrn K. ermöglichen sollten, in dem einwöchig stattfindenden Gruppentreffen Gefühle von Einsamkeit, Schmerz, Ausgrenzung,

---

[8] https://artherapievirtus.org/migrants/ http://www.ethnopsychiatrie.net/ (abgerufen am 31.10.2018).
[9] Die Bilder von Herrn C. und Herrn K. waren mit ihrem Einverständnis zur Präsentation im Rahmen unserer Tagung in Berlin freigegeben, aber nicht zur schriftlichen Veröffentlichung.

Heimweh und Angst genuin auszudrücken und schrittweise überwinden zu können.

*Analyse der Gestaltungprozesse*

Bei Herrn C. kam die künstlerische Arbeit anfänglich nur sehr stockend in Bewegung, bis er als Inspirationsquelle und Stütze eine illustrierte Landkarte seines Heimatlandes benutzte. Diese hatte ihm seine Therapeutin zur Verfügung gestellt, eine Art Gegenübertragungsgeschenk an alle Gruppenmitglieder, deren jeweiliges Ursprungsland durch eine Karte vertreten war, die jeden in seiner kulturellen Verschiedenheit und Besonderheit anerkannte. Dieser Karte Kambodschas kommt eine hochinteressante Funktion im kreativen Prozess von Herrn C. zu – sie ist gleichzeitig Basis und Auslöser seiner Erinnerungsarbeit, transitionnelles Objekt, Zeichen und Garantie der symbolischen Anwesenheit des vor vier Jahrzehnten unter lebensbedrohlichen Umständen verlassenen Heimatlandes, in das Herr C. nie zurückgekehrt ist. Die Landkarte dient ihm als mütterlicher Spiegel des Gemalten, als visuelles *alter ego* – sie ist Maßstab und Matrix seiner Bilder, die immer wieder die Landschaften in Kambodscha darstellen. Sobald Herr C. die Karte neben sein Malblatt legt, wird sie Adresse, Ziel und Ausgangspunkt zugleich, Bindeglied zwischen einem unerreichbaren, lange verlorenen »Dort« und einem schwer bewohnbaren »Hier«. Seine hauptsächlich aquarellierten Landschaften bleiben eigentümlich unbewohnt – nie ist darauf ein Mensch zu sehen, selbst wenn Wasserbüffel und Reisfelder menschliche Anwesenheit vermuten lassen. Diese Leerstelle spiegelt nicht nur die Einsamkeit von Herrn C. wieder, sondern auch die Vernichtung alles Menschlichen durch die Roten Khmer.

Im Gestaltungsprozess von Herrn K. lässt sich ebenfalls schön ablesen, wie die Neubelebung von kulturellen Inhalten seine Kreativität auslöst, stützt und befördert. Er benutzt einen Kunstkatalog, in dem eine Buddha-Statue abgebildet ist. Diese paust Herr K. ab, bis er sich schrittweise vom Modell lösen und neue Ausdrucksformen finden kann. Diese Vorlage dient ihm nicht nur als Modell für eine kulturell kongruente Darstellung, sondern wird zur sicheren Kopie, zur treuen Wiedergabe – zur Re-Produktion – des sinnstiftenden Kulturträgers. Dessen stabilisierende Identifikationsfunktion ist nicht zu überschätzen – das Abpausen der Buddha-Statue hat Brückenfunktion, es bietet trotz des langjährigen Verlusts des kulturellen Rahmens, der kulturellen Hülle *(enveloppe culturelle)*[10] eine assoziative Stütze und Halt.

Das Setting fördert Erzählbarkeit, es vermittelt zwischen den unterschiedlichen Zeit- und Raumebenen, lindert die Disparität und Heterogenität der kulturellen Entwurzelung. Auch bietet die Dynamik der Übertragung und Gegenübertragung einen Ausweg aus dem Dilemma der Migration und seiner anwesenden Abwesenheit und abwesenden Anwesenheit, sie stiftet mediale Faktoren und neue Artikulation zwischen Innen und Außen, Hier und Dort, Gestern und Heute. Es wird eine Rekonstruktion der »*enveloppe culturelle*« versucht, des kulturellen Rahmens. Wie kann eine Transplantation der Kultur als »zweiter Haut« (Anzieu, 1985; Kaës, 1995; 2005), wie eine schrittweise Sicherung und Konsolidierung der neugebildeten Identität auch weiterhin gelingen?

## Ausblick

Empathische Migrantenbetreuung und kunsttherapeutische Behandlung bilden eine menschliche und ethische Herausforderung unserer krisengeschüttelten Zeit. Im Rahmen ihrer Forschungsarbeit konnte Natasha Vassilieff zeigen, dass die Assoziationsfähigkeit der beiden Patienten im Laufe des schöpferischen Prozesses zunahm: Sie waren vermehrt in der Lage, verschiedene Zeit- und Raumebenen miteinander zu verbinden, Erinnerung und Gegenwart, »Dort« und »Hier« in narrativer Dialektik neu zu verknüpfen. So kann Kunsttherapie entscheidend zur Humanisierung der Migrationserfahrung beitragen, sogar Traumaprophylaxe und -behandlung leisten. Vielleicht kann manchmal sogar das geflügelte Wort von Georges Braque wahrwerden: »*L'art est une blessure qui devient lumière:* Die Kunst ist eine Verletzung, die zum Licht wird.«

---

[10] Vgl. hierzu die Arbeiten von Georges Devereux (1966), Tobie Nathan (2018) und Marie-Rose Moro (2002; 2013) in der französischsprachigen Ethnopsychiatrie und Ethnopsychanalyse.

## Anhang I: *Migration, psychische Gesundheit und transkulturelle Psychiatrie*[11]

»Bisher scheint Deutschland nur insofern multikulturell, als MigrantInnen zu einem tragenden wirtschaftlichen Element geworden sind. Trotz zunehmender Aufenthaltsdauer und verbesserten Sprachkenntnissen entstehen zwischen ZuwandererInnen und Einheimischen zu wenig intensive Beziehungen. Die EinwandererInnen entwickeln sich nicht zu integrierten bikulturellen Persönlichkeiten mit Verankerung sowohl in der Herkunfts- als auch in der Aufnahmekultur, sondern bleiben in ihren Herkunftskulturen verhaftet. Als Schutz vor Assimilation und Verlust der kulturellen Identität werden besonders bei Diskriminierung die hergebrachten Traditionen enorm wichtig. Religiosität, Sitten und Normen werden in der Diaspora häufig viel orthodoxer ausgelegt und intensiver gelebt als im Heimatland.

Dieser Trend wird Segregation genannt und (lat. segregatio: Absonderung, Trennung) beschreibt die »Entmischung von Bevölkerungsgruppen« und das Entstehen homogener Nachbarschaften. Das Resultat ist die Ausbildung charakteristischer Stadtviertel wie z.B. Kreuzberg in Berlin. Über die Ursache herrschen unterschiedliche Meinungen. Die kulturelle und gesellschaftliche Marginalisierung und der Bildungsgrad sind wichtige Faktoren. Bei guter Schulbildung und höherer beruflicher Stellung und entsprechendem Einkommen bestehen weniger Segregationstendenzen.

## Bisherige konzeptionelle Untersuchungen zu Migration und Gesundheit

Als Ursachen für eine erhöhte Vulnerabilität von MigrantInnen für psychiatrische Erkrankungen wird die Kombination aus hohen Anpassungsanforderungen an die neue Lebensumwelt und der Verlust der Anbindung an das Herkunftsland vermutet. Die psychologischen Phasen der Migration mit typischem Risiko- und Bewältigungsmuster wurden von Sluzki (1979) besonders anschaulich dargestellt. Der

---

[11] https://heimatkunde.boell.de/2009/04/18/migration-psychische-gesundheit-und-transkulturelle-psychiatrie

Prozess der Immigration hat einen kulturübergreifenden Ablauf und wird folgendermaßen eingeteilt: 1. Vorbereitungsphase, 2. eigentlicher Migrationsakt, 3. Phase der Überkompensierung, 4. Phase der Dekompensation, 5. Phase der meist generationsübergreifenden Anpassung. Laut Sluzki ist es weniger die ethnische Zugehörigkeit als die Phase des Migrationsprozesses, die zu den typischen psychischen Erkrankungen bei MigrantInnen führt.«

## Anhang II: Weiterführende englischsprachige Literatur

**Dan Hocoy PhD (2002) Cross-cultural Issues in Art Therapy, Art Therapy, 19:4, 141–145, DOI:** 10.1080/07421656.2002.10129683

This article examines the conditions under which art therapy might be a culturally appropriate intervention. The aspects of art therapy and assessment that may be assimilationist or ethnocentric are identified, and alternatives are presented. Problems inherent in the cross-cultural interpretation of art are also discussed and methods that maximize interpretive validity and reliability are introduced. The characteristics of a culturally sensitive art therapist are described, while implications for the general field of art therapy are explored. Art therapy can serve as a departure from many other Western therapeutic traditions in its critical self-examination and conscientious attempts to be a progressive and ethical enterprise.

**Seung Yeon Lee (2015) Flow Indicators in Art Therapy: Artistic Engagement of Immigrant Children With Acculturation Gaps, Art Therapy, 32:3, 120–129, DOI:** 10.1080/07421656.2015.1060836

This qualitative study explored flow experiences in art therapy with three children from families that had immigrated to the United States from South Korea and were facing acculturation gaps. The children's flow experiences were examined through multiple data sources including videotaped art therapy sessions, children's post-session interviews, the children's art, parent interviews, and response art. Themes that emerged were related to acculturation challenges (role reversal, locked out of opportunities, and communication challenges in parent–child relationships), and to flow experiences (access to diverse art media, self-initiation, and self-correction). The therapeutic implications of these flow indicators are discussed as useful for children coping with acculturation challenges.

**Jeff L. Cochran Using Play and Art Therapy to Help Culturally Diverse Students Overcome Barriers to School Success**
*The School Counselor*
Vol. 43, No. 4 (March 1996), pp. 287–298
Published by: American School Counselor Association
https://www.jstor.org/stable/23900917

**Natalia Gómez Carlier & Andrée Salom (2012) When Art Therapy Migrates: The Acculturation Challenge of Sojourner Art Therapists,** *Art Therapy*, 29:1, 4–10, DOI: 10.1080/07421656.2012.648083

This article examines the phenomenon of the art therapy profession's recent migration to one country and the resulting acculturation process for the sojourner practitioner, the country of origin, and the profession itself. For their training, art therapists in Colombia must migrate to study at established international programs, bringing back professional knowledge upon their return. The acculturation process is illustrated with a case study of sojourner art therapists who implemented art therapy at a foster care institution for children in the care of the state in Colombia. The impact of the sojourner art therapist's re-acculturation process as it influenced treatment and the establishment of art therapy in Colombia is discussed, with implications for the assimilation of art therapy into new cultures.

**Mercedes B. ter Maat (2011) Developing and Assessing Multicultural Competence With a Focus on Culture and Ethnicity,** *Art Therapy*, 28:1, 4–10, DOI: 10.1080/07421656.2011.557033

The search for culturally appropriate art therapy practice has historically focused on personal exploration and the infusion of a multicultural perspective in academic and applied experiences. The purpose of this article is to strengthen awareness of the personal and professional competencies necessary for culturally responsible practice. Three dimensions of cultural competency are discussed (awareness, knowledge, and skills) as well as three instruments measuring such competencies. Although the focus here is on racial and ethnic awareness, information is offered that can guide art therapists when working with all individuals whose perspectives, backgrounds, and life experiences differ from their own.

Jordan S. Potash, Cheryl Doby-Copeland, Stella A. Stepney, Brittney N. Washington, Lindsey D. Vance, Gwendolyn M. Short, Charlotte G. Boston & Mercedes Ballbé ter Maat (2015). **Advancing Multicultural and Diversity Competence in Art Therapy: American Art Therapy Association Multicultural Committee 1990–2015**, *Art Therapy*, 32:3, 146–150, DOI: 10.108 0/07421656.2015.1060837

For 25 years the Multicultural Committee of the American Art Therapy Association has provided education, networking, and mentoring activities for all art therapists, as well as support for art therapists of color. The formation of the committee demonstrates increasing cultural competence within the profession, and its continuation promises future activity. A focus on multicultural supervision, support for students of color, and opportunities for camaraderie may further ensure sustainability and applicability of art therapy in a pluralistic society.

## Literatur

Allafort, C., Sanca, R., Postolache, I. & Mantrach, Z. (2016). La parentalité à l'épreuve de l'exil: un groupe à médiation, multiculturel et pluridisciplinaire. In: *Cliniques*, 2016/2 (N° 12), 158–175.

Améry, J. (1976). *Hand an sich legen*. Stuttgart: Klett-Cotta.

Anzieu, D. (1984). *Le moi-peau*. Paris: Dunod.

Begag, A. (1988). *Espace-temps, présence-absence: des immigrés dans le champ urbain*. Aix-en-Provence: Institut de recherches et d'études sur le monde arabe et musulman.

Ciprut, M.-A. (Hrsg.) (2007). *Migration, blessure psychique et somatisation*. Chêne-Bourg/Schweiz: Médecine et hygiène.

Devereux, G. (1966). *Ethnopsychiatrie des Indiens Mohave*, avec une préface de Tobie Nathan (trad. frs. 1996). Paris: Les Empêcheurs de penser en rond.

Galitzine-Loumpet, A. & Saglio Yatzimirsky, M.-C. (éd., 2018). Subjectivités face à l'exil? **Positions, réflexivités et imaginaires des acteurs** (en collaboration avec l'ANR LIMINAL/Inalco). Numéro spécial du *Journal des anthropologues*.

Kaës, R. (2005). Groupes internes et groupalité psychique: genèse et enjeux d'un concept. In: *Revue de psychothérapie psychanalytique de groupe* 2005/2 (n° 45), 9–30.

Klöss-Fleischmann, A. (2007). *Transkulturelle Kunsttherapie. Heimat, Migration und Fremde – Relevanzen für kunsttherapeutisches Handeln.* Diplomarbeit im Fachbereich Kunst – Kunstpädagogik. Fachhochschule für Kunsttherapie Nürtingen.

Légault, G. & Rachédi, L. (Hrsg.) (2008). *L'intervention interculturelle.* Québec: Gaëtan Morin.

Moro, M.-R. (2002). *Enfants d'ici, venus d'ailleurs.* Paris: La Découverte.

Moro, M.-R. & Baubet, Th. (2013). *Psychopathologie transculturelle.* Paris: Elsevier Masson.

Nathan, T. (2018). *Pratiquer l'ethnopsychiatrie.* http://www.ethnopsychiatrie.net/ (abgerufen am 31.10.2018).

Nouss, A. (2015). *La condition d'exilé. Penser les migrations contemporaines.* Paris: Maison des Sciences de l'homme.

Payan, S. (2010). Du déplacement au sentiment d'exil. In: *Recherches en psychanalyse* 2010/1 (n° 9), 171–182.

Tassin, E. (2018). Exil: l'agir-ensemble. Hommage à Etienne Tassin/séminaire ehess, iiac/nle. le 14 mai 2018. Paris.

Vassilieff, N. (2017). *Les couleurs d'un entre-deux en suspens. Etude au sein d'un atelier à médiation plastiques de deux personnes survivantes de la violence étatique des khmers rouges, déracinées et aux prises avec plusieurs cultures.* Mémoire de Master 2. Recherche dirigé par Silke Schauder. Studiengang: Création artistique, spécialité Arts plastiques, Universität Paris Descartes.

Winnicott D. W. (1975). *Jeu et réalité.* (1971) (trad. frs. 1975). Traduit de l'anglais par C. Monod et J.-B. Pontalis. Paris: Gallimard, coll. Folio.

# V. Methodische Zugänge zur Aktivierung psychodynamischer Prozesse

*Paola Dei\**
*with the participation of Associazione Valdelsa Donna\*,*
*Annetta Buxton\*, Lucia Donati\*, Angelo Martignetti\**

# The Psycofilm Method

## An integrated approach: Perception Mirror Neurons with Enneagram notes

> **Abstract:** The research project was born from the initial idea and hypothesis that individual creativity can be developed and increased, used to handle stress and distress situations in the oncological disease area both from those who are affected by it and those who are close to the affected ones through the stimulation of the brain's certain areas and the neuronal inner working that is related to the psychic and relational aspects.

Due to the requests made by the people who were involved in the activities of the Psychology of Art and Expressive Psychotherapies Centre of Studies – managed by Valdelsa Donna with Paola Dei as its President, in cooperation with Campostaggia's oncological department managed by Angelo Martignetti –, there has been able to develop the Psycofilm Method during the years 2012 and 2013. This method makes use of Professor Rizzolatti and his equipe's research on mirror Neurons and Psychology of Art – in particular the one by Rudolf Arnheim – combined, in this case, with Enneagram notes by Claudio Naranjo (1999; 2003). In that regard the principles of group psychotherapy offered by Bion are kept in mind as a reference.

The experiences gained by the achievements in this particular field have highlighted how, especially for patients who experience greater stress, amazing results have been achieved through a guided »belonging-division« route; these results have led us to suggest the method as a clinic protocol.

> *The search for truth is the most noble occupation of man.*
> *Its publication is a duty.*
> Madame de Stael

Paola Dei

## Introduction

The oncological disease diagnosis causes a strong emotional and existential impact which doesn't allow easily to overcome the illness making use of reactive and functional procedures. The numerous consequences related to the disease, the development of the disease itself, the possibility of an ominous outcome, joined with the pain caused by the pharmacological and surgical therapy, irrevocably turns the patient's psychophysical balance upside down. Having the necessity to have a bio-psyco-social standard that becomes more and more important in a society like the one we live in, a standard working method is required that allows to explore all of the personal, relational and emotional aspects that are involved in the process of taking care of the patients and their families.

Having in mind the goal to eloborate such a working method, where psychological support is combined with a pharmacological treatment, the Psycofilm Method – created by Paola Dei (2010; 2011; 2015), president of the Psychology of Art and Expressive Psychotherapies Centre of Studies, in cooperation with Donna Valdelsa Association and Campostaggia's oncological department managed by Angelo Martignetti – has been created.

The process has allowed to face the traumatic and stressful aspects of the oncological disease in a perspective that aims for the use of an attitude that is able to help to express the experienced traumas and the rediscovery or development of creativity. The Psycofilm Method, based on the Mirror Neurons research by Professor Rizzolatti (see: Rizzolatti & Sinigallia 2006; Rizzolatti & Vuozza 2007; Rizzolatti, Sinigallia & Anderson 2008; Rizzolatti & Sinigallia 2008) and his equipe, combined with the main aspects of Psychology of Art – in particular the ones analysed by Rudolf Arnheim (1932; 1954) –, if necessary obtains the needed support from other theories such as the Enneagram-approach, and thus keeping in mind the precious contributions offered from Bion's Psychotherapy (1948) based on group dynamic.

Psycofilm, due to its content characteristics and its application means, has made it possible to express those emotions that cannot be thought or expressed in certain situations and that tend to be »trapped« in an invalidating silence that over time becomes stress and distress.

The union of different theoretical models is part of the changes taking place in the society nowadays, where taking an effort to synthesize and constantly integrate the several forms of knowledge into a whole is required that – as it is claimed by Gestalt's Psychology – »*is worth more than the sum of the singular parts taken individually*« (Köhler 2008).

This experience made it possible to obtain the results hoped for due to the increased creativity development during the therapeutic sessions. In fact, it was possible for both the patients and for the people who found themselves carrying the consequences of the disease beside them in their lives, to express verbally their emotional experiences and to develop productive potentiality through a »belonging-division« process and active problem solving skills, making use of resources that are able to transfer the distress and the dysfunctional emotions into an adaptive refraiming.

The patients felt as part of a differentiated group but at the same time as a whole and integrated as each one in its different group. They felt the possibility to change their own fate making good use of the creative and adaptive resources already in their possession, restricting the grip that feeling powerless had on them while they were facing the disease; moreover, the patients were able to improve their interpersonal bonds, succeeding in giving a meaning to their own cognitive, emotional and relational experiences.

The outcome made it possible to make a change in the point of view that, during the pre-treatment phase, was a constant background in the consciousness of each patient and at the same time gave ulterior empiric feedbacks on the Psycofilm Method application efficacy in the clinic environment. That has been reported that on the one hand concerning rehabilitation and on the other hand in all other situations where the traumatic event cannot result directly accessible to the consciousness or expressible through the verbal channel. The results of the research have been presented at the Conference Phenomena in Naples. (Figure: 1)

Figure 1: Stepmom

## Methodology

The theoretical/experiential methodology which has an aesthetic approach (Gallese & Stamenov 2002) was developed in a 9 months period of time using the Psycofilm Method on a 12 members group, split in 4 smaller trial groups which consisted in: (1) patients affected by the oncological disease who had a short life expectation, (2) patients who were being treated, (3) relatives of people who were being treated, and (4) relatives of people who had passed away due to the oncological disease. Having previously informed the involved groups and obtained their consent. They were given three tests in a place aiming at hospitality.

The Psychometric Test POMS by Douglas M. McNair, Maurice Lorr and Leo F. Droppleman (1992), in the Giunti Editions OS, »a method to identify and quantify certain emotional states« measures six factors and six different moods, from anxious restlessness to depression and to a disorientation feeling.

It involves **58 adjectives** that define 6 factors: **Restlessness – Anxiety (factor T); Depression – Dejection (factor D); Aggressiveness – Anger (factor A); Energy – Productivity (factor V); Exhaustion – Indolence (factor S); Confusion – Bewilderment (factor C)**. The group members have to indicate how intensely they have felt each particular mood in the previous week, and this allows to evaluate which are the typical reactions that an individual experiences during a sufficiently long period of time. The six factors are proved to be particularly useful to evaluate patients that are affected by neurological disorders or disorders caused by stress, and to forecast which could be the feedback to the different therapeutic approaches.

As a checking test it was given the Psychometric Test from Eva Band and James Anthony (1992) in the Giunti OS version. The FTR has the aim to offer an integrated whole of the emotions that the patient and the other family members require and feel for each other. Therefore, it can provide a remarkable help for those who, working with the family counseling area, see the patient's problems as an important part in the family dynamics. The authors designed different versions; considering this particular contest, it was the version aimed for the couples that caught our interest: it aims to analyze the feelings that married individuals experience towards their own partner, possible sons and/or daughters. The feedback also allowed to analyze the current family dynamic and the changes in the self-perception and perception toward the others at the end of the working process.

The test materials involve 20 cardboard figures that represent members of a typical family, in a way that is stereotypic and vague enough to let the individual select the representation of his own family. Each figure has a box with an opening in its upper part; in this opening the items that best suit the situation, printed on different papers, need to be inserted. The test proves to be useful to recall memories about the native family. The TCD, the Creativity and Divergent Thinking Test by Frank Williams (1994) allowed to highlight the aspect of curiosity, imagination, inclination for risk and attraction to complexity aspects. Regarding this last test, it was decided not to elaborate the rough initial data but to analyze the work results achieved by the group members.

The tests were conducted again towards the end of the working process and were compared with each other member's piece of work by using a qualitative analysis. (Figure 2+3)

Figure 2: Life as a House

## Anticipated outcomes

First of all the project highlighted a remarkable anxiety reduction in all of the four groups, with a greater score in major stress and distress situations. The positive emotions score had a positive expansion and in particular following results have been noticed:
- Verbal intelligence and memory executive functions increase
- Creativity development and increase that made easier to calibrate emotions and behaviors

- Communication made easier trough an artistic channel
- Acquisition of the possibility to express experience that otherwise could not even be thought
- Increased positive self-perception and perception toward the others

The objective parameters gave positive and concrete feedback to the initial hypothesis, with the goal to fulfill the needs of the patients affected by the oncological disease and the ones of their loved ones.

Figure 3: Elegy

## Discussion

The research's quality fulfilled the targets that we had previously fixed, highlighting remarkable results. The original work made use of tools of undeniable scientific value such as the discovery of Mirror Neuros which enriched the principles that are the very foundations of perceptology and its laws, satisfying reliability and validity criteria. In this case we added Enneagram notes, so that we could work also on the personological aspects and allow to each group member to expand his self-knowledge, and Bion's enunciates for what concerns the group work. The scientific evidences allowed to verify the effectiveness of Art regarding the psychological disorders dynamic, in particular in the oncological disease. The statement »The group exists as a whole, as a something that differs from being a simple individuals aggregation«, is related to a perceptological principle.

From what we could analyze and considering the amazing results achieved it can be deduced the possibility to perform other research projects. Due to the discussed reasons the Psycofilm Method is suggested as a psychological support for the oncological disease.

Figure 4: Love is all you need

**Gli istogrammi, i grafici a barre**, e **grafici a torta** mettono a confronto i valori di una singola categoria, come il punteggio ottenuto durante la prima somministrazione del Test POMS Mese di Ottobre 2012
Fattore V: Vigore-Attività

Risultati raccolta fondi per venditore

| PARTECIPANTI | PUNTEGGI OTTENUTI |
|---|---|
| Part. A | 20 |
| Part. B | 68 |
| Part. C | 16 |
| Part. D | 16 |
| Part. E | 14 |

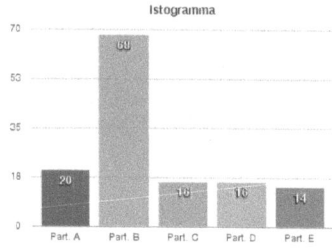

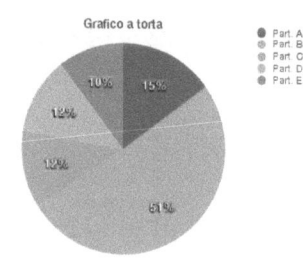

Legenda:
Part. A. = Partecipanti in stadio avanzato di malattia **N. 3**
Part. B = Partecipanti in cura **N. 4**
Part. C = Partecipanti con cura conclusa **N. 1**
Part. D = Partecipanti con familiari deceduti **N. 2**
Part. E = Partecipanti con familiari in stadio avanzato di malattia **N. 2**

Chart 1: Histograms with evaluation results

**Gli istogrammi, i grafici a barre, e grafici a torta**
mettono a confronto i valori di una singola categoria,
come il punteggio ottenuto durante la prima
somministrazione del Test POMS Mese di Giugno
2013
Fattore V: Vigore-Attività

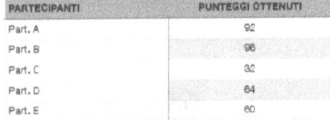

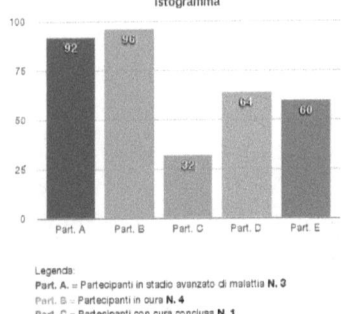

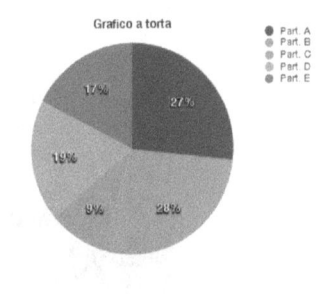

Legenda:
Part. A = Partecipanti in stadio avanzato di malattia N. 3
Part. B = Partecipanti in cura N. 4
Part. C = Partecipanti con cura conclusa N. 1
Part. D = Partecipanti con familiari deceduti N. 2
Part. E = Partecipanti con familiari in stadio avanzato di malattia N. 2

Chart 2: Histograms with evaluation results*

# References

Arnheim, R. (1932). *Film als Kunst*, trad. it Film come arte (1960). Milano: Il Saggiatore.
Arnheim, R. (1954). *Art and Visual Perception* (trad. it: Arte e percezione visiva, 1962). Milano: Feltrinelli.
Band, E. & James, A. (1992). Psychometric Test. In: McNair, D., Lorr, M. & Droppleman, L. F. (1992). *Test POMS*. Giunti Edizioni OS.
Bion, W. (1948). *Experiences in group projet, Human Relations*. vols. I-IV (1948–1951). Reprinted in: *Experiences in Groups* (1961).

---

* Chart 1 + 2: Histograms, graphs and pie charts: they compare the values of a single category, such as the score obtained during the first administration at the POMS test (chart 1) in October 2012 and (chart 2) in June 2013. Factor V: vigor-activity.
Legend:
Pat. A = participants at an advanced state of the disease No. 3
Pat. B = participants in care No. 4
Pat. C = participants with care ended No. 1
Pat. D = participants with deceased family members No. 3
Pat. E = participants with family members at an advanced stage of disease No. 2
*Copyright 2018 The Art Psychology and Expressive Psychotherapy Center.*

Dei, P. (2010). *Lanterna magica. Cineterapia e poesia al lido fra sogno e bisogno.* Prefazione di G. Blandini. Romagnano al Monte Salerno: Edizini Booksprint.

Dei, P. (2011). *Neuroni specchio. Cinematerapia del lutto fra Venezia Roma e Walt Disney* Prefazione di N. Borrelli. Fiumicello Udine: Edizioni Scientifiche Still.

Dei, P. (Hrsg.) (2015). *Nostoi Ritorni Cinema Comunicazione Neuroni specchio.* Prefazione di N. Borrelli. Lungavilla Pavia: Edizioni Altravista Collana Amigdala.

Gallese, V. & Stamenov, N. I. (2002). *Mirror Neurons and The Evolution of Brain and Language.* Amsterdam: John Benjamins Publishing Co.

Köhler, W. (2008). *Evoluzione e compiti della psicologia della forma* (1971). Locarno: Armando Editore.

McNair, D., Lorr, M. & Droppleman, L. F. (1992). *Test POMS.* Giunti Edizioni OS.

Naranjo, C. (1999). *Carattere e nevrosi. L'Enneagramma dei tipi psicologici.* Roma: Edizioni Astrolabio Ubaldini,

Naranjo, C. (2003). *Gli enneatipi in psicoterapia. I tipid ell'enneagramma nella vita, nella letteratura e nella pratica clinica.* Roma: Edizioni Astrolabio Ubaldini.

Rizzolatti, G. & Sinigallia, C. (2006). *So quel che fai. Il cervello che agisce e i neuroni specchio.* Milano: Edizioni Raffaello Cortina.

Rizzolatti, G. & Vuozza, L. (2007). *Nella mente degli altri. Neuroni specchio e comportamento sociale.* Bologna: Edizioni Zanichelli.

Rizzolatti, G., Sinigallia, C. & Anderson, F. (2008). *Mirrors in the Brain: How Our Minds Share Actions, Emotions and Experience.* Oxford: Oxford University Press.

Rizzolatti, G. & Sinigallia C. (2008). *Neurones miroirs* (Les). Paris: Odile Jacob.

Williams, F. (1994). *Creativity and Divergent Thinking Test (TCD).* Madison/USA: Erickson.

## Scientific Articels

Archer, S., Buxton, S. & Sheffield, D. (2014). The effect of creative psychological interventions on psychological outcomes for adult cancer patients: a systematic review of randomised controlled trials. In: *Psycho-Oncology.* Page 1.

Gerger, G., Ishizu, T. & Pelowski, M. (2017). *Empathy as a guide for understanding the balancing of Distancing-Embracing.* Behavioral and Brain Sciences. Cambridge: University Press.

Guberman, S. (2017). *Gestalt Theory Rearranged: Back to Wertheimer.* Licence CCC BY-NC-ND 33 0.

Hillman, J. & Bottini A. (2009). *Il codice dell'anima.* Milano: Edizioni Adelphi.

Hur, Y. & Lee, KH. (2011). Analysis of medical students' enneagram personality types, stress and developmental level. In: *Korean J. Med.* Educ Epub.

Jeon, H. & Lee, SH. H. (2018). *From Neurons to Social Beings: Short Review of the Mirror Neuron System Research and Its Socio-Psychological and Psychiatric Implications*. Research Gate: Psychopharmacology and Neuroscience.

Kissane, D. W., Grabsch, B., Clarke, D. M., Christie, G., Clifton, D., Gold, S., Hill, C., Morgan, A., McDermott, F. & Smith G. C. (2004). *Supportive-expressive group therapy: the transformation of existential ambivalence into creative living while enhancing adherence to anti-cancer therapies*. First published 3 March 2004 DOI: 10.1002 /pon. 798. Melbourne.

Lange, G, Leonhart, R., Gruber, H. & Koch S. C. (2018). *The effect of Active Creations on Psychological Healt: A Feasibility Study on (Therapeutic) Mechanism*. Basel/Switzerland: Licensee MDPI.

Lee, JS., Yoon, JA. & Do, KJ. (2013). Effectiveness of Enneagram Group Counseling for Self-identification and Depression in Nursing College Students. In: *J. Korean Acad. Nurs*. Korean Published.

Oatley, K. (2017). Art as emotional exploration. In: *Behavioral and Brain Sciences*. Cambridge: University Press.

Schneider, J. A. (2015). Bion's thinking about group: a study of influence and originality. In: *Psycoanalitic Quaterly*. Page 1.

Van de Cruys, S., Chamberlain, R. & Wagemans, J. (2017). Tuning in to art. A predictive processing account of negative emotion in art. In: *Behavioral and Brain Sciences*. Cambridge: University Press.

## Notes *

*Paola Dei:* President of the Art Psychology and Expressive Psychotherapy Center, International Association for Arts, Creativity and Therapy (IAACT/IGKGT), Trainer FISIG-CSTG, Film Critic SNCCI and FIPRESCI.

*Angelo Martignetti:* Oncology Department at USL Toscana Sud Est Campostaggio Siena.

*Associazione Valdelsa Donna:* Association for the support of people with tumors and their families.

*Annetta Buxton:* President of the association from 2012–2013.

*Lucia Donati:* Vice President of the association from 2012–2013.

*Heinz Deuser*

# Die Arbeit am Tonfeld –
# Phänomenologien der Haptik

**Abstract:** Vorgestellt wird der Prozess der haptischen Wahrnehmung im Setting der Arbeit am Tonfeld. Das Zu-uns als Basis des haptischen Geschehens stellt uns wechselseitig in die Forderung, uns leiblich wie weltlich herzustellen, zu entfalten und zu sättigen in unserer Bipolarität. Dabei fangen wir in der frühesten Wahrnehmung an: Wir finden uns vor – und wollen abgeholt und angesprochen werden in der Bewegung zu uns.

## Themenkreise

*Was Menschen möglich ist*: Wir werden nicht nur geprägt von den Erfahrungen unserer Geschichte, sondern wir nehmen uns auch darin zu uns wahr. Wir können uns darin aufgreifen. Das bleibt als Möglichkeit und als Rückstand aufgehoben in unserer Bewegung. Bewegung rückt in die Wahrnehmung und wir können uns in neuer Bewegung wahrnehmen.

*Das Setting*: Vor uns liegt ein Feld von 42 × 36 × 3 cm, das eben mit Tonerde ausgestrichen ist. Daneben eine Schale mit Wasser. Dieses Feld – so die Einweisung des Therapeuten – gilt es, mit den Händen wahrzunehmen. Es geht also nicht darum, etwas mit dem Material zu machen und zu formen, sondern es geht darum, uns haptisch darauf einzulassen. Damit rücken wir selbst in den Fokus unseres Tuns: Wahrnehmung wird zum Handlungsakt von uns selbst, in dem wir uns äußern und in dem wir uns zukommen. Jetzt hat ein jedes seine Bedeutung für uns.

*Was erscheint:* Wir treffen auf eine Wirklichkeit, in der wir uns zu uns verstehen. Wir begegnen uns. Die Bewegung, in der wir uns vollziehen, bringt Wirklichkeit hervor. Was wir tun und denken, wird intentional in unserer Bewegung verbindlich. Heinrich Rombach spricht in der Nachfolge von Edmund Husserl von »Selbstgegebenheit«. (H. Rombach 1980, S. 9) Das bedeutet, dass Wahrnehmung in unserer Bewegung zum »Urmodus des Bewusstseins« wird (D. Espinet, Frank Steffen in H.-H. Gander 2010, S. 220), d. h. zur Wahrnehmung symbolisierter Bewegung und nicht zur bloßen Wahrnehmung symbolisierter Erscheinungen. Ein »Berg« im Tonfeld ist nicht das Abbild eines Berges oder einer spezifischen symbolischen Bedeutung, sondern ein »Berg« in der Begegnung unserer Bewegung. Die Haptik holt uns ein in den Realismus unseres Selbstverständnisses. Das Tonfeld ist Gegenüber und Part zu uns. In seinem Material können wir uns aufgreifen und stoßen auf unsere Welt. Sie ist greifbar und wir können uns leiblich-sinnenhaft erleben und verwirklichen. Der Ton ist fest wie »flüssig« und lässt jegliche Bewegung, in der wir uns einlassen, zu unserer Spur werden. Wir finden uns in dem, was wir getan haben, vor und sind veranlasst, uns darin zu übernehmen. Selbst wenn wir es wegwischen, bleibt es unsere Tat. Unsere Bewegung verweist uns auf unsere Realität. Sie wird zu unserer Erscheinungslehre. Das Vorausseins in unserer Bewegung holt uns zu uns zurück und zu uns ein in unserer Geschichte. Was wir tun, darin begegnen wir uns. Es rückt uns aus unserer Beliebigkeit. Alles Zu-uns-äußern wird zu einem Bei-uns-ankommen. Weit empfunden ist das eine das Erleben von Leben, das andere das Erleben von Sterben als Akt des Lebens: Wir kommen uns zu. Die Geschichte unseres Äußerns ist zugleich die Geschichte unseres bei uns Ankommens. Das Tonfeld ist Gegenüber, das uns uns begegnen lässt, das uns aufnimmt bzw. abweist in unserer Bewegung. Das Material zeigt an, was uns bewegt in unserer Bewegung. Es erscheint als vitale Libido, in der wir uns in unserer Bewegung gestalten. Das Tonfeld wird zum Ort, in dem wir uns austragen. – Das Wasser in der Schale ist Gegenpol zum Tonfeld. Mit ihm können wir es einnehmen, indem wir es ausstreichen. Oder mit ihm können wir uns selbst leiblich beleben. – Dann ist da unsere Begleitung. Sie stellt gegenüber dem leiblich-sinnenhaften Pol Tonfeld den mitmenschlichen Pol dar, durch den wir uns zu uns und zu dem, was wir tun, verstehen. Die verbale Sprache hat dabei den Zweck der Verständigung. Die haptische Sprache ist die intentionale Gestik zu uns, in der wir uns aufnehmen und mitteilen.

*Der Gebrauch und der Nutzen:* Das alles *ist* als Möglichkeit. Da wir uns von unserem Gegenüber, dem Tonfeld, aber erst zukommen, erleben wir uns in diesen Möglichkeiten selbst als möglich. Damit erleben wir uns als einzigartige Individualität. Es gilt uns zu realisieren in unseren Bezügen. Es geht um »ein Korrektiv zur fortschreitenden Entfremdung von der lebensweltlichen Wirklichkeit«, wie es Thomas Fuchs ausdrückt. (Th. Fuchs 2002, S. 10) Das habe ich »Arbeit am Tonfeld« genannt. Wie finden wir uns ausgestattet zu unseren Möglichkeiten und wie können wir den Halt, die Verlässlichkeit und das Vertrauen erwerben, den Anspruch zu uns aufzunehmen? Immerhin: Wir fangen an mit dem Anspruch an uns. Diese Hoffnung gilt es zu überführen in die Erwartung, dass wir uns darin aufnehmen und verstehen können. Wir finden uns vor zu uns. Und dieses Zu-uns gilt es zu vermitteln. Dabei geht es nicht um den Gegensatz bewusst – unbewusst, sondern phänomenologisch um das Verhältnis von Bewegung und Wahrnehmung, wie es Victor von Weizsäcker in seiner Lehre vom »Gestaltkreis« ausgeführt hat. Bewusstsein wird zu einem leiblich-sinnenhaften Bewusstsein zu uns, in dem wir uns beweglich und im Wandel zu uns verstehen.

*Die Frage nach dem Bewusstsein*: Während das Gehirn das funktionale Netzwerk ist zur neuronalen Steuerung und zu unserem Erhalt, sind unser Leib und unsere Hände die Beziehungs- und Aktionsorgane, in denen wir uns in unserem Erhalt zu uns fühlen, finden, verstehen, ausrichten und mitteilen. Wir sind in ihnen aufgefordert zu uns und personal zu uns selbst. Wir tragen uns in ihnen aus und im Tonfeld begegnen wir uns in ihnen und wir zeigen uns in ihrem Gestus. Diese Erfahrungen »Zu-uns« lassen uns zum Subjekt werden. Wir werden verantwortlich für uns. Bewusstsein beginnt, wenn wir uns zu uns erfahren. Dieses Zu-uns bringt dann im »Ich« und »Ich-selbst« eigene Instanzen hervor. Bewusstsein ist Bewusstsein von etwas zu uns, in dem wir uns wahrnehmen. Dazu gehören wir selbst in unserer gleichgewichtigen Ausstattung sowie in unseren Bedingungen und Möglichkeiten. Wir fangen nicht mit dem »Ich« an. Wir setzen es vielmehr im Zu-uns voraus und fragen danach, wie wir in ihm im Zuge unserer Bewegung und unserer gleichgewichtigen Organisation bipolar Stand und Ausgleich finden können. Unser Ich ist wie das Zünglein einer Waage, das sich einpendelt und erlebt in seinen gegenseitigen Polen. Wir sind uns in ihm gegeben und erklären uns als »Ich« – leiblich, emotional, wie auch mental. *Wie* dies geschieht und passend geschehen kann, erscheint aktualgenetisch im bipolaren haptischen und faktischen Verlauf. Wir zeigen uns im Wie unseres Erscheinens und verstehen uns darin zu uns. Phänomenologie erscheint als »Phänopraxie« (H. Rombach 1980, S. 22) und als (neues) schöpferisches Bewusstsein zu uns.

*Das Andere erscheint zugehörig*: Da wir uns von einem anderen her zukommen, präsentieren wir uns in und zu unserer Welt, hier dem Tonfeld. Das andere betrifft aber nicht nur unseren leiblich-weltlichen Bezug, sondern auch unseren mitmenschlichen Bezug. Zu unserem Verstehen erfahren wir uns in einem »Wir«, in dem wir zu unserem Ich finden. Dieses Wir, in und zu dem sich unser Ich findet, präsentiert unsere Begleitung. Aus bloßer Gemeinschaft wird gemeinschaftliche gegenseitige Beziehung und ein miteinander-Werden.

Dazu teilen wir uns mit in unserem leiblichen Gestus. Es geht ja um Aufbruch, um Trennung, um Halt und um Versicherungen zu uns. So ist unser Gestus immer geformt von Rückhalt, Hemmung und Impuls. Und mit einer jeden von diesen Formungen verlagern wir uns auf das Tonfeld: Der Rückhalt wird zum Bedürfnis nach Eigenberührung, die Hemmung erscheint im Widerstand des Materials und der Impuls als Drang, uns zu verwirklichen.

Dieses Zu-uns-verstanden-werden betrifft nicht ein Ausdruckserkennen wie ein Signal, sondern ein primäres, teilhabendes, mitmenschlich angehendes Verstehen. Es schließt die aktuale Herausforderung ein. Erwin Straus spricht vom »sympathetischen Erleben« und er meint damit eine bewusste Art des Empfindens. »Es hat den Charakter des ›mit‹ in seiner Entfaltung, des ›auf zu‹ und des ›von weg‹. (E. Straus 1956, S. 207)

*Die Entzweiung als Voraussetzung*: Wir finden uns zu uns vor. Das Zu-uns in der haptischen Wahrnehmung versetzt uns in die Situation der »Entzweiung«, wie sie von Hegel in seiner Theatervorlesung beschrieben wird. (G. W. F. Hegel 1986, S. 261) Das Drama Zu-uns verlangt nach Ausgleich. Erwin Straus spricht von »unganz«. »Von jedem sich bewegenden Wesen gilt der Satz, dass es in seiner Bewegung von hier dorthin gerichtet ist. Nur ein Wesen, das in seinem zeitlichen Dasein unganz ist, kann wollen, streben, sich bewegen. Das Unganz-sein in der Jeweiligkeit des aktuellen Moments ist die ontologische Ermöglichung des Übergangs vom Hier zum Dort, von einer Partikularität zur anderen. Das Unganzsein ermöglicht erst die beseelte Bewegung, das tierische Suchen, wie auch das menschliche Fragen.« (E. Straus 1956, S. 277) Das »Unganz-sein« und die »Entzweiung«, in der wir uns fühlen, werden in der Arbeit am Tonfeld zum Handlungsmotiv.

*Die Krise als Forderung zu unserer Individualität*: Zur individuellen Entscheidung gehört die Krise. Wir müssen uns verknüpfen mit der Intention unserer Bewegung zu uns selbst. Das Nicht-mehr, aus dem wir ausbrechen und das Noch-nicht, in dem wir wünschen anzukommen, die Krise also, wird zum Geschehnis unserer Bewegung, das uns umtreibt. Wir müssen unsere Balance finden. Das Mögliche erscheint u. U. als Unmögliches. (Vgl. V. v. Weizsäcker 1986, S. 171) Traumatisierungen blockieren das Zu-uns in seiner offenen Beweglichkeit und Gestaltung. Die Haptik in ihrer Reduktion auf die Selbstbewegung, in der wir uns wahrnehmen, bietet dann wieder den Aufbau einer Gewissheit zu uns. Das Nächste und Richtigste zu uns ist zu tun, was ansteht: Wir müssen Verlässlichkeit gewinnen, uns zu äußern. Wir müssen einen Standunkt und einen Halt gewinnen für den Übergang. Wir müssen uns zukommen und uns zu uns verstehen. Wir können uns zu uns wiedererleben, indem wir mit uns anfangen. Der haptische Dialog wird dann zum Dialog mit und zu uns, in dem wir uns (wieder) aufnehmen können in unserer sinnenhaften Realität. Seine Interaktion verlangt intentional-leiblich nach Lösung und Ausgleich. Die Frage ist, wie wir uns auf ihn einlassen können. Und das hängt ab von den Vermittlungen – haptisch-sinnenhaft wie mitmenschlich –, die wir zu uns erfahren. Zwei Lösungswege bieten sich an:

1. Wir können in der Außenwahrnehmung im Tonfeld einen eigenen Ort und ein eigenes Gegenüber finden, in dem wir uns in unserer Bewegung wahrnehmen können. Solches Zu-uns-Kommen bedeutet den gelungenen Abschluss unseres Bemühens. Glück ob des guten oder doch Erleichterung ob des entschiedenen Geschicks werden zur ästhetischen Dimension, in der wir uns leiblich zeigen. Die alten Griechen sprachen von eudaimonia.

2. Wir können uns in dem, was wir tun, zu uns fühlen. Unser Tun rückt in die Wahrnehmung zu uns und wir füllen uns gleichsam mit uns an in immer neuem Aktgeschehen. Statt Identität und Kontinuität sind Authentizität und Dauer in der Bewegung gefragt. Das Zu-uns wird zum kreatürlichen Grund, in dem wir uns ausspannen, gründen und zukommen und in dem wir unseren Stand gewinnen.

*Wandlung und Halt*: Selbstbewegung erscheint in der haptischen Wahrnehmung als Bewegung zu uns selbst. Wir treffen uns an in und zu unserer Realität. Wir können in Anlehnung an Sigmund Freud vom »haptischen Realprinzip« sprechen. Reize treffen auf Entscheidungen zu uns und in diesen antworten wir. Dies geschieht im mitmenschlichen Dialog zu unserer Begleitung, in dem wir uns freistellen können zu uns. Wir erleben uns dann zu uns selbst im Wie zu uns. Denn dieses subjektive »Wie« hat seine Objektivität in dem, worauf wir uns ausrichten. Was wir erleben und empfinden, ist eine Qualitätsveränderung, in der wir uns in unserer Bewegung wahrnehmen und dann aufgreifen. Je mehr uns diese Veränderung in unserem Da-sein betrifft und gegen uns herausfordert, umso bewegter und emotionaler erleben wir uns. Wir erleben uns im Zwischen zu uns und das erzeugt bis zur gültigen Endklärung reale Vorbestimmungen. Was den Vorgang aber dann ausschließlich bestimmt, ist das Erscheinen selbst in seiner Intentionalität, in der wir uns wieder sicher zukommen, also sein Erfolg – oder sein Abbruch. Zu beidem können wir uns dann einsehen. Wir treten mit allem auf, was wir leiblich sind, und werden uns dann – nach dem vollzogenen Vollzug zu weiterem Vollzug – darin zurückgegeben. Der Lebenszusammenhang erscheint als »Schließen der Lebenskette« (M. Palágyi 1924, S. 132 ff.), in der wir uns mit uns zusammenfügen.

Abb. 1–4

*Zwischen »Ist« und »Soll« in unserer Bewegung*: Die Arbeit am Tonfeld beginnt immer gleich mit dem gleichen Setting und der gleichen Aufforderung: Wir finden uns vor und gegenwärtigen uns zu uns. Wie sind wir da? Und: Wie können wir uns aufgreifen? Wir gegenwärtigen uns in unserer Geschichte, der Geschichte, die wir haben und der Geschichte, in der wir uns selbst aufgetragen sind. Das »Ist« stößt auf ein »Soll«, in dem wir uns zu uns verstehen. Dieses Verstehen gilt es, als eigene Geschichte zu realisieren. Das ist Arbeit am Tonfeld. Nicht die Vergangenheit ist zu lösen, sondern die Zukunft.

## Literatur

Deuser, H. (2016). *Der haptische Sinn. Beiträge zur Arbeit am Tonfeld*. Dortmund: verlag modernes lernen.
Deuser, H. (2018). *Arbeit am Tonfeld. Der haptische Weg zu uns selbst*. Gießen: Psychosozial Verlag.
Elbrecht, C. (1986). *Trauma Healing at the Clay Field. A Sensorimotor Art Therapie Approach*. London: Jessica Kingsley Publishers.
Fuchs, Th. (2002). *Zeit-Diagnosen: Philosophisch-psychiatrische Essays*. Gießen: Die graue Edition der Alfred-Schmid Stiftung.
Gander, H.-H. (Hrsg.). (2010). *Husserl-Lexikon*. Darmstadt: wbg. Academic.
Hegel, G. W. F. (1970). *Vorlesungen über die Ästhetik I, Werke 13*. Frankfurt a. M.: Suhrkamp.
Palágyi, M. (1924). *Naturphilosophische Vorlesungen. Über die Grundprobleme des Bewusstseins und des Lebens*. 2. Aufl. Leipzig: Johann Ambrosius Barth.
Rombach, H. (1980). *Phänomenologie des gegenwärtigen Bewusstseins*. Freiburg: Alber.
Straus, E. (1956). *Vom Sinn der Sinne*. 2. Aufl. Berlin: Springer.
Weizsäcker, V. v. (1986). *Der Gestaltkreis. Theorie der Einheit von Wahrnehmen und Bewegen*. 5. Aufl. Stuttgart: Georg Thieme Verlag.

*Katrina Millhagen*

# Accompanying clients in psychodynamic art psychotherapy through a non-dual stance

**Abstract:** In this work I will be referring to a number of psychoanalysts and philosophers with reference to how an understanding of their work can enrich and highlight the need for creative experiencing. In doing so, I will give some consideration to the need to pay attention to the complex interplay of body and mind and to the socio-historical / cultural symbolic and politically situated social relationships that shape peoples' lives. I will also highlight the importance of using trans-disciplinary ways of working together in order to help us gain more understanding of a client's state of mind. In doing so, I will be focusing especially on explanations of non-dualism, based on the work of some post-Jungians.

During the therapeutic process it is important to be aware of the intentions, thoughts or fleeting distractions that may come up unexpectedly for us as therapists, some of which may become potential sources of interference. The ›conceptual mind‹ can be considered as a ›sixth sense‹ which may be able to achieve transcendence via non-dual phenomenalism. I intend to look at the processes of dynamic interchange in living systems, with particular reference to a potentially evolutionary view of archetypes. I will also examine ways in which new ›patterns‹ can emerge as a result of collective forces operating across cultures.

I will propose that in art psychotherapy practice we need to utilise a therapeutic stance that allows for attention, stillness and reflective curiosity to be adopted in a non-dualistic way. This can allow us to experience images as part of a larger imagined canvas, allowing us the flexibility to experience and rearrange parts of images or meanings into different constellations. The aim is to open up a creative experiential level and to provide more room for clients to unfold.

## Introduction

My intention here is to explore ways in which a therapeutic stance can involve a non-dualistic approach in order to facilitate a more finely tuned creative process in psychotherapy. This involves a focus on post Jungian views, following on from what Jung referred to initially as a totality of the psyche or a theory of psychic wholeness. I will also be referring to concepts of non-dualism in Mahayana Buddhism. This will facilitate examining ways in which such an approach can assist a client's sense of being able to unfold and receive more undivided, uncluttered attention from the therapist. In order for this to occur, close attention from the therapist is required. The therapist should therefore not be burdened by their own assumptions, or have treatment plans in the foreground and be searching for ›answers‹ but should be prepared to enter into the experience of a ›receptive stillness‹.

I have repeatedly found that when clients come to therapy they often feel that something is missing for them in their lives, or inside them. It is thus necessary to ask what needs are not being met and what is out of balance. Using the concept of Jung's collective unconscious allows for a more ›universal‹ approach in order to deal with a ›Grundgefühl‹ of needs not being met. Heidegger used this term in his writings on existential philosophy and refers to the concept of ›Dasein‹, or ›Being There‹, in which there is an underlying sense of groundedness and a fundamental sense of existence and presence.

As an example from contemporary political culture, the current situation regarding Brexit could be seen to feature a dearth of interrelating between humans, resulting in a lack of attention being paid to what is really important in a social, political and cultural sense. The media constantly focuses on human strivings for ›happiness‹ through a sense of ›needing‹ to have a party, a holiday, eat excessive food as compensation for how one feels or to get ›high or out of oneself‹. McLagan (2005, 24) refers to »living in a culture saturated with images, a collective imaginative numbing«. For example, we may be hard pushed not to feel despair when it comes to the ecological crisis and we can feel both isolated and ineffective when the interrelationships of appropriate agencies are not able to address such matters effectively. This can lead to a sense of isolation and even a sense of fragmentation, as there is less to hold onto in terms of providing a containing reflective space in which to find some rest. In such cases, there may be a general lack of creative experiencing overall, as well as the sense of not feeling part of a whole to which one can contribute or gain a sense of security from.

I will attempt to address how a therapeutic stance informed by non-dualism (as expounded in Mahayana Buddhism, which has its roots in the Upanishads) can assist clients and therapists. I will also attempt to take the reader on a journey in which I will raise a number of related concepts and theoretical orientations in order to make the reader feel engaged and curious. I would visualise this process as presenting a ›Gallery‹ which holds many images. I will focus predominately on how contemporary post Jungian approaches have helped me to formulate a therapeutic stance towards practice that requires a more sensitive and an uncluttered way of practising, with particular emphasis on non-dual seeing and hearing and being, rather than ›doing‹. The therapist's intentions, thoughts or considerations can potentially cause interference to, arrive as distractions from or act as hindrances to the opening up of psychological processes within the context of a therapeutic encounter. I would suggest that exploring art images can often easier facilitate the creative imagination.

## Why this topic and interest?

What is it that clients mean when they say that something ›is missing‹ for them, in themselves or in their lives that causes them such mental un-wellness?

In the art therapy profession in the UK we have conducted a number of debates over how best we can focus on the art image in explorative processes or whether verbal psychotherapy can be too dominant and lessen the usefulness of images. Skaife (2008) explains that working in an inter-subjective way is important alongside the images and talking and Mitchell (2000), a psychoanalyst, adds some explanations of relationality. Maclagan (2005, 24) refers to »imagination that unlocks … ›psychological lining‹« and to images needing more imaginative work. Skaife makes a point about there being too much focus on the cerebral over the perceptual and sensual. Mann (2006) refers to the fact that verbal exchange is necessary, arguing that there can be a lack of imagination for clients and therefore art can be used defensively. However, I would stress that it is important to explore the interrelationship between all these factors.

It has always been my own personal approach to art psychotherapy, supported by my supervisors such as Thomson (1989) and Simon (1992), to focus particularly on the image in relation to the processes of reflection. Maclagan (2001 and 2005), Simon or Thomson concur that this approach allows the therapist to ›walk‹ within the images, to notice and to explore. To turn an image around to allow another perspective encourages the imagination and the use of metaphors to illuminate the image. It is important not to move too quickly into giving explanations or to try to ›understand‹ the image. It is necessary to allow room for an exploration of what the images throw up. Watkins (1981), Simon and Thomson all remind us that our priority should not be to ›find meaning‹ in images or to provide interpretations, but to explore them carefully. A non-dualist approach can help to facilitate this process in more depth.

I am reminded of the work of Escher (the artist known for his use of symmetry and mathematical inspired designs) who had also some training in architecture and used various reflective and rotational symmetries in his designs. This also brings to mind the abstract Islamic art in the Alhambra, Granada, Spain which functions both as decoration and as a way of evoking spiritual feelings. Escher found this very inspiring. His images are easily experienced from various different perspectives simultaneously, which expands a range of experiencing. His drawings also feature an asymmetry that allows for new visual experiences.

I have also focused on the concepts of inter-subjectivity (Orange, Atwood and Stolorow 1997) and relationality (Mitchell 2000) as well as the perspective of McClusky (2005) who writes about ›being met‹ as a person and noticing failures to respond to the client's communication of affect. Driver (2013) sees this as a matter of considering being and relating in the therapeutic relationship. Drawing on Heidegger she describes it as an »interaction between being-ness and knowing-ness« (Driver 2013, 5), which can take place through a process »of openness to being« (McCoy Brooks 2011. In: Driver 2013).

Body psychotherapy is also important in terms of relating with clients, with whom we engage in a complex inter-relational interaction. In order to facilitate this we need to draw on all our feelings and senses, in body and mind. A wonderful example of the five senses (smell, touch, hearing, taste and seeing) can be seen in the tapestry »The Lady and the Unicorn« (Medieval Tapestries. In: C Driver 2013). This depiction could be described as being »closest to the soul or spiritual world« (Driver 2013, 3). A lecture in 2015 on ›Spirituality in the consulting room: On the integration of the spiritual dimension and ordinary clinical work‹ in Edinburgh by Birgit Heuer also sparked my interest. She spoke on post-Jungian thinking and alluded to non-dualism with relation to her background as a body psychotherapist. This led me to study authors like Corbett (2016), Cambray (2009 and 2019) and Loy (1988) to help me gain more understanding of what Jung tried to achieve with regard to the totality of psyche / wholeness. This influenced me in questioning how we may formulate an effective therapeutic stance. It is important that we understand what informs us, whether it is a faith in some sort of belief system, or our own particular orientations, and understand how this may impact on clients in terms of inclusivity or exclusivity. See Tacey (2012) and Ross (2016) for related discussion.

Bernstein (2005), a Jungian analyst who worked with the Navado Nation, notes how we can miss gaining an understanding of a client by not seeing that their suffering may be based on something more collective. Psyche and ego, he explains, are inherently constructs of a western European and American cultural viewpoint. However, we have split off repressed unconscious contents which can be personal and can emanate from the collective unconscious. Bernstein describes how some of the people he worked with inhabited a ›borderland personality‹ which »… psychically straddles the split between the developed, rational mind and nature in the western psyche, and one who holds and carries the tension of that split and an emergent reconciliation of that split at one and the same time« (Bernstein 2005, 17). He argues that we need to move away from the idea of an overspecialised ego to discover its natural roots. This is echoed by the other post Jungians I will refer to later.

I will also touch on the work of Buber (1973), who was interested in philosophical anthropology and personal relations. His notion of the ›between‹ evokes Winnicott's transitional space or object and transitional phenomena. Gross (2013. In: Driver 2013, 40) refers to »Jung's idea of mutual transformation taking place within an analytical space or an interactional field«. Buber seeks what arises out of being-in-the-world (Dasein) and focuses on what arises with others. In the forming encounter, an immersion in the dialogue of ›between‹ and ›presence‹ may be useful as the influence of these creative notions could be extended beyond the consulting room. This is similar to the concept of non-duality in terms of its stress on being ›in the moment‹ with a connection or a togetherness that can create something new.

Begg (2003), a Jungian analyst, explores how openness to synchronicity can be useful both in therapy and in our lives. To have an openness and receptiveness to this is enriching when working with clients. This allows issues to arise spontaneously, without an obvious link, in a way that may contribute richly to a situation or understanding.

I also consider ecological psychotherapy to be a vital contemporary development as it is so important to re-connect with nature. We are often too cut off from nature and this may also be missing for our clients. Rust argues that »Living within our consumer culture is like inhabiting one giant eating disorder« (Rust 2005, 11). She refers to people not being in touch, being cut off from nature, and wishing to just have ›happy lives‹.

When we look at Western culture, films or media we can often sense the predominance of a desire for instant gratification, through getting high, overeating or electronic multitasking and such as texting on mobile phones instead of talking face-to-face. The popularity of the ›Superhero‹ genre in modern cinema reflects the collective desire for heroes to save us from bad characters. Jung believed that such universal, mythic characters – archetypes – reside within the collective unconscious of people the world over. Archetypes represent fundamental human motifs of our experience as we evolved. Consequentially, they evoke deep emotions.

»The best Sci-Fi literature often has this kind of visioning capacity for the distant future, which can be far from what is real at the present« (Cambray 2019, 17). Cambray suggests and explains that: »The planetary crisis arising from climate change may well be leading us to such a new pattern« as »… the process of constellating an archetype may also reflect a dynamism of, or in, the unus mundus in response to collective forces operating in a society, culture …« (Cambray 2019, 6). He also refers to a connectedness within ecological systems, revealing that it generates intelligence in a way that we are only just beginning to appreciate. He states that the patterns these activities may create are similar to the neural networks of the brain tissue. He goes on to advocate a greater engagement across disciplines to expand the possible connections and applications of analytical psychology.

In the western world many individuals experience a ›Hurry-Up

Sickness‹ (Rust 2012, 196); an overload of information and a lack of grounding. Mental ill health is increasing in the UK and elsewhere. Our attention can be compromised through lack of contemplation, overloading and overconsumption that outstrip environmental renewal. A large part of the human population is alienated from nature and Rust describes how both an ecosystem and human sicknesses »can be viewed as psychosomatic or eco-psychosomatic« (Rust 2012, 41). This may contribute to an explanation of why clients feel that something is missing. Loy also refers to a sense of »our alienation from the earth that we are destroying« (Loy 1988, 302).

## Psychoanalysis – creative experiencing

The contemporary psychoanalyst Eigen writes about the element of faith he sees in Winnicott, Lacan and Bion's endeavours to explore ways in which non-dualism is already embedded in psychoanalytic literature. The authors Eigen refers to display a central interest in creative experiencing in terms of what makes it possible or what hinders it. Eigen examines how this creative experiencing involves paradox, mystery and faith and how the writers referred to above describe a phenomenology of creative experiencing, focusing on ideal experiencing on the theme of self. Eigen's emphasis is on a sense of wholeness which continuously evolves and he adds that this process takes place »in a spontaneous play of experiencing and meaning which aims to express and unfold what is the most real for the subject, his emotional truth or way of being a subject, who one is« (Eigen 2004, 136).

Eigen also comments on Winnicott, Lacan and Bion. Winnicott's ›faith‹ is expressed in transitional experiencing as he advocates »a limitless feeling of wholeness« (Eigen 2004, 112) and »object usage as a joy-base account of the growth of otherness« (Eigen 2004, 115) and states that in »the transitional area self and other are neither one, nor two, but somehow together make up an interpenetrating field« (Eigen 2004, 110). Eigen points out that Lacan stresses that »one requires a certain faith to tolerate and respect the gaps through which the life of authentic meaning unfolds« (Eigen 2004, 118). Eigen continues that Lacan and Winnicott seem to agree »that human subjects cannot be fully constituted without access to the symbolic ...« and meaning can then freely evolve (Eigen 2004, 119). Eigen explains that for Lacan »the trick seems to be to catch on that we are continuously symbolizing some lack which our symbolizing activity itself both institutes and transcends« (Eigen 2004, 121). Eigen considers Bion's theory and that he would stress that »if we are to develop as whole persons, the actual truth of our emotional realities must evolve« (Eigen 2004, 124). Eigen finds that in Bion's view, being and knowing are factors that require each other and argues that in adopting a more fruitful attitude for creative unfolding, the intention should be to attend and perceive, rather than to remember or impose a helpful scenario. Eigen's understanding of Bion is that such an approach cannot be ›mastered‹ and that there needs to be an emphasis on the importance of having some inkling of the truth of the emotions being displayed. He also points out that we can block this process because of our desire to help and I believe, that we can then know or explore whether we may allow interferences to occur. This can stunt »perceptive listening and shutting out subtle currents of creative movement« (Eigen 2004, 125). Individuals thus need to open themselves up to the unknown. Bion calls this openness »experiencing experience« (Bion 1970. In: Eigen 2004, 133).

Eigen stresses that each writer tries to develop something of a phenomenology of creative experiencing. In so doing, the authors he refers to begin to sustain a radical encounter with what is the primary quality of experiencing as such: »its intangibility or immateriality« (Eigen 2004, 134). He likens creative experiencing to something deeper and beyond internalisation to something of »the unknowable ground of creativeness as such« (Eigen 2004, 135). He concludes that the authors thus articulate a ›faith dimension‹ in both the formal sense of what makes the psychoanalytical experience possible and also the specific state of mind of the psychoanalytic attitude. Eigen emphasises that the way in which the area of faith interacts with creative experiencing is not really graspable. He argues that perhaps all authors connect in spirit at least partly. He also states that experiencing with a client should be undertaken »with one's whole being, all out, with all one's heart, with all one's soul and with all one's might« (Eigen 2004, 109).

In order to add to the background of gaining an understanding of creative experiencing in art and art psychotherapy, I will now discuss some philosophical views on the emergence of a self.

Katrina Millhagen

## Philosophy – ›Self emergence‹

As we engage with the world, we respond to experiences and are also critically enabled by the social world around us. Meehan (2016) explains that the capacity of the self to develop in relation to its environment originates neither from internal forces (genes, creativity) nor external forces (nurture, power) but that »it emerges from its own activities (however potent or impotent these may be), as it responds to the myriad possibilities enabled by its own interactions with its environment« (Meehan 2016, 29). This allows us to acknowledge that internally and externally generated forces can have an impact on the ontogenesis of the self. Meehan describes »… how bodies, feelings, people, practices, social institutions and material conditions shape the ›eco-system‹ into which babies are born …« (Meehan 2016, 30) and that can be connected to interrelating and self-emergence. She demonstrates that there is something unique in how we use and respond to myriad experiences. In a dynamic system we will have continual emergence and changes. As Siegel puts it »… Not only can we think of every individual as a dynamic interactive system, but adding to the complexity of social interactions immeasurably … and then across cultures, the complexity of interactive effects is staggering« (Siegel 1999. In: Meehan 2016, 29). This involves the view that the self »develops capacities and relationships that create the conditions from which a self and the world can continuously emerge« (Meehan 2016, 30). Thus we can see the self as »… as an ability whose development rests on integration of capacities …« and as being a feature of »… beings that know themselves as continuous in time and in relationship to others« (Meehan 2016, 30).

A brief example of what may shape an outer environment for a child, is a comment from biologist Sheldrake (cf. 2018, 94), who examines the effect of children being put in front of the computer or television at age three and not going out into nature. In the UK, Nature Deficit Syndrome is growing, as 12 % of children in UK (1.3 Million in the UK) never explore the natural world. The prevalence of ADHD, obesity and depression may be related to this. Vital elements in allowing an emergence of a sense of self may thus lead to ›something missing‹.

As therapists we can incorporate a broader perspective on transdisciplinary areas such as Natural Sciences and Humanities in Psychiatry and Psychotherapy. Rather than focus on the current concept of neuroscience and neuro-biological reductionism and brain processes, psychiatric illness could be better understood through a perspective that also considers an exchange of social, cultural, economic and political processes (cf. Fuchs 2017). This can lead to an integration of more emergent capacities and therefore add to complexities of social interactions and outlook.

## Post-Jungians and non-dualism

A number of Jungian analysts have developed his thinking in order to make his theories applicable to the present day. Cambray states that »… from a contemporary vantage point Jung's entire opus has an emergentist feeling to it; he built his theories without the benefit of the scientific findings on complexity which were not yet available during his lifetime« (Cambray 2009, 62). Jung, he explains, wrote extensively about ›wholeness‹, about becoming fully oneself, and was concerned with ›completeness‹.

Loy, a Jungian analyst and Zen teacher, states that Buddhism bases its worldview on the experience of the non-duality of the subject-object, but that this has not received the philosophical attention it merits. He argues that »Non –dual action is ›spontaneous‹ (because it is free from the objectified intention), ›effortless‹ (because it is free from a reified ›I‹ that must exert itself and ›empty‹ (because one wholly is the action, there is not the dualistic awareness of an action)« (Loy 1988, 10). The concepts of non-dual perception and non-dual action seem to suggest that thought processes function mainly as interference. This would seem to make it very hard to engage in therapy, but as we continue what is inferred here it will become clearer. Loy goes on to say that »in non-dual thinking each thought is experienced as arising and passing away by itself, not ›determined‹ by previous thoughts but ›springing up‹ spontaneously« (Loy 1988, 11). He makes an interesting observation that Heidegger's methodology can be best understood as providing parallels to non-dual thinking. He addresses thinking not as a means to gain knowledge but as both an experience ›along the path‹ and a potential destination. This can involve opening or surrendering oneself to opening up to being-in-the world, with a sense of Gelassenheit – a state of tranquillity. This involves embracing openness with no attached outcomes and simply letting things be, with an acknowledgement of uncertainty and mystery. Heidegger therefore provides a way of transcending thinking which focuses on the creative process. His concept of ›Ur-sprüngliches Denken‹ (which implies an ancient origin of and the primal springing up of thinking) and ›vorstellendes Denken‹ (imaginative or re-presentational thinking) seems to suggest a way of stepping almost back to attain more, without a final goal in mind but with experiencing in the foreground.

Loy states that concepts and intentions are dualistic because thinking is preoccupied with precepts and actions. He describes how we need percepts which are free from conceptual and emotional superimpositions. Hence having a non-dualist perspective can turn common-sense understanding upside down. Mahayana Buddhism is particularly clear on this and states that we do not have to transcend perception but return to a form of perception that involves an unconstructed percept. Thus there is no separate conscious awareness when perception is non-dual. This state of mind is described as empty, yet also full with limitless possibility. Loy explains, in regard to Mahayana Buddhism, that the original meaning of ›Maya‹ is apparently »magic trick« (Loy 1988, 67), and refers to how we can let go and experience the »original thing-in-itself« as a non-dual percept (Loy 1988, 48). Perception and thought processes can thus be non-dual and the conceptualising mind can be seen as a »sixth sense« which can be »transcended« (Loy 1988, 39). Normally our mind does not only receive but also interprets and synthesises perceptions. Essentially we have to imagine that in our cognitive process we have something like sun rays that can illuminate objects but the sunrays do not see themselves. Luminous cognitive states do illuminate what is cognisable both inside and outside of us. Thus we can transcend our conceptualising mind in order to reach a state in which the cognitive processes of luminosity and cognition essentially belong together (cf. Loy 1988, 65). Mikha'il Nu'aymah (1946) relates clearly and beautifully to non-dual senses.

»*Your eyes are veiled with far too many veils. Each thing you look upon is but a veil. Your lips are sealed with far too many seals. Each word you utter forth is but a seal. For things, whatever be their form and kind, are only veils and swaddling bands and veils? And words – are they not things sealed up in letters and in syllables? How can your lip which is itself a seal, give utterance to aught but seals? The eye can veil, but cannot pierce the veils. The lip can seal, but cannot break the seals. Demand no more of either one of them. That is their portion of the body's labours. And they perform it well. By drawing veils and by setting seals, they call aloud to you to come and seek what is behind the veils and pry out what is beneath the seals. To break the seals you need a lip other than the familiar piece of flesh below your nose. First see the eye itself alright, if you would see the other things alright. Not with the eye, but through it must you look, that you may see all things beyond it. Speak first the lip and tongue aright if you would speak the other words alright. Not with the lip and tongue, but through them must you speak, that you may speak all words beyond them ... Let things alone and labour not to change them. For they seem what they seem only because you seem what you see. They neither see nor speak except you lend them sight and speech. If they be harsh of speech, look only to your tongue. If they be ugly of appearance, search first and last your eye. Ask not of things to shed their veils. Unveil yourselves, and things will be unveiled. Nor ask of things to break their seals. Unseal your selves, and all will be unsealed.«* (Nu'aymah 1946, 23)

To follow on from this I will focus on some examples to try to relay the nature of a non-dual stance. Listening to music, for example, is an ideal medium for non-dual experience. We do not need to assign the sounds a meaning. Music can exist without thought constructions. Non-dual hearing can have a spiritual or mystical quality. Once one makes a judgement on the quality of the music, the non-duality is removed. I will add my own understanding of non-dual experience of ›hearing‹ music. As I play piano and compose music – at times I also shut my eyes – I experience this as a more embodied process. Playing and hearing thus become one. As I add new rhythms or notes, they are like drops in water which create reverberations. This leads me towards something not yet known. I then reach the point where I do not feel my hands playing or ears hearing, but am moved energetically and fully sense everything at once.

As regards painting, I add strokes of paint and then I may add drops of a colour which propels me onto something else. I may feel excited or intrigued and concentrate on a movement in a part of the image. I may step back, squeeze my eyes to fuzz the edges of the image to see what else may come of it or I may wish to add to it – but at this point I step out of a non-dual state to contemplate the process.

Vision or seeing, Loy concludes, is the most important sense and is the most difficult to understand non-dualistically. He explores in depth what we ›actually‹ see. We have learned with our senses how to relate various stimuli together; for example seeing water and how this feels to touch. There is therefore an automatising process involved in seeing objects. Non-dualists would argue that we can undo this ›unity of apperception‹ (Loy 1988, 75). Loy explains that »Non-dual perception is better understood as a version of phenomenalism« (Loy 1988, 87). »In non-dual perception there is no awareness that one is seeing *with* the eyes or hearing *with* the ears« (Loy 1988, 90). We do not have to negate perception but ›become‹ it in a non-dual way. Loy refers to William Blake's ›The Everlasting Gospel‹ cf. (Loy 1988, 89) which is concerned with the limitations of sense-organs:

»*This Life's dim Windows of the Soul / Distorts the Heavens from Pole to Pole / And leads you to Believe a Lie / When you see with not thro the Eye / That was born in a night to perish in a night / When the Soul slept in the beams of Light.*« (Blake 1818. In: Kazin (1976), Section 2.c)

The view that it is not necessary to arrive at an interpretation of images in words or in other ways and that it is more important to allow our senses to explore within the image is supported by Watkins (1981). Eigen also argues that creative experiencing of images cannot occur without an immersion in the process, which again does not necessarily involve making interpretations.

Cambray (2019) refers to syncretism as a way of combining a variety of cultural views or systems such as Buddhism and analytical psychology in order to discern potential interconnectedness and form a new system in dynamic interchange. He points out that Jung brought an extremely broad range of cultural material into his theorising. Cambray emphasises the need to embrace and draw on many fields »from neuroscience to somatic and cultural studies, to ecology, social and environmental justice, research on spirituality, arts–based research and so on« (Cambray 2019, 3) concluding that trans-disciplinary studies can augment traditional curricula. While this may be debatable, I would concur to some extent in that the desire to achieve evidence based perspectives is a very selective type of syncretism and can attack depth psychology's psychotherapeutic finer contributions. Maclagan (2005) warns that we may sometimes write clinical reports out of a fear of needing to show overt interpretations, using what he refers to as ›imageless language‹, which is based on a conceptual vocabulary wherein what a response to images requires is imaginative and felt senses and a description of what effect they may have on us.

Cambray explores the case for »an evolutionary view of archetypes« (Cambray 2019, 6). This involves the idea that a constellation of evolutionary archetypes can reflect the dynamism of collective forces, suggesting movement and development. He links this to our planetary crisis regarding climate change and how this may require adopting a new pattern based on collective forces operating across cultures. Overall he argues that we enter a period of »potential psychological syncretism« (Cambray 2019, 11) but that we need multiple ways of understanding the psyche and of engaging with various disciplines. He also suggests that, because of advances in complexity theory and its impact on archetypal theory, more research is required in this area. This is a similar approach to that of Meehan or Fuchs in that it suggests the need for systems to work in a process of dynamic interchange, with trans-disciplinary approaches and collective forces operating across cultures.

## Interconnections

Corbett and Whitney (2015) explore non-dualism in psychotherapy and outline ways in which we as therapists may approach this in practice. Jung made many references to such expanded awareness. In ›Memories, Dreams, Reflections‹ Corbett states that Jung referred to: »At times I feel as if I am spread out over the landscape and inside things, and am myself living in every tree, the splashing of the waves, in the clouds and animals that come and go, in the procession of the seasons« (Jung Memories 1975. In: Corbett and Whitney 2015, 19). However, Jung never fully lets go of his Western dualistic bias by referring to ego consciousness and by stating that the notion of the unconscious is inconceivable without that of an ego.

Corbett and Whitney conclude that Jung focuses on a state of becoming in which the ego and the self are a unity and where we have two apparent centres. This is one psychic process in which ego can experience some aspects of the self but not its totality. Both Corbett and Loy make a link to the Upanishads, a pre-philosophical way of seeing. ›Upanishad‹ literally means, ›sitting down near‹ or ›sitting close to‹, and implies listening closely. Historians and indologists have put the date of composition of the Upanishads as being between 800–400 B.C. The Upanishads' focus is on being rather than becoming. In this context, the self is the ultimate subject and can never be objectified. Consciousness is never unconscious. We have a ›silent background‹ which is the basis of all images and forms. Thus we can never be conscious of the self as an object because the self is the ultimate subject. We cannot see that which sees, or hear that which hears or know what the knower is.

The chart from Jung shows how little is accessible and how much we require exploration, when we have moved away from a conceptual thinking process. The self has both a conscious and unconscious dimension and we cannot really comprehend it as a whole. It is thus necessary to turn our attention inwards, away from the constantly changing world of everyday experiences towards the ›silence‹ which is beyond all thought and the working of the intellect in order to go beyond the surface of life to a deeper all-pervading level of wholeness. To suggest that the ›self is a totality‹ then, is perhaps entirely consonant with many non-dual viewpoints.

Upanishadic viewpoints are frequently referred to by Jungians and equated with pure seeing and pure perception. The Upanishads give a sense of how one is part of a large and complex system. A link can be made to the Nadis of Yogis, which sees the human nervous system as a subtle energy system within and around the body including chakra points; an explanation of a higher state of ›consciousness‹ which is not widely acknowledged across scientific disciplines. Rabindranath Tagore, an Indian poet, musician and painter, also refers to Upanishads and his perspective is that we do not have to believe in God to be spiritual. He advocates a non-dualistic approach and is influenced by anthropology, ecology and political theology. He also advocates cross-cultural understanding through education (In: Kupfer 2016), as does Satish Kumar (2007), another writer in this field who contributed a truly wonderful BBC2 programme called ›Earth Pilgrim‹ (Kumar 2008), which explores the concept of non-dualistic experiencing.

Cambray (2009) states that while Jung did not explicitly refer to a model of the psyche as a form of field theory, he certainly hinted at it. In this field each archetype can be seen within a larger context with various links or connections weaving the archetypes into a network.

Accompanying clients in psychodynamic art psychotherapy

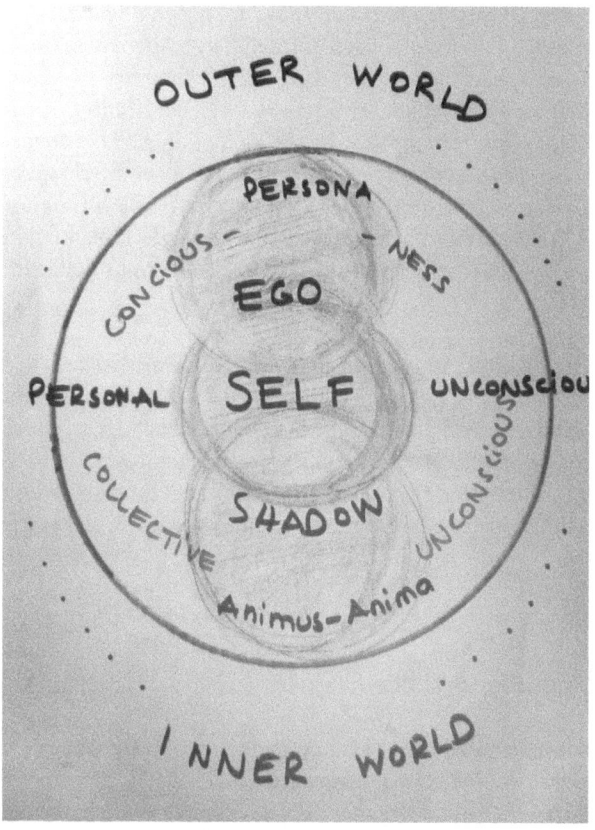

Figure 1: Jungian structure of the psyche

Cambray argues that Jung »still had a tendency to treat the unconscious as a field that may be observed without considering the influence of the observation (Cambray 2009, 43). He goes on to say that »By moving to a field model, Jung's view of the archetypes of the collective unconscious can be reformulated. Each archetype can be seen as a node embedded within the larger context of a polycentric whole, with sets of links or connections weaving the archetypes into a network …« (Cambray 2009, 43). The *unus mundus* is an example of a unified field. Another image describing an archetypal field is ›Indra's net‹ based on Hua-yen or flower garland school of Buddhism from Indian and Chinese Buddhist philosophies:

»*In the heaven of the great god Indra is said to be a vast and shimmering net, finer than a spider's web, stretching to the outermost reaches of space. Strung at each intersection of its diaphanous threads is a reflecting jewel. Since the net is infinite in extent, the jewels are infinite in number. In the glistening surface of each jewel is reflected all the other jewels, even those in the furthest corner of the heavens. In each reflection, again are reflected all the infinitely many other jewels, so that by this process, reflections of reflections continue without end*« (Mumford, Series & Wright 2002. In: Cambray 2009, 44).

A holistic, radically interconnected, reflective universe has often been imagined and Jung's theory of the self as being part of a collective unconscious offers a psychological reading of such an archetypal pattern. Synchronicity is a particularly potent manifestation of the field with the resonant reflections of internal and external events. This may outline aspects of what can be illuminated when one is creatively activated.

## Implications for practice

The dominant model for psychodynamic psychotherapeutic practice is based on a dualistic model. However, if we have a non-dual map, we then have a field of metaphor. We can imagine gravitational fields between objects that are an inseparable aspect of the phenomenon. This is an alternative to therapy that is conceived as occurring within the inter-subjective fields produced by two people. It uses the notion of ›moments of complexity‹ to describe the orientating possibilities of this field and examines how we participate in this and co-create this. Thus as therapists we need to ›listen‹ »… with and through the body as much if not more than through the mind« (Bernstein 2005, 185). Each organ of the body including the brain, speaks its own ›thoughts‹, ›feelings‹ and ›promptings‹ and listens to those of all the others.

The non-dualistic re-visioning of the body-mind relationship (cf. Damasio 2003; Siegel 1999) places embodiment at the heart of the therapeutic endeavour. This relates to Body Psychotherapists like Totton (2003) who write about ›embodied relating‹ and to B. Heuer and G. Heuer as being Jungian analysts as well as Body Psychotherapists. The embodied field created between client and therapist has far-reaching implications for everything we experience, think, feel and do in everyday practice, allowing us to re-conceptualise transference and counter-transference as embodied experiences (cf. G. Heuer 2013). The therapist can thus become entangled in the painful and problematic dynamics which had brought the clients to therapy in the first place. Difficulties in the working alliance can then be a manifestation of profound and necessary involvement on the therapist's part, rather than indications of incompetence.

Whatever we can get entangled with or what is created in the therapy can be examined through microphysics, which involves »feeling its way into unknown side of matter, just as complex psychology is pushing forward into the unknown side of the psyche« (Mansfield 1991, 284). »The common background of microphysics and depth-psychology is as much physical as psychic and therefore neither, but rather a third thing ... in essence it is transcendental« (Mansfield 1991, 285).

One may imagine it as a waterfall. Water comes from above and reaches below. But the way in which the water flows down and reaches below cannot entirely be predicted. It can however be imagined and experienced. In practice we aim to give our full attention to the client and image or feeling in much the same way. We do not wish to allow distractions to pull us one way or another, so that we can hear or see with the mind stilled, with undivided receptivity without expectations or determinations.

As an example of this, I wish to share my experience of meeting three Shire Horses on a vast field in Scotland, as this alerted me of the necessity of being mindful of the need to pay greater attention, which can be linked to work with clients in therapy. On this occasion I only ›called them‹ by a brief body gesture of raising my arm. I was walking with a friend who was alarmed by the sound of the heavy hooves and speed of these creatures that were now galloping towards me. They looked like little dots as they were almost a mile away from me. I realised in this moment that I needed to be clear about why I had called them – just as we want to be clear about the kind of attention we are giving when we see a client. We can of course be potentially wary of seeing some clients, but this would not overwhelm the process in hand. We want to be still and receptive.

Katrina Millhagen

Figure 2: Shire horses and me

I realised that my friend was scared and had hidden near an abandoned field-shed. The horses galloped towards me and as they approached they became visually larger and larger with whirling manes and enormous huge hairy hooves. Time seemed to vanish completely as they came down the large slope of the massive field, looking at me with excitement and bringing with them a great deal of energetic power and speed. I understood that I needed to be clear with them in terms of my attention. No verbal or sound exchanges took place other than my greeting them with my attention, putting my head slightly down so not to impose and expressing a wish for all of us to put our heads together and greet without words or sounds. My friend recalled all to me afterwards and explained it was like magic. We were suddenly in a circle: myself with three Shire Horses. He did not know what we were doing and I stood there so calmly. We held our heads very close together, gently smelling and feeling. I experienced this as beautiful, like an exchange of love and beauty, but I then realised I had experienced interference through thinking »What if they shook their heads?« as I had realised that their sheer size could knock me out. This ruffled the horses and immediately caused disturbance and I began to sense unease from them. I then focussed on being with the horses with no worries or thoughts but just openness to experience. This carried on for a little while until I thanked them and immediately they all moved away from this circle. I revisited them and we took the above photo.

We can easily see how such interferences can occur in the therapy room and cause similar ›disturbances‹. This may cause unease as one's mind drifts off and away from the client. It then easily could also be related to issues of transference. B. Heuer (2015) said at her talk that she felt ›accused‹ by other Jungians of an un-agreed intervention, when she shared that she may wish a client well, non-verbally, as client leaves the session. It puzzled me. It seems to me that our intentions and conduct in our therapeutic stance is very important and Corbett and Whitney describe a therapeutic stance that asks for attention, perception, experiencing without words, without a concept, without a confined image. Then surely our responses and intentions can involve clarity with uncontaminated understanding.

In art therapy work, we have clients with whom we may spontaneously experience a strange sense of what is created. Some of this could be with regard to art work or the therapeutic relationship or felt through the body like with gurgling stomach sounds, peristaltic noises (G. cf. Heuer 2013). Some may refer to synchronistic events or imagination where both client and therapist experience something simultaneously together. Such experiences can appear and disappear and may have a role in setting things in motion.

When working with one client in private practice I saw briefly two illuminated ›graves‹ in her artwork, which looked as if they were covered in glass. I kept this to myself as the artwork and feelings were in a forming stage. Over a period of eight months of therapy this actually led the client to a remembrance of the loss of a sister years ago who was never properly grieved for, particularly by the mother. This did happen in reality later on. The sister received a full ceremonial remembrance and the mother died not that long afterwards, but was happy to have remembered the daughter whom she had lost in tragic circumstances. I let go of the image of this that arose for me earlier and did not raise it until much later when it felt appropriate. My experience was not of interference but I allowed myself to note and feel the image without it disturbing the session but held it in mind, as something one cannot and does not have to explain. It was not the right time as the image needed to have room to evolve and to be felt first. It is important that we can give our full attention without effort by being rather than doing, acting or interpreting. Total attention uses the whole mind and body; one's whole being. We can pay attention, perceive and experience without using words. At times, simple receptive silence with curiosity is all that is required.

## Art Therapy Practice

The therapeutic stance includes being aware and attentive to ›stillness‹ as much as we can during the therapy process. This does not put us in the forefront or in the position of trying to achieve goals or being ›clever‹ for the client but relies on our being receptive, open and capable of encouraging a flow. A process can then be allowed to unfold which can create a sense of newness, of what is not yet known. This can lead to an imaginative experiencing. This kind of stance involves a receptiveness and consciousness which is ›void‹ of plans and goals and without the need to express profound insights, as this would require mutually exclusive states.

In order to facilitate this, we need to give our full attention, with no distractions to pull us one way or another. We need to make our minds ›blank‹, as I did with the horses, so that we can sense, hear or see what may come up. We need to let go of private or advisory thoughts that could act as interferences and not worry about how to say something and thereby get caught up in thinking, without fully accompanying the client. We also need to let go of the desire to ›help‹ and potentially ›hold‹ conscious thoughts, or answers. We may then suddenly ›find ourselves‹ in the therapy session as if in an ›act of grace‹ (Anmut). This involves taking a stance that can hold the person in mind, being prepared to experience both the ›hurt‹ and unwell aspects of a person and their ›unhurt‹ feelings or wellness. It is necessary to stay in the present moment and not to have to be different in any way, to pay attention to synchronicities and to allow for luminosity. This involves maintaining relaxed attention in combination with ›clinical vigour and rigour‹ (B. Heuer, Lecture 2015). It also implies not being too quick in making up one's mind about how someone may need ›maps‹. We may wish to avoid professional prejudice or inflation, or interferences that can act as ›contamination‹ and be aware that experiencing and being will be constantly unfolding.

Listening with our bodies in therapy and not just thinking with the head as a measure of facilitating the client is important and we do not have to be a body psychotherapist to do this. We only need to remind ourselves that trauma is not just ›in the head‹. As Rothschild (2000) states, the body remembers. Memory sits in our flesh and bones. We can learn a lot by noticing our felt responses, and our experiences in therapy, in order to enable and facilitate the client to get the most out of the experience.

The use of art, including music and poetry, can allow an ›in-between‹ state involving fluidity, imagination and a sense of something ›flowing‹ which best describes creative experiencing. This can assist risk taking in feelings, reactions and contemplation. The senses are engaged, which can allow the process of engaging emotionally. Sensual / touch qualities are impacted on by the use of materials, including hearing the sounds of mark making and paper rustling, the smell of the materials and the associations we may have of these. Perhaps we may experience a taste in response even to a material such as clay. This can be linked to concepts broadly related to quantum biology, such as when olfactory senses can take us back to childhood memories more quickly than our other senses (cf. Miles & Berntsen 2011). Art materials are thus a rich source of experience on many levels. A flow is in action, so that imaginative seeds can be sown. Perhaps a sixth sense, that of gaining wisdom and empowerment or that of spirit, (cf. Driver 2013) or to transcend a conceptualising mind (cf. Loy 1988) can come to the foreground. Flexibility and risk taking is always involved, as is excitement and thus engagement. These elements can also be psychologically draining for clients and therapists. As each dot of paint is used, the body and mind is engaged and a full self can be engaged. Looking at the art work, we want to encourage a flow of going in, staying and then coming out and coming together, as well as ›going back in‹ to trace some dots, some marks and some contemplations as with Escher's drawings. This may create enrichment coupled with the meeting of the ›between‹ of client and therapist – as with my experience with the horses, being in the moment and trusting to stay there.

Exploring this topic has opened up new and challenging ways for me to practice and to experience a stillness and curious receptivity based on there being no need to prove oneself, as well as being active in giving full attention with regard to the therapeutic stance of ›being rather than doing‹.

## Glossary

*Complexity theories* – (Jung) see Cambray (2009), Chapter 3 on symmetry. Breaking symmetry is a way of complexification and a breaking out of excessive ordering. McClusky (2005) refers to purposeful misattunement to allow other affective states to broaden a level of experience and reciprocity, which could relate.

*Faith* – Eigen explains this as a means of pointing towards a way of experiencing that is undertaken with one's whole being … with all one's heart, soul and might.

*Spirituality* – does not refer to a ›religious‹ sense. I refer to a level of creative experiencing that involves all the senses.

*Synchronicity* – a meaningful coincidence and an acausal connecting principle, see Cambray (2009).

## References

Begg, D. (2003). *Synchronicity, The promise of coincidence.* USA Wilmette, IL: Chiron.

Bernstein, J. S. (2005). *Living in the Borderland, The evolution of consciousness and the challenge of healing trauma.* UK: East Sussex Routledge.

Bion, W. R. (1970). *Attention and Interpretation.* London: Tavistock.

Buber, M. (1973). *Das dialogische Prinzip.* Heidelberg: Lambert Schneider GmbH.

Cambray J. (2009). *Synchronicity, Nature & Psyche in an interconnected universe.* Texas: Texas A&M University Press College Station.

Cambray, J. (2019). Enlightenment and individuation: syncretism, synchronicity and beyond. In: *The Journal of Analytical Psychology.* Vol 64(1). Wiley Online Library. https://onlinelibrary.wiley.com/doi/full/10.1111/1468-5922.12467 (Accessed: 11.4.2019).

Corbett, L. & Whitney, L. (2015). Jung and non-duality: some clinical and theoretical implications of the self as totality of the psyche. In: *International Journal of Jungian Studies.* Vol. 8(1). 15–27.

Damasio, A. (2003). *Looking for Spinoza: Joy, Sorrow, and the Feeling Brain.* New York: Harcourt.

Driver, C., Crawford, S. & Stewart, J. (Eds.) (2013). *Being and relating in psychotherapy. Ontology and therapeutic practice.* Basingstoke: Palgrave Macmillan.

Driver, C., Crawford, S. & Stewart, J. (Eds.) (2013). 3–8. Online: *The Lady And The Unicorn* (Medieval Tapestries). https://www.youtube.com/watch?v=zjIiFOiGyHA (Accessed: 13.4.2019).

Eigen, M. (2004). *The Electrified Tightrope*. Chapter 11: The area of faith in Winnicott, Lacan and Bion. London: Karnac Books Ltd.

Fuchs, T., Iwer, L. & Micali, S. (Eds.) (2017). *Das überforderte Subjekt. Zeitdiagnosen einer beschleunigten Gesellschaft*. Berlin: Suhrkamp. https://www.klinikum.uni-heidelberg.de/Phenomenological-Psychopathology.1844.0.html?&L=1 (Accessed: 11.4.2019).

Gross, S. (2013). The I-Thou Relationship. Chapter 4 of: Driver, C., Crawford, S. & Stewart, J. 2013. *Being and relating in psychotherapy, ontology and therapeutic practice*. Basingstoke: Palgrave Macmillan.

Heidegger, M. (1953). *Being and Time* (transl. by Stambaugh, J., 2010). Albany: State University of New York Press.

Heuer, G. M. (2011). *Sexual Revolutions: Psychoanalysis, History and the Father*. East Sussex: Routledge.

Heuer, G. M. (2013). *And if the body were not the soul, what is the soul? Body psychotherapy and Jungian analysis, towards a union of biodynamics and psychodynamics*. London: Uncorrected Manuscript.

Heuer, B. (2015). *Lecture*: http://www.junginscotland.org/programme-2015/ (Accessed: 13.4.2019).

Jacobi, J. (1968). *The Psychology of C. G. Jung*. London: Routledge & Kegan Paul Ltd.

Jung, C. G. (1968). *Analytical Psychology: its Theory and Practice – the Tavistock lectures*. London: Routledge & Kegan Paul Ltd.

Jung, C. G. (1979). *The Undiscovered Self* (transl. by Hull, R. F. C.). London: Routledge & Kegan Paul Ltd.

Jung, C. G. (1988). *Bewusstes und Unbewusstes, Beiträge zur Psychologie*. Frankfurt am Main: Fischer Taschenbuch Verlag GmbH.

Jung, C. G. (1988). *Über die Psychologie des Unbewussten*. Frankfurt am Main: Fischer Taschenbuch Verlag GmbH.

Jung, C. G. (1989). *Memories, Dreams, Reflections*. New York: Vintage Books.

Kazin, A. (1976). *The portable Blake*. The Everlasting Gospel (1818) Section 2.c. London: Penguin Book. Published by the Penguin Group.

Kumar, S. (2007). *Spiritual Compass, The three qualities of life*. Totnes: Green Books Ltd.

Kumar, S. (2008). *BBC Program Earth Pilgrim*. https://vimeo.com/130017834 (Accessed: 11.4.2019).

Kupfer, C. (2016). Introduction: Spirituality Beyond Religion. In: *Journal Gitanjali & Beyond*, Vol. 1 (1), *Tagore and Spirituality*. xiii–xxi. https://www.scotstagore.org/gitanjali–beyond (Accessed 13.4.2019).

Locher, J. L. (Ed.) (1971): *The World of M. C. Escher*. New York: Harry N. Abrams, Inc., Publishers.

Loy, D. (1988). *Nonduality, A study in comparative Philosophy*. New Jersey: Humanities Press International.

Maclagan, D. (2001). *Psychological Aesthetics, Painting, Feeling and Making Sense*. London: Jessica Kingsley Publishers Ltd.

Maclagan, D. (2005). Re-imagining art therapy. In: *International Journal of Art Therapy*. June: 10(1). Abingdon: Taylor & Francis Group Ltd. 23–30

Mann, D. (2006). Art Therapy: Re-imagining a psychoanalytic perspective. A reply to David Maclagan. In: *International Journal of Art Therapy.* June: 11 (1). Abingdon: Taylor & Francis Group Ltd. 33–40.

Mansfield, V. (1991). The opposites in Quantum Physics and Jungian Psychology, Part 1 theoretical applications and part 2 applications. In: *Journal of Analytical Psychology* (36). London: Wiley Blackwell. 267–306.

McCluskey, U. (2005). To *be met as a person, the dynamics of attachment in professional encounters.* London: Karnac Books Ltd.

McCoy Brooks, R. (2011). Un-thought out metaphysics in analytical psychology. In: *Journal of Analytical Psychology.* 56 (4). 492–513.

Meehan, J. (2016). Feminism and rethinking our models of self. In: *Philosophy and Social criticism* 43(1): V. *Organisms and emergence.* London: Sage Journals. https://journals.sagepub.com/doi/full/10.1177/0191453716635228 (Accessed 13.4.2019).

Miles A. N. & Berntsen D. (2011). Odour-induced mental time travel into the past and future: Do odour cues retain a unique link to our distant past? In: *Memory.* 19(8). Psychology Press Taylor & Francis Group. 930–940.

Mitchell, S. A. (2000). *Relationality, From attachment to intersubjectivity.* Relational Perspectives Book Series. Vol. 20. Hillsdale, NJ: The Analytic Press.

Mumford, D., Series C. & Wright, D. (2002). *Indra's Pearls, The vision of Felix Klein.* Cambridge: Cambridge University Press.

Nu'aymah, Mikha'il (1946). ›Veils and Seals‹. *The Book of Mirdad: the strange story about the monastery which was once called The Ark.* Chapter 1, 23. https://archive.org/stream/TheBookOfMirdad/The%20Book%20of%20Mirdad_djvu.txt (Accessed 13.4.2019).

Orange, D. M., Atwood, G. E. & Stolorow, R. D. (1997). *Working Intersubjectively – Contextualism in Psychoanalytic Practice.* Hillsdale, NJ.: The Analytic Press.

Ross, A. (2016). Spirituality in therapy. In: *Therapy Today.* Leicestershire: BACP. 22–25.

Rothshild, B. (2000). *The Body Remembers: The Psychophysiology of Trauma and Trauma Treatment.* London/New York: W Norton & Company.

Russel, & Shearer A. (1978). *The Upanishads.* New York: Harper & Row.

Rust, M. J. (2005). Ecolimia Nervosa? Consumption, sources of nourishment, Eating problems and ecopsychology are intimately connected. In: *Therapy Today.* Leicestershire: British Association for Counselling and Psychotherapy. 11–14.

Rust, M. J. & Totton Nick (Eds.) (2012). *Vital Signs, psychological responses to ecological crisis.* London: Karnac Books Ltd.

Sheldrake, R. (2018). *Die Wiederentdeckung der Spiritualität, 7 Praktiken im Fokus der Wissenschaft* (orig. ed. in English 2017: Science and Spiritual Practice). München: O. W. Barth Verlag.

Siegel, D. J. (1999). *The developing Mind, How relationships and the brain interact to shape who we are.* New York: The Guilford Press.

Simon, R. M. (1992). *The symbolism of Style. Art as therapy.* London: Routledge.

Skaife, S. (2001). Making visible: Art therapy and Intersubjectivity. In: *Inscape*. Vol. 6. No 2. London: British Association of Art Therapists. 40–50.

Skaife, S. (2008). *Off-shore: A deconstruction of D Maclagan's and D Mann's ›Inscape‹ papers. International Journal of Art Therapy* 13(2). Abingdon: Taylor & Francis Group. 44–52.

Tacey, D. (2012). Contemporary spirituality. In: Cobb. M., Puchalski C. M. & Rumbold B. (Ed.). *Oxford textbook of Spirituality in Healthcare*. UK: Oxford University Press.

Thomson, M. (1989). *On art and therapy. An exploration*. London: Virago Press Ltd.

Totton, N. (2003). Turning to the body. In: *Counselling and Psychotherapy Resources Directory*. Warwickshire: BACP. 8–12.

Watkins, M. (1981). *Six approaches to the image in art therapy*. Dallas: Spring Publications.

*Luna Picciotto*

# Kritisches Bildermachen –
# Kunstorientierte Zugänge zum Wissensbegriff

**Abstract:** Der vorliegende Text widmet sich dem Phänomenbereich »Wissen« im heilpädagogischen Setting und so einem zentralen Moment der Vermittlungssituation. Er bezieht sich auf ein Moment der Bildproduktion durch die Vermittelnden und befragt dieses auf ein künstlerisches Potential hin. Mit dem Modell des Rhizoms wird ein Neuentwurf angeboten, der sich auf einen künstlerischen Umgang mit dem Wissensbegriff bezieht.

In ihrem Vortrag »Die Bildung der Anderen mit Kunst: Ein Beitrag zu einer postkolonialen Geschichte der Kulturellen Bildung« zeichnet Mörsch (2017) die institutionelle Arbeit Vermittelnder in einem ambivalenten, vieldeutigen und auch gewaltvollen Spannungsfeld nach und stellt die Forderung nach einer professionellen Reflexivität und Informiertheit (vgl. Mörsch 2017, S. 22) im Vermittlungskontext. In der kunstvermittelnden Arbeit – und damit möchte ich jeden Zusammenhang bezeichnen, in dem Kunst sich als Prozess, Produkt, Kulturgut und Haltung vermittelt – stellt sich die Frage, was das Klientel weiß und wie es sich mit diesem Wissen verortet: »(...) ohne sich ein Bild von denen zu machen, mit denen man es zu tun haben wird, und davon, was angenommen wird, dass infolgedessen möglich sein könnte, ist keine Vermittlung möglich (sogenannte Grundschulkinder, Jugendliche, Menschen mit Migrationshintergrund). Aber solche Bilder sind Fallen und sie sind keine Gelingens-Garanten. Sie sind Konstruktionen. Diejenigen, die sie entwerfen, sind darin enthalten« (Sturm 2012, S. 1).

Im *Bilder machen* werden Kunstvermittelnde zu Betrachtenden, deren Erkenntnisfähigkeit zunächst durch das eigene Wissen und Nichtwissen bedingt ist. Kunstvermittelnde Arbeit beginnt so bei der kritischen Auseinandersetzung im Umgang mit den eigenen Bildern, die sich in der Performativität und Materialität kunstvermittelnder Settings verwirklichen, noch bevor eine Begegnung stattgefunden hat.

## Das »Behinderungsbild« in der kunstorientierten Kunstvermittlung

Exemplarisch für die Situation der Bildproduktion, die sich schon vor der Begegnung vollzieht, möchte ich auf das Bild des Menschen ›mit geistiger Behinderung‹ eingehen, auf den sich vermeintliches Vorwissen in vielfältiger Weise bezieht.

Laut Dederich (2013, S. 14) ist die ›geistige Behinderung‹ nicht als naturgegebene, sondern als ein »im Rahmen historischer, sozialer und epistemischer Kontexte modelliertes Objekt wissenschaftlichen und praktischen Wissens« zu verstehen. Der ›Mensch mit geistiger Behinderung‹ wird diskursiv erschaffen und verkörpert. Eine diskursive Praxis stellt an dieser Stelle das Klassifikationssystem ICD 10 dar, welches unter der Bezeichnung der »Intelligenzstörung« einen »Zustand von verzögerter oder unvollständiger Entwicklung der geistigen Fähigkeiten« beschreibt. Die Bezeichneten befinden sich so in einem diagnostizierten Zustand der »Unvollständigkeit« und Kunstvermittelnde werden mit dem Erlernen der Störungsbilder und Behinderungsbilder Teil eines Bildungskontextes, der diese Bezeichnung reproduziert.

Der Diskurs um die Wissensfähigkeit bei einer ›geistigen Behinderung‹ trifft mit dem Diskurs um Wissen zusammen, und damit auf Vorstellungen und Bilder, die Entwicklung hierarchisch gliedern. Sie legen ein Bild nahe, das Wissen als Prozess skizziert, in dem sich ein Wissen aus dem anderen heraus entwickelt und linear verläuft. Hierzu gehören Stufentheorien, wie wir sie im Zusammenhang mit kognitiven Strukturen (vgl. Zimbardo 1996, S. 462) kennen, oder Baummodelle, die die Entwicklungsverläufe visualisieren sollen. So sinnvoll diese Modelle zur Visualisierung bestimmter Diskurse sind, so problematisch ist es, sie auf kunstbasierte Haltungen zu übertragen, die im Sinne eines »unlearning« das Ziel verfolgen, Wissens- und Machtstrukturen, die zu einem spezifischen Blick auf die Welt führen, zu hinterfragen (vgl. Szymczyk 2017, S. 5) und neu zu entwickeln. Im *Bilder machen*, das bei dem Hinterfragen des eigenen Wissens und der eigenen Bilder ansetzt, liegt so ein künstlerisch-kritisches Potential, das einen ästhetisch-künstlerischen Möglichkeitsraum eröffnet. Wie Szymcyk (2017) formuliert, sind diese Prozesse des Verlernens geprägt von einer Erkenntnisform, in der eine künstlerische Haltung offenbar wird, die es ermöglichen kann, das Erlernte anzuerkennen – ohne darin zu verharren – und den Moment der Frage: »Was weiß mein Gegenüber?« in ein »Was glaube ich zu wissen? Und wie möchte ich dieses Wissen gestalten?« zu wandeln.

»Was die Philosophie und die Humanwissenschaften also von Menschen mit ›geistiger Behinderung‹ lernen könnten, wäre auf neue Weise die eigenen Grenzen des Verstehenkönnens zu reflektieren und zu erkennen, dass vermeintlich ›objektive‹ Beschreibungen häufig Zuschreibungen sind, durch die die eigenen epistemischen Begrenztheiten in Eigenschaften des Anderen (etwa der ›Unzugänglichkeit‹, ›Unverstehbarkeit‹ oder ›Unfähigkeit zur Kommunikation mit der Umwelt‹) verwandelt werden.« (Dederich 2013, S. 28)

Ausgehend von einem kritischen Anspruch in der Kunstvermittlung stellt sich die Frage, wie sich dieses Moment als künstlerisch begreifen und gestalten lässt.

## Das Rhizom als Modell eines kunstorientierten Erkenntnisentwurfs in der Kunstvermittlung

Der Baum als Modell von Wissensorganisation und Wissenshierarchie lässt sich bis in die Antike zurückverfolgen und prägt Annahmen darüber, in welcher Weise der Mensch bildbar ist. (Die postmodernen Philosophen Deleuze und Guattari kritisieren das Modell als epistemologischen Fehlschluss. »Sogar eine so ›fortschrittliche‹ Disziplin wie die Linguistik hält an dem Grundmodell des Wurzelbaums fest und bleibt damit dem klassischen Denken verhaftet« (vgl. Deleuze & Guattari 1976, S. 8f.). Diesem klassischen Denken möchten Deleuze und Guattari eine fluide, hierarchiefreie Form des Denkens und Wissens ermöglichen.

Anstelle eines hierarchischen Modells entwickeln sie das Bild des Rhizoms, um die gängigen Vorstellungen über die Entwicklung von Wissen und Erkenntnis in rhizomatischer Weise zu untergraben. Das Rhizom zeigt sich als ein System ohne Anfang, Ende und Zentrum, als Gangbau, der lediglich aus Umwegen und Abkürzungen besteht und deswegen ein Ort der unvorhergesehenen Begegnung ist (vgl. Vogl 2009, S. 309). Besonders hinterfragt wird von dieser Neukonstruktion die Vorstellung, Wissen lasse sich planen, Prozesse des Wissens verliefen linear, wären hierarchisch und in ihrer Bewegung übertragbar. Mit dem Begriff der Vielheit nehmen Deleuze und Guattari dem Bild des Wissens als Baummodell seine zentrale Einheit, nämlich den Stamm, sowie die Wurzel als Ausgangspunkt und dekonstruieren somit eine hierarchische Ordnung von Wissen.

Im Folgenden soll ein *Bilder machen* versucht werden, dass sich auf das rhizomatische Strukturangebot der Philosophen in künstlerischer Weise bezieht (Abb. 1).

Die Vorstellung von Wissen als Bild gestaltet sich bei Deleuze und Guattari als wandelbare, offene und unabgeschlossene Gestalt. Es erscheint in Schichten (Abb. 2), die Elemente stehen in Bezug zueinander und die Berührung der Läufe ersetzt die hierarchische Ordnung. Das rhizomatische Wissen zieht die Vielheit der Einheit vor (Abb. 3) und teilt sich im Sinne einer Segmentierung, die sich dynamisch jeder Kalkulation und endgültigen Übertragbarkeit entzieht (Abb. 4). Als einzig herrschende Form kann die Linie gelesen werden, die immer wieder Begegnung, Bruch und Beginn darstellt (Abb. 5).

Letztlich lässt sich Wissen als poetische, kraftvolle und einzigartige Bewegung lesen, die sich jeder von außen gegebenen Form nur entziehen kann.

## Literatur

Dederich, M. (2013). Zwischen alten Bildern und neuen Perspektiven. In: Ochsner, B. & Grebe, A. (Hrsg.). *Andere Bilder. Zur Produktion von Behinderung in der visuellen Kultur*. Bielefeld: Transcript. 13–29.
Deleuze, G. & Guattari, F. (1976). *Rhizom*. Berlin: Merve.
ICD 10 (2019). *Internationale statistische Klassifikation der Krankheiten und verwandter Gesundheitsprobleme*. 10. Revision (2019). Online unter: https://www.dimdi.de/static/de/klassifikationen/icd/icd-10-gm/kode-suche/htmlgm2013/block-f70-f79.html. (abger. am 07.04.2019).
Kluge, A. & Vogl, J. (2009). *Soll und Haben: Fernsehgespräche*. Zürich: Diaphanes.
Mörsch, C. (2017). Die Bildung der Anderen mit Kunst – Ein Beitrag zu einer postkolonialen Geschichte der Kulturellen Bildung. In: Sabisch, A., Meyer,

Th., Lüber, H. & Sturm, E. (Hrsg.). *Kunstpädagogische Positionen*. Heft 35. Universitätsdruckerei. Hamburg. Online unter: http://kunst.uni-koeln.de/_kpp_daten/pdf/KPP35_Moersch.pdf (abger. am 23.04.2019)

Sturm, E. (2012). *Die Position »von Kunst aus« in 9 Punkten dargelegt. Rede für kunstvermittlungs-interessierte Leserinnen und Leser Oder: Vom Arbeiten mit Kunst*. Online unter: http://publikation.kulturagentenprogramm.de/detailansicht.html?document=161&page=reflexion.html (abger. am 23.04.2019).

Szymcyk, A., Sepake, A. & Georgsdorf, H. (2017). Erwartet keine Lektionen, sondern sucht die Widersprüche. In: *Kunst + Unterricht*. Hefte 413–414. Seelze: Friedrichs. 4–5.

## Abbildungen

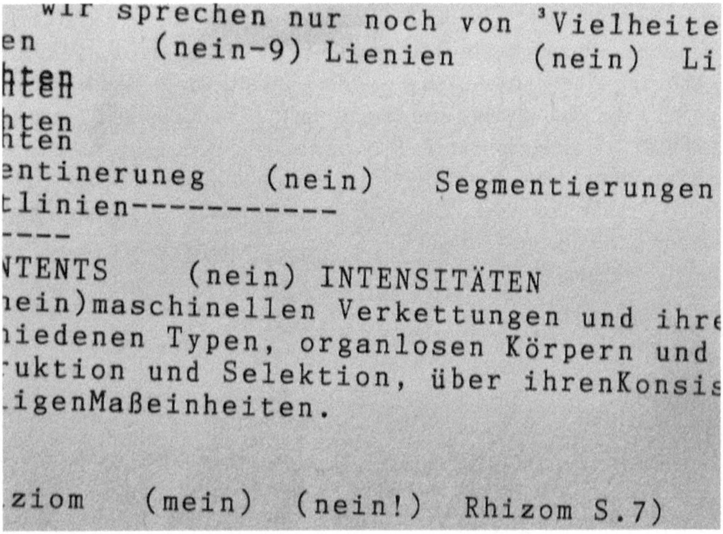

```
wir sprechen nur noch von ³Vielheite
en        (nein-9) Lienien      (nein)  Li
hten
hten
hten
entineruneg    (nein)     Segmentierungen
tlinien-----------
---
NTENTS    (nein) INTENSITÄTEN
nein)maschinellen Verkettungen und ihre
iedenen Typen, organlosen Körpern und
ruktion und Selektion, über ihrenKonsis
igenMaßeinheiten.


ziom    (mein)   (nein!)   Rhizom S.7)
```

Abb. 1

Kritisches Bildermachen – Kunstorientierte Zugänge zum Wissensbegriff

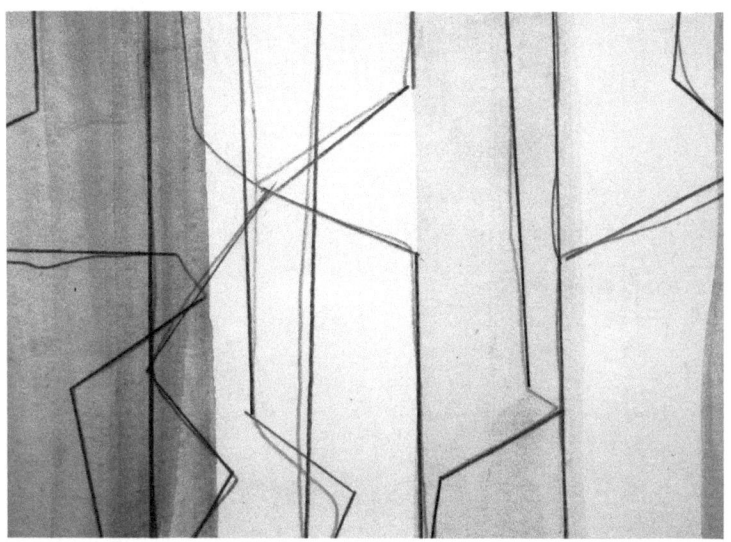

Abb. 2

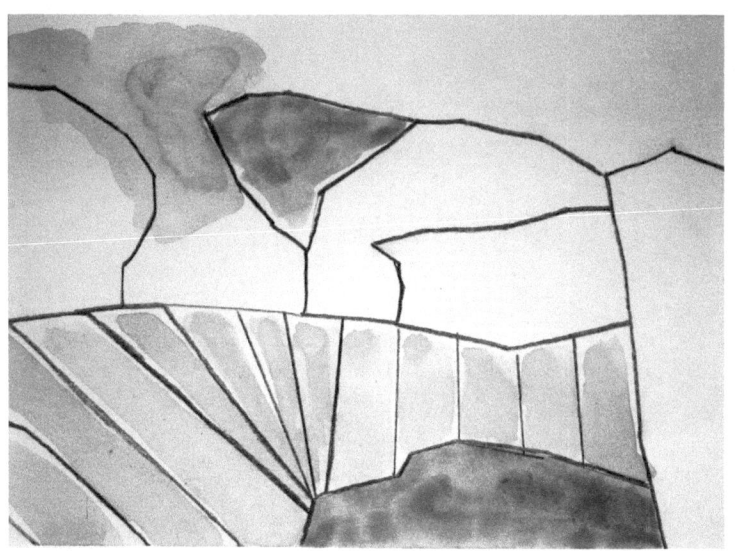

Abb. 3

Abb. 4

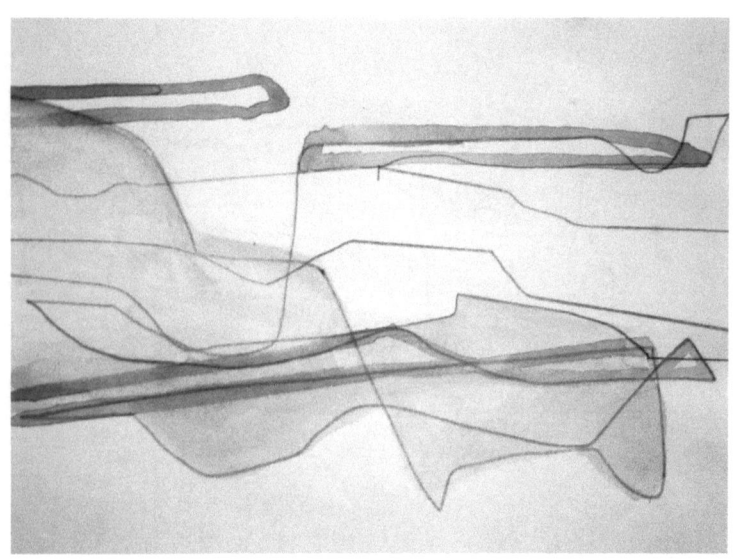

Abb. 5

*Henriette Schwarz*

# Selbstportraits und Körperbilder: gemalte Selbstreflexion in Kunst und Kunsttherapie

**Abstract:** Selbstportraits und Körperbilder bieten die Chance einer gemalten Selbstreflexion, die sich für Malende und Betrachtende gleichermaßen erschließen kann. Als verbindendes Kernthema ist sie in Werken der bildenden Kunst und Interventionen der Kunsttherapie enthalten. Erfahrungsmodalitäten in lebensgroßen Selbstportraits von Maria Lassnig und Francis Bacon und in lebensgroßen Körperbildern der Kunsttherapie werden exploriert und der Körper als Motiv und Medium der Erfahrung, insbesondere die körperbezogene ästhetische Erfahrung, werden in den Blick genommen.

Kunsttherapeut*innen greifen auf die Kunst zurück und arbeiten mit deren kreativen Werkzeugen. Daher kann es interessant sein, die Kunsttherapie kunst- und kulturgeschichtlich zu erfassen als Rezeption von Kunst durch ein anderes Fachgebiet. In diesem Sinne sind die nachfolgenden Überlegungen zu verstehen[1]. Was haben Selbstportraits der Bildenden Kunst als prägende künstlerische Impulse der Malerei des 20. Jahrhunderts mit den Best Practices[2] der Selbstportraits und Körperbilder der Kunsttherapie zu tun? Was sagen die Künstler*innen selbst zu ihrer Arbeit? Was ist ähnlich, was ist verschieden bei den Werken der Malerei und bei den Interventionen der

---

[1] Die Überlegungen folgen Ausführungen der Dissertation der Autorin (Schwarz 2013).
[2] Unter Best Practice wird eine erprobte Vorgehensweise verstanden, die zur Durchführung auf Bewährtes setzt. Der aus der Betriebswirtschaftslehre entlehnte Begriff einer ›Best Practice‹ beschreibt dort, wie zur Umsetzung von etwas in einem bestimmten Fall vorzugehen ist und gibt eine unverbindliche Empfehlung, die flexibler ist als ein Standard. Demzufolge wird sinngemäß die Anwendung einer erprobten kunsttherapeutischen Intervention als Best Practice bezeichnet. In Hinblick auf ein therapeutisches Ziel kann sie unverbindlich empfohlen sowie flexibel eingesetzt werden, Standards liegen nicht vor.

Kunsttherapie? Gibt es Übereinstimmungen der Erfahrungsangebote?

Sowohl in der Kunst als auch in der Kunsttherapie gibt es den verbindenden Aspekt der körperbezogenen ästhetischen Erfahrung in der Kunstbetrachtung – therapeutisch greifen darauf etwa die rezeptions- und kunstgestützte Kunsttherapie sowie die Körperbild-Arbeit zurück, indem sie Körperaneignungsprozesse beim Malen unterstützen. Beide Bereiche enthalten das – auch körperbezogene – Kernthema der Selbstreflexion, die als psychischer Aspekt auf eine Körperbild-Erfahrung rekurriert. Es bestehen übereinstimmende Erfahrungsangebote in Kunstwerken und Interventionen (Best Practices): Beide ermöglichen eine körperbezogene ästhetische Erfahrung, auch wenn keine realistischen Körper abgebildet werden.

Die ähnlichen Erfahrungsangebote und die Selbstwahrnehmung der Betrachtenden unterliegen den jeweils gegebenen Bedingungen des Kunstwerkes oder der Intervention. Eine nähere Bestimmung der Modalitäten ästhetischer Erfahrung wird möglich durch Komponenten der ästhetischen Erfahrung (sensorische, optisch-meditative, kognitive, affektive, haptisch-motorische) und Komponenten des psychischen Konzepts ›Körperbild‹ (sensorische, perzeptive, kognitive, affektive, behaviorale), die an den Kunstwerken und an den Interventionen festgestellt werden. Diese Komponenten verhelfen zusammen mit einer rezeptionsästhetischen Analyse, mit der Bildphänomene (Raum, Bewegung, Geschehen, ästhetische Wahrnehmung und Selbstwahrnehmung) als jeweils intrinsisches Erfahrungsangebot des Werkes beschrieben werden können, zu einer Annäherung an das Werk. Kunsttherapeutische Interventionen als Best Practices können darüber hinaus anhand der für Kunsttherapie relevanten Merkmale Selbstexploration, Identifikation, Symbolisierung und Körperaneignungsprozess betrachtet werden. Sie weisen damit und in den benutzten kreativen Werkzeugen eine Parallelität auf zu den Werken der Künstler*innen.

## Konzept Körperbild

Der Begriff Körperbild bezeichnet zum einen die Intervention Körperbild, zum anderen bezeichnet er das psychische Konzept Körperbild. Dieses meint den unbewussten Bezugsrahmen, in welchem

Sinneswahrnehmungen strukturiert werden. Es umfasst die bewusste und unbewusste emotional-affektive Besetzung des Körpers, die Einstellung zum eigenen Körper und die von der individuellen Biografie abhängige Vorstellung vom Körper. Nach den ersten Forschungen von Paul Schilder (vgl. Schilder 1923) liegt heute eine Neudefinition von Röhricht vor: Das Körperbild symbolisiert die im komplexen soziokulturellen Gefüge ausgestaltete persönliche Bezugnahme auf den Körper, es beinhaltet Funktionen, wie z. B. Körpergrenzsetzung, Selbstgefühl und Geschlechtsrollenidentität (vgl. Röhricht 2009). Zusammen mit dem Körperschema formt sich bei jedem Menschen das Körperkonzept, das Grundlage des Selbstbildes ist.

Dieses psychische Körperkonzept kann sich, immer wenn der Körper Gegenstand oder Motiv der Gestaltung ist, als eine ›projektive Matrix‹ (vgl. Müller 2003) in der Gestaltung abbilden – und das selbst dann, wenn kein konkreter Körper erkennbar ist. Die neuerdings in der Kognitionswissenschaft entstandene Forschung zum Embodiment[3] (vgl. Koch 2009) und die Forschung zu den Spiegelneuronen (vgl. Bauer 2008) kann hier weitere Erklärung bieten. Durch solche Theorien kann verstanden werden, wie der positive Einfluss gestaltender kunsttherapeutischer Arbeit mit der Intervention Körperbild auf Körperintegrationsprozesse zu erklären sei. Der Körper steht als Motiv und Akteur im Zentrum des Verfahrens ›Körperbild‹: Das aktional-emotionale Tun schließt die individuelle Körper-Selbsterfahrung zwingend ein.

## Selbstreflexion zeigende Malerei

Selbstreflexion ist in der Kunst und in der Kunsttherapie zu finden und insbesondere gemalte Selbstportraits und Körperbilder sind ein sowohl von Künstler*innen als auch von Kunsttherapeut*innen geschätztes Bildthema. Die darin enthaltene Selbstreflexion beschreibt wesentliche Bereiche menschlichen Erlebens: Intraversion, Selbstvergewisserung und Selbstwahrnehmung, denn im Zentrum von Selbstportraits und Körperbildern steht die Auseinandersetzung mit sich selbst, dem Selbstbild, der eigenen Körperlichkeit und ein Zeigen der damit verbundenen Themen.

---

[3] Embodiment, engl. = Verkörperung.

In der Kunsttherapie kommen speziell die lebensgroßen Körperbilder für eine intensive Selbstreflexion in Frage. Dabei hat die wiederholte serielle Gestaltung, in lebensgroßen Formaten gemalt (Umrissbilder), häufig das Ziel der Integration des psychischen Körperbildes. In Kunst und Kunsttherapie können im Bild die eigenen bildnerischen Handlungen als unmittelbare Spuren erlebt werden. So entstehen durch Selbstportraits neue und selbststärkende Erfahrungen, um eigene Ressourcen zu aktivieren.

Selbstreflexion in Selbstportraits ist auch ein traditionelles Bildthema in der Kunst. Man hat sich selbst als Modell immer parat und setzt sich mit der eigenen Entwicklung und Vergänglichkeit auseinander, zeigt eine innere Auseinandersetzung. Charakteristisch ist dabei der Blick aus dem Bild in Richtung der Betrachtenden – was sicher der Entstehung des Selbstportraits vor dem Spiegel geschuldet ist, aber auch eine intensive Ansprache der Betrachtenden bewirkt.

In der europäischen Kunstgeschichte sind Selbstportraits zunächst nicht in Lebensgröße und erst mit der Entwicklung eines neuen Selbstverständnisses der Kunstschaffenden in der Renaissance zu finden. Man versteht damals Kunst nicht mehr ausschließlich als Handwerk, sondern als nah zur Geisteswissenschaft. Albrecht Dürers Selbstportraits[4] vom Ende des 15. Jahrhunderts werden als erste Beispiele solch autonomer Selbstportraits betrachtet. Er stellt sich selbstbewusst in Kleidung und Stil so dar, wie in Repräsentationsportraits der Zeit üblich.

Manche Künstler*innen haben sich wiederholt selbst gemalt. Hier steht das Selbstbildnis im Gesamtwerk im Kontext einer Selbstvergewisserung und künstlerischen Auseinandersetzung mit sich selbst. Eine besondere Funktion im Lebenswerk haben Selbstportraits beispielsweise bei Vincent van Gogh und Lovis Corinth. Vincent van Gogh malt 1886–1889 über dreißig Selbstportraits[5]. Sie geben ihm als eigene Kunstform Sicherheit und er sendet sie an seine Geschwister, um zu zeigen, dass sein Zustand sich bessert. Lovis Corinth malt sich an jedem Geburtstag mit szenischen Ergänzungen[6]. Ein aktuelles Bei-

---

[4] Albrecht Dürer *Selbstbildnis mit Landschaft 1498*, 52 × 40 cm, Museo del Prado, Madrid, im Gewand eines Patriziers, Gebäudeausschnitt und Landschaft im Hintergrund; *Selbstbildnis im Pelzrock 1500*, 67 × 49 cm, Alte Pinakothek, München.

[5] z. B. Vincent van Gogh *Selbstportrait 1889*, Öl auf Leinwand, 65 × 54 cm, Musée d'Orsay, Paris, als letztes der Reihe von Selbstportraits.

[6] z. B. Lovis Corinth *Selbstportrait mit Skelett 1896*, Öl auf Leinwand, 68 × 88 cm, Städt. Galerie im Lenbachhaus, München.

spiel aus jüngster Zeit sind die acht überlebensgroßen Selbstportraits von Georg Baselitz, in denen er sich nackt malt[7], und sie ›auf dem Kopf stehend‹ aufhängt, wie die meisten seiner Gemälde.

Selbstportraits im 20. Jahrhundert haben eine *neue* Funktion: Innensicht, Gefühle, Körperwahrnehmung auszudrücken, ein Statement zu geben. Es ist ein Nachdenken über sich selbst. Es geht um Identität, um Selbstwahrnehmung.

Im letzten Drittel des 20. Jahrhunderts gibt es mit dem Aufkommen der neueren Verfahren in der Psychotherapie und Körperpsychotherapie (wie z. B. der Bioenergetischen Analyse, entwickelt von Alexander Lowen) auch in der Kunsttherapie parallele Entwicklungen der Zugewandtheit zum Körper. Es entstehen neue kunsttherapeutische Interventionen mit Körperbezug, die von Praktiker*innen vor deren individuellem theoretisch-methodischen Ansatz und Hintergrund entwickelt und aus der eigenen Praxis heraus beschrieben werden, wie z. B. 1989 von Gertraud Schottenloher die Praxis von Körpererfahrung und Malen (Schottenloher 2008).

Anlässe für ein Selbstportrait können sein: ein Nachdenken über sich selbst, ein neuer Lebensabschnitt, Fragen zur eigenen Identität, persönliche Krisen, das Verhältnis zur eigenen Umwelt sowie zur eigenen Körperlichkeit. Die Suche nach Identität richtet sich aber in diesem Genre nicht auf Überpersönliches, sondern primär auf jeweilige Einzelne. Welche Bedeutung das Selbstportrait für Einzelne annimmt, erschließt sich aus dem jeweiligen Lebens- und Werkzusammenhang. In der Kunsttherapie bestehen noch andere Anlässe (vgl. Wendlandt-Baumeister 2003, S. 218 ff.): ein biografischer Moment im Lebenspanorama, die Rückgewinnung des biografischen Gedächtnisses, bei Traumatisierten die Rückkehr in den Lebensfluss, die Dokumentation der Selbstwahrnehmung. Auftraggeber*in des Selbstbildnisses ist unter Umständen ein*e Kunsttherapeut*in mit diagnostischem Interesse.

Zwei Künstler*innen als prominente Vertreter*innen aus der Malerei haben sich in gemalten full-size-Selbstportraits mit dem Körper im Bild in besonderer Weise auseinandergesetzt: Maria Lassnig und Francis Bacon. Beide haben sich ernsthaft lebenslang und konsequent mit ureigenen Themen auseinandergesetzt, sie bildnerisch

---

[7] z. B. Georg Baselitz, acht überlebensgroße Selbstportraits, 2014, mit jeweils eigenen Titeln, Öl auf Leinwand, 2015 auf der Biennale in Venedig in einem achteckigen Raum präsentiert.

bearbeitet und jeweils eine besondere Lösung dafür gefunden. Ihre Selbstportraits haben meist Lebensgröße, zeigen den ganzen Körper und reflektieren den geschlechtlichen Körper. Ihre Malerei ist weltbekannt und kann bei Besuchen in großen deutschen und internationalen Museen angeschaut werden.

**Maria Lassnig** (1919–2014) malt »Körpergefühlsbilder« (vgl. Lassnig 2006) wie z.B. *Selbstportrait als Astronautin* von 1968[8]. Sie schreibt 1999 im Text »Über die Umsetzung von Körperempfindungen auf eine Fläche«: »Es ist sicher, ich male und zeichne nicht den Gegenstand ›Körper‹ [...], sondern ich male Empfindungen vom Körper« (Lassnig 1999, S. 86 f.). Sie legt sich malend auf die Leinwand, kennt sich auswendig, malt mit geschlossenen Augen. »... Ich trete gleichsam nackt vor die Leinwand, ohne Absicht, ohne Planung, ohne Modell, ohne Fotografie, und lasse entstehen. Doch habe ich einen Ausgangspunkt, der aus der Erkenntnis entstand, dass das einzig mir wirklich Reale meine Gefühle sind, die sich innerhalb des Körpergehäuses abspielen: physiologischer Natur, Druckgefühl beim Sitzen und Liegen, Spannungs- und räumliche Ausdehnungsgefühle – ziemlich schwierig darstellbare Dinge« (Lassnig 1982. In: Lassnig, Drechsler 1985, S. 79). Körperbewusstsein ist das Leitmotiv in all ihren Gemälden: Maria Lassnig malt, wie sie sich spürt, malt ganze Partien mit geschlossenen Augen, um die Konzentration auf das Erspürte nicht zu verlieren, legt die Leinwand auf den Boden und kauert oder hockt sich darauf, wenn sie sich als Liegende malt, spürt die Statik des Körpers, die Auflageflächen, so dass »Schmerzfarben«, »Nervenstrangfarben« als »Wirklichkeitsfarben« (vgl. Lassnig 1982) entstehen. Es ergibt sich eine organ- und zustandsgebundene Symbolik. Farbe ist also für die Künstlerin ein Bedeutungsträger. 1982 schreibt Maria Lassnig »Über das Malen von Körpergefühlen«: »Ein Körpergefühl ist optisch schwer zu definieren: wo fängt es an, wo hört es auf, welche Form hat es, rund, eckig, spitz, gezackt? [...] Die Stirne bekommt eine Gedankenfarbe, die Nase eine Geruchsfarbe, Rücken, Arme und Beine Fleischdeckenfarbe; es gibt Schmerzfarben und Qualfarben, Nervenstrangfarben, Druck- und Völlefarben, Streck- und Preßfarben, Höhlungs- und Wölbungsfarben, Quetsch- und

---

[8] *Selbstportrait als Astronautin* von 1968, Öl auf Leinwand, 107 × 127 cm, Sammlung Lambrecht-Schadeberg, Museum für Gegenwartskunst Siegen. Abgebildet in: Lassnig, Stadt Siegen 2002, S. 55.

Brandfarben, Todes- und Verwesungsfarben, Krebsangstfarben – das sind Wirklichkeitsfarben« (Lassnig 1982. In: Lassnig, Drechsler 1985, S. 71).

Maria Lassnigs Farbzuordnungen spiegeln eine psychosomatische Auffassung der Untrennbarkeit von Körperlichem und Psychischem: Helligkeit, Abtönung und Sättigung übersetzen somatische Empfindungen ins Visuelle. Sie betont die »meditative Langsamkeit« des Malens, sie umkreise die Empfindungen des eigenen Körpers immer langsamer, sie springe nicht herum beim Malen, gehe an den Grenzen des Körperlichen entlang, bis sie, immer wieder übermalend, an den Grenzen des Bildrandes anstoße (Lassnig. In: Stadt Siegen 2002, S. 25). Der Auftrag der Linie ist Ausdruck der eigenen Befindlichkeit, und die meditative Langsamkeit verbindet den Moment des gestischen Farbauftrags mit einer konzentrierten Vorgehensweise – Statik statt Dynamik und Gestik, Introspektion und Konzentration statt Expression.

Attribute als charakterisierende Beigaben zur Figur – bei Lassnig muss dieser Begriff erweitert werden, da die Gegenstände, die sie zum Selbstportrait hinzumalt[9], z. T. mit der Figur verschmelzen und diese offen deuten. Sie stehen als Ausdrucksträger eines erweiterten Körperbewusstseins im Bild. Lassnig malt die Dinge nicht entsprechend deren äußerer Erscheinung, sondern gemäß ihrem subjektiven Empfinden. Sie knüpft Emotionen und Empfindungen an eine physiologische Form der Wahrnehmung. Im Anschluss ergeben sich dann die Titel, wie z. B. »Körpergefühl (Selbstporträt)«, »Angesaugte Kuh« oder »Sprechzwang«, die diesen Vorgang verdeutlichen[10]. Bei ihren Selbstportraits handelt es sich um eine gefühlte Autobiografie, die alle Bereiche des Erlebens bildhaft umfasst – sowohl den Bereich körperlicher Schmerzen und Krankheit als auch den des Glücks – als eine Art psychophysischer Autobiografie. Lassnigs Lebenswerk bleibt dem (Selbst-)Forschungsgedanken treu: Ihre Sicht der Welt ist kon-

---

[9] z. B. *Mit dem Kopf durch die Wand 1984*, Öl auf Leinwand, 200 × 145 cm. Oder: *Kleines Sciencefiction Selbstportrait 1995*, Öl auf Leinwand, 125 × 100 cm, Stiftung Kunsthalle Bern.

[10] z. B. *Körpergefühl (Selbstporträt) 1958*, Öl auf Leinwand, 73 × 50 cm, Museum für Neue Kunst, Freiburg, Inv.-Nr. M/88/15. Allein das Wort »Selbstporträt«, oben rechts neben Jahr und Signatur eingeschrieben, verweist auf das Thema des Gemäldes. *Angesaugte Kuh 1988*, Öl auf Leinwand, 129 × 205 cm und *Tatkräftige Assistenz 1989*, Öl auf Leinwand, 200 × 145 cm, Museum Ludwig, Köln. *Sprechzwang 1981*, Öl auf Leinwand, 160 × 129, Privatsammlung.

sequent subjektiv. Daher könnte man ihre künstlerische Arbeit als eine lebenslange Selbstexploration bezeichnen.

**Francis Bacon** (1909–1992) malt großformatige full-size-Selbstportraits[11]. Er malt sich über viele Jahre wiederholt sitzend (mehr als ein Dutzend Mal), immer in der gleichen Körperhaltung mit übereinandergeschlagenen Beinen. Der Körper weist eine starke Distorsion der Figur auf, was Betrachtende sehr stark irritieren kann. Bacons affektgeladener Farbauftrag in seinen Selbstportraits steht für die Energie, die den Menschen charakterisiert[12]. Er malt einen polyperspektivischen Bildraum, den man auch aus seinen kleinen Selbstportraits (Kopf) und Portraits kennt (vgl. Abbildungen in Bacon 1996). Diese Elemente (Farbauftrag, Polyperspektive, Distorsion) zusammen mit einem leeren Bildraum, undurchdringlichen schwarzen Stellen im Bild und kastenartigen Strukturen bieten vielfältige Ansätze, seine Bilder mit existentiellen Themen zu interpretieren, die ihn selbst beschäftigen wie Vergänglichkeit, Transzendenz, Gewalt, aber auch Präsenz von Lebendigkeit. Daher spielt in Bacons Arbeit das Autobiografische eine zentrale Rolle. Seine vierzehn großformatigen Selbstportraits können als eine Reihe von Gemälden gelesen werden, in denen er sich und seine Auffassung von Malerei, Realität und der eigenen Existenz reflektiert und sich gleichermaßen seiner selbst vergewissert durch die Wiederholung der gleichen Körperhaltung, Themen und Darstellungsweisen. Der Künstler hat in all seinen großformatigen full-size-Selbstportraits über mehrere Jahrzehnte (1956–1986) eine spezifische Kompositionsstrategie, die am Beispiel des *Study for Selfportrait* von 1981 aufgezeigt werden kann: Er malt sich auf einem Stuhl sitzend (gelber Strich zitiert einen vorher mehrfach gemalten Stuhl); vor einer dunklen Fläche platziert (Wiederholung und Variation der Motive Durchgang / Tür / schwarzer Hintergrund); ein Strich betont und stützt formal die Körperachse (schon im ersten großformatigen Selbstportrait von 1956); ein dynamischer Schatten begleitet die Figur (alle großen Portraits und Selbstportraits weisen dieses Element auf); flächige Behandlung von Boden und Wand (alle Bilder) bewirkt den Eindruck von Leere und Distanz; polyperspektivische Raumkonstruktionen (fast alle Bilder) schaffen Irri-

---

[11] Etwa *Study for Selfportrait 1981*, Öl auf Leinwand, 198 × 147,5 cm, Von der Heydt-Museum, Wuppertal. Abgebildet in: Bacon, Zweite 2006, S. 185; Kat.-Nr. 65.
[12] Auch in den Portraits, die er malt, verwendet er die gleichen Stilmittel.

tationsmomente für Betrachtende; Reduktion und Konzentration auf eine Figur (alle Portraits und Selbstportraits) betonen die Aktion innerhalb des Körpers; schwarze Löcher (Flächen) und Verformung bei Gesicht und Körper (häufig benutzt); Gestik und Körperhaltung sind in den großformatigen Selbstbildnissen sehr ähnlich; verschiedene Zeitebenen drücken sich in der Bewegung aus; kein Blickkontakt zu den Betrachtenden.

Bacons Maltechnik, die bewusst mit Zufällen und ›Störungen‹ arbeitet – mit Farbspritzern, mit geschleuderter oder mit geschmierter Farbe in Großformaten, die den Spielraum dafür lassen, mit Verwischungen mittels Mallappen oder mit aus der Kontur herausgehenden Pinselstrichen – ist kompositorisches Element, das »… der intensivierten Wahrnehmung des Dargestellten dient« (Hollaus 2005, S. 118). Die Lebendigkeit seiner Portraits und Selbstportraits entsteht durch dieses ›action painting‹, welches Malerei nicht minder thematisiert als das Sujet selbst. Obwohl es keine mimetische Ähnlichkeit mit der dargestellten Figur gibt, verlässt Bacon mit diesen bewusst eingesetzten Techniken die figürliche Malerei nicht. Sein Ideal wäre ein Portrait, das sich aus der Farbe selbst erschafft, und er sucht eine Maltechnik, welche die »Erscheinung« (engl. emanation) und die »Energie« einer Person wiedergibt. Danach gefragt im Interview mit David Sylvester, sagt er »energy« sei eine bessere Bezeichnung als »emanation« und »There is the appearance and there is the energy within the appearance.« Alles, was er mit Formen mache, geschehe aus ästhetischen Gründen, weil er glaube, dass es das Bild schärfer und präziser vermittle (vgl. Sylvester 1987, S. 175 f.). Diese Malerei als Malerei (und nicht als Narration) affiziere den Betrachter weit stärker, weil sie ihn unvorhergesehen treffe, und diese durch Zufall entstandenen Bilder seien für Bacon die wirklichsten. Bacon sucht einen Realismus, der aus einer »wirklichen Erfindung« heraus entsteht, aus einer neuen Weise, die Wirklichkeit an etwas vollständig Willkürliches zu binden. Er möchte sich gleichzeitig wirklichkeitsnah malen und ebenso tiefer liegende Empfindungsschichten enthüllen, statt einen Gegenstand (bzw. einen Körper) bloß wiederzugeben. Zur Beschreibung benutzt er den Begriff der »nicht-illustrativen Form«. Der Unterschied zur illustrierenden Form sei eine Einwirkung auf die Empfindung und danach erst ein Durchsickern zum Wirklichen[13] (Sylvester 1987, S. 56). Nach Bacons Meinung

---

[13] »FB [...] I think that the difference is that an illustrational form tells you through

kann seine Malerei dem Betrachtenden zu einem gesteigerten Lebensgefühl verhelfen, da sie nicht illustrativ oder wirklichkeitsabbildend sei. Der Künstler könne die »Ventile des Gefühls entriegeln« und dadurch den Betrachtenden mit gesteigertem Gefühl in das Leben zurückschicken[14] (Sylvester 1987, S. 17).

Bacon malt gerne nach Fotografien[15]. Für sein großes Selbstportrait *Study for Selfportrait 1981* benutzt er eine Fotografie von Michael Holtz[16], die ihn in seinem Atelier sitzend zeigt (vgl. Cappock 2005, S. 77). Er vereinfacht den chaotischen Hintergrund[17] und fügt die Farbflächen ein. Sein Selbstportrait ist somit eigentlich malerische Verarbeitung in eine Neu-Repräsentation einer fotografischen Repräsentation, und es stellt sich die Frage nach dem Widerstreit zwischen gemalter Realität und der Realität der Malerei. Auch die Techniken der Fotografie selbst beeinflussen Bacons Malerei: Negativ-Umkehrungen, Bildüberblendungen, Unschärfen, Eintauchen in den Bildhintergrund, Verwacklungen, etc. Seine Selbstportraits repräsentieren nichts, was der traditionellen Konnotation dieses Sujets entspricht. Sie befinden sich in Räumen, die leer wirken, wie in einem hell erleuchteten Innenraum zur Schau gestellt, isoliert und distanziert. Für die Präsentation seiner Gemälde lässt Bacon Rahmen mit Verglasungen herstellen, welche die Gemälde schützen, denn er benutzt keinen Firnis. Dadurch werden die Gemälde von den Betrachtenden distanziert und diese gleichzeitig durch einen irritierenden Spiegeleffekt in das Bild hineingezwungen.

---

the intelligence immediately what the form is about, whereas a non-illustrational form works first upon sensation and then slowly leaks back into the fact« (Sylvester 1987, S. 56).

[14] »FB […] the artist may be able to open up or rather, should I say, unlock the valves of feeling and therefore return the onlooker to life more violently« (Sylvester 1987, S. 17).

[15] Er knickt, reißt, faltet, kombiniert, collagiert, bekleckst die Fotografien, löst sie aus ihrem Kontext, indem er sie mit malerischen Setzungen auf die Leinwand, die er nie grundierte, transferiert.

[16] Fotografie von Michael Holtz, 24 × 16,6 cm: Francis Bacon in seinem Atelier in der Reece Mews (Abb. in: Cappock 2005, S. 77; Abb. 140).

[17] Bacons Atelier war voller Utensilien und das krasse Gegenteil seiner ›leeren‹, ›aufgeräumten‹ Gemälde.

## Selbstportraits betrachten

Angesichts eines Originals nimmt man rezeptiv wahr. Man wird zum Zeugen der Selbsterfahrung von Künstler*innen. Bei Selbstportraits von Maria Lassnig sieht man die subjektive Körperwahrnehmung, bei Francis Bacon wird die Anspielung auf die Verletzlichkeit des Menschen und auf Transzendenz deutlich. Natürlich nimmt dies jede*r jeweils anders wahr. Im Betrachten kann die annähernde Lebensgröße der Dargestellten eine Identifikation unterstützen. Insbesondere die Fragmentierung und Deformierung des gemalten Körpers, die ein unterschiedliches Gefühl der Kohärenz des Körpererlebens darstellen, können jeweils Projektionen der Betrachtenden auf sich ziehen und dadurch zur Auseinandersetzung mit dem eigenen Selbstbild, dem eigenen Körper und der eigenen Biografie beitragen.

Beide Künstler*innen, Maria Lassnig und Francis Bacon, haben konsequent lebenslang gestaltet und sehr oft lebensgroße full-size-Selbstportraits gemalt. Ihre Werke zeigen eine Selbstreflexion des Themas ›Körper als Motiv und Medium der Erfahrung‹, in welchem die körperbezogene ästhetische Erfahrung enthalten ist, die als eine Verbindung zu kunsttherapeutischen Interventionen gesehen werden kann (vgl. Schwarz 2013). Die innerbildlichen Bedingungen der Werke und die möglichen Reaktionen der Betrachtenden darauf (gestaltend *und* rezeptiv) erfordern eine körperliche Präsenz, evozieren ästhetische Erfahrungen und eine Resonanz des eigenen Körperbildes. Die körperbezogene ästhetische Erfahrung ist hier gegeben durch den Körper als Motiv und die Körperbild-Projektion sowie durch dynamische Körperbild-Prozesse (Erleben und Verändern der Gestaltung während des Malens). Es kann Unbewusstes und Bewusstes abgebildet und im Gespräch reflektiert werden mit dem Ziel einer Integration des Körperbildes als Körperaneignungsprozess.

## Kunsttherapeutische Interventionen – Best Practices

Selbstportraits und lebensgroße Körperbilder im großen Format in verschiedensten Spielarten sind aus der kunsttherapeutischen Praxis bekannt als die Best Practices der Kunsttherapie, die auf körperbezogene ästhetische Erfahrung ausgerichtet sind. Um sich mit Klient*innen dem Thema anzunähern, helfen verschiedene vorbereitende Körperbild-Übungen: z. B. das Zeichnen des eigenen Gesichts oder des Gesichts einer gegenübersitzenden Person (dabei nicht auf das Blatt schauen), wobei als Variante auch das Zeichnen des Gesichts in einer Linie, ohne den Stift abzusetzen, möglich ist; das Gesicht abtasten und die Empfindungen anschließend in annähernder Lebensgröße mit Kreide oder Fließ-Farbe aufs Papier bringen. Diese Übungen sind auch auf Körperteile, wie z. B. Füße oder Hände, übertragbar. Auch Imaginationen können hinführend unterstützen.

Es gibt verschiedene Varianten[18] des lebensgroßen Körperbildes. Aspekte und Einsatzbereiche werden im Folgenden kurz beschrieben: Symbolisierungsprozesse, Umrissbilder, inneres oder äußeres Abbild, rezeptive Körperbilder, Thermogramme, Organ-Bilder und Gruppenselbstportraits.

Gemalte Körperbilder funktionieren durch die Symbolisierungsprozesse, die durch die Darstellungen von Körperempfindungen evoziert werden. Um sie zu verstehen, wird ein Körper-Bild verbal in der anschließenden Reflexion aufgeschlossen. Das Bild stellt den Körper dar, ist aber nicht wirklich Körper – lediglich der Bildträger ist körperhaft, und mit diesem künstlerischen Material kann auch symbolhaft gearbeitet werden, beispielsweise um Fragmentierungen entgegenzuwirken. In der Betrachtung und Besprechung kommen Fragestellungen bezüglich Emotion und Kognition ins Spiel, die zu Introspektion und Reflexion einladen, wie z. B.: Wurde eine spiegelbildliche Darstellung gemalt, die eine subtile Bedeutung im inneren Dialog haben kann, oder nicht? Wurde die Körpergrenze thematisiert? Wurde die Umgebung gemalt? Wie ist jemand (bildlich) eingebettet?

Körperumrissbilder in Lebensgröße als Umrissbild setzen eine Interaktion des Umreißens voraus, eine Kommunikation mit der umreißenden Person, als einen ersten, manchmal bildbestimmenden Gestaltungsimpuls. Für die Gestaltung kann es auch bedeutsam sein, ob an der Wand stehend oder am Boden liegend umrissen wird, und ob dann anschließend an der Wand oder am Boden weitergemalt wird, denn die Körperhaltung beim Malen ist eine andere. Lebensgroße Selbstportraits und Körperbilder in ungewohnter 1:1 Lebensgröße zu malen, trägt wesentlich dazu bei, in das Bild ›hineinzugehen‹. Eventuell ist dies verbunden mit einem Verlust von Distanz zum Ob-

---

[18] Abbildungen von lebensgroßen Körperbildern sind in den angegebenen Literaturverweisen zu finden.

jekt – begründet in Bedingungen der Intervention selbst. Je nach Person kann es ein individuelles Nähe-Distanz-Erleben geben und man muss sich behutsam an das große Format annähern. Das Material ›verankert‹ beim Malen gleichzeitig in der Wirklichkeit. Auch das Beobachtet-Werden durch die kunsttherapeutische Begleitung kann dies bewirken.

Körperbilder, in denen ein eigenes Selbstbild überprüft wird, können als ›inneres‹ Bild, als ›äußeres‹ Abbild oder als kreatives Selbstportrait gestaltet werden. Innere Körperbilder können aus Träumen, Meditationen, Imaginationen wie Körperreisen oder Fantasiebildern entwickelt und dann in Lebensgröße gestaltet werden. Äußere Körperbilder sind dem traditionellen Selbstbildnis der Kunst am nächsten und bieten alle damit verbundenen Möglichkeiten der Auseinandersetzung mit Identitäten. Körperbilder in einer Rolle (z. B. als Clown, als König*in) ermöglichen ein Befassen mit Wünschen und Ängsten, mit Fremd- und Selbstwahrnehmung, mit Maske und Authentizität etc.

Rezeptive Körperbilder werden dagegen als Reaktion auf ein Kunstwerk (z. B. auf ein Selbstportrait) durch die künstlerische Vorlage angeregt. Als Resonanzbild werden deren Inhalte farblich und formal nachempfunden, individuell abgewandelt und anschließend reflektiert.

Mehr auf den somatischen Körper bezogene Körperbilder, als Thermogramm instruiert, nutzen ein immer und bei allen Menschen vorhandenes Körpererleben von warmen und kalten Bereichen als Anregung zur Gestaltung (vgl. Richter-Reichenbach 1992). Hierbei werden die Wärmezonen des Körpers in Farbe in eine Körperumrisszeichnung als »Ganz-Körper-Thermogramm« hineingemalt. Die Ausführung führt dann in freier Gestaltung zu einer Selbstaktualisation des Körperempfindens, die unter Umständen nichts mehr mit Wärmeempfindung zu tun hat.

Körperbilder können auch als Organ-Bilder zu somatischen und psychosomatischen Beschwerden entstehen, mit dem Ziel einer Visualisierung (body-chart, body-map) und intendierter Integration. Speziell in der integrativen Therapie (vgl. Petzold 2007; Baer 2007) kommen sie auch in Kombination mit anderen künstlerischen Medien zur Anwendung (als sogenannte body-charts) und sind eine Aufzeichnung des Körpergefühls. Symptombilder (vgl. Schmeer 2019) funktionieren ähnlich wie die body-charts.

Körperbilder in der Gruppe als Gruppenselbstportraits sind eine spezielle Form gruppendynamischer Interventionen, bei denen es über das eigene Körperbild hinaus auch um Interaktion, Konflikte, Raumeinnahme, Kohärenzgefühl etc. gehen kann. Als Gruppenselbstportrait kann es in zeitlichem Abstand wiederholt vorgeschlagen werden, um den Status einer Gruppe zu dokumentieren und Gruppenprozesse durch den gemeinsam erschaffenen Bildraum und den Kontakt auf einer Fläche zu verdeutlichen.

In der Literatur beschriebene Einsatzbereiche der Best Practices sind beispielsweise die Förderung von Selbstwahrnehmung und Körperbewusstsein (vgl. Schottenloher 2008), eine Übungsreihe im Rahmen der Traumaverarbeitung (vgl. Lücke 2005), sie dienen der Körperintegration in der Psychosomatik (vgl. Mayer-Gruhl 2005), werden in Schule und Jugendarbeit eingesetzt für die Prävention (vgl. Richter-Reichenbach 1992) und in pädagogisch-prophylaktischer Arbeit (vgl. Titze 2007).

## Körperbezogene ästhetische Erfahrungen

Gemeinsame Kernthemen der genannten Künstler*innen und der Best Practices sind die Selbstreflexion und das Körpergefühl mit den Merkmalen der Kunstwerke, szenisch-narrativ und farbsymbolisch den eigenen Körper darzustellen (Maria Lassnig), eine Deformation, Polyperspektive, Energie, Emanation (Francis Bacon) auszudrücken. In den lebensgroßen Körperbildern der Kunsttherapie finden sich ähnliche Themen. Best Practices vermitteln eine Körperselbsterfahrung durch ein Medium und selbststärkende Erfahrungen. Ein Körperbewusstsein und psychophysische Integrationsprozesse werden angeregt. Abgebildetes kann verbal reflektiert werden. Es geht um körperbezogene ästhetische Erfahrung, um Körperbewusstsein und Körperaneignungsprozesse, um Selbstexploration, Selbstwahrnehmung und -behauptung, um Prävention, um Reflexion von Selbst- und Körperbild aufgrund der projektiven Matrix, um das psychische Konzept Körperbild, um Resonanz und letztlich um psychosomatische Integration.

Werke und Interventionen stehen in unterschiedlichen Bezugsfeldern (Kunst und Kunsttherapie) sowie in den unterschiedlichen Kommunikationssituationen (Triade aus Betrachter*in oder Klient*in – Vermittler*in oder Kunsttherapeut*in – Kunstwerk oder Gestaltung). Alle beschriebenen Erfahrungsangebote in diesen Bezugsfeldern und Kommunikationssituationen werfen die Frage einer möglichen Instrumentalisierung der ästhetischen Erfahrung auf. Eine unmittelbare Instrumentalisierung kann nicht festgestellt werden, wenn ein Werk oder die benutzten kreativen Werkzeuge von einem Kontext in den andern transferiert werden. Ein Wahrnehmungsangebot hat nicht zwingend und wiederholbar eine bestimmte Wirkung, denn jede*r nimmt jeweils anders wahr. Es ist in den Überlegungen deutlich geworden, dass es um individuelle Reaktionen und bewusste Reflexionen der Betrachtenden geht. Die rezeptive Kunsttherapie, die neben der aktiv-produktiven auch im Blick ist, avisiert eine Instrumentalisierung jedoch durchaus, indem sie das gesamte Gemälde als Original oder mediatisiert betrachtet und nicht nur eine kreative Technik daraus benutzt. Daraus ergibt sich die Frage, ob ein multifaktorielles Geschehen wie das Betrachten von Kunst monokausal als eine Heilanzeige einem Krankheitsbild zugeordnet werden kann. Die Chancen einer rezeptions- und kunstgestützten Therapie, eingebunden in einen spezifischen Kontext, müssen sicher noch weitergehend ausgelotet werden.

Hat die kunsttherapeutische Intervention etwas aus den historischen künstlerischen Impulsen adaptiert? Sie weist offensichtlich Einflüsse historischer künstlerischer Impulse auf, obwohl es keine nachweisliche aktive Beeinflussung durch Maria Lassnig und Francis Bacon oder andere Künstler*innen gibt. Es besteht jedoch eine vergleichbare körperbezogene ästhetische Erfahrung in Werk und Intervention: Es wird wiederholt lebensgroß der ganze Körper und das Körpergefühl gestaltet, es geht darum, Introspektion, Autobiographisches, Innerpsychisches auszudrücken. Die kreativen Werkzeuge der Künstler*innen und die damit verbundenen Erfahrungsmöglichkeiten werden in den kunsttherapeutischen Interventionen variiert, künstlerische Interessen sind jedoch nicht relevant. Eine Selbstreflexion im Gestalten *und* Betrachten wird möglich.

# Literatur

Bacon, F., Kundera, M. & Borel, F. (1996). *Francis Bacon. Portraits und Selbstportraits*. München / Paris / London: Schirmer.

Bacon, F. & Zweite, A. (Hrsg.) (2006). *Francis Bacon. Die Gewalt des Faktischen*. München: Hirmer. [herausgegeben anlässlich der Ausstellung in der Kunstsammlung Nordrhein-Westfalen 16. 9. 2. 2006 – 7. 1. 2007].

Baer, U. (2007). *Gefühlssterne, Angstfresser, Verwandlungsbilder … Kunst- und Gestaltungstherapeutische Methoden und Modelle* (1. Aufl. 1999). Neunkirchen-Vluyn: Affenkönig.

Bauer, J. (2008). *Warum ich fühle, was du fühlst. Intuitive Kommunikation und das Geheimnis der Spiegelneurone*. München: Heyne.

Cappock, M. (2005). *Spuren im Atelier des Künstlers*. München: Knesebeck.

Hollaus, I.-T. (2005). Zwischen Inszenierung und Intimität. In: Bacon, F. & Heinrich, C. (Hrsg.) (2005) *Francis Bacon. Die Portraits*. Ostfildern-Ruit: Hatje Cantz. S. 110–126.

Koch, S. (2009). Embodiment-Ansätze in den künstlerischen Therapien. In: Hampe, R. et al. (Hrsg.) (2009). *KunstReiz. Neurobiologische Aspekte künstlerischer Therapien*. Berlin: Frank & Timme. S. 229–250.

Lassnig, M. (1982). Über das Malen von Körpergefühlen. Wiederabdruck. In: Lassnig, M. & Drechsler, W. (Hrsg.) (1985). *Maria Lassnig*. Klagenfurt: Ritter. S. 70–71.

Lassnig, M. (1999). Über die Umsetzung von Körperempfindungen auf eine Fläche. In: Lassnig, M. & Drechsler, W. (Hrsg.) (1999). *Maria Lassnig*. Wien: Ritter. S. 86–88.

Lassnig, M. & Stadt Siegen (Hrsg.) (2002). *Maria Lassnig. Körperportraits: Rubenspreis der Stadt Siegen 2002*. Siegen: Verlag Museum für Gegenwartskunst.

Lassnig, M. & Madesta, A. (Hrsg.) (2006). *Maria Lassnig. Körperbilder. Body awareness painting*. Köln: Snoeck. [herausgegeben anlässlich der Ausstellung im Museum Moderner Kunst Kärnten 16. 2. – 11. 6. 2006].

Lücke, S. (2005). Kunst- und Gestaltungstherapie im Prozess der Traumaheilung. In: Reddemann, L. (2005). *Imagination als Lebenshilfe. Zur Behandlung von Traumafolgen mit ressourcenorientierten Verfahren*. Stuttgart: Klett-Cotta. S. 132–165.

Mayer-Gruhl, E. (2005). Kunsttherapie bei essgestörten Patientinnen. In: von Spreti, F. et al. (Hrsg.) (2005) *Kunsttherapie bei psychischen Störungen*. München: Urban und Fischer. S. 180–194.

Müller, V. (2003). Körper, Bild und Körperbild. In: Dannecker, K. (Hrsg.) (2003) *Internationale Perspektiven der Kunsttherapie*. Graz: Nausner. S. 189–207.

Petzold, H. (2007). Überlegungen und Konzepte zur Integrativen Therapie mit kreativen Medien und einer intermedialen Kunstpsychotherapie. In: Petzold, H., Orth, I. (Hrsg.) (2007) *Die neuen Kreativitätstherapien. Handbuch der Kunsttherapie*. Bd. 2. (4. Aufl.) Paderborn: Aisthesis. S. 585–639.

Richter-Reichenbach, K.-S. (1992). *Identität und ästhetisches Handeln. Präventive und rehabilitative Funktionen ästhetischer Prozesse.* Weinheim: Dt. Studien-Verlag.

Röhricht, F. (2009). Das Körperbild im Spannungsfeld von Sprache und Erleben – terminologische Überlegungen. In: Joraschky, P. et al. (Hrsg.) (20099 *Körpererleben und Körperbild. Ein Handbuch zur Diagnostik.* Stuttgart: Schattauer. S. 25–34.

Schilder, P. (1923). *Das Körperschema. Ein Beitrag zur Lehre vom Bewusstsein des eigenen Körpers.* Berlin: Springer.

Schmeer, G. (2019). *Krisen auf dem Lebensweg – psychoanalytisch systemische Kunsttherapie* (3. Aufl.). Stuttgart: Klett-Cotta.

Schottenloher, G. (2008). *Kunst- und Gestaltungstherapie – eine praktische Einführung* (1. Aufl. 1989). München: Kösel.

Schwarz, H. (2013). *Künstlerische Impulse des 20. Jahrhunderts und ihre Adaption durch Interventionen der Kunsttherapie.* Univ. Diss. Freiburg.

Sylvester, D. (1987). *The Brutality of Fact. Interviews with Francis Bacon* (3rd enlarged edition). London: Thames & Hudson.

Titze, D. (Hg.) (2007). *Wir sind schon da. Ein Körper-Bild-Projekt.* Dresden: Sandstein.

Wendlandt-Baumeister, M. (2003). Selbstbildnisse. In: Dannecker, K. (Hrsg.) (2003) *Internationale Perspektiven der Kunsttherapie.* Graz: Nausner. S. 208–234.

*Kathrin Seifert*

# Psychodynamische Kunsttherapie – das Krankheitsbild Depression – fototherapeutische Einzelfallvignette

**Abstract:** Der Artikel thematisiert die Erweiterung des psychodynamischen Ansatzes der Kunsttherapie (Naumburg 1966) um die Anwendung des Mediums Fotografie in der Behandlung depressiver Patienten. Basiswissen zum Krankheitsbild Depression als strukturelle Störung, wesentliche tiefenpsychologische Behandlungselemente und spezielle Vorgehensweisen, die das Medium Fotografie ermöglicht, werden dargestellt.

Fotografien, so wird in der Einzelfallvignette deutlich, transportieren individuelle Seh-, Bewertungs-, Gedächtnis-, Aufmerksamkeits- und Kommunikationsfähigkeiten. Neue visuelle Eindrücke werden mit früher abgespeicherten Informationen, auch mit krankheitsbedingten negativen Sichtweisen, verbunden. Zur Verarbeitung und Neubewertung dieser visuellen Eindrücke stehen dem geschulten Kunsttherapeuten kommunikative und künstlerische Interventionsmöglichkeiten bereit.

Psychodynamisch orientierte Kunsttherapie in Form von Fototherapie bietet depressiven Patienten Möglichkeiten zur Nachentwicklung defizitär ausgebildeter Ich-Strukturen.

Die von Margaret Naumburg (1890–1983) entwickelte psychodynamisch orientierte Kunsttherapie basiert primär auf den Werken Sigmund Freuds (1856–1939), Carl Gustav Jungs (1875–1961) und Harry S. Sullivans (1892–1949). In ihrem 1966 erschienenen Hauptwerk *Dynamically Oriented Art Therapy* veröffentlichte sie eine Reihe von Einzelfallstudien ihrer kunsttherapeutischen Tätigkeit am NY State Psychiatric Institut. Ein wesentliches Verdienst ihres Schaffens ist die Übertragung psychoanalytischer Techniken, wie beispielsweise des »Freien Assoziierens«, in die kunsttherapeutische Arbeit. Hampe beschreibt Naumburgs Ansatz als »einen interaktionellen und kommunikativen Ansatz in der ikonisch-symbolischen Entäußerung als

Ergänzung zu den sprachlichen Symbolen oder als Ersatz bzw. als Mittel zur symbolischen Kommunikation zwischen Therapeut und Proband als Beziehungsmuster« (Hampe 2001).

In der modernen psychodynamischen Kunsttherapie werden, in Parallele zur psychotherapeutischen Arbeit nach dem OPD-Manual (1996/2006), das Krankheitserleben und die psychische Struktur eines Patienten mit seinen unbewussten inneren Konflikten und Objektbeziehungsmustern berücksichtigt. Darauf basierend wird die sich anschließende Therapie auf Veränderungsressourcen eines Patienten hin ausgerichtet.

Die störungsspezifischen Aspekte kommen in inneren und äußeren Bildern zum Ausdruck. Innere Bilder sind Träume, Phantasien und Assoziationen. Äußere Bilder sind reale Lebenssituationen und Beziehungsgestaltungen der Patienten (vgl. Bolle 2015, S. 153). Diese Bilder vergegenwärtigen sich im Beziehungsraum einer therapeutischen Situation. Die positive Gestaltung dieses Beziehungsraumes ist nach Grawe (1994) wesentlich für den Erfolg einer Therapie. Dabei wirken auch Übertragungs- und Gegenübertragungsmanifestationen. In der Übertragung werden alle Hoffnungen, Wünsche, Fantasien und Ängste des Patienten auf den Therapeuten reaktiviert. Die emotionale Reaktion des Therapeuten auf die Übertragung des Patienten wird dann als Gegenübertragung bezeichnet (vgl. Körner 2018, S. 15).

Im künstlerischen Tun wird die Sensomotorik mit dem seelischen Erleben verbunden. Dabei wechseln sich »Phasen symbiotischer Verbundenheit« mit »Phasen der ästhetischen Distanzierung« zum Werk ab (Bolle 2015, S. 160). Der Kunsttherapeut unterstützt seinen Patienten in der Reflexion und Versprachlichung dieser Prozesse (vgl. Schmeer 1994, S. 26), agiert als Hilfs-Ich und ist dabei vor allem geistiger Begleiter. Er »ermöglicht das bedeutungsvolle Denken ebenso wie der Künstler durch die Existenz des Bildrahmens in seiner Arbeit zu Bedeutung finden kann« (Dannecker 2006, S. 163). Denn das Kunstobjekt bildet seelische Regungen ab, ist Container und Spiegel. Die Kunst des Therapeuten besteht darin, diese codierten seelischen Regungen im Werk lesen zu können und im weiteren Verlauf der Behandlung seinem Patienten Möglichkeiten zur Transformation und Integration unbekannter seelischer Regungen anzubieten.

Im therapeutischen Beziehungsraum vergegenwärtigt sich der intermediäre Raum zwischen Mutter und Kind und reaktiviert eine »joint-attention-Situation« (Fuchs 2017, S. 2), die jedes Kind normalerweise ab dem 8. oder 9. Lebensmonat durchläuft. Sie ist der Beginn der Entwicklung interpersonaler Fähigkeiten. Dazu gehören auch Symbolisierungs-, Imaginations- und Mentalisierungsfähigkeiten. Erst durch diese Fähigkeiten haben Menschen die Voraussetzungen zu fiktionalem und freiheitlichem Denken, welches persönliche Wandlungsprozesse ermöglicht (vgl. Fuchs & Broschmann 2018, S. 1253). Darüber hinaus stellt diese Erfahrung die Basis ästhetischer Erfahrungen dar: Dieses individuelle Erlebnis eröffnet Möglichkeiten, im späteren Leben Übergangsräume in Kultur und Religion wahrzunehmen und zu erschließen.

Patienten mit Ich-strukturellen Störungen haben Defizite darin, »etwas *als etwas anderes* zu nehmen«, »Situationen aus der Sicht eines Anderen zu sehen und seine Perspektive mitzudenken« (Fuchs 2017, S. 2), d.h. sie haben eingeschränkte kognitive Fähigkeiten in den für gelingende Selbstreflexion zentralen Bereichen der Versprachlichung von Affekten, der Generierung von Ideen, der Mentalisierung und der Wiederbelebung persönlicher Erinnerungen (vgl. Körner 2016, S. 27). Darüber hinaus ist das Verständnis für einen Zusammenhang zwischen äußerer und innerer Realität defizitär, was auf eine Entwicklungsstörung hindeutet (vgl. Brockmann & Kirsch 2019).

Freud stellte als erster die akute, schwere Depression (lat. deprimere: niederdrücken) in seinem Aufsatz »Trauer und Melancholie« (1917) (vgl. Matakas & Rohrbach 2005, S. 892) vor.
Heute wird die Depressionserkrankung als eine »frühe« und »Ich-strukturelle-Störung« mit zentralen Problemen hinsichtlich des Selbstwertes und des Selbstgefühls definiert. Diese Schwächen und Konflikte manifestieren sich in der Objektbeziehung (vgl. Klein 1962, u.a. zit. in: Seifert 2013, S. 79). Meist treten Mischformen struktureller und konfliktbezogener Störungen auf (vgl. Jungclausen 2018, S. 163).
Die bei einer schweren Depressionserkrankung auftretenden psychischen Hemmungen, die Regression und das Problem des narzisstischen Gleichgewichts haben Auswirkungen auf die therapeutische Behandlung (vgl. Bibring 1953, u.a. zit. in: Matakas & Rohrbach 2005, S. 898). Da die auftretende Antriebshemmung mittlerweile als

eine Art Schutzfunktion vor Leistungsanforderungen verstanden wird (vgl. Matakas und Rohrbach 2005, S. 906) und die regressive Haltung eines Patienten seine Symptome abmildert, bedeutet das, dass lediglich leichte Aktivierungen, wie z. B. einfaches kreatives, auch fotografisches Gestalten in einem ersten Behandlungsschritt helfen können, diese Hemmungen und Regressionen zu überwinden. Matakas und Rohrbach (2005) gehen davon aus, dass im akuten depressiven Zustand »neue Formen psychischer Funktionen« aufgebaut werden können (vgl. Matakas et al. 2005, S. 912).

Ein Konflikt in der Objektbeziehung gilt allgemein als Auslöser einer akuten Depression (vgl. Matakas et al. 2005, S. 912) und wird als Kernpunkt in der Psychodynamik der Erkrankung gesehen. Deshalb sollten Beziehungsänderungen, wie z. B. Trennungen, im akuten Krankheitszustand vermieden werden. Zu Beginn einer Therapie sollte eine räumliche Distanzierung von den Konfliktpartnern vorgenommen und sollten supportive Maßnahmen (vgl. Matakas et al. 2005, S. 911; etwa das oben beschriebene leichte kreative Gestalten) eingeleitet werden, wie das folgende Fallbeispiel zeigt.

Eine 48-jährige verheiratete Pädagogin, N., mit einer schweren depressiven Störung, die von einem tiefen Gefühl der Traurigkeit, der Hoffnungs-, Hilfs- und Wertlosigkeit sowie der Verlangsamung im Denken geprägt ist, nimmt während ihres stationären Aufenthaltes an einem Fototherapieprojekt teil. Sie klagt über Grübeleien zum Thema, früher Fehler begangen zu haben, leidet unter Durchschlafstörungen und ganz massiv unter Ängsten, die sich z. T. somatisch äußern. Sie gibt an, Suizidgedanken und nihilistische Ideen zu haben und ist sehr misstrauisch. Patientin N ist Mutter von 4 Kindern und lebt in einer konfliktreichen Partnerschaft.

Die o. g. Erkrankungssymptome und die damit in Zusammenhang stehende Unfähigkeit, sich konstruktiv mit ihrem Lebenspartner auseinanderzusetzen, veranlassen die Patientin, sich in die Klinik aufnehmen zu lassen. Sie nimmt am Fotokunsttherapieprogramm der Klinik, das 3-phasig – mit einer Stabilisierungs-, Expositions- und Integrationsphase – strukturiert ist, teil.

Da angenommen wird, dass bei depressiven Patienten Wahrnehmungsstörungen bereits auf einer frühen Verarbeitungsstufe vorliegen, wird in der ersten Phase des fototherapeutischen Behandlungsprogramms neben einer Stabilisierung und Handlungsaktivierung eine Intensivierung der visuellen Wahrnehmung mit Objektwahr-

Kathrin Seifert

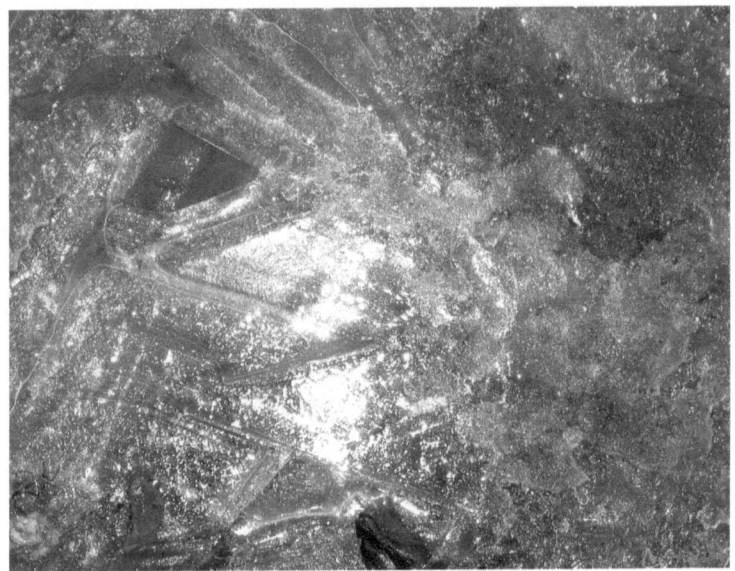

Abb. 1: Patientin N: »Erstarrung«, 21 × 29,7 cm, Fotografie

nehmung und Ästhetisierung eingeleitet (vgl. Seifert 2015, S. 89–90).

Patientin N. experimentiert mit dem Fotoapparat und erstellt mehrere ästhetisch ansprechende Fotografien, die eine gefrorene Pfütze (Abb. 1), eine leere Parkbank (Abb. 2), einen liegenden Hirsch (Abb. 3), Wasserspiegelungen (Abb. 4) und Bambuspflanzen zeigen.

Die anschließende Präsentation ihrer Fotoarbeiten im Klinikflur stärkt das Selbstbewusstsein der Patientin, verschafft ihr zunächst Distanz zu ihren seelischen Konflikten und ermöglicht es ihr, mit Therapeuten und Mitpatienten in einen kommunikativen Prozess einzutreten.

In der zweiten Phase des Behandlungsprogramms, der Expositionsphase, erfolgt eine verstärkte Hinwendung zu Inhalten, die mit der psychischen Verfasstheit in Zusammenhang stehen. Im Fokus stehen in dieser Sequenz sowohl Ressourcenaktivierungen als auch Konfliktkonfrontationen. Ihre gelungenen Bildkompositionen ermöglichen ihr, sich den inhaltlichen Thematiken, d. h. den codierten seelischen Konflikten, schrittweise anzunähern (vgl. Sontag 1995, S. 168). Auch

Psychodynamische Kunsttherapie – das Krankheitsbild Depression

Abb. 2: Patientin N: »Einsamkeit«, 21 × 29,7 cm, Fotografie

Abb. 3: Patientin N: »Einsamkeit II«, 21 × 29,7 cm, Fotografie

das gemeinsame Betrachten der Fotografien verschafft der Patientin das Gefühl von Geborgenheit, das sie benötigt, um sich mit ihrer Erkrankung auseinanderzusetzen. Das Bild von gefrorenem Wasser kann beispielsweise symbolisch für emotionale Kälte und seelische Erstarrung stehen. Darüber hinaus erkennt und bemerkt Patientin

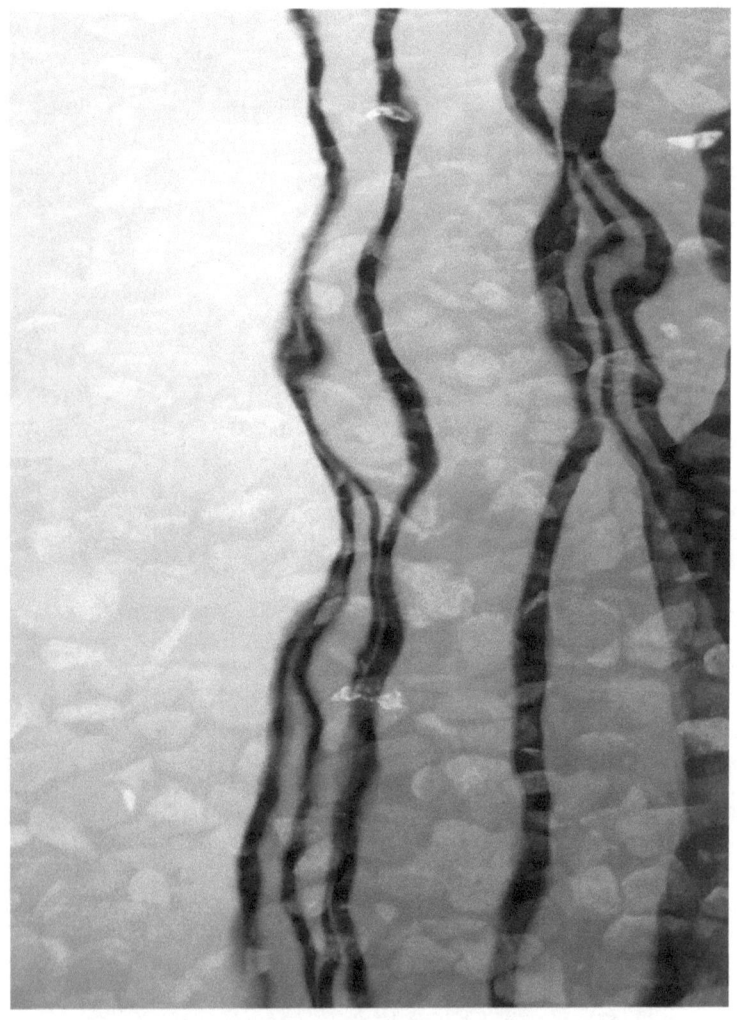

Abb. 4: Patientin N: »Spiegel«, 21 × 29,7 cm, Fotografie

N, dass ihre Fotografien »Menschenleere« und »Weitläufigkeit« ausstrahlen und dass sie damit in einer Entsprechung zu ihren inneren Bildern und Emotionen stehen.

In einer weiteren Therapiesitzung setzt sich Frau N künstlerisch vertieft mit der Parkbank auseinander und erprobt unterschiedlich Bildperspektiven (Abb. 5 und Abb. 6).

## Psychodynamische Kunsttherapie – das Krankheitsbild Depression

Abbildung 5: Prob. N: »Verschiedene Perspektiven«, 21 29,7 cm, Fotografie

In der dritten Projektsequenz, der Integrationsphase, werden die zuvor im Rahmen der Fototätigkeit erarbeiteten Erkenntnisse und bildnerischen Erfahrungen miteinander verknüpft. Dieser Prozess kann seinen Ausdruck in mannigfaltigen Formen, wie beispielsweise in Collagen, Übermalungen oder auch Gedichten finden. Im Fallbeispiel erstellt die Patientin eine Collage, in der sie zwei zuvor aufgenommene Motive miteinander verbindet. Sie schneidet den Hirsch aus und bringt ihn in einen neuen Kontext, indem sie ihn ›auf eine Bank legt‹. Während dieses kreativen Schaffensprozesses ist die Patientin schweigsam und hoch konzentriert auf den sensomotorischen Akt fokussiert.

Abb. 6: Prob. N: »Verschiedene Perspektiven II«, 21 × 29,7 cm, Fotografie

Später gibt sie der fertigen Collage den Namen »Verdopplung der Einsamkeit« (Abb. 7).

Abb. 7: Prob. N: »Verdopplung der Einsamkeit«, 21 × 29,7 cm, Fotocollage

Die Patientin identifiziert sich mit dem in ihrer Collage nun auf einer Bank ruhenden Hirsch. Diese Identifizierung ist notwendig, damit sie sich ihrer Emotionen und Wünsche bewusst wird. Mit dem Titel des Bildes ›Verdoppelung der Einsamkeit‹ bringt sie zudem ihre Emotionen sprachlich auf den Punkt. Nach dieser Therapiestunde bittet die Patientin aus Angst vor Selbstgefährdung, auf der geschützten Station untergebracht zu werden. Die Äußerung dieses Wunsches kann als bedeutender neuer – weil sich selbst liebender – Schritt verstanden werden, zeichnen sich doch üblicherweise Patienten mit strukturellen Störungen in der Beziehungsgestaltung durch destruktiv-selbstschädigendes Verhalten aus (vgl. Rudolfs 2006, S. 51).

Nach kurzer Pause und Reizabschirmung nimmt die Patientin an fototherapeutischen Einzeltherapiestunden auf der geschützten Station teil.

Zu einem neuen fotografischen Motiv mit symbolischem Wert wird für Frau N. ein Strauß Rosen, den der Ehemann ihr bei einem Besuch in der Klinik schenkt.

Über alle drei Phasen der Therapie hinweg gilt es, einen wertschätzenden Beziehungsraum aufzubauen und zu erhalten, so dass sich Patienten stets ernst- und angenommen fühlen.

Im Fallbeispiel wurden wesentliche Aspekte einer psychodynamisch-künstlerisch orientierten Fototherapie zur Behandlung depressiver Patienten aufgezeigt. Wesentliche iterative Behandlungselemente sind die Intensivierung der visuellen Wahrnehmung, Symbolbildung und deren Decodierung. Der Aufbau einer positiven Beziehung zwischen Therapeut und Patient dient dem Einleiten einer »joint-attention-Situation« (Fuchs 2017, S. 2) und zielt auf eine Bearbeitung dysfunktionaler selbstbezogener Gedanken und schließlich auf eine Verbesserung der Emotionsregulation ab. Äußere Bilder werden mit inneren Bildern und Wertevorstellungen verbunden und **korrigiert**.

Die Fotografie mit ihren spezifischen dokumentarischen, künstlerischen und kommunikativen Funktionen unterstützt, ebenso wie die traditionellen kunsttherapeutischen Medien, als therapeutisches Medium den Prozess der Nachentwicklung defizitärer Ich-Strukturen.

Ausblick: Nachweise von Modulationen spezifischer Hirnareale (z. B. limbisches System), die mit der Verarbeitung visueller, emotionaler und kognitiver Stimuli im Zusammenhang stehen, könnten weitere belastbare Daten zur Wirksamkeit der Fototherapie liefern.

## Literatur

Arbeitskreis OPD (Hrsg.) (2006). *Operationalisierte Psychodynamische Diagnostik OPD-2. Das Manual für Diagnostik und Therapieplanung* (Erstausgabe 1996). Bern: Huberverlag.

Bolle, R. (2015). Welche Kunst dient der Psychotherapie? In: Majer, H., Niederreiter, L. & Staroszynski, Th. (Hg.). *Kunstbasierte Zugänge zur Kunsttherapie. Potentiale der Bildenden Kunst für die kunsttherapeutische Theorie und Praxis*, München: kopaed Verlag. 151–164.

Brockmann, J. & Kirsch, H. (2015). *Die Entwicklung der Mentalisierungsfähigkeit.* htpps://mentalisierung.net/die-entwicklung der mentalisierungsfähigkeit/ (zugegriffen am 08.04.2019).

Dannecker, K. (2006). *Psyche und Ästhetik. Die Transformationen der Kunsttherapie.* Berlin: Medizinisch Wissenschaftliche Verlagsgesellschaft.

Fuchs, T. (2017). Kunst und das »Als-ob«. Anthropologische Anmerkungen. In: v. Spreti, F., Martius P. & Steger F (Hrsg.). *KunstTherapie, Wirkung – Handwerk – Praxis.* Stuttgart: Schattauer Verlag.1–5.

Fuchs, T. & Broschmann, D. (2018). Willensstörungen in der Psychopathologie. In: *Der Nervenarzt.* Springer-Link: DOI 10.1007/s00115–017–0323–1. Berlin: Springer Verlag. 1252–1258.

Grawe, K. (1994). *Psychotherapie im Wandel: Von der Konfession zur Profession.* Göttingen: Hogrefe Verlag

Hampe, R. (2001). Zur Virtualität ästhetischer Transformationen des Bildlichen. Kunstpädagogik und -therapie in Beziehung zu traditionellen und modernen Medien. In: *Musik-, Tanz- und Kunsttherapie 12.* Göttingen: Hogrefe Verlag. https://doi.org/10.1026//0933–6885.12.1.37. Onlineversion veröffentlicht am 01.09.2006 (zugegriffen am 23.04.2019).

Jungclausen, I. (2018). *Handbuch Psychotherapie-Antrag. Psychoanalytische Theorie und Ätiologie – PT-Richtlinie – Psychodynamik – Psychogenetische Konflikttabelle – Fallbeispiele.* Stuttgart: Schattauer Verlag.

Körner, J. (2016). *Psychodynamische Interventionsmethoden.* Göttingen: Vandenhoeck & Ruprecht Verlag.

Körner, J. (2018). *Die Psychodynamik von Übertragung und Gegenübertragung.* Göttingen: Vandenhoeck & Ruprecht Verlag.

Matakas, F. & Rohrbach, E. (2005). Zur Psychodynamik der schweren Depression und die therapeutischen Konsequenzen. In: *Psyche – Z Psychoanal 59: 892–917*.

Melloni, L. & Schwiedrzik, C. M. (2011). *Bewusste Wahrnehmung als dynamischer und plastischer Prozess.* https://www.brain.mpg.de/.../2010_MPG-Jahresbericht_Bewusste_Wahrnehmung.pdf. (zugegriffen am 10.04.2019).

Naumburg, M. (1996). *Dynamically Orientated Art Therapy: Its Principle and Practice.* Chicage: Grune & Stratton.

Rudolfs, G. (2006). *Strukturbezogene Psychotherapie: Leitfaden zur psychodynamischen Therapie.* Stuttgart: Schattauer Verlag.

Schmeer, G. (1994). *Krisen auf dem Lebensweg. Psychoanalytisch-systemische Kunsttherapie* (2. Auflage 2006). Stuttgart: Klett-Cotta Verlag

Seifert, K. (2013). *Kunsttherapie bei Patienten mit unipolaren Depressionen im klinischen Bereich. Entwicklung, Durchführung und Evaluation eines fototherapeutischen Behandlungsmodells.* Köln: Claus Richter Verlag.

Seifert, K. (2015). Studie zur Anwendung und Evaluation eines fototherapeutischen Behandlungsmodells für Patienten mit unipolaren Depressionen in der klinischen Versorgung. In: *Zeitschrift für Musik-, Tanz- und Kunsttherapie.* Göttingen: Hogrefe Verlag. 88–102.

Sontag, S. (1995). *Über Fotografie* (Originalausgabe 1977). Berlin: Fischer Taschenbuch Verlag.

# VI. Gruppendynamische Prozesse kreativen Gestaltens

*Ursula Knott*

# Resonanzen und Spiegelungen – Überlegungen zur Psychodynamik der Kreativität in Gruppen

**Abstract:** Resonanz und Spiegelung sind zentrale Begriffe der Intersubjektivitätstheorien. In therapeutischen Gruppen werden die interaktionellen Prozesse zur Behandlung der Teilnehmer und Teilnehmerinnen direkt genutzt. Wie können wir im kunsttherapeutischen Beziehungs- und Handlungsraum der Gruppe Entwicklungen zu einem stabilen Selbstgefühl begleiten und verstehen? Gruppenbilder sind eine Möglichkeit, die die Autorin beispielhaft zur Darstellung der Kreativität in Gruppen heranführt. Kunsttherapie als eine Arbeit nicht nur *in*, sondern immer auch *mit* der Gruppe zu verstehen, ist Anliegen dieses Beitrages.

### Einleitung

Kunst- und Gestaltungstherapie in Gruppen durchzuführen ist fester Bestandteil unserer beruflichen Praxis. So können wir diese Form des therapeutischen Arbeitens sowohl im klinischen und rehabilitativen Kontext als auch in pädagogischen und sozialen Handlungsfeldern, und genauso auch in offenen Ateliers antreffen. Gruppe beschreibt hier zuerst einmal eine numerische Kategorie: Mehrere Personen finden sich zur gleichen Zeit an einem Ort zusammen, um kunsttherapeutisch zu arbeiten. Arbeitsauftrag, Dauer, gegebenenfalls Diagnosen bestimmen die Zielsetzungen des kunsttherapeutischen Angebotes. Die notwendige und gewünschte Tiefe der reflexiven Aufarbeitung von Prozess und Werk bestimmen die Qualität der künstlerisch-therapeutischen und der sprachlichen Interventionen.

Im Gegensatz zur hohen Relevanz für die kunsttherapeutische Praxis finden sich wenige aktuelle Veröffentlichungen zum Thema der *Gruppenkunsttherapie*.

Einer der Gründe dafür mag sein, dass wir aufgrund unseres speziellen Settings *Einzelarbeit in der Gruppe* anbieten können. Wenig Berücksichtigung finden Wahrnehmung und Reflektion gruppendynamischer Prozesse. Von ihren Arbeitgebern wird gleichzeitig selbstverständlich vorausgesetzt, dass Kunsttherapeuten über die Kompetenz zur Gruppenleitung verfügen.[1]

Es lohnt sich also darüber nachzudenken, wie die *Kreativität (in) der Gruppe* initiiert werden kann, wie sie zu begleiten ist und wie wir sie im Sinne der intersubjektiven und interaktionellen Prozesse verstehen können.[2]

Dass *Gruppe* als Therapie ein wirksames psychotherapeutisches Instrument darstellt, haben Gruppenpsychoanalytiker früh erkannt und theoretisch reflektiert. Zu nennen sind hier u.a. die Autoren Bion, Foulkes und Yalom (Bion 1971; Foulkes 1992; Yalom 2005).

Autoren, die die moderneren intersubjektiven Modelle von Mentalisierung und Symbolisierung auf das Verständnis der Gruppentherapie übertragen haben, führt Mathias Hirsch in seinem Buch *Die Gruppe als Container* zusammen (Hirsch 2008). Zwei dabei zentralen Metaphern – der der Resonanz und der des Spiegelns – folge ich im weiteren Verlauf meines Beitrages.


## Die Metapher des Spiegelns in der Psychologie

Der Begriff des *Spiegelns* wird in der Theorie der Psychologie als eine Metapher genutzt, die ganz allgemein Prozesse der intersubjektiven Bezogenheit beschreibt. Sie meint inter- und intrapsychische Vorgänge. Der Wunsch ist dabei, das bestehende Selbstbild entweder bestätigt zu finden oder es zu korrigieren (vgl. Haubl, S. 884ff.).

Die amerikanische Kinderpsychoanalytikerin Adina Kernberg nutzte konkret den Spiegel in der therapeutischen Arbeit mit Kindern: »Wenn wir in den Spiegel blicken, suchen wir das eigene Bild und werden gleichzeitig von einem anderen Aspekt des Selbst, dem so genannten reflektierenden Selbst oder dem beobachtenden Ich – einer

---

[1] Sofern ich mich in meinem Text nicht auf eine bestimmte Person beziehe, nutze ich die männliche Sprachform in dem Sinne, dass sie alle Geschlechter umfassen soll.

[2] Die Begriffe intersubjektiv und interaktionell werden zum Teil austauschbar genutzt und verstanden. Ich folge der Haltung, dass Intersubjektivität Theoriemodelle meint, die die psychische Entwicklung von Beginn an nur im intersubjektiven Feld der Bezogenheit versteht. Während Interaktion die aufeinander bezogenen Verhaltensweisen oder Kommunikationsprozesse beschreibt, und damit im Sinne sozialer Interaktion verstanden werden kann (vgl. Ermann 2017, S. 11ff.).

Identifizierung mit der internalisierten beobachtenden Elternfigur – beobachtet« (Kernberg 2008, S. 15). Aus dem Verhalten der Kinder vor dem Spiegel konnte sie Rückschlüsse auf die Qualität ihres Bindungserlebens ziehen.

Im Blick in den Spiegel und im Gespiegelt-Werden durch Andere wird also – so die Annahme – der »erste« Blick, der uns gewahr wurde, in uns wiederbelebt. In der bildenden Kunst und in Patientenbildern gibt es viele Beispiele, in denen die Sehnsucht nach Spiegelung im Bildthema aufgegriffen wird. Die Darstellungen von Maria mit dem Christuskind sind eingeflossen in die Ikonografie der westlichen Welt und stellen die Urszene der liebevollen Zugewandtheit zwischen Mutter und Kind dar. Oft begegnet uns auch das Bild eines Auges und wirft die Frage auf, ob dieser Blick streng, kontrollierend und strafend oder liebevoll-annehmend sein will.

Bilder von Spiegelungen in der Natur (Abb. 1 und Abb. 2) thematisieren die Suche nach dem resonanzgebenden Gegenüber, wie uns ja insgesamt die Natur als ein psychischer Resonanzraum im Außen tröstlich begleitet (»Mutter Natur«).

D. W. Winnicott hat die Spiegelfunktion des mütterlichen Blickes in seiner Auswirkung auf das sich entwickelnde Selbst ausführlich beschrieben. »In der individuellen emotionalen Entwicklung ist das Gesicht der Mutter der Vorläufer des Spiegels« (Winnicott 1971, S. 128). Im gelingenden Holding und einer haltenden Umwelt entwickelt das Kind ein gesundes, stabiles Selbstgefühl.

Bion führte dieses Konzept weiter zur Metapher des Container-Contained. In seinem Modell werden die bedrohlichen Affekte von der Mutter identifiziert und in modifizierter und damit aushaltbarer Form an das Kind zurückgegeben (vgl. Bion 1990).

Kohut spricht vom »Glanz im Auge der Mutter«: Die Mutter dient als spiegelndes Selbstobjekt, um die narzisstische Integrität des Kindes zu entwickeln (Kohut 1973).

Mit der *Mentalisierungtheorie* (vgl. Fonagy et al. 2002) wird das markierte Spiegeln in der frühen Beziehung als Metapher weiter konzeptionalisiert. Mit der Fähigkeit zu mentalisieren ist die Fähigkeit gemeint, das eigene Handeln und Fühlen – und das von anderen – reflektieren und verstehen zu können. Diese Fähigkeit entwickelt sich auf positive Weise, steht in der frühen Kindheit eine Bindungsperson zur Verfügung, die die Affekte des Kindes markiert spiegeln und ihm

damit »übersetzen« kann. Durch die gelungene *Spiegelfunktion* früher Bezugspersonen wird die *Spielfähigkeit* entwickelt und darauf aufbauend die *Symbolisierungsfähigkeit*. Dazu gehören auch der innere Phantasieraum und die Fähigkeit zum kreativ-künstlerischen Ausdruck. Alle drei genannten Funktionen sind als Regulationsmechanismen der Affektregulierung zu verstehen. Gelingt die Herausbildung dieser Fähigkeiten nicht oder nur teilweise, fehlt es dem Menschen u. a. an mangelnder Selbst- und Objektdifferenzierung, die Spiel- und Phantasietätigkeit sowie die Fähigkeit zur Kreativität blei-

## Resonanzen und Spiegelungen

Abb. 1 und 2: »Spiegelung 1« und »Spiegelung 2«,
Patientin, wasserlösliches Grafit, ca. 20 × 28 cm

ben auch beim erwachsenen Menschen eingeschränkt (vgl. Dornes 2004, S. 185).

Das ist im Übrigen etwas, was wir sehr oft bei unseren Patienten beobachten können.

Das Gelingen der Spiegelfunktion hat also Auswirkungen auf die kreativ-künstlerische Ausdrucksfähigkeit, und die kreativ-künstlerische Ausdrucksfähigkeit stellt gleichzeitig selbst eine Spiegelfunktion im Sinne der Regulation von Affekten dar.

Im Folgenden will ich am Beispiel von Gruppenbildern[3] aufzeigen, wie Kunsttherapie Resonanz und Spiegelung in der gemeinsamen künstlerisch-kreativen Handlung emotional zugänglich machen kann.

## Resonanz und Spiegelung in Gruppenbildern.

In kunsttherapeutischen Gruppen ist das *gemeinsame* Gestalten auf einem Blatt Papier die direkteste Form, um das interaktive Erleben der Gruppe im kreativ-künstlerischen Miteinander emotional zugänglich zu machen. Der Beziehungsraum der Gruppe wird dabei zum wechselseitigen Handlungsraum. Beim Malprozess begegnen sich die Teilnehmer im Sinne des gemeinsamen Einschwingens und intuitiven Spürens. Die gemeinsame Bildfläche stärkt das Kohärenzgefühl (»Ich bin Teil des Ganzen.«). Malgeräusche, Rhythmen und Klänge der Malaktionen, ebenso wie die Bildinhalte werden intuitiv wahrgenommen und empathisch aufgegriffen – oder es wird bewusst Distanz gesucht. Die Gruppe taucht in einen intuitiven Prozess des Miteinanders ein. Dieser kann synchron oder asynchron verlaufen.[4] Fragen des Selbstwertes, der Zugehörigkeit, der Selbstwirksamkeit und des »Eigenen im Gemeinsamen« sind bewusst / unbewusst relevant. In der anschließenden sprachlichen Aufarbeitung des Erlebten wird das Bewusstsein über die eigenen emotionalen Erfahrungen mit dem Wunsch nach Nähe und Distanz geschärft. Durch Modifikationen der Intervention – je nach Stand der Gruppe – kann der Prozess entsprechend begleitet werden, wie die drei folgenden Bespiele von Gruppenbildern verdeutlichen.

Das Bild »Fluss« (Abb. 3) wurde auf einem Format von ca. 2,50 m × 1,20 m von sieben Teilnehmerinnen zu dem Thema eines »Flusses« gearbeitet. Die Gruppe arbeitete hier nicht im Kreis, sondern die Teilnehmerinnen standen nebeneinander. Sie konnten sich dadurch bei

---

[3] Ich spreche von Gruppenbildern und zeige diese auch, schließe damit aber auch alle anderen Formen von Gruppengestaltungen mit ein.
[4] Zu den ausführlichen Implikationen des Spiegelns in Kunst- und Psychotherapie finden sich viele Textbeiträge in der Veröffentlichung von Dammann und Meng »Spiegelprozesse in Psychotherapie und Kunsttherapie«.

Resonanzen und Spiegelungen

Abb. 3: »Fluss«, Patientinnengruppe, Pastell- und Ölkreiden, 250 × 120 cm

der Entstehung nicht ansehen, sondern die Anderen mehr wahrnehmend erspüren. Gemeinsam standen sie »wie am Ufer« und blickten in eine Richtung. Das Bild wurde zum Ausdruck eines gemeinsamen Einschwingens, denn die Gruppe stand am Anfang ihres Weges und musste sich kennenlernen und finden.

Im Bild fließen Linien, Schraffuren, Formen und Farben, überwiegend die Grundfarben Rot, Blau und Gelb, miteinander. In der Mitte fällt eine Figur mit Kopf, Armen und Beinen auf, die die linke und rechte Seite – spiegelsymmetrisch – verbindet. Im »Schoß« befindet sich ein rotes Dreieck. Diese Figur wirkt organisch eingebettet in die Bewegungen und Strömungen. Sie thematisiert den Wunsch nach Symmetrie und gleichzeitig – durch das Dreieck – die Weiterentwicklung zur Triangulierung.

Das Bild »Einnistung« (Abb. 4) entstand in einer Gruppe ohne Thema und entwickelte sich im gemeinsamen nonverbalen Malprozess auf einem fast quadratischen Blatt. Im Gegensatz zum oben gezeigten Bild fällt hier die Behauptung der eigenen Bildelemente auf; es sind weniger Schwingungen als Setzungen zu beschreiben. Bei näherer Betrachtung sehen wir Elemente, die aufgegriffen und gespiegelt werden. So finden sich die Kreise in zwei Untergründen wieder. Ins Auge fällt auch die Gegensätzlichkeit der Formen von Kreis und Rechteck. Ebenso auch der Wechsel zwischen diesen auftauchenden Grundformen und den eher ungeformten Farbflächen. Die blau-grüne Farbe wird im unteren Bildteil in unterschiedlicher Verwendung eingesetzt, im oberen Bereich mehr rote Farbtöne.

Die Kugeln könnten für die Gruppenmitglieder stehen; dort gibt es farbliche Übereinstimmungen zwischen Teilen der Kugeln, die

Abb. 4: »Einnistung«, Patientinnengruppe,
Wasserfarben, Pastell- und Ölkreiden, ca. 150 × 150 cm

durch Schattierungen an Plastizität gewinnen. Wie in einem Schwebezustand orientieren sie sich in einem Bereich des Bildes. Eine schwarze Schnur mit verschiedenen fächerförmigen Enden »liegt« auf dem Bild und scheint sich gleichzeitig zu bewegen. Die linke Seite thematisiert Spannungen durch den Blitz im Innenraum und eine Art Explosion.

Symbolisch thematisiert das Bild die Frage der Zugehörigkeit. Kugel und Tentakel lassen an das Thema des Einnistens in den Beziehungsraum der Gruppe denken, der nicht nur harmonisch dargestellt wird.

Abb. 5: »Baum mit Tulpe und Eichhörnchen«, Patientinnengruppe, Kohle, Pastell- und Ölkreiden, ca. 150 × 150 cm

Das Bild »Baum mit Tulpe und Eichhörnchen« (Abb. 5) entstand auf folgende Weise:

Zuerst gestaltete jeder Teilnehmer einzeln auf einem kleinen Blatt einen Teil seines Baumes. Im zweiten Schritt wurden die Bilder auf ein gemeinsames Blatt gelegt und dann wurden sie zusammen weiter zu *einem* Bild gearbeitet.

Der Stamm ist sehr kräftig gemalt, sitzt zentral im Blatt und bildet das Gemeinsame. Zudem ist er stark verwurzelt. Die Wurzeln sind in Röntgentechnik sichtbar gemacht. Sie zeigen die Verbindung zum Ursprung, zu dem normalerweise Unsichtbaren.

Der Baum könnte schon alt sein, er trägt beides: frische Blätter und abgestorbene Äste. Das Eichhörnchen – wie ein guter Geist –

bewohnt den Baum. Flexibel und flink bewegt es sich zwischen Himmel (Wipfel) und Erde.

Der Gruppenbaum verbindet Aspekte des Wachstums (grüne Blätter) mit denen des Abgestorbenen (abgeschnittener Ast, toter Ast). Damit stellt er eine Integrationsleistung der Gruppe dar, die im Baum Krise und Verlust symbolisch zu einem Ganzen einbettet und das Erlebte damit erträglicher werden lässt.

## Zusammenfassung.

Das Wissen um die Bedeutung von intersubjektiven Prozessen für die psychische Entwicklung hat Gruppentherapie zu einer zentralen Behandlungsform werden lassen. In kunsttherapeutischen Gruppen wird der interaktionelle Beziehungsraum erweitert durch einen kreativ-künstlerischen Handlungsraum.

Zu Beginn sprach ich von den Menschen, die die spielerische und symbolische Regulationsfähigkeit nicht oder nicht ausreichend entwickeln konnten. Die Resonanz- und Spiegelprozesse, am Beispiel von Gruppenbildern beschrieben, wirken fördernd und unterstützend auf die Nachreifung und Entwicklung dieser Fähigkeiten. Mit dem Potential der Handlungs- und Gestaltungsebene sprechen wir die affektiven Regulationsmechanismen unmittelbar an und stärken die interaktionellen Wirkmechanismen von Gruppe.

Sehen und Gesehen-Werden der individuellen Bilder im Kreis der Gruppe führt zum Verstehen und Verstanden-Werden und erhöht die Beziehungsfähigkeit zu sich selbst wie zu den Anderen.

## Literatur

Bion, W. R. (1971). *Erfahrungen in Gruppen und andere Schriften*. Stuttgart: Klett-Cotta.
Bion, W. R. (1990). *Lernen durch Erfahrung*. Frankfurt/M.: Suhrkamp.
Dammann, G. & Meng, Th. (Hrsg.) (2010). *Spiegelprozesse in Psychotherapie und Kunsttherapie*. Göttingen: Vandenhoeck und Ruprecht.
Dornes, M. (2004). Über Mentalisierung, Affektregulierung und die Entwicklung des Selbst. In: *Forum der Psychoanalyse 2004*. Berlin / Heidelberg: Springer-Verlag. S. 175–199.

Dorst, B. (2015). *Therapeutisches Arbeiten mit Symbolen*. (2. erweit. Aufl.). Stuttgart: Kohlhammer.
Ermann, M. (2017). *Der Andere in der Psychoanalyse. Die intersubjektive Wende*. (2. Aufl.). Stuttgart: Kohlhammer.
Fonogay, P., Gergely G., Jurist, E. L. & Target, M. (2002). *Affektregulierung, Mentalisierung und Entwicklung des Selbst*. Stuttgart: Klett-Cotta.
Foulkes, S. H. (1992). *Gruppenanalytische Psychotherapie*. München: Pfeiffer.
Haubl, R. (2014). Spiegeln. In: Mertens, W. (Hrsg). *Handbuch psychoanalytischer Grundbegriffe*. Stuttgart: Kohlhammer. S. 884.
Hirsch, M. (Hrsg.) (2008). *Die Gruppe als Container*. Göttingen: Vandenhoeck & Ruprecht.
Kernberg, A. (2008). *Spiegelbilder*. Stuttgart: Klett-Cotta.
Kohut, H. (1973). *Narzißmus*. Frankfurt/M.: Suhrkamp.
Schultz-Venrath, U. & Felsberger, H. (2016). *Mentalisieren in Gruppen*. Stuttgart: Klett-Cotta.
Winnicott, D. W. (1979). *Vom Spiel zur Kreativität*. Stuttgart: Klett-Cotta.
Yalom, I. D. (2005). *Im Hier und Jetzt*. (2. Aufl.). München: btb.

*Annegret Körber*

# Wie klingt Gruppendynamik?

## Psychodynamische Prozesse in der analytischen Gruppenmusiktherapie

**Abstract:** Analytische Gruppenmusiktherapie ist eine Variante der gruppenanalytischen Therapie zur Behandlung erwachsener Psychotherapiepatient*innen. Das Medium Musik berührt und eröffnet in der Therapie einen Raum jenseits der Sprache. Das gemeinsame Hervorbringen einer musikalischen Improvisation entspricht einer Gruppenassoziation, bei der durch Resonanz das Unbewusste in die Gruppe eingebracht wird. Über die musikalische Brücke steht es sinnlich wahrnehmbar dem Verstehen zur Verfügung als Klangmetapher für eigene Mitteilungen. Die Therapiegruppe erarbeitet sich so einen Zugang zur inter- und intrapersonellen Psychodynamik. Dabei wird die Gleichzeitigkeit in der musikalischen Kommunikation analog zur Gleichzeitigkeit von Emotionen und Gedanken erlebt, während im Unterschied dazu verbal nacheinander kommuniziert wird. Den Erläuterungen zum theoretischen Hintergrund der analytischen Gruppenmusiktherapie folgen in diesem Aufsatz die Ergebnisse aus der interdisziplinären Diskussion zu dieser Thematik.

*Im Workshop hörten die Teilnehmer\*innen (Kunsttherapeut\*innen, Psychotherapeut\*innen, Studierende der Kunsttherapie) die Audioaufnahme einer Gruppenimprovisation aus der Musiktherapie mit erwachsenen Psychotherapiepatient\*innen einer psychosomatischen Universitätsklinik. Während des Anhörens der musiktherapeutischen Gruppenimprovisation sollten die Workshopteilnehmer\*innen bildnerische Assoziationen zu den Klängen gestalten. Auf diesem Wege vollzog sich der kreative Verstehensprozess von der auditiven Wahrnehmung des Gruppenklanges hin zum gestalterischen Ausdruck des Subjekts. Im Text veranschaulichen einige dieser Bilder den Prozess.*

Wie klingt Gruppendynamik?

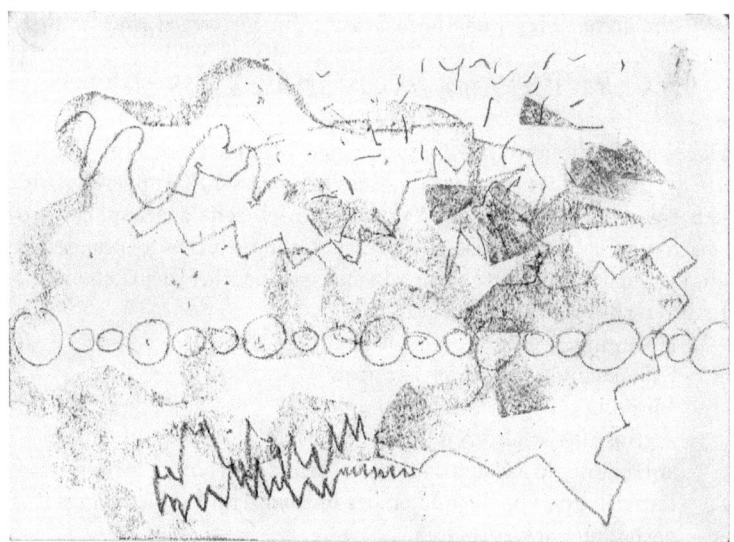

Abb. 1

## Therapie in der Gruppe

Der Mensch ist grundsätzlich als Wesen zu verstehen, das sich im gesamten Lebenslauf in Gruppen entwickelt und sozialisiert. So benötigen Menschen als Prädiktor einer gesunden psychischen Entwicklung zwischenmenschliche Erfahrungen und Kommunikation über die Dyade hinaus. Und doch ängstigen sich Menschen häufig anfangs vor und in Gruppen wegen des komplexen Zusammenspiels von konstruktiven und destruktiven Kräften, wegen der spezifischen Gruppendynamik. Was für viele Patient*innen, die sich einer psychotherapeutischen Behandlung unterziehen, anfangs als beängstigende Herausforderung, notwendiges Übel, unliebsame und bedrängende Erinnerung an Familien-, Schul- oder Arbeitszusammenhänge erscheint, erweist sich im psychotherapeutischen Prozess als der entscheidende Raum für Erleben, Verstehen und Veränderung: die therapeutische Gruppe.

»By the crowd they have been broken, by the crowd they shall be healed.«
(Marsh 1933, zit. nach Strauß & Mattke 2012, S. 11)

Dabei bildet die jeweilige Gruppe einen Mikrokosmos (vgl. Foulkes 1978), in dem, basierend auf Resonanzprozessen, Gruppendynamiken entstehen und wirken. Yalom beschrieb sehr anschaulich, prosaisch und zugleich wissenschaftlich Gruppenprozesse und leitete aus systematischer Forschung folgende gruppentherapeutische Wirkfaktoren ab (vgl. Yalom 2007):
- Hoffnung einflößen
- Universalität des Leidens erleben
- Mitteilung von Informationen
- Altruismus erfahren
- korrigierende Rekapitulation der primären Familiengruppe
- Entwicklung von Techniken des mitmenschlichen Umgangs
- nachahmendes Verhalten
- interpersonales Lernen
- Gruppenkohäsion entwickeln
- Katharsis erleben
- existenzielle Faktoren teilen.

Die Psychotherapieforschung untersucht zunehmend Gruppenphänomene und erbrachte den Nachweis der Wirksamkeit von Gruppentherapie – auch vor dem Hintergrund, dass übermäßig viele klinische Psychotherapiepatient*innen letztendlich gerade die Gemeinschaft und gemeinsame Therapie mit anderen als besonders hilfreich und förderlich einschätzen (vgl. Strauß & Mattke 2012).

## Gruppenanalyse

Gruppenanalyse ist ein Erkenntnisinstrument zur Erforschung des Erlebens und Handelns von Individuen im Kontext ihrer Beziehungen in Gruppen und eignet sich als Therapie, um Kommunikationshemmnisse zu behandeln. Dabei hat die gruppenanalytische Therapie zum Ziel, Beziehungs- und Kommunikationsstörungen sowie unbewusste Konflikte, die sich in Symptomen manifestieren, bewusst und kommunikativ zu bearbeiten, bestenfalls sogar zu lösen (vgl. Behr & Hearst 2009). Deshalb werden alle Äußerungen (sprachliche, klangliche, mimische, gestische) als Kommunikation und hinsichtlich ihres kommunikativen Gehaltes betrachtet. Die konsequente gruppenanalytische Haltung eröffnet und fokussiert dabei eine besondere Verstehensweise unbewusster Gruppenprozesse. So wird vom Primat eines gemeinsamen Unbewussten ausgegangen (vgl. Mies 2007). Jedes einzelne Gruppenmitglied stellt gleichsam einen Knotenpunkt in einem Netzwerk dar. Subjektive Beiträge werden aufgrund der Einheit des Unbewussten als verbundene Assoziationen verstanden. In diesem Sinne ist ein erzählter Traum immer auch ein Gruppentraum, und in den Reflexionen einzelner Personen bilden sich die Themen der gesamten Gruppe ab. Dabei ist die Intersubjektivität das zentrale Element (vgl. Schulz-Venrath 2010). Mit dem Einbezug der frühesten Interaktionserfahrungen sowie der Übertragung dieser dynamischen Erscheinungen auf Gruppenprozesse entwickelte bereits Bion (vgl. Bion 1960) theoretische Grundlagen für das Verständnis von Übertragungs- und Gegenübertragungsphänomenen in der Gruppe.

Abb. 2

Annegret Körber

## Musiktherapie – eine künstlerische Spezialtherapie

Musiktherapie ist ein Weg, um Leiden mit Hilfe des Mediums Musik fühlbar und bewusst zu machen und dadurch eine Heilung zu bewirken. Ihrem Wesen nach ist Musik ein akustisches Phänomen, das weniger als eine abgeschlossene Sache zu betrachten ist, sondern vielmehr als ein Prozess, der sich entfaltet – als eine Kraft, die wirkt. Musik zu hören bzw. selbst zu gestalten ist also vor allem ein Vorgang des hör- und fühlbaren Mitschwingens. Im Zentrum der Behandlung steht daher die musiktherapeutische Improvisation: Diese beruht zum einen auf der Methode des freien Assoziierens aus dem Repertoire des psychoanalytischen Behandelns (vgl. Priestley 2000), hinzu kommt zum anderen, dass mit der Entwicklung elementarer Instrumente und durch den Einbezug weltweit inspirierter Klangkörper seit dem letzten Jahrhundert eine große Auswahl leicht handhabbarer Musikinstrumente zur Verfügung steht. Und drittens eröffnete die sogenannte Neue Musik eine Veränderung in den Hörgewohnheiten, wozu genauso die rasante Entwicklung neuer Musikrichtungen wie beispielsweise der experimentellen und Minimal-Musik beitrug. Was im Jazz oder in Filmmusiken »erlaubt« ist, kann auch im therapeutischen Raum zu flexibleren Interaktionen und Erfahrungen führen und zur Analogie für Alltagserleben und -handeln werden (vgl. Inselmann & Mann 2000).

Als Improvisation wird die Form musikalischer Darbietung verstanden, in der das Tonmaterial in der Ausführung selbst entsteht und nicht vorher schriftlich fixiert oder durch Absprachen festgelegt wurde. Die Anforderungen, die eine musiktherapeutische Improvisation an Ausführende stellt, sind somit:
– Hörfähigkeit
– Handhabung eines elementaren Instruments durch eine einfache Körperbewegung oder Einsatz der Stimme
– Bereitschaft, sich einzulassen auf einen unvorhersehbaren Klangprozess.

Der Improvisation liegt eine Minimalstrukturierung zugrunde, die durch die Teilnehmenden und deren individuelle Auswahl der Instrumente bestimmt ist. Zudem bestehen die folgenden Vereinbarungen:
– Die Improvisation beginnt aus der Stille und findet ohne Anweisung ihr Ende.
– Wir spielen, was uns einfällt.

- Wir lassen uns von dem in uns bestimmen, was nach Ausdruck drängt.
- Das Hören ist die Orientierung.
- Bei unregulierbarer Bedrängnis kann zwischendurch unterbrochen werden.

Der freie Umgang mit Musik in der Musiktherapie wird oftmals als neu und fremdartig erfahren. Das bietet die Chance, Neues auszuprobieren, einen Zugang zur eigenen Improvisations- und Spielfähigkeit zu gewinnen oder wiederzugewinnen. Es werden keinerlei musikalische Vorkenntnisse benötigt, um sich selbst und andere innerhalb der verschiedenen musikalischen Parameter zu erleben: Rhythmus, Melodie, Klang, Dynamik, Harmonie (vgl. Hegi 2011). Auf diesem Wege bildet Musik eine Brücke zum Selbstempfinden. Gefühle, Phantasien, Gedanken, die in Zusammenhang mit den Klängen entstehen, sind die Grundlage für das therapeutische Gespräch, in dem auch das konkrete Musikerleben thematisiert wird (vgl. DMtG 2012). Audioaufnahmen der Gruppenimprovisationen dienen dazu, aus der Perspektive des Hörens noch einmal die eigene Aktion eingebettet in das Gruppenspiel wahrzunehmen. Dabei entstehen vielfältige Assoziationen, die für die Kommunikation zur Verfügung stehen. Die Psychotherapiepatient*innen, die in der Regel unter einem defizitären Selbstbild leiden, sind oftmals überrascht von entstehenden Klängen und Formen. Sie erleben, wie sie sich allein durch ihr Hören orientieren können und durch ihr musikalisch-emotionales Handeln wirksam Einfluss nehmen. Erfahrungsgemäß sorgt Musik häufig für eine starke Emotionalisierung. Durch die Resonanz entstehen Bezugsräume bereits auf einem niedrigen Niveau von Eigenaktivität. Die individuelle Ausprägung von Affekten sowie die Beziehungsgestaltung werden am Medium Musik erlebbar, können verstanden und reguliert werden. Dieses Geschehen wird in Analogie zu üblichen alltäglichen Verhaltens- und Erlebnisweisen betrachtet (vgl. Haesler 1992).

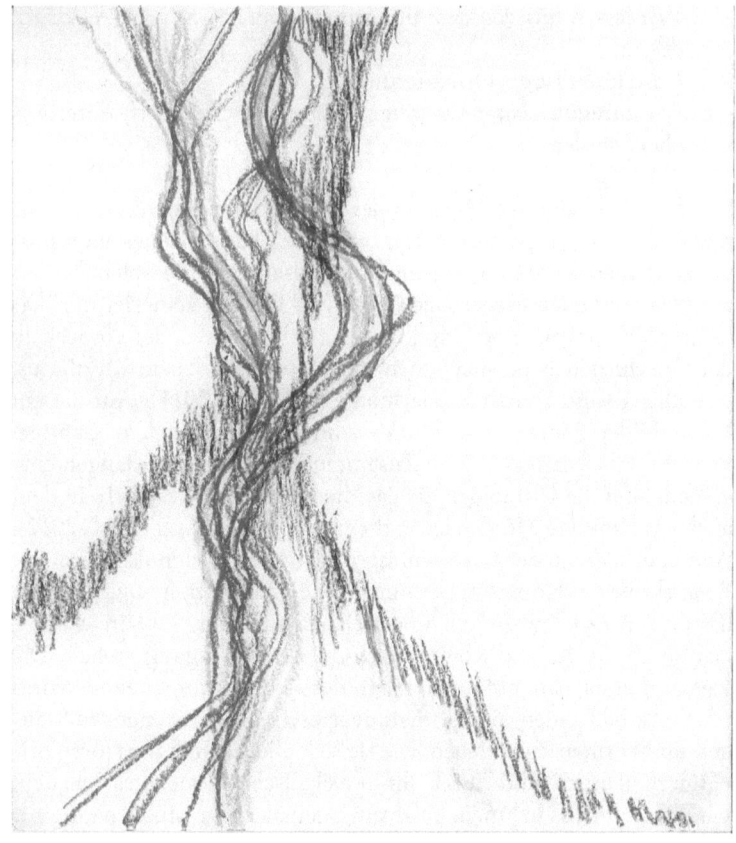

Abb. 3

## Analytische Gruppenmusiktherapie

Die gruppenanalytische Theorie bietet eine Sprache und Modelle für Phänomene, die in der tiefenpsychologisch orientierten Musiktherapie vorkommen und bedeutsam sind (Resonanz, Gruppentraum). Die Haltung des Containings als Funktion des Aufnehmens und »Verwandelns« unerträglicher seelischer Inhalte in erträgliche ist in der Musiktherapie zentral. Das Medium Musik kann, wenn es bewusst genutzt und verstanden wird, selbst ein solcher Container und »Verwandler« werden (Metzner 1996). Jedes Mitglied der Gruppe, einschließlich der Leiterin, ist eingeflochten in das Netzwerk komplexer Beziehungen, in kreative, maladaptive und dabei teils seltsamste Übertragungen und Gegenübertragungen, in einen intermediären Raum von physischen Anwesenheiten, von bewussten, vor- und unbewussten Gefühlen, und damit einbezogen in die verbale wie auch nonverbale Kommunikation und in die Kommunikation von unbewusst zu unbewusst (vgl. Foulkes 1978). So entfaltet sich die enorme Komplexität und Potenz einer Gruppe: Kommunikations- und Entwicklungsbedürfnisse ebenso wie destruktive Tendenzen. Innerseelische Zustände synchronisieren sich sukzessive durch Resonanz, was in der musikalischen Interaktion direkt und sinnlich wahrnehmbar wird. Die therapeutische Gruppe etabliert sich beim gemeinsamen Improvisieren als »elementares Orchester«.

*Der in der Musiktherapie verwendete Begriff der* **Resonanzkörperfunktion** *(RKF, Langenberg 1988) meint eine bestimmte Wahrnehmungseinstellung des emotionalen Mitschwingens und dezentralen Hörens seitens der Therapeutin. Dies ist die musiktherapeutische Grundhaltung in der Improvisation, die sowohl das musikalische Handeln als auch die Wahrnehmung dabei auftauchender freier Assoziationen ermöglicht.*

Auf die musikalisch-emotionale Verdichtung in der Gruppenimprovisation folgen in der Regel Momente der Stille und eine Phase der Entschleunigung: Die Gruppe assoziiert und reflektiert verbal zu dem selbst gestalteten musikalischen Material und verschafft sich so einen Zugang zur inter- und intrapsychischen Dynamik. Die Improvisation ist gleichsam die Filmmusik zu dem in der Gruppe ablaufenden Film, wovon sich die Patient*innen ein gemeinsames Verständnis erarbeiten. Die auf diesem Weg entstandene Musik ist somit als Klangmetapher sowohl der Gruppenthemen und -dynamik als auch für persönliche Mitteilungen zu verstehen.

## Der interdisziplinäre Workshop

Im Workshop wurden einerseits die theoretischen Grundlagen der analytischen Gruppenmusiktherapie dargestellt und diskutiert, andererseits erfolgte die sinnlich-konkrete Auseinandersetzung mit der musikalischen Improvisation einer Therapiegruppe. Während des Anhörens einer entsprechenden Audioaufnahme gestalteten die Teilnehmer*innen des Workshops mit Wachs- und Ölkreiden ihre Assoziationen auf weißem Papier im Format DIN A3. Die Kunsttherapeut*innen nutzten auf diese Weise ihr genuines Medium, um sich dem Phänomen des Gruppenklanges einer Therapiegruppe anzunähern. Die Workshopteilnehmer*innen hatten die folgenden Informationen über die Therapiegruppe und deren musiktherapeutische Improvisation zur Verfügung:

*Die Musik-Improvisation war im Rahmen der tagesklinischen Behandlung von erwachsenen Psychotherapiepatient\*innen entstanden. Diese (vier weibliche, vier männliche) waren zwischen 28 und 59 Jahre alt mit den Hauptdiagnosen: soziale Phobien, rezidivierende depressive Episoden, Angststörungen, somatoforme Schmerzstörungen, Tinnituserkrankungen.*

*Die Improvisation hatte 8:31 Minuten gedauert. Verwendet worden waren folgende Instrumente:*

*Glockenspiel, Metallophon, Sansula, Kalimba, Harfe, Streichrohr, Klangstäbe, Chimes, Caxixi, Shaker, Agogo, Trommel.*

*Inspiriert von den musikalischen und den sich daran anschließenden verbalen Einfällen und Imaginationen hatte die Therapiegruppe im reflektierenden Gespräch einige Themen aufgegriffen, die sich als wesentlich für die Psychodynamik der Gruppe erwiesen hatten:*

– *Familienkonstellation*
– *Durchhalten / Aushalten*
– *Dominanz / Unterwerfung*
– *Wechsel zwischen Ich und Gruppe*
– *zwischen eigenem Bedürfnis und Anpassung.*


### Ergebnisse aus dem Workshop

Zum einen wurde in den Bildern die klangliche Atmosphäre der Improvisation aufgegriffen, zum anderen fanden die thematischen Polaritäten Ausdruck (Durchhalten/Aushalten, Dominanz/Unterwerfung, Ich/Gruppe). Ausgehend vom bildnerischen Gestalten diskutierte die Workshop-Gruppe folgende Konsequenzen des Prozesses:

## Wie klingt Gruppendynamik?

1. Die Umsetzung von Klang in Farb-Form-Assoziationen ermöglichte eine sinnliche, multimodale Verknüpfung und damit ein **erweitertes Verstehen** der Psychodynamik innerhalb der Therapiegruppe.
2. Die bildnerische individuelle Gestaltung beim gemeinsamen Anhören der Improvisation einer Therapiegruppe veranschaulichte den Prozess **von der Gruppe zurück zum Individuum**.
3. Wenn dieselbe Therapiegruppe die unterschiedlichen künstlerischen Spezialtherapien absolvieren würde, so könnte die **Improvisation aus der Gruppenmusiktherapie in der Kunsttherapie** angehört und Anlass werden für eine weitere – nun bildnerische – Umsetzung im Dienst des erweiterten Verständnisses der inter- und intrapersonellen Psychodynamik.

Abb. 4

## Abschließende Reflexion

Spezialtherapien werden in die psychotherapeutischen Konzepte integriert, um der Ganzheit einer Persönlichkeit zu entsprechen und neben dem verbalen Zugang sinnliche Wege zur Selbsterfahrung und -entwicklung zu eröffnen. Die Frage: »Wie klingt Gruppendynamik?« kann nicht im Sinne einer festlegenden Umschreibung eines Klanges beantwortet werden und bleibt – im Unterschied zum Workshop – an dieser Stelle eine rhetorische. Die musiktherapeutische Improvisation entsteht in einem geschützten Setting und steht dann für die Reflexion der Patient*innen zur Verfügung, doch ebenso für Weiterbildung und Forschung. Im Text wird der Verstehensprozess vom Hervorbringen einer Gruppenimprovisation über die bildnerische Umsetzung des Gruppenklanges bis hin zum reflektierenden Gespräch erläutert. In der spezialtherapeutischen Behandlung dient die kreative Schöpfung (Klang, Bild, Gestalt) dem Verständnis der sich darin abbildenden psychodynamischen Prozesse. Mit Hilfe der entsprechenden Anregung und Begleitung sind therapeutische Gruppen sehr gut in der Lage, mit den unterschiedlichen Medien und der emotionalen Stimulation zu experimentieren, einen Bedeutungszusammenhang herzustellen, sowie ein Verständnis für die im Klang erscheinende Psychodynamik zu entwickeln.

*»Der wirksamste Faktor bei einer Veränderung ist die Ich-Einübung im Handeln und nicht die Einsicht einer Deutung in Worten, vielmehr die andauernde korrigierende Interaktion mit anderen.« (S. H. Foulkes 1978, S. 98)*

## Literatur

Arbeitskreis OPD (Hrsg.) (2006). *Operationalisierte Psychodynamische Diagnostik OPD-2. Das Manual für Diagnostik und Therapieplanung.* Bern: Huber.
Behr, H. & Hearst, L. (2009). *Gruppenanalytische Psychotherapie. Menschen begegnen sich.* Eschborn: Klotz.
Bion, W. R. (1960/1990). *Lernen durch Erfahrung.* Frankfurt a.M.: Suhrkamp.
Deutsche Musiktherapeutische Gesellschaft (Hrsg.) (2012). *Das Hören des Therapeuten.* Wiesbaden: Reichert.
Dorrer, G. & Langenberg, M. (1998). Die assoziative Wirkung der musikalischen Improvisation. Über die Versprachlichung von Resonanz. In: *Musiktherapeutische Umschau 19.* 278–288.
Foulkes, S. H. (1978). *Praxis der gruppenanalytischen Psychotherapie.* München: Reinhardt.
Haesler, L (1992). Musik als Übergangsobjekt. In: *Zeitschrift für psychoanalytische Theorie und Praxis VII,* I: 4–15.

Hegi, F. (1997). *Improvisation und Musiktherapie. Möglichkeiten und Wirkungen von freier Musik.* Paderborn: Junfermann Verlag.
Hegi, F. & Rüdisüli, M. (2011). *Der Wirkung von Musik auf der Spur.* Wiesbaden: Reichert.
Inselmann, U. & Mann, S. (2000). Emotionales Erleben, Ausdruck und Kommunikation in Musikimprovisationen. Eine qualitativ-quantitative Einzelfallstudie. In: *Psychotherapie – Psychosomatik – Medizinische Psychologie 50.* 193–198.
Körber, A. (2012). Musik und Manipulation – Scham- und Schuldgefühle im gruppenmusiktherapeutischen Prozess. In: *Musiktherapeutische Umschau 33.* 269–275.
Körber, A. (2013). *Musiktherapie. Entwicklungsstand und Wirkungsweise einer Spezialtherapie.* Psychotherapeut 58. 79–99.
Langenberg, M. (1988). *Vom Handeln zum Be-Handeln. Darstellung besonderer Merkmale der musiktherapeutischen Behandlungssituation in Zusammenhang mit der freien Improvisation.* Stuttgart: Gustav Fischer.
Metzner, S. (1996). Handlungsbegriff. In: Decker-Voigt, H. H. (Hrsg.) *Lexikon Musiktherapie.* Göttingen: Hogrefe.
Mies, T. (2007). Das Unbewusste in der Gruppenanalyse. Vorläufiger Versuch einer Begriffsbestimmung. In: *Psychosozial 107.* 41–56.
Priestley, M. (2000). Übertragung und Gegenübertragung in der Musiktherapie. In: *Musiktherapeutische Umschau 21.* 345–362.
Schulz-Venrath, U. (2010). Interventionsstile in Gruppentherapien – eine Unterhaltung zwischen Nervenzellen? In: *Psychosozial 119.* 61–71.
Strauß, B. & Mattke, D. (Hrsg.) (2012). *Gruppenpsychotherapie. Lehrbuch für die Praxis.* Berlin, Heidelberg: Springer.
Yalom, I. D. (2007). *Theorie und Praxis der Gruppenpsychotherapie. Ein Lehrbuch.* Stuttgart: Klett-Cotta.

## Abbildungen

Die anonymen Gestaltungen entstanden in dem Workshop »Wie klingt Gruppendynamik?« (07.12.2018, SFU Berlin).

# VII. Anwendungsfelder Künstlerischer Therapien

*Cornelia Ackermann*

# Weil man nicht *nicht* kommunizieren kann: Praxistipps fürs Praxismarketing

**Abstract:** Es gibt einen steigenden Bedarf an guter und gut gemachter Information über künstlerisch-therapeutische Angebote. Da Patientinnen und Patienten sich zunehmend über die Medien informieren, werden geeignete fachgerechte Kommunikationsmaßnahmen von Praxen und Kliniken immer wichtiger. Man darf und sollte hier einiges mehr tun, um Informationen, die wahr und sachgerecht sind, mehr Geltung zu verschaffen. Orientierung zu bieten fördert Mündigkeit und qualitätsbewusste Therapieentscheidungen. Es empfiehlt sich, in der Gestaltung dieser Kommunikation mehr künstlicherische Vermittlungsformen einzusetzen.

Während sich die Forschungsbeiträge sowie die therapeutisch ausgerichteten Texte und Übungen in diesem Band der klinischen Dimension von Kreativität und Kreation und dem individuellen Heilungserleben und Heilungsprozess widmen, soll in diesem Beitrag eingegangen werden auf das Anliegen gewinnender Ansprache größerer Zielgruppen: Er will ein wenig »Werbung für die Werbung« machen. Dabei ist jedoch nicht etwa intendiert, ins therapeutische Umfeld unhinterfragte Kommerz-Strategien hineinzutragen. Im Gegenteil: Zwar enthält er auch die Empfehlung, den künstlerischen Therapien durch Marketing-Kommunikation mehr Öffentlichkeit zu verschaffen. Sie ist jedoch verbunden mit dem Wunsch, dass bewusst künstlerische, vielleicht sogar therapeutische Expertise in die Ausgestaltung dieser Kommunikation eingebracht wird, die auch als Vorbild für eine zugewandtere Konsumrhetorik dienen könnte. Mit Werbeaussagen, die den mündigen Patienten durch Information unterstützen, die einladen statt vereinnahmen, die Offenheit signalisieren, statt sich aufzudrängen.

Cornelia Ackermann

## Wie sinnvoll ist Marketingkommunikation als Aufgabe von Kliniken und Praxen?

Bislang setzt sich die kommerziell orientierte Marketingkommunikation sowie ganz allgemein jede appellative Kunden- bzw. Klienten-Kommunikation viel zu wenig mit den Folgen auseinander, die Sprache, Formulierungen, Texte und Bilder aufs innere Befinden der Zielgruppen haben können. Werbung und Öffentlichkeitsarbeit von Praxen und Kliniken, die das bewusst machen und besser machen, könnte hier sogar eine kommunikative Vorbildfunktion übernehmen. Dank ihrer Gestaltungskompetenzen verstehen sich künstlerisch-therapeutisch qualifizierte Absender darauf mit Sicherheit oft sogar besser als die Angehörigen anderer Heil-Disziplinen.

Aber müssen oder sollen denn kunsttherapeutische Praxen und Kliniken überhaupt für ihre Leistungen werben? Ja, das ist zu empfehlen, und zwar gleich aus mehreren Gründen.

Erstens: Man kann bekanntlich nicht nicht kommunizieren; jedes Verhalten wie auch »Nichtverhalten« einer Person oder Organisation hat Außenwirkung. Wenn man Kommunikationsverzicht übt und nicht den Dialog mit seinen Anspruchsgruppen sucht, ist das ja auch eine Botschaft. Meist wird sie als ein »Nein« der Abweisung gedeutet. Dann kommen womöglich sogar Ratsuchende gar nicht erst auf die Idee, Kontakt aufzunehmen, denen man mit seinem Angebot sehr gut hätte helfen können.

Zweitens: Zunehmende Nachfrage nach gesundheitsfördernden Angeboten im Rahmen der »Happiness Economics« einerseits und immer mehr Kosteneinsparungen im Gesundheitswesen andererseits nötigen vermehrt auch zu wirtschaftlich orientiertem Handeln der medizinisch und therapeutisch qualifizierten Anbieter. Man verzeichnet in diesem Sektor einen steigenden Anteil an Selbstzahlern – vor allem auch in der wachsenden Gruppe der zugleich kaufkräftigen, qualitätsorientierten und ernsthaft um geistige und körperliche Gesundheit bemühten »Silver Agers«. Die richtige Ansprache verschafft ihnen Zugang zu der Information, die sie benötigen.

Drittens: Überlassen wir die Vermittlung von Seelen-Botschaften nicht dem Kommerz! Es gibt nämlich leider ein Umfeld von Mitbewerbern, die geringe Kompetenz mit großer Marktpräsenz verbinden. Das Spektrum reicht von Kursen und Retreats, die es ernsthaft gut meinen mit den Teilnehmern, die aber nicht durch qualifiziertes Personal begleitet werden können, über »Therapie-Apps« bis hin zu selbst ernannten Coaches und dubiosen Anbietern unwissenschaftlicher Heilungsversprechen. Derlei schadet nicht nur Patientinnen und Patienten, sondern auch dem Ruf der gesamten Fachdisziplin und kann die Arbeit der Kunsttherapeuten sogar zerstören, wie die ÖFKG warnte.[1] Das bestenfalls »teilkompetente« Konkurrenzumfeld erfordert, mit einer eigenen Positionierung im Markt gegenzuhalten.

Es ist also sinnvoll, hier intensiver zu wirken. Je mehr fundierte Fachinformation über die Medien verbreitet wird, desto weniger können schwarze Schafe arglosen Ratsuchenden schaden. Indirekt kann Kommunikations-Engagement möglicherweise also zu mehr psychosozialer Gesundheit beitragen. Denn da das Konkurrenzumfeld des sogenannten »zweiten Gesundheitsmarkts« mit Angeboten, die überhaupt nicht helfen können, durchaus auch ein Risiko für PatientInnen bedeutet, bewirken Wissensvermittlung und Marketing für Qualität mittelbar Schadensverhütung. Wer gut informiert und kommuniziert, handelt verantwortungsbewusst.

Viertens: Die werblichen oder PR-Äußerungen möglichst vieler professioneller Anbieter addieren sich zu mehr Sicht- und Hörbarkeit und verschaffen künstlerischen Therapien stärkere öffentliche Wahrnehmung. »Viele Wenig machen ein Viel« – Großmutters Sinnspruch ist eine so simple Formel, die aber im Zeitalter der Klickraten und Page Views täglich eindrucksvoll bekräftigt wird. Und Präsenz wird Resonanz. Das ist nicht nur gut fürs Image, sondern kann auch zusätzliche Unterstützung akquirieren. Sei es durch Medienecho oder durch mehr Bewusstsein in der Politik, sei es durch Ausweitung von Ausbildungsangeboten, sei es durch mehr Anerkennung der künstlerisch-therapeutischen Disziplinen im Gesundheitswesen.

Fünftens: Es gilt, das Informationsbedürfnis von Betroffenen qualifiziert zu erfüllen. Professionelle Kommunikation kann also nicht nur Scharlatanerie-Prävention, eine Form der Qualitätssicherung und ein Beitrag zu Transparenz im Gesundheitswesen sein, sondern auch eine

---

[1] https://www.ots.at/presseaussendung/OTS_20131023_OTS0026/oefkg-warnt-vor-unserioesen-angeboten-in-der-kunsttherapie, zuletzt abgerufen am 21. Juni 2019.

ganz allgemein für viele Interessenten nützliche »Informationsdienstleistung«.

Sechstens: Werbung und Öffentlichkeitsarbeit für die eigene Praxis oder Klinikabteilung bieten die Chance, mit dem relevanten Wissensstoff auch eigene Überzeugungen zu vermitteln und fachlich Position zu beziehen.

Siebtens: Der Boom von Medienangeboten, die für Lebenshilfe, Beratung und Sinnorientierung, »Mindstyle«, Spiritualität, Selbstoptimierung, Psychologie etc. sorgen, ist zuverlässiger Indikator eines großen Bedürfnisses, Werte-vermittelnde Positionen kennen zu lernen und an einem Diskurs darüber teilzuhaben.

Bislang füllen aber hauptsächlich Verlage und Wirtschaftsunternehmen die Sinn-Lücken. Ein guter Indikator für diesen Trend sind schon seit Jahren einerseits der Boom der Mindstyle-Medien wie »Happinez«, »Flow«, »Slow«, »Herzstück«, Happy Way«, »Ma Vie«, »Auszeit«, etc. und andererseits Claims und Slogans mit Lebenshilfe-Botschaften: »Just be.« (Calvin Klein), »Lebensfreude teilen.« (Chrome), »Schenken Sie ein Stück Lebensfreude.« (Formano), »Fühl dich gut, so wie du bist.« (du darfst), »Do what you can't.« (Samsung) oder auch »Celebrating every generation.« (Pepsi USA)

Zwar werden hier von Medien und Marken Identifkations- und Sinnangebote artikuliert. Aber die Erlangung inneren Wohlbefindens bleibt natürlich mit der Kaufhandlung als conditio sine qua non und zugleich Ersatzbefriedigung verknüpft. Es wäre schön, solchen Werbesprüchen mit Slogans und Claims entgegenzutreten, die wieder das Sein vor das Haben setzen.

Um es zusammenzufassen: Die Kommunikation zu intensivieren und sie ansprechender zu gestalten, könnte in mehrfacher Hinsicht im Interesse der KlientInnen und von allgemeinem Nutzen sein.

## Antworten auf die Zunahme autonomer Suchstrategien

Der Bedarf an formal wie inhaltlich qualitätsvoller Kommunikation wächst nicht zuletzt auch deshalb, weil sich unser Informationsverhalten geändert hat. Ratsuchende, PatientInnen und KlientInnen nutzen bei der Therapeutensuche nicht nur persönliche Empfehlungen aus dem Umfeld sowie Auskünfte von kassenärztlichen Vereinigungen, Krankenkassen und Kammern. Vielmehr recherchieren sie zunehmend medial über das Internet. Häufig in Anspruch genommen werden Portale und Branchendienste, beispielsweise vom Berufsverband Deutscher Psychologinnen und Psychologen, die dann zu den Websites der Praxen leiten. Haupt-Rechercheinstrument ist aber die Suchmaschinennutzung. Und Suchmaschinen wie Google, Bing und Startpage bieten mit Priorität neben Fachverbands-Websites Links zu Praxen an, was in der Regel gleich verknüpft wird mit dem Standort des Geräts, von dem aus der Suchauftrag erteilt wurde, so dass Praxen in der Nähe angezeigt werden. Es ist daher sinnvoll, dass Interessierten dann auch schnell die Möglichkeit geboten wird, mehr zu erfahren: Einerseits zur allgemeinen Orientierung, andererseits, um herauszufinden, ob Philosophie und Leistungsspektrum der Therapeutinnen und Therapeuten bzw. Klinikabteilungen zu ihnen passt.

Eine nicht-systematische vergleichende Analyse des Online-Kommunikationsverhaltens von Kliniken und Praxen ergab, dass sich das Gros der Anbieter und Institutionen bislang aber eher nüchtern und distanziert präsentiert. Aus werbefachlicher Sicht steht das in einem den Kommunikationserfolg hemmenden Widerspruch zum Leistungsangebot. Die künstlerische Hinleitung zu inneren Befreiungs- und Heilprozessen kleidet sich teils in überraschend dürre Worte.

Häufig finden sich überwiegend abstrakte Nutzenformulierungen mit vielen Fremdwörtern. Verfahren, Methoden, Symptomatiken werden in den Vordergrund gestellt. Kaum einmal werden Aussagen über die Möglichkeiten und Wirkungen getroffen, die die therapeutisch induzierte und begleitete Begegnung mit den Künsten auslösen kann. Kreatives Tun erfüllt, schenkt Freude, trägt so viel bei zur inneren Entwicklung, aber ausgerechnet das wird kaum artikuliert. Ein einfacher Test macht erschreckend augenfällig, wie wenig dieser Aspekt mit angesprochen wird. Bei Eingabe des Worts »Kunsttherapie« meldete Google am Tag des Redaktionsschlusses für diesen Artikel 1,7 Millionen Page Hits. Bei Eingabe von »Kunsttherapie Lebensfreude« reduzierte sich die Zahl auf 144.000, also weniger als ein Zehntel.[2]

---

[2] Abgerufen am 21. Juni 2019.

Information wie auch Argumentation sind zudem oft erstaunlich wenig patientenorientiert. Deskriptive Textsorten herrschen vor, auf die Herstellung sprachlicher Nähe durch emotionale Wendungen, Sprachbilder etc. wird meist verzichtet. So lesen sich viele Darstellungen so, als sei Haupt- oder sogar einzige Zielgruppe der Texte Fachkreise. Das passiert dann selbst in Medienbeiträgen, die eigentlich ausdrücklich der Patienteninformation dienen sollen. In einem Fall wurde sogar in einem explizit als »Informationen für Patienten« überschriebenen Dokument aus der Arztperspektive die »ganzheitliche Sicht auf den Patienten« angesprochen.

## Nach allen Regeln der Kunst – und mit ihren Mitteln

Eine wesentliche Ursache für solche Zurückhaltung oder Absicherung durch Gemeinplätze im Fachjargon mag wohl sein, dass rechtliche Bestimmungen die Vermeidung von Erfolgs- und Heilungsversprechen vorschreiben. Diese Einschränkung führt zu einem betont neutralen Kommunikationsstil. Damit ist man »auf der sicheren Seite« – aber leider nicht auf der Seite der PatientInnen ...

Auch die sinnliche Vielfalt der medialen Ausdrucksmöglichkeiten des Internets mit Klang und Musik, mit Bildervielfalt (Animationen und anderen Visualisierungen), mit kreativer Sprachverwendung – etwa Erzählen, Poesie – sowie mit Videos von Tanz und Bewegung wird wenig oder gar nicht erlebbar gemacht. Ebenso ließen sich künstlerische Schaffensproben aus der therapeutischen Arbeit selten finden. Wenn doch, handelet es sich dabei um Bildbeispiele. Klänge und textliche Äußerungen fehlten ganz. (Wobei hier einschränkend noch mal darauf hingewiesen werden soll, dass es sich um eine aleatorische Untersuchung gehandelt hat.)

Ebenso fanden sich eher wenige Beispiele für die orientierende Ausschöpfung der Möglichkeiten von Corporate Design. Logos und Key Visuals, Symbole oder andere visuell führende Elemente fehlen häufig. Dass es aber auch ganz anders geht, soll an zwei Beispielen aufgezeigt werden.

Einmal fiel bei den Recherchen ein Text auf der Website der Klinik am Osterbach positiv auf: »In der Kunsttherapie haben Sie die Möglichkeit, dem Künstler, der in uns allen steckt, in sich zu begegnen. Sie können spüren, dass Kunst nichts damit zu tun hat, Leistung zu erbringen und etwas »Schönes« oder »Nettes« zu erstellen, sondern sich selbst zu entdecken, mit den ängstlichen, traurigen, scheußlichen, energiegeladenen, wunderschönen und geheimnisvollen Seiten. Es geht in der Kunsttherapie definitiv nicht darum, ein hübsches Landschaftsbild für das Wohnzimmer zu erstellen. Es geht um den Menschen.«[3]

Die Website der Kunst-Therapie-Praxis Gieseke & Gölz aus Bremen entfaltet mit der Seefahrts-Metaphorik aus einem Gedicht Reiner Kunzes eine kommunikative Bildsprache und einen Rahmen für die Kommunikation:

rudern zwei ein boot,
der eine kundig der sterne,
der andere kundig der stürme,
wird der eine
führn durch die sterne
wird der andre
führn durch die stürme,
und am ende ganz am ende
wird das meer in der erinnerung
blau sein.
*Reiner Kunze*

So gelingt es mit den Mitteln der Kunst, Hoffnung auf Heilung zu vermitteln, ohne ein konkretes Heilerfolgs-Versprechen zu geben.

Die Möglichkeiten metaphorischer Kommunikation, die uns die Künste so reichlich zur Verfügung stellen, gestatten es, werbewirksame Beziehungen zur Zielgruppe auf Ebenen herzustellen, die außerhalb des Geltungsbereichs der üblichen Regelwerke liegen. Aber wie eng sind denn eigentlich die Spielräume, die die gesetzlichen Vorschriften definieren? Anhand der Ethikrichtlinien des Deutschen Fachverbands für Kunst- und Gestaltungstherapie (DFKGT), des Gesetzes über die Werbung auf dem Gebiete des Heilwesens (HWG) – insbesondere §11 – sowie des Gesetzes gegen den unlauteren Wettbewerb (UWG) wurden die wichtigsten standesethischen Verpflichtungen, Ge- und Verbote einmal zusammengetragen. Das Ergebnis war durchaus eine Ermutigung, mehr Werbung zu wagen und eine therapeutische Praxis auch nach Marketinggrundsätzen[4] zu präsen-

---

[3] https://www.wicker.de/kliniken/klinik-am-osterbach/behandlungsschwerpunkte/erkrankungen-a-z/kunsttherapie/, zuletzt abgerufen am 21. Juni 2019.
[4] Siehe hierzu auch das Ärzteblatt: https://www.aerzteblatt.de/archiv/194504/Psy

tieren. Wahre, sachgerechte berufsbezogene Information ist zulässig und darf im Zusammenhang mit der beruflichen Tätigkeit vermittelt werden. Es dürfen lediglich keine unangemessenen Erwartungen geweckt, keine Heilerfolge versprochen oder gar garantiert werden. Auch darf die Wiedergabe von Krankengeschichten nicht irreführend sein oder zu falscher Selbstdiagnose verleiten. Aber auf solche manipulativen Ideen kommt ohnehin kein/e seriöse/r Therapeut/in.

Und so soll diesen Artikel ein kleines Plädoyer für Eigenmarketing im Kontext der künstlerischen Therapien beschließen. Mit wahren, sachlich dargebotenen Inhalten dürfen Praxen und Klinikabteilungen zielgruppengerecht über künstlerische Therapien und das eigene Angebot informieren und sollten es verstärkt tun. Es ist statthaft und sinnvoll, die Kommunikation mit professioneller Design-Unterstützung wiedererkennbar zu gestalten, sie mit künstlerischen Mitteln textlich und visuell in einen freundlichen Rahmen zu stellen. Denn gute Kommunikation kann hilfreiche Nähe herstellen und die Fähigkeit der Zielgruppen stärken, Relevanz und Nutzen kunsttherapeutischer Angebote zu erkennen, um sich auf dem Gesundheitsmarkt ein vernünftiges, qualifiziertes Urteil zu bilden und sich auf einen guten Weg zur Genesung zu machen.

---

chotherapiepraxis-als-Unternehmen-(5)-Marketing-und-Werbung Abruf am 21. Juni 2019.

*Thomas Hellinger, Swaantje König & Doris Titze*

# Deckengestaltung eines Intensivstationszimmers

Die heilungsfördernde Wirkung von Licht, Farbe und Form

> **Abstract:** Bei dem Projekt »Deckengestaltung eines Intensivstationszimmers« handelt es sich um eine Kooperation zwischen dem Aufbaustudiengang KunstTherapie der Hochschule für Bildende Künste Dresden und dem Diakonissenkrankenhaus Dresden, das die Neugestaltung eines Intensivzimmers zum Thema hatte. Der Fokus lag hierbei auf der Auseinandersetzung mit dem Raum als solchem und der Überlegung, welcher Teil des Zimmers für die PatientInnen am stärksten wirken kann. Aus diesem Grund lag das Hauptaugenmerk bald auf der Deckengestaltung. IntensivpatientInnen liegen oft eine lange Zeit im postoperativen Zustand und erblicken eine kahle Zimmerdecke, die rein funktionale Aspekte erfüllt.

Ausgangspunkt war eine Feldanalyse, die sich mit der Lage der PatientInnen auseinandersetzte und auf Basis künstlerischer und kunsttherapeutischer Überlegungen nach Eigenschaften einer Gestaltung suchte, die IntensivpatientInnen in ihrer außerordentlichen Situation Ruhe, Halt, Orientierung und Anregung geben soll, um den körperlichen Heilungsprozess zu unterstützen. Vor diesem Hintergrund erstellten die Studierenden des Studienganges vier Gestaltungsentwürfe. Von dem Team der Klinik wurde unter diesen die Lichtinstallation zur Realisierung ausgewählt. Sowohl die räumlichen als auch die medizinischen Bedingungen der Intensivstation spielten dabei für die Weiterentwicklung eine große Rolle. Die ausgeführte Deckengestaltung bezieht sich in Form und Farbe auf Elemente der Natur. Den theoretischen Hintergrund bildeten dabei wissenschaftliche Studien, die dem Blick in die Natur bzw. dem Anblick eines Abbildes von Natur beruhigende Eigenschaften attestieren.

Neben positiven Auswirkungen auf das Wohlbefinden der PatientInnen soll das visuelle Angebot gleichzeitig das Bedürfnis nach Ruhe und Orientierung aufgreifen und ergänzend zu den präventiven medizinischen Maßnahmen gegen die Entstehung eines Delirs

Thomas Hellinger, Swaantje König & Doris Titze

wirken, eine der häufigsten Komplikationen während eines langend Aufenthalts.
Die Lichtinstallation wurde im Juni 2018 baulich realisiert.

## Einleitung

Das Konzept des Healing Environment findet in der akutstationären Versorgung zunehmend Berücksichtigung. Besonders im Fokus steht dabei die räumliche Wirkung von Intensivstationen auf die Genesung von PatientInnen. Mit dem Wunsch, die Raumwirkung der Intensivstation des Diakonissenkrankenhauses Dresden zu verändern und damit die Heilungsprozesse der PatientInnen zu unterstützen, trat dessen Pflegedirektor, Michael Junge, 2016 an Professor Doris Titze und den Aufbaustudiengang KunstTherapie der Hochschule für Bildende Künste Dresden (HfBK) heran. Hieraus entstand ein Kooperationsprojekt, das von Oktober 2016 bis zur Fertigstellung im Juli 2018 Bestand hatte. Gemeinsam mit einem Kreis von acht Studierenden des Aufbaustudiengangs KunstTherapie erarbeiteten Thomas Hellinger, bildender Künstler, und Swaantje König, bildende Künstlerin und Kunsttherapeutin, das Projekt.

Die Besonderheit und Herausforderung des Projektes bestand darin, dass nicht die direkte kunsttherapeutische Arbeit mit den PatientInnen selbst im Vordergrund stand, sondern – unter Berücksichtigung des gesundheitlichen Zustandes der PatientInnen – ein auf dem rezeptiv-therapeutischen Ansatz basierendes Raumkonzept für diese entwickelt werden sollte.

Der therapeutische Ansatz der Arbeit wurde dabei nicht erst und ausschließlich im fertigen Produkt spürbar, sondern bereits den besonderen Entwicklungs- und Gestaltungsprozesses:

In diesen waren neben der Projektgruppe der HfBK von Beginn an eine Projektgruppe des Diakonissenkrankenhauses, bestehend aus ÄrztInnen, Pflegekräften und MitarbeiterInnen unterschiedlichster Fachabteilungen, involviert. Die aktive Beteiligung und Einbeziehung derjenigen, die zukünftig täglich in dem neu gestalteten Raum mit den PatientInnen arbeiten würden, war dabei ein Besonderheit. So wurden in regelmäßigen Projektgruppentreffen wichtige verlaufs- und ergebnisbeeinflussende Entscheidungen gemeinsam diskutiert und die Projektgruppe des Krankenhauses vor allem in die Umsetzungsphase des Projektes miteinbezogen.

Zudem organisierte das Krankenhaus einen Workshop für die Projektgruppe der HfBK, in dem diese die außergewöhnliche Situation der PatientInnen und das Konzept der Basalen Stimulation theoretisch und praktisch erfahren konnte. Durch diese Selbsterfahrungsanteile wurden wertvolle Erkenntnisse für die Entscheidungsprozesse des Projektverlaufs gewonnen.

## Recherche

Die Klinik hatte den Wunsch, dass zunächst Gestaltungsentwürfe für ein Modellzimmer mit zwei Betten erarbeitet werden sollten, die dann eventuell zukünftig auch auf die anderen drei Räume der Intensivstation übertragen werden könnten. Die Beteiligten der HfBK-Projektgruppe machten sich durch eine Begehung vor Ort mit den räumlichen und medizinischen Bedingungen vertraut, um danach eine Feldanalyse zu entwickeln.

Die sich hinter jedem Bett befindende sogenannte »Ampel«, eine an der Decke befestigte, schwenkbare Apparatur, an der alle medizinischen Geräte angebracht sind, ist ein festes Raum bestimmendes Objekt. Ebenso prägen die notwendige Beleuchtung, die Lüftungsschächte und der Rauchmelder an der Zimmerdecke den Raum. (Abb. 1)

IntensivpatientInnen liegen oft tage-, wochen-, bis monatelang teilweise unbeweglich (in postoperativem Zustand) in ihrem Krankenbett und schauen (vorwiegend auf dem Rücken liegend) auf eine kahle Zimmerdecke, die rein funktionale Aspekte erfüllt. Dies führte zu der Entscheidung, speziell für die Zimmerdecke Gestaltungsentwürfe zu erarbeiten.

Für die PatientInnen stellt die lebensbedrohliche Erkrankung oder Verletzung, die zu dem Aufenthalt auf der Intensivstation geführt hat, meistens eine schwere Belastung dar. Schmerzen sowie die Ungewissheit des weiteren Krankheitsverlaufs sind zusätzlich belastende Faktoren. Zudem tritt in diesem Zusammenhang häufig der bewusstseinsverändernde Zustand Delir auf, der den Genesungsprozess negativ beeinflussen und auch Monate nach der Entlassung zu

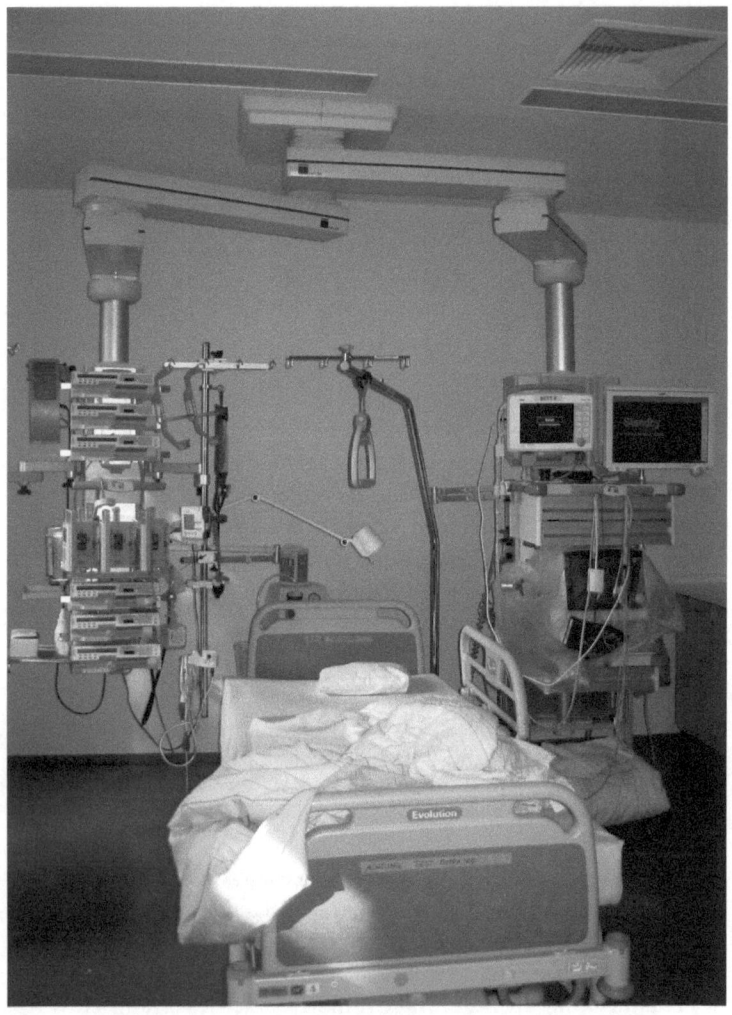

Abb. 1: Ausgangssituation des Intensivstation-Zimmers

psychischen wie kognitiven Einschränkungen führen kann (vgl. Haller, 2015, S. 696). Ausgehend von der Feldanalyse wurde auf der Basis künstlerischer Überlegungen nach einer Gestaltung gesucht, die IntensivpatientInnen in ihrer schwierigen Lage Ruhe, Halt, Orientierung geben soll und dadurch heilungsfördernde Wirkung haben kann. Hierzu wurden Studienergebnisse zur architektonischen Nutzung von Farben in den Entwicklungsprozess einbezogen (vgl. Schmitmeier et al. 2011).

## Entwurfsphase I

Nach den ersten Entwurfsideen zur Neugestaltung des Modellzimmers sollten die freien künstlerischen Ansätze auf ihre Realisierbarkeit hin geprüft und weiterentwickelt werden. Dabei galt es, die funktionalen Erfordernisse für den Klinikbetrieb zu berücksichtigen. Die vorgeschriebene Lichtintensität zur sicheren Behandlung der Patienten und die Einhaltung der Hygienevorschriften mussten gewährleistet sein. Im Ergebnis der ersten Entwurfsphase entstanden vier verschiedene Vorschläge, vorwiegend zur Deckengestaltung des Modellzimmers, die sich allerdings noch nicht in jeder Einzelheit an die strengen Bedingungen einer Intensivstation halten konnten und als »offene« Entwürfe dem Projektteam des Krankenhauses in den Räumen der Hochschule präsentiert wurden.

Der erste Entwurf, die Lichtinstallation von Yvonne Engelhard und Sarah Brodbeck (Abb. 2 und 3) »Wohlfühlraum / Kosmos« entstand aus der Idee, verschieden große pastellfarbene Stoffkuppeln an der Decke zu installieren.

Diese sollten von innen beleuchtet und von leichten Luftströmen, die möglicherweise im Raum entstehen können, bewegt werden. Schnell wurde deutlich, dass dieses Material aus hygienischen Gründen nicht verwendet werden durfte, sondern ein festes, auch leicht zu reinigendes Material notwendig war. So entstand in weiteren Experimenten mit verschiedensten Materialien auch ein Entwurf mit Acrylglas. Die Farbwahl erfolgte unter Berücksichtigung von Studienergebnissen zur heilungsfördernden Wirkung von Farben (vgl. Venn 2011). Die Leuchtkörper sollten so konzipiert werden, dass sie durch dimmbare Leuchtmittel in der Lichtintensität variabel wären.

Der zweite Entwurf von Cordula Schild und Sarah Pontius »Himmel und Erde« (Abb. 4) wurde durch eine in *National Geographic* veröffentlichte Studie beeinflusst (vgl. Willliams 2016, S. 56–75). Diese ergab, dass allein der Blick in die Natur auf das Gehirn eine regenerierende und beruhigende Wirkung habe, selbst bei der Be-

Abb. 2

trachtung eines Abbildes der Natur. Die beiden Studentinnen entwarfen eine Deckeninstallation aus sich überlagernden Plexiglasplatten, die sowohl mit konkreten Blattmotiven als auch mit Farbverläufen bedruckt werden sollten. Durch die Überlagerung der Motive und die dadurch entstehenden unterschiedlichen Motivschärfen sollten räumliche Situationen an der Zimmerdecke entstehen, die verschiedene mit der Natur verbundene Assoziationen ermöglichen. Eine zweite Variation der Plexiglasplatten sah organische Formen vor, die, aus einem Ganzen kommend, sich neu an der Decke formierten (Abb. 5). Hintergrund war die Thematisierung einer körperlichen Erschütterung und die Neuordnung von Körper, Geist und Seele in der Heilungsphase.

Der dritte Entwurf »Goldene Deckenmalerei« von Natascha Konschina, Kerstin Polzin und Svjatoslav Palamartschuk entstand aus der Idee eines Blätterdaches, das Raum zum Schutz und Ruhe zur Genesung bietet und den Baum als kraftspendendes Symbol der Natur aufgreift (Abb. 6). Das ursprüngliche Oval wurde an die vorhandene Deckensituation mit Beleuchtung und Belüftungssystem angepasst. Daher gibt es drei verschiedene Varianten: Hauptentwurf ist ein Oval (Abb 6), welches sich, durch Streben unterbrochen, an die

## Deckengestaltung eines Intensivstationszimmers

Abb. 2 und 3: Entwurf »Wohlfühlraum / Kosmos«

vorhandene Deckensituation anpasst. Der Eindruck eines Blickes durch ein großes, ovales Fenster in das Freie hinaus war dabei die Intention. Ein weiterer Entwurf bindet den in das Zimmer hineinragenden Wandabschnitt mit ein. Die dritte Variante bezieht sich in ihrer äußeren Form auf ein Diagramm, welches vom Techniker erstellt wurde und die Flächen der höchsten benötigten Lux-Intensitäten für die medizinische Beleuchtung direkt über dem Bett aufgreift (Abb. 7).

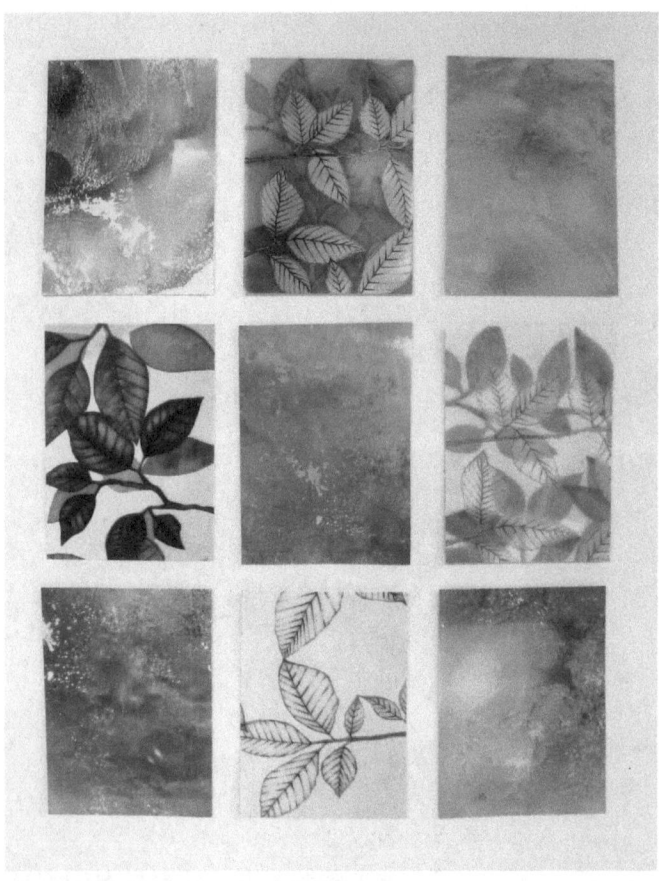

Abb. 4

In der Diskussion wurde die goldene Farbe als sehr positiv angenommen. Es wurde angemerkt, dass die Blätter nicht zu fein ausgearbeitet werden sollten, um mögliche Halluzinationen der PatientInnen zu vermeiden.

Der vierte Entwurf von Anna Henke »Tag-Nacht-Rhythmus« (Abb. 8 u 9) entstand aus der Idee einer Live-Übertragung von einer im Außenbereich installierten Kamera auf einen Bildschirm im PatientInnen-Zimmer.

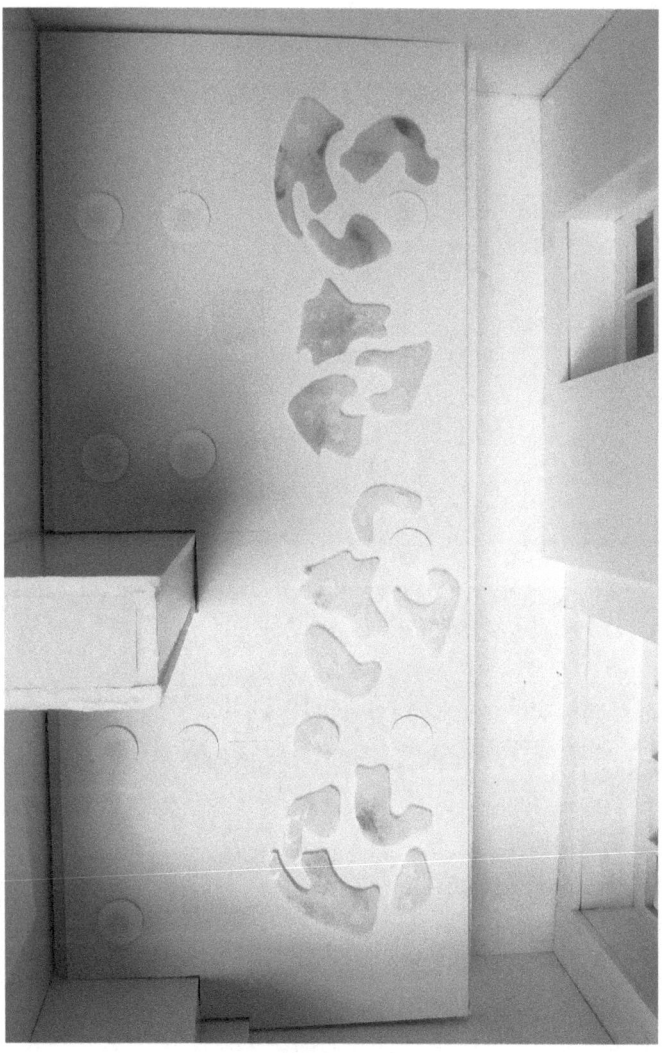

Abb. 4 und 5: Entwurf »Himmel und Erde«

Der Bildschirm zeigt zur Orientierung der PatientInnen gleichzeitig die Jahreszeit, das Datum und die Uhrzeit. Der Entwurf war als zusätzliche Wandinstallation zu den anderen Deckenentwürfen geplant. Allerdings wurde in der Diskussion deutlich, dass eine weitere technische Installation neben all den notwendigen Geräten die PatientIn-

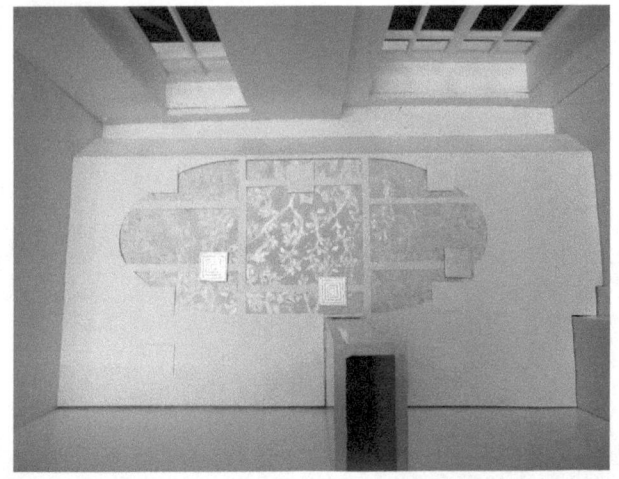

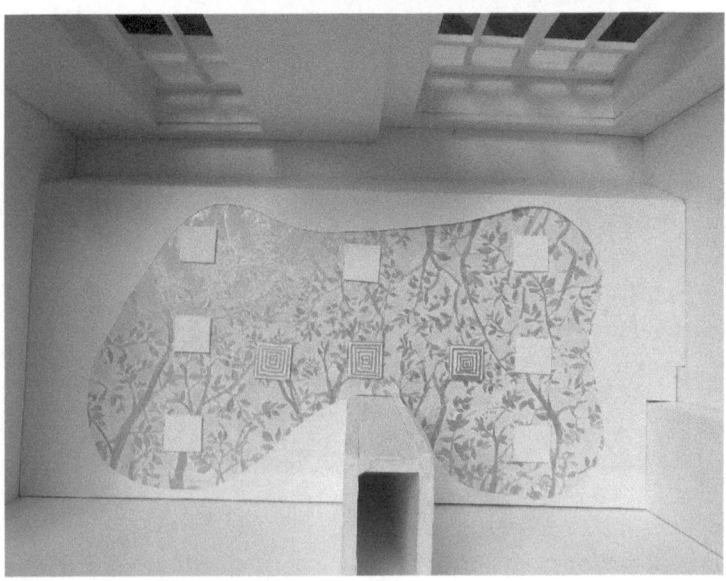

Abb. 6+7: Entwurf »Goldene Deckenmalerei

## Deckengestaltung eines Intensivstationszimmers

Sommer    22. Juni 2016    16°C

Winter    24. Januar 2017    4°C

Abb. 8+9 Entwurf: »Tag Nacht Rhythmus«

nen überfordern könnte. Der Aufstellungsort der Kamera im Außenbereich war ebenfalls umstritten, da aus rechtlichen Gründen das Filmen im Außenbereich nicht ohne weiteres möglich ist.

## Entwurfsphase II

In der zweiten Arbeitsphase passten die Studierenden den von der Klinik ausgewählten Entwurf an die konkreten Bedingungen des Intensivzimmers an (Abb. 10). Das Projektteam des Diakonissenkrankenhauses diskutierte alle vier Entwürfe und nach einer Überlegungsphase entschied sich die Mehrheit für den Entwurf »Wohlfühlraum/Kosmos«.

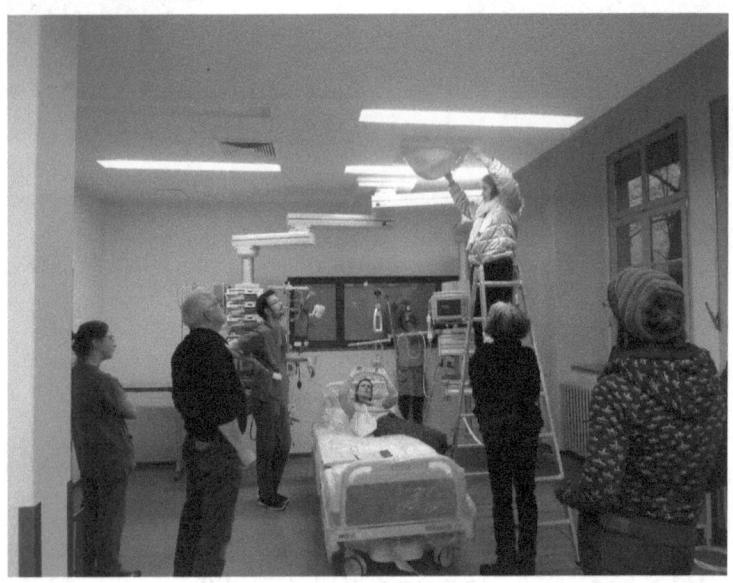

Abb. 10: Probesituation mit Leuchtkörper in der Klinik

Dabei flossen in die Weiterentwicklung auch die Diskussionsergebnisse aus der vorgestellten Entwurfsidee bei der Jahresausstellung der HfBK Dresden im Sommer 2017 ein (Abb. 11).

Unterstützung seitens der Klinik erhielt die Projektgruppe durch den Haustechniker Herrn Ronny Seifert und das Projektteam des Diakonissenkrankenhauses.

In der Diskussion mit dem Klinikteam stellte sich heraus, dass die Formen aus hygienischen Gründen nach oben hin geschlossen sein müssen. Das Pflegeteam wünschte sich kräftige Farben der Lichtkuppeln, die auch in nicht beleuchtetem Zustand tagsüber ihre Wir-

Abb. 11: Ausstellungssituation bei der Jahresausstellung 2017

kung entfalten würden. Gleichzeitig wurden Bedenken geäußert, dass die Formen nicht zu groß und gewölbt sein sollten, da sie sonst eine irritierende Wirkung für die PatientInnen haben könnten, besonders in Zuständen der Orientierungslosigkeit und des Delirs.

In Zusammenarbeit mit den Werkstätten der Semperoper Dresden und Herrn Mario Sammler, Leiter der dortigen Plastischen Werkstätten, wurden die Leuchtkörper im Tiefziehverfahren hergestellt (Abb 12). Auf sein Anraten hin wurde auch das Material geändert, da nur PETG-Kunststoff den Brandschutzbestimmungen der Klinik genügt.

Die einzelnen Formen konnten so individuell von der Projektleitung und einigen Studierenden in den Werkstätten hergestellt werden. Gleichzeitig kooperierte die Projektgruppe mit dem Studiengang Theatermalerei der HfBK Dresden: Professor Maren Greinke stand beratend zur Seite und Niklas Müller übernahm später die komplette

Thomas Hellinger, Swaantje König & Doris Titze

Abb. 12: Probemodul im Holzrahmen während der Arbeit in den Werkstätten der Semperoper Dresden

Lasur der Lichtschalen. So entstanden im Prozess immer wieder neue Ergebnisse durch Farb- und Form-Proben.

Die Anordnung der Lichtmodule wurde in der Entwicklung stark durch die klinischen Vorgaben bzw. durch die bereits installierten Elemente (wie die Lüftungsschächte und die Grundbeleuchtung) bestimmt, so dass ein neues Konzept für die Grundbeleuchtung an der Decke gemeinsam erarbeitet wurde. Dieses schloss die Möglichkeit zur zirkadianen Beleuchtung mit ein, in deren Sinne die ursprünglichen Neonröhren durch flache LED Leuchten ersetzt wurden. Die zirkadiane Beleuchtung passt sich an den natürlichen Tag-Nacht-Rhythmus an. Durch die über die Netzhaut des Auges aufgenommenen Lichtwellen werden die Produktion des Schlafhormons Melatonin gesteuert und dadurch die Aktiv- und Passivphasen des Körpers reguliert, sodass bei weniger intensivem Licht besserer Schlaf möglich ist, der wiederum Heilungsprozesse unterstützt. Die Neupositionierung der Grundbeleuchtung öffnete den zentralen Raum an der Decke und ermöglichte neue Optionen für die Anordnung der Lichtmodule.

Im weiteren Verlauf entwickelte sich in unterschiedlichen Schritten der ursprüngliche Entwurf der Leuchtkuppeln hin zu Ellipsen-Blattformen. Diese verteilen sich organisch über die gesamte Decke und so flossen in den Entwurf der Umsetzung auch die Ideen der anderen Entwürfe wieder mit ein. Entscheidend wurde der endgültige Entwurf von Sarah Brodbeck entwickelt.

Eine weitere Herausforderung stellte die Befestigung der Formen an der Decke dar, da die Formen sowohl geschlossen als auch zur Reinigung abnehmbar sein mussten. Aufgrund vieler technischer Besonderheiten waren im Anschluss aufwendige Proben und Planungen der endgültigen Formen und ihrer Befestigung notwendig. Hieraus entstand jedoch die endgültige Form, bei der die Leuchtkörper um eine zusätzliche PETG-Platte und damit – durch je individuelle Versetzung der Platte – um eine Schattenform ergänzt wurden.

Die Umgestaltung und Einweihung des Zweibett-Zimmers fand Ende Juni 2018 statt (Abb. 13 u 14).

Die ersten PatientInnen reagierten begeistert auf die Installation und auch das Pflegeteam äußerte sich sehr positiv über das Ergebnis und die gelungene Kooperation. So bleibt es zwar weiterhin kein angenehmes Ereignis, auf einer Intensivstation zu liegen, doch durch die veränderte Raumsituation scheint der Aufenthalt dort nun zumindest etwas leichter. Eine sorgfältige Evaluation des Pilotprojektes findet noch statt, sodass es gegebenenfalls in weitere Räume übertragen werden kann.

## Literatur

Haller A. (2015). Das Delir auf der Intensivstation. In: *Swiss Medical Forum*, online unter: https://medicalforum.ch/de/resource/jf/journal/file/view/article/smf/de/smf.2015.02351/3ce4202a8e2f1235740030f42682e8d98e8cb8e4/smf_2015_02351.pdf/ (abgerufen am: 15.06.2018).

Schmitmeier, H., Venn, A. & Venn-Rosky, J. (2011). *Farben der Gesundheit / Colours of Health & Care: Das Planungshandbuch für Gestalter im Gesundheitswesen*, München: Calwey.

Williams, F. (2016). Nationalparks der Welt, Teil 1, Wildnis braucht das Hirn. In: *National Geographic Deutschland*. Ausg. Jan. 2016, Hamburg. 56–75.

Thomas Hellinger, Swaantje König & Doris Titze

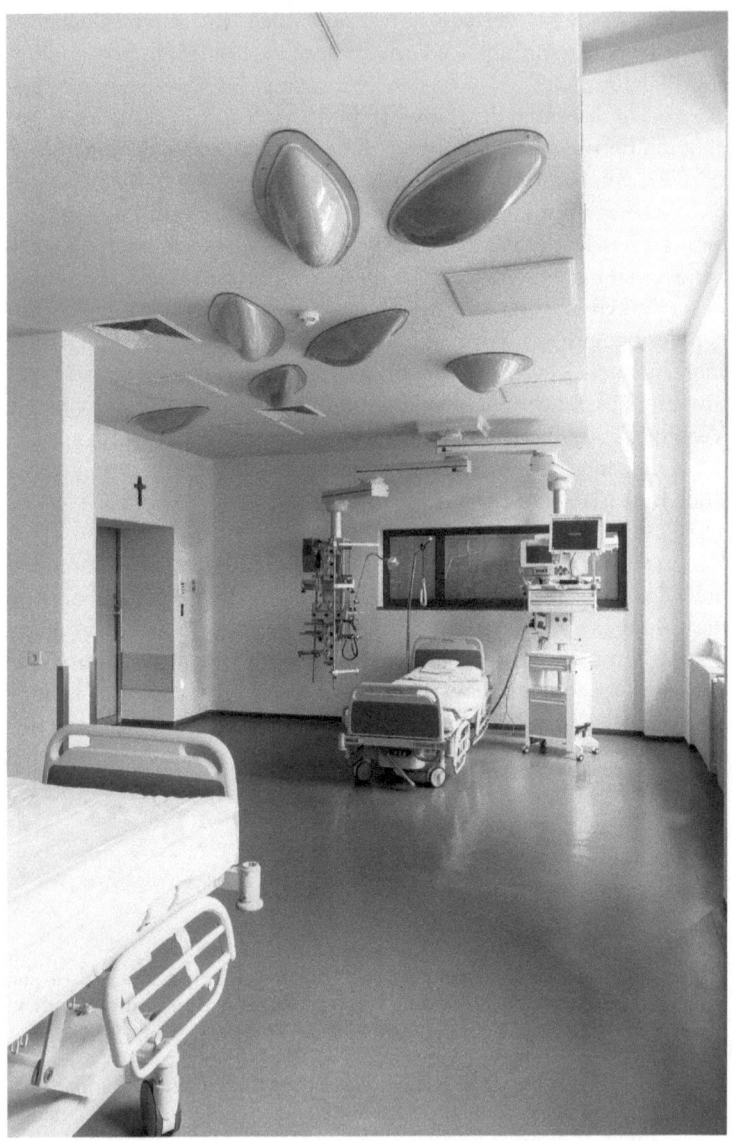

Abb. 13

## Deckengestaltung eines Intensivstationszimmers

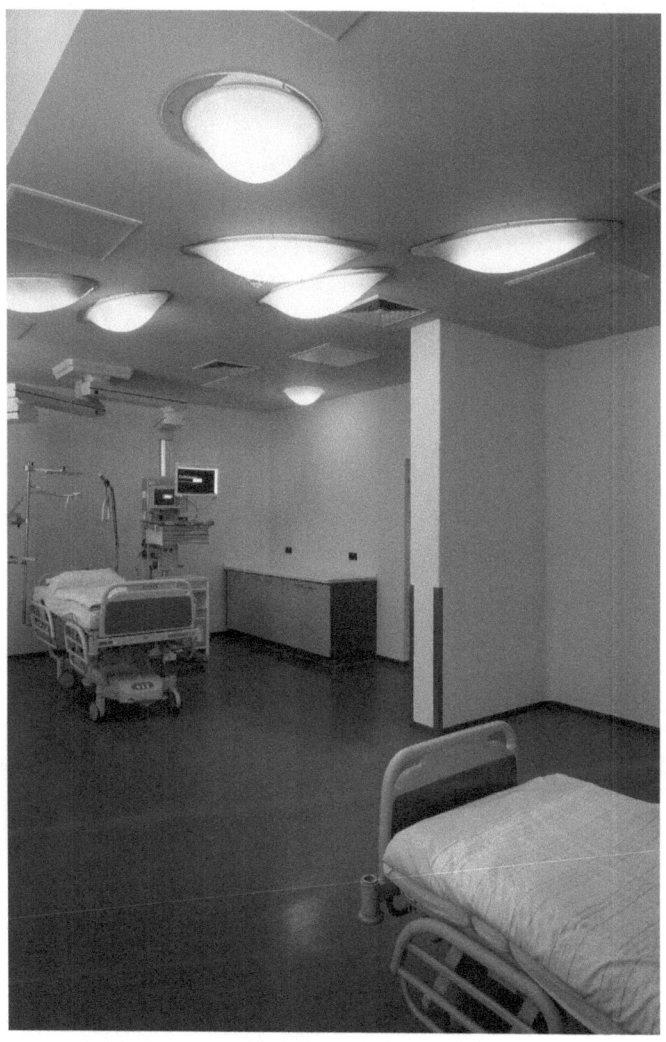

Abb. 13 u 14: Das neu gestaltete Klinikzimmer
bei unterschiedlichen Lichtsituationen

## Abbildungen

Fotos: Robert Vanis

# Verzeichnis der Autorinnen und Autoren

*Ackermann, Cornelia.* Prof. Dr., Philologin mit Zusatzqualifikationen in Pädagogik, Marketing, Journalismus und Kreativem Schreiben, Honorarprofessorin am Fachbereich Design der Hochschule Anhalt in Dessau.

*Daszkowski, Alexandra.* Dr., Kunsttherapeutin an der Asklepios Klinik für Persönlichkeits- und Traumafolgestörungen Hamburg, Ausbilderin am HIGW, Honorardozentin an der SFU-Berlin und MSH Medical School Hamburg, Lehrtherapeutin der DGKT, Vorstandsmitglied der DGKT.

*Dei, Paola.* Professor of Psychology of Art and FISIG Associate Teacher, writer, psychologist, psychotherapist, art therapist, teaches in Mexico, collaborates with GSA Specialized Journalists and is a member of the SNCCI Critical Cinematographic Syndicate, President of the Center for Psychology of Art and Expressive Psychotherapies.

*Deuser, Heinz.* Prof. an der Fachhochschule für Kunsttherapie in Nürtingen (1989–2005), Gründung der »Arbeit am Tonfeld« 1972, Ausbau als Methode an Lehrinstituten ab 1983, Leiter des Instituts für haptische Gestaltbildung in Hinterzarten.

*Franzen, Georg.* Univ.-Prof., Dr. phil. habil., approb. Psychologischer Psychotherapeut, Psychoanalytiker (DGAP) und Kunstpsychologe, Departementsleiter Psychotherapiewissenschaft und Leiter des Master-Universitätslehrgangs Kunsttherapie an der SFU-Berlin. Mitherausgeber der Zeitschrift Musik-, Tanz- & Kunsttherapie (MTK). 1. Vorsitzender der Deutschen Gesellschaft für Kunsttherapie (DGKT).

*Friedrichs-Dachale, Andrea.* Dr., Fachärztin für Neurologie, Psychiatrie und Psychosomatische Medizin, Leiterin der Psychiatrisch-psychotherapeutischen Tagesklinik des Asklepios Fachklinikums Göttingen, Vorstandsmitglied des Institutes für Katathymes Bilderleben u. Arbeitsgemeinschaft für Katathymes Bilderleben und Imaginative Verfahren in der Psychotherapie (AGKB); Vorstandsvorsitzende des Institutes zur Förderung der Imagination in Beratung und Supervision e. V. (IFI-BS).

*Hampe, Ruth.* Prof. Dr. phil. habil. em., Katholische Hochschule Freiburg mit den Schwerpunkten Heilpädagogik, Rehabilitation und Kunsttherapie, grad. Kunsttherapeutin (DGKT), approb. Kinder- und Jugendlichen-Psychotherapeutin (KJP), Katathym-imaginative Psychotherapeutin (KIP), Kunst- und Kulturpsychologin, Heilpädagogin, im Vorsitz der Deutschen Sektion der IGKGT und DGKT.

*Hellinger, Thomas.* Bildender Künstler, 1977–84 Studium der Malerei (AdBK München, HdK Berlin), 1985 DAAD-Stipendium Toronto, 1990 Bayerischer Staatsförderpreis, 1991 Stipendium New York, 2017 Stipendium Cleveland. Seit 1980 Ausstellungen im In- und Ausland. Künstlerischer Kurator, Projektleiter, Lehrbeauftragter.

*Knott, Ursula.* Prof. für Gestaltungstherapie/Klinische Kunsttherapie an der Katholischen Hochschule für Sozialwesen Berlin (KHSB).

*König, Swaantje.* Dipl. Künstlerin, Dipl. Kunsttherapeutin, Klinikum Görlitz Abt. Psychosomatik.

*Körber, Annegret.* Dipl. Musiktherapeutin, Gruppenanalytikerin (D3G), Klinik und Tagesklinik für Psychosomatik und Psychotherapeutische Medizin Universitätsmedizin Rostock.

*Liedtke, Regina.* Grad. Kunsttherapeutin (DGKT), Supervisorin (IGA Heidelberg), Lehrtherapeutin (Alanus Hochschule), Dozentin an der Sigmund Freud Privatuniversität / SFU-Berlin, Bildende Künstlerin (Meisterschülerin HdK/UdK Berlin).

*Millhagen, Katrina.* M.A. Kunst-Psychotherapeutin seit 1987, Supervisorin, private Praxis, psychotherapeutische Beratungstätigkeit als

Treuhänderin. Bis Anfang 2020 Dozentin am MSc Kunst Psychotherapie-Programme in Edinburgh/Schottland.

*Picciotto, Luna.* Fachlehrerin im Förderschwerpunkt Geistige Entwicklung, Kunsttherapeutin M.A., Lehrbeauftragte der Universität zu Köln.

*Puschert, Aurelia.* Psychologin und Theatertherapeutin auf der Station für Psychosomatische Medizin und Psychotherapie der Oberhavel Klinik Hennigsdorf, einem Lehrkrankenhaus der Berliner Charité.

*Reddemann, Luise.* Prof. Dr. med., Fachärztin für psychotherapeutische Medizin und Psychoanalytikerin, Leiterin der Klinik für Psychotherapie und psychosomatische Medizin des Ev. Johannes-Krankenhauses in Bielefeld (1985–2003), Konzeptentwicklung »Psychodynamisch imaginative Traumatherapie« (PITT), Honorarprofessorin für Psychotraumatologie an der Universität Klagenfurt.

*Rufolo, Dana.* Dr. phil., M.A. Theatertherapie, executive director of the Theatre Research Institute of Europe, a not-for-profit organization that owns the international theatre magazine she edits titled »Plays International & Europe« (www.playsinternational.org.uk), before running her own drama therapy practice in Luxembourg, where she acquired a DESS in Art Therapy in conjunction with the University of Paris V.

*Schauder, Silke.* Prof. Dr. in Klinischer Psychologie an der Université de Picardie Jules Verne, Amiens/Frankreich, Co-Leiterin des Kunsttherapie-Studiengangs an der Université Paris Descartes/Paris, Präsidentin der Société Française de Psychopathologie de l'Expression et d'Art-thérapie, Klinische Psychologin, Kunsttherapeutin in Privatpraxis.

*Schoch, Kerstin.* Doktorandin, Diplom-Kunsttherapeutin (FH) und Psychologin (B.Sc.), Wissenschaftliche Mitarbeiterin am Institut für Kunsttherapie und Forschung der Hochschule für Künste im Sozialen Ottersberg.

*Schwarz, Henriette.* Dr. phil., grad. Kunsttherapeutin (DFKGT), Hp., ECP, Leitung der Wissenschaftlichen Weiterbildung Sozial- und

Heilpädagogische Kunsttherapie am Institut für Angewandte Forschung, Entwicklung und Weiterbildung der Katholischen Hochschule Freiburg, Dozentin und Supervisorin für Kunsttherapie, langjährige Tätigkeit als leitende Kunsttherapeutin in einer Klinik für Verhaltensmedizin.

*Seifert, Kathrin.* Prof. Dr., Hochschule für Kunst im Sozialen Ottersberg für Kunsttherapie und Kunstpädagogik, Kunsttherapeutin (DFKGT), Studium Psychologie, Pädagogik u. Rehabilitation an der Universität zu Köln (Heilpädagogische Fakultät).

*Sell, Matthias.* M.A., approb. Psychologischer Psychotherapeut, Lehranalytiker für Psychodynamische Psychotherapie, lehrender Kunsttherapeut, lehrender Transaktionsanalytiker, Lehranalytiker für interaktionell-relationale Therapie, Supervisor, Leiter des staatlich anerkannten Lehrinstituts für Psychodynamische Psychotherapie INITA Hannover.

*Titze, Doris.* Künstlerin und Kunsttherapeutin, 1997–2002 Professur HKT Nürtingen, 2002–2020 Leitung des Aufbaustudiums KunstTherapie, HfBK Dresden; Hg. der Publikationsreihe: Die Kunst der Kunsttherapie. Seit 1980 Ausstellungen im In- und Ausland, seit 1990 kunsttherapeutische und Lehrtätigkeit.

*Watermann, Katja.* Dr. phil., Kunst- und Erziehungswissenschaftlerin M.A., Kunsttherapeutin, Leitung des Treffpunkts für Kunst & Kultur AMEOS Klinikum Osnabrück, Lehrbeauftragte im Studiengang Kunst/Kunstpädagogik an der Universität Osnabrück für Kunsttherapie und Kunst & Psychiatrie.

*Wiewrodt, Dorothee.* PD Dr. med. habil., Fachärztin für Neurochirurgie, Weiterbildung Psychotherapie, Psychoonkologin, Leiterin der »Begleittherapien für Hirntumorpatienten« am Neuroonkologischen Zentrum des Universitätsklinikums Münster.

*Wigger, Monika.* Prof. Dr. rer. medic. für Ästhetik und Kommunikation – Schwerpunkt bildnerisches Gestalten – an der Katholischen Hochschule Freiburg, grad. Kunsttherapeutin (DGKT), im Leitungsteam der wissenschaftlichen Weiterbildung Kunsttherapie am IAF der KH Freiburg, Diplom Grafik-Designerin, im Vorstand der Deutschen Sektion der IGKGT und DGKT.

Beitrag von Katja Watermann, S. 86 (Abb. 1)

Beitrag von Kathrin Seifert, S. 306 (Abb. 7)

Beitrag von Dorothee Wiewrodt & Monika Wigger, S. 100 (Abb. 2)

Beitrag von Dorothee Wiewrodt & Monika Wigger, S. 101 (Abb. 3)

Beitrag von Dorothee Wiewrodt & Monika Wigger, S. 105 (Abb. 6)

Beitrag von Andrea Friedrichs-Dachale, S. 144 (Abb. 4)

Beitrag von Andrea Friedrichs-Dachale, S. 145 (Abb. 5)

Beitrag von Andrea Friedrichs-Dachale, S. 148 (Abb. 8)

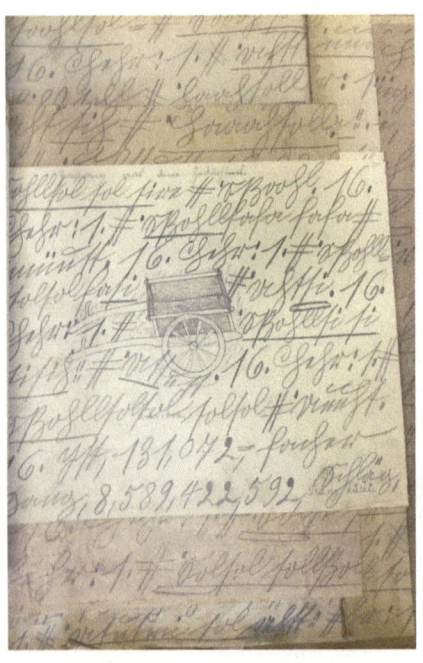

Beitrag von Ruth Hampe, S. 158
(Abb. 2b)

Beitrag von Ruth Hampe, S. 162
(Abb. 4a)

Beitrag von Alexandra Dazskowski, S. 210 (Abb. 4)

Beitrag von Alexandra Dazskowski, S. 211 (Abb. 6)

Beitrag von Ursula Knott, S. 319 (Abb. 3)

Beitrag von Ursula Knott, S. 320 (Abb. 4)

Beitrag von Ursula Knott, S. 321 (Abb. 5)

Beitrag von Annegret Körber, S. 327 (Abb. 2)

Beitrag von Annegret Körber, S. 333 (Abb. 4)

Beitrag von Thomas Hellinger, Swaantje König
& Doris Titze, S. 354 (Abb. 4)

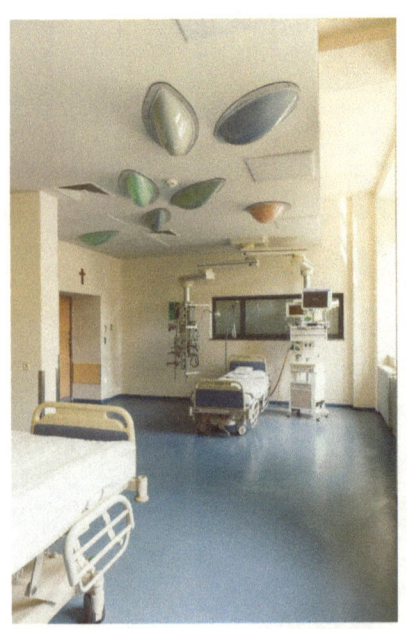

Beitrag von Thomas Hellinger, Swaantje
König & Doris Titze, S. 362 (Abb. 13)

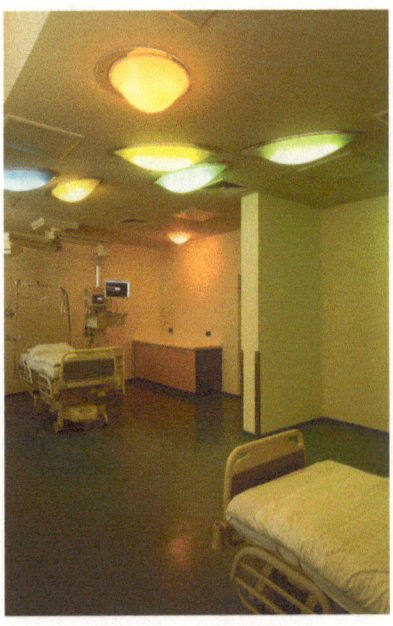

Beitrag von Thomas Hellinger, Swaantje
König & Doris Titze, S. 363 (Abb. 14)